新时代诉讼法学创新文库（11）

总主编　卞建林

证据法基本范畴研究

高家伟　著

中国人民公安大学出版社
群众出版社
·北　京·

图书在版编目（CIP）数据

证据法基本范畴研究／高家伟著．—北京：中国人民公安大学出版社，2018.6

（新时代诉讼法学创新文库）

ISBN 978-7-5653-3062-9

Ⅰ.①证…　Ⅱ.①高…　Ⅲ.①证据—法学—研究—中国　Ⅳ.①D925.013

中国版本图书馆 CIP 数据核字（2018）第 068878 号

新时代诉讼法学创新文库

证据法基本范畴研究

高家伟　著

出版发行：中国人民公安大学出版社
地　　址：北京市西城区木樨地南里
邮政编码：100038
经　　销：新华书店
印　　刷：北京市泰锐印刷有限责任公司

版　　次：2018 年 6 月第 1 版
印　　次：2018 年 6 月第 1 次
印　　张：15.125
开　　本：880 毫米×1230 毫米　1/32
字　　数：407 千字

书　　号：ISBN 978-7-5653-3062-9
定　　价：55.00 元

网　　址：www.cppsup.com.cn　www.porclub.com.cn
电子邮箱：zbs@cppsup.com　zbs@cppsu.edu.cn

营销中心电话：010-83903254
读者服务部电话（门市）：010-83903257
警官读者俱乐部电话（网购、邮购）：010-83903253
法律图书分社电话：010-83905745

总　序

党的十九大作出了中国特色社会主义进入新时代、我国社会主要矛盾转化为人民日益增长的美好生活需要和不平衡不充分的发展之间的矛盾等重大政治论断，深刻阐述了新时代中国共产党的历史使命，确定了全面建成小康社会、全面建设社会主义现代化国家的奋斗目标，对新时代推进中国特色社会主义伟大事业和党的建设新的伟大工程作出了全面部署。

全面依法治国是新时代中国特色社会主义的本质要求和重要保障，而法学研究是社会主义法治建设的重要组成部分，肩负着为法治建设提供理性解读与智识支撑的重要任务。诉讼法学作为与法治实践密切相关的应用性学科，面对新时代法治建设的新任务，更需要深入自觉地回应实践发展需求。只有建立能够适应我国国情、符合社会发展趋势的诉讼法学理论学说与制度体系，才能满足司法实践的需要。新时代推进中国特色社会主义法治建设面临的新问题，为诉讼法学研究提供了新的机遇，也使诉讼法学研究面临前所未有的挑战与压力。面对这种挑战与压力，我们有必要重点强调“创新”二字。创新是学术研究与理论发展之魂，是推动诉讼法学研究不断发展的最大动力。创新诉讼法学研究，可以从以下几个方面理解：

首先是学术研究领域的创新。研究领域的创新并不意味着否定、抛弃过去的研究成果，而是在此基础上往更广、更深、更符合实践需要的方向拓展。这不仅需要我们在今后的研究中进一步加强基础性研究，争取在原有研究范畴上获得更高层次、更有深度的学术成果，并不断挖掘、开发新的理论研究范畴，同时也需要我们进一步加强应用性研究，特别是法律实施问题的研究，从而使得诉讼法学理论研究的成果能够顺利转化到实践中去，能够真正引导国家司法制度的变革与发展。此外，社会的发展是一个系统工程，各个部分、环节与层面的发展都是相互影响与相互制约的，这种影响与制约的关系越来越紧密，因此，诉讼法学的发展要想跟上社会发展的步伐并充分发挥其作用，也必须加强对社会科学及自然科学中相关研究成果的吸收、借鉴，进一步开展跨学科、交叉学科、边缘学科的探索研究。

其次是学术研究思路的创新。过去，诉讼法学研究存在较明显的功利化倾向，同时也难以摆脱条文的限制，从而缺乏研究的深度和新意。从规范诉讼法学走向理论诉讼法学，是诉讼法学发展的必然趋势。加强对诉讼原理、诉讼规律的研究，有助于诉讼立法的科学化，也对正确开展司法活动具有重要的指导作用。在这个过程中，不仅需要我们积极借鉴法制发达国家丰富的研究成果和宝贵的实践经验，也需要我们深刻解读、准确把握中国法治实践与法治道路的客观规律，重点解决国际司法准则的本土化问题，努力打造具有中国特色的诉讼法治话语体系。

再次是学术研究方法的创新。长期以来，我国学者在诉讼法学研究方法的运用上偏重于采用概念推理、理论辨析等传统方法，缺乏实践调查与数据分析，以致产生理论设想与实践操作之间的偏离与脱节。面对新时代司法实践中出现的诸多问题，我们有必要进一步加强探索实证研究方法，积极开展各种形式的实践调查和试点实验，加强数据采集与定量分析，不断总结、推广试点经验与实证成果，回答和检验理论研究中的特定问题。实证研究方法的运用有利于实现理论法学与应用法学的衔接、法学理论与司法实践的衔接，也有助于将法学研究成果及时地投入到司法实践中加以检验和修正。

最后是学术研究队伍的创新。以往，诉讼法学研究大都局限于自身学科领域，在研究队伍的组建上存在成员单一、结构固定等普遍问题。在中国特色社会主义新时代，面对不同性质、不同诉求的社会矛盾相互交织、共同作用的现实情况，突破学科壁垒与部门围墙，实现多学科、多部门之间的协同创新势在必行。协同创新理念的实施，要求诉讼法学科在自身优势与特色的基础上紧密联系其他学科，在学术研究队伍的搭建与研究项目的设计上努力实现高校、科研院所、司法实务部门以及企事业单位等不同学科、不同主体之间的资源集成与共享，以此消除诉讼法学科与其他学科、理论研究与司法实践之间的脱节现象。

中国政法大学诉讼法学研究院是从事诉讼法学研究的新型综合性研究机构。2000 年 10 月，诉讼法学研究院入选教育部普通高等学校人文社会科学百所重点研究基地，成为全国法学专业九个重点研究基地之一。诉讼法学研究院以中国政法大学雄厚的法学专业为基础，以国家级重点学科诉讼法学科为依托，集中开展诉讼法学、证据法学与司法制度研究，下设刑事诉讼法学研究所、民事诉讼法学研究所、行政诉讼法学研究所和证据法学研究所。自成立以来，诉讼法学研究院坚持以科研为立院之本，积极承担多个国家级、省部级重大攻关项目，注重人才培养与团队建设，广泛开展多层次学术交流与合作，为国家立法完善作出重要贡献，很好地发挥了重点研究基地的引领与示范作用。

面对新时代涌现的诸多研究课题，在学术研究方面不断创新，积极进取，充分展现重点研究基地的学术影响力，是诉讼法学研究院长期建设、发展的主要目标。为了达此目标，诉讼法学研究院专门创办了“新时代诉讼法学创新文库”这一系列著作项目，用以汇集、总结和展示研究院各位研究人员围绕新时代中国特色社会主义诉讼法治理论与实践中的热点、重点、难点问题而形成的各项学术研究成果。这一文库的出版领域涵盖刑事诉讼法学、民事诉讼法学、行政诉讼法学、证据法学、司法制度等多个方面，以有新意、有深度、有分量的专著、译著为主要形式。我们希望能通过这个文库鼓励学术创新，积累学术成果，并为繁荣、深化和开拓诉讼法领域的学术研究积极贡献力量。

中国政法大学诉讼法学研究院院长

卞建林

2018年3月于北京

目　　录

导　论

范畴是用正确的语词表达一个事物的要素、关系、数量、属性而形成的专有名称，“名至实归”、“名副其实”、“名称专有”是确立范畴的三个要求。[①] 基本范畴是架构理论体系的结构关节点和力学支撑点。形成一套稳固支撑学科知识体系大厦的基本范畴理论，是一个学科走向独立和成熟的标志。这是在证据法学领域进行基本范畴研究的一重意义之所在。

在证据法学领域进行基本范畴研究的另一重意义是将概念法学的方法论应用到证据法基础原理的研究之中，以若干基本概念为力学支撑点建构一种全新的证据法学知识体系，梳理现有的研究成果和司法改革成果，推动证据法学研究不断走向深入。经过改革开放以来40多年的积累，我国的证据法学理论已经日趋成熟，从以学习和借鉴西方发达国家经验为主要内容的启蒙学习阶段，迈向了以推动我国司法改革进程为主要目的的自主开创阶段。正如党的十九大报告指出的那样，我国的司法改革进程步入了历史的新时代。对证据法学而言，新时代的开创之路充满了不确定性，但方针是明确的：紧密联系司法改革的实践，总结提升司法改革的经验，为司法改革的深化提供新的理论支撑，推动中国司法制度文明进步，进而引领人类司法制度文明的进步。这首先意味着新时代证据法学理论体系的架构要力求中国特色性与世界先进性的有机统一，不仅要学

① 参见［古希腊］亚里士多德：《范畴篇　解释篇》，方书春译，商务印书馆1959年版，第1~49页（范畴篇）；［英］罗素：《人类的知识——其范围与限度》，张金言译，商务印书馆1983年版，第76~102页（内容实指，名称专有）。

会自己走路，走自己的路，而且要尝试为世界引路和带路，为推动世界各国证据法制度文明进步提供有益的经验和范本。其次意味着如何面对新时代深化司法改革的需要，尝试建构崭新的证据法学理论体系，确立崭新的证据法学理论研究范式，是一个具有前提性、先导性和根本性意义的学科理论命题。本书只是这方面的一次初步尝试，深入探究下去的道路还任重道远。不管未来走向何方，可以肯定的一点是，证据法学理论研究的范式应当多样化，证据法学理论体系的结构模式应当多元化，任何同仁都可以进行富有个性色彩的开拓性尝试。面向全球飞速发展的中国出现了前所未有的知识饥渴，足以容得下各种开拓性的学术尝试。

为什么选择事实、真实、证据、证明、证据法等作为证据法学的基本范畴呢？主要原因是它们比较全面地浓缩了证据法律制度的基本原理，能够组合成为一套支撑证据法学理论体系的框架。在笔者看来，五大范畴像五根支柱一样，支撑起了证据法学理论体系的大厦；像阶梯一样，层层相接，形成了一个步入证据法学知识殿堂的阶梯；像路标一样，标志了在证据法学理论体系内自如穿梭的主干线路。因此，把握好这五大范畴，是掌握证据法学基本原理的一个简便易行的办法。

如何展开证据法基本范畴的研究呢？本书采取了如下两种思路：

一是在实践的层面，以“统一证据法典”的制定为视角。之所以如此，是因为统一证据法典的制定是司法改革的标志性成果，而且笔者曾经作为课题组成员参加了其中的部分工作，比较了解相关的情况。改革开放以来，我国的证据法经历了两次法典化的高潮，第一次法典化高潮出现在2005年前后，以中国人民大学民商事法律科学研究院的江伟先生为代表，集中学界和实务界的力量，不仅出版了一系列具有重大影响力的研究成果，而且提出了内容系统完备、带有十分浓厚的理想主义色彩的《中国证据法草案（立法建议稿）》，先后历经五稿，每一条都附有参考依据和理由说明。第二次法典化高潮从 2008 年前后开始至今，以中国政法大学证据科学研究院的张保生教授为代表，在学习西方国家先进经验的同时，更注重紧密联系中国司法改革的实践，集中学界和实务界的精锐力量，提出了现实针对性很强的《人民法院统一证据规定（司法解释建议稿）》，先后历经三稿，最后由最高人民法院采纳为试点稿，在四家中级人民法院和三家基层人民法院作为建议稿（而不是依据）予以试行。

比较江伟先生主持的“立法建议稿”和张保生教授主持的“解释建议稿”，可以发现，基本范畴研究在微观层面上有助于明确主要术语的含义，指导具体制度的设计；在宏观层面上有助于确立正确的事实观、真实观、证据观、证明观和证据法观，而这正是新时代证据法治观的完整内容。相对而言，后者的意义更为基础和根本，不仅影响统一证据法典的立法模式选择和框架结构设计，而且影响统一证据法典在推进司法改革进程和司法文明进步方面的作用。出于这种理论联系实践的考虑，本书在梳理学术成果、进行观点创新时，时时处处都从推动统一证据法典制定的角度考虑问题。

二是在理论的层面，以“证据法学研究范式”的转变为视角。通过对学术文献的梳理，笔者发现我国的证据法学理论研究正处于从古典证据法学范式向现代证据法学范式转变的转型期。这个转型不是具体细节性的，而是整体结构性的。证据法学理论体系发生结构性变革的主要原因是现代科学技术的日新月异和突飞猛进，造成人类活动领域大幅度扩张，推动人类的认识能力大幅度提高，尤其是促使全球化和信息化的后工业社会提前来临，从而促使（案件）事实在时空维度和广度上的大幅度扩展，事实之间的因果关系模式发生了根本性的转变，从单向度封闭型的必然性推理关系逐步变成了多向度开放型的盖然性计算关系。面对日趋高度复杂化的案件事实，古典的经验判断、常识判断、逻辑推理的方法日渐显得片面、简单和粗糙，不能胜任案件事实维度和广度大幅度扩张的现实需要。新时代证据法变革的出路在于以开放性的视野，引入信息分析的方法、经济分析的方法、概率分析的方法、跨学科知识协同的分析方法，应用高度智能化的计算机程序在事实认定和规范适用方面为法律人提供前期性、准备性和辅助性的决断（策）支持。这不仅意味着证据法学科视野的大幅度扩展，而且意味着证据法学理论体系的结构变革。

由此造成了法律证明范式的转向问题。笔者给出的答案是从还原论的古典证明模式转向建构论的现代证明模式。前者是以面向过去的视角，为了恢复或者矫正被破坏的生产生活秩序，而查明已经发生的案件事实原貌的证明模式；后者是以面向未来的视角，为了建构一种崭新的生产生活秩序，而证明已经发生的案件事实对未来意味着什么的证明模式。就现代证明模式而言，既要在时间维度上放得更加长远一些，将过去、现在和未来贯穿起来，更长远地查明案件事实的真相；又要将案件事实与生活事实的关联性维度扩展得多一些，以便从更多的角度考察案件事实的真相。

问题是案件事实的证明模式为什么要发生这种方向性、结构性的转变呢？这是因为就面向未来、以重构性或者建构性的方式来公平配置当事人的权利义务而言，已经发生的案件事实原貌仅仅是“案件事实真相”的一个时间阶段和组成部分而已，审理程序的进行和裁判的执行不能仅仅面向过去已经发生的案件事实，而是需要同时采取面向未来的眼光，考察已经发生的案件事实对未来生产生活秩序的影响。从法律价值的层面来说，面向过去的矫正正义重要，但面向未来的分配正义不是更加重要吗？面向过去找回失去的公道固然重要，但面向未来，积极能动地建构一种崭新的公平秩序不是更加重要吗？如果这种未来主义指向的正义观成立，就可以借此设立一个区分古典和现代证据法范式的分水岭：面向过去还原案件事实的原貌是古典证据法调整范式的主要特征，而面向未来建构案件事实的全貌是现代证据法调整范式的主要特征。

为了回应证据法调整范式的这种整体性、结构性转向，证据法学的研究范式更需要率先完成转变。在对五大范畴展开研究时，笔者在心中始终怀着一份这样的念想。笔者认为，改革开放以来我国证据法学在具体制度环节的创新上可谓成果丰硕，但具有全局性、整体性、结构性意义的创新较少，而具有长远前瞻性和世界引领性的观念创新和制度创新可谓少之又少。这种状况是不能满足新时代深化司法改革的实践需要，也不契合新时代对证据法学发展的要求的。本书正是出于这种考虑而进行的一点初步尝试，希望能够引起同仁们的共鸣，共同面向司法改革的新时代，推动统一证据法典的制定，致力于共和国司法文明的进步。

第一章 事 实

“以事实为根据，以法律为准绳”是具有宪法位阶的一般法律原则。在实践的层面上，该原则要求法律的制定、解释和实施都应当以法定方法调查收集的事实材料为根据。在观念的层次上，该原则确立了“事实观”先于“法律观”的基础地位。事实观是法律观的基础，要奉行正确的法律观，必先确立正确的事实观。

“事实”由此成为研究、制定和实施法律的逻辑起点，一个专门调整“事实”问题的法律部门为此而产生了，这就是证据法。从微观个案裁判的角度来看，静态的证据材料承载着“事实”的内容，动态的证明过程则围绕着事实真相的发现与认定展开。一旦剥离了“事实”的内核，司法证明过程将失去法律的意义。在宏观制度的层面上，正确的事实观是引导证据法规则体系建构朝着正确的方向进行的观念保证；否则，一旦奉行了错误的“事实观”，整个证据法体系将可能走向错误的道路，异化为一套荒谬的真相赌博规则（如古代神明裁判制度）、真相计算规则（如欧洲中世纪的法定证据制度）或者真相交易规则（如异化的辩诉交易制度）。

由此可见，在学理上不遗余力地研究“事实”的范畴，对确立正确的法律事实观，指导宏观层面的证据法规则体系制定与微观层面的司法证明过程朝着正确的方向进行，是很有意义的。

第一节 “事实”的语义探源

在中国的文化语境之中，事实是作为一个史学基本范畴诞生的，随后扩展应用到其他社会科学之中，其中包括法学。下文尝试应用字义分析的方法进行分析。

一、“事”的字义探源

甲骨文是汉字奠基的标志，是一个浓缩了所有汉字文化基因的活化石。为便于下文的分析，复制如下三张甲骨文图片以供直观对比分析。

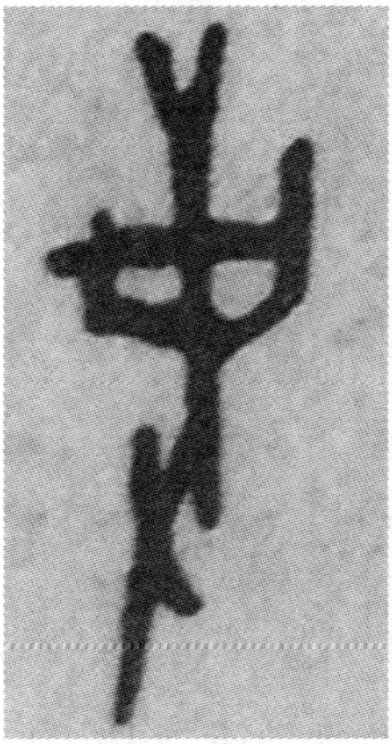
（事）

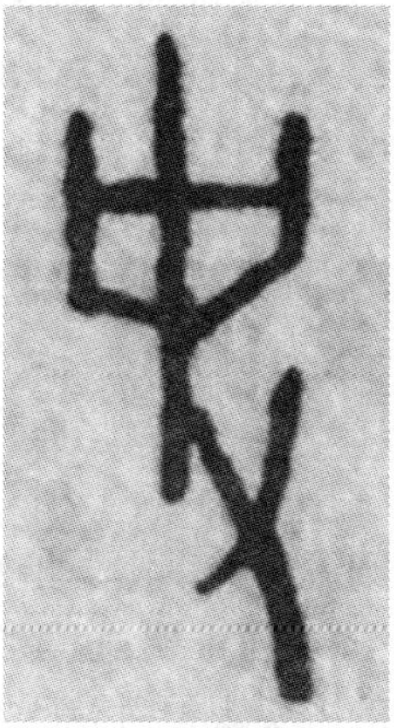
（史）

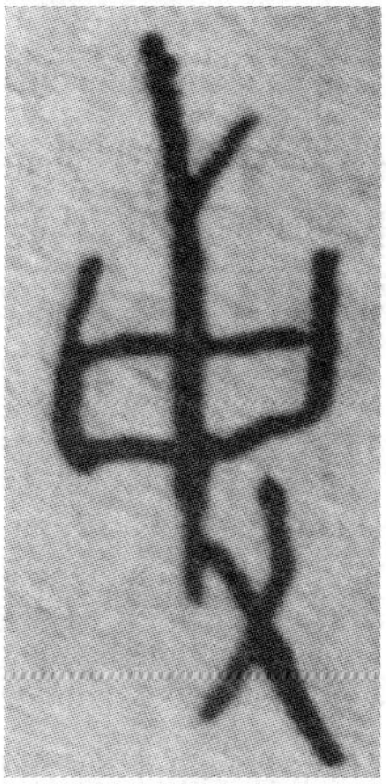
（吏）

这是从马如森先生撰写的《殷墟甲骨文实用字典》一书中截取的三张图片。① 马先生认为，史、吏、事三字的字形相同，都是“手执笔记事”的意思。笔者认为，这种解释的意义在于揭示了“事”之中的三个基本元素：一是主体元素，“事”应当是官吏进行的公务活动，具有官方行为的属性，如正式性、规范性、公共性等；二是内容元素，史官应当予以记载的“事”，不仅是客观发生的，而且应当具有史学上的特殊意义或者说重要性；三是方法元素，记事的书写工具是“笔”，是书写记事而不是口传记事、结绳

① 马如森：《殷墟甲骨文实用字典》，上海大学出版社 2008 年版，第 11 页（第 0004 号，吏）、第 74 页（第 0214 号，史；第 0215 号，事）。

记事等。相对于结绳记事方式而言，书写记事应用的是比较成熟的语言文字和专门的书写工具；相对于口传的神话传说、寓言故事等记事方式而言，书写记事方式更加客观、规范、简练，少有虚造、夸张、浪漫的主观编造因素。综合这三个方面要素的分析，可以发现，“事”的字义之中蕴含客观性、官方性、公共性、重要性等属性，凡不符合这些标准的事件均属于没有根据、意义或者价值的表面现象，不属于——由史官以公文书的正式语言和格式予以记载的——“事”的范畴。

在字形上值得关注的一点是：中间的一个“口”是指什么？对此，文字学界并未给予明确的解释。下面从马如森先生的书中截取三张图片，尝试应用殷墟文字学的构造原理进行解析。①

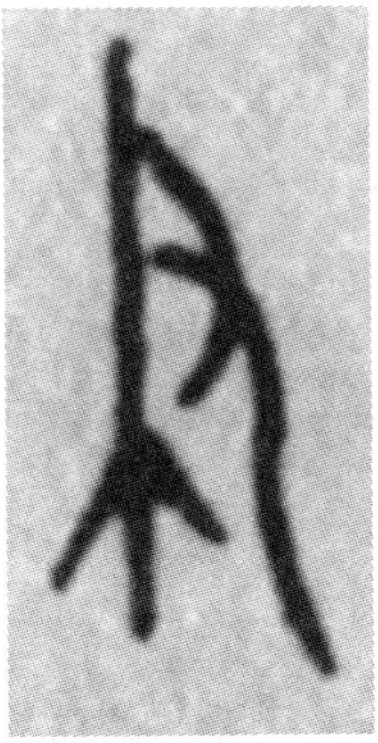

(聿)

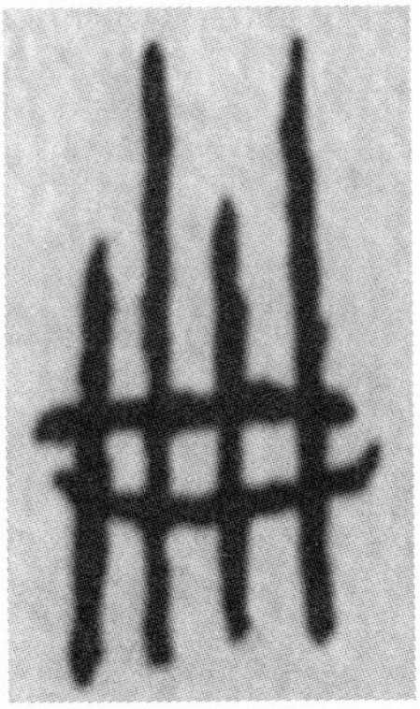

(册)

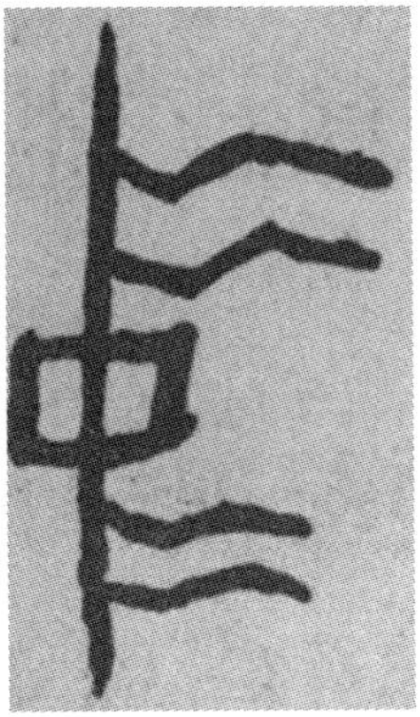

(中)

按照马如森先生的解释，“聿”在甲骨文中是“手执笔”的意思，是“笔”的最初字形。与史、吏、事三个字对比，可以发现笔画中多了一个反向简写的“毛”字形。对此，笔者尚未发现甲

① 马如森：《殷墟甲骨文实用字典》，上海大学出版社2008年版，第20页（第0035号，中）、第53页（第0142号，册）、第75页（第0217号，聿）。关于殷墟文字构造的主要原理，孙常叙先生在该书的第一篇序言中作了简要归纳：象形、趋简、求别。

骨文字学界有相关的解释。结合研习心得，笔者认为有几、册、中三种解释的可能性。“几”字在小篆和竹简中才发现[①]，说明单字成形的时代在秦汉时代，但几案作为工作生活用具却早在殷墟甲骨文时期就存在。如果“事”中的“口”是“几”的缩写，则意味着“事”的记载应当在几案——也就是现代所说的“办公桌”——上进行，这就印证了“事”的官方性、正式性、公共性等特征。“册”与“中”在殷墟甲骨文中已经发现并且确证。“册”是殷墟时代高规格、正式规范的记载媒体，如果“事”字中的“口”是“册”的缩写，那么，很契合“事”的官方性、重要性、正式性等特征。“中”字的原意是表示中心方位的旗帜，主要用于行军作战或者田猎等公共集会活动的指挥，本义是中间、中心、中央、中道的方位，引申的含义是符合、契合、中和、中意、中用等。[②] 如果“事”字中的“口”是“中”字的缩写，则很契合“事”的（社会）公共性、（意义）重要性、（方位）标志性等属性。

为了印证上述分析，从西周后期周宣王（公元前 832 至公元前 783 年）时代的《毛公鼎铭文》中截取“事”、“史”两个字进行对比：[③]

① 左安民：《细说汉字——1000 个汉字的起源与转变》，九州出版社 2005 年版，第 43 页。

② 左安民：《细说汉字——1000 个汉字的起源与转变》，九州出版社 2005 年版，第 174~175 页。另请参见张玉书等编：《康熙字典》，上海书店出版社 1985 年版，第 77~78 页；王力等编：《古汉语常用字字典（繁体字本）》，商务印书馆 2011 年版，第 457 页。

③ 《历代碑帖书法选》编辑组：《毛公鼎铭文》，文物出版社 1999 年版，第 26 页。

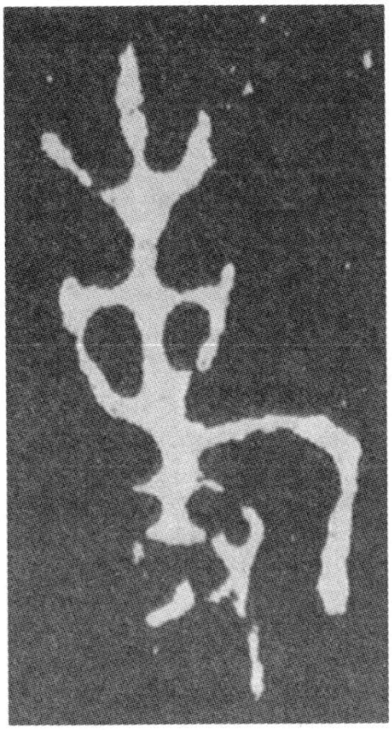
（事）

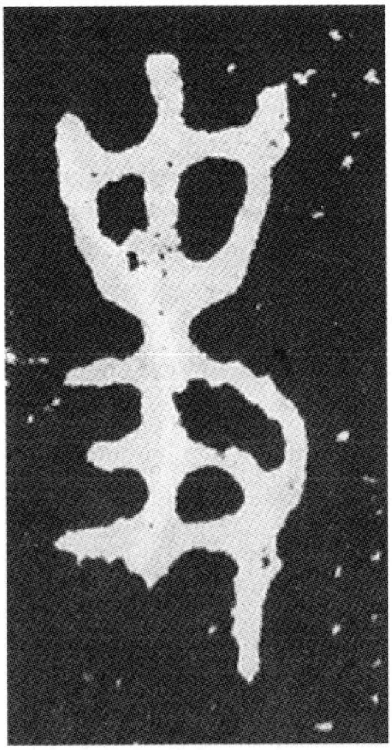
（史）

两个字的字形大体一致，但笔画明显不同，“事”字不仅在头部多出了一横，在口与手之间的位置也多出了一捺，是什么意思呢？笔者认为，这两个字在鼎文的同一行，中间相隔仅有两个字，为了避免混淆，有意增加笔画以示区别。问题是：这个区别是什么呢？回头看上文的“聿”、“中”和“册”字，与所增加的笔画之间存在相互印证的关系。

将前述三个层面的分析综合起来，可以发现“事”是指由史官以正式公文书的方式书写记载的、具有普遍重大影响的公共事件或者人物事迹。与一般的社会现象相比，“事”必须具备如下属性：

（1）客观性，是实际上发生的而非凭借语言虚假编造的事件。

（2）公共性，是对一定范围人们的生产生活具有普遍影响的事件，换言之，涉及中央或者地方的国计民生。

（3）规范性，是在法定的公务场合，以特定的语言、书写和记载方式，按照法定的标准和范围记载的事件。

（4）官方性，是由各级官吏负责实施，最后由（报请）史官予以记载的事件。

（5）重要性，是具有明确的目的指向、价值内涵或者影响范围的事件。

凡不符合以上五大标准的事件，属于偶然、表面的社会情况或者自然现象，不属于“事”。

符合以上标准的“事”种类很多，人物事迹和公共事件是最为重要和常见的两大类型，前者以个人的主观意志为转移，是个人意志作用的产物；而后者则不以个人的主观意志为转移，是自然规律或者社会规律在特定条件下发生作用的产物。

二、“实”的字义探源

从现有的文字资料来看，“实”字诞生于金文时期（东周），比“事”字晚了一个朝代产生。下面结合两个图片，进行字义分析。

（金文“实”）①

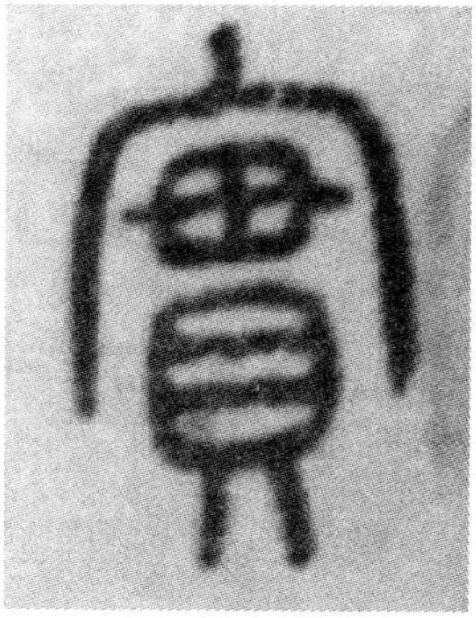

（篆文“实”）②

① 左安民：《细说汉字——1000个汉字的起源与转变》，九州出版社2005年版，第114~115页。

② 张玉书等编：《康熙字典》，上海书店出版社1985年版，第314~315页。

综合左安民先生的解释和《康熙字典》的解释，“实”字的构词由“房屋”（居室、仓库）、“钱贝”（货币）、“货物”（分类存放的粮食、器具等）三个部分构成，字面含义是富足、充实，引申含义是实据（有据可考）、实在（有迹可查）。

从“实”的字形字义中可以提炼出如下属性：

（1）客观性，是有真凭实据的实际存在，而非主观臆造的虚无缥缈。

（2）功用性，是对生产生活有实际用处的物品或者产品。

（3）普遍性，是社会民众普遍认可、可以广泛流通的基本生活物品。

（4）完整性，物品或者产品的组成部分完整，能够发挥其应有作用。

综合前述分析，“实”具有两层含义：一是充实，意指自身结构完整、对人们的生产或者生活具有普遍基础作用的产品或者物品；二是实在，意指有据可查、有证可考的客观实在情况。

三、“事实”的词义探源

“事”字诞生于殷商时期，而“实”字诞生在东周金文时期，两个隔代产生的字结合成一个词，是否也需要再隔一个朝代呢？资料表明答案是肯定的。《史记》在庄周列传篇中说“率皆虚语，无事实”，这是笔者所接触到的“事实”作为一个完整的词语出现的年代最早，也最为规范成熟的资料。在这短短的一句之中，“事实”不仅作为一个完整的组字词语出现，而且与其对应的反义词“虚语”也一同出现，相互印证，相反相成。司马迁作为史学家的语言功底由此可见一斑。

从前述字源分析来看，“事”与“实”之所以能够组合成一个固定的词语，是因为两者之间在含义上具有内在的关联性和互补性。具体而言，在客观性、普遍性的含义上，两者是一致的；“事”的官方性、正式性与“实”的完整性之间相互补充，“事”

的重要性与“实”的“功用性”之间相互印证。对此，笔者在《事实与真实的语义之辩》一文中指出：

“将‘事’与‘实’组合起来，构成‘事实’这个词，绝非纯粹历史的偶然或者无作的巧合，而是我们的祖先有意识进行的文化创作，其中蕴含着主观与客观、实质与形式、过程与结果、手段与目的等一系列相对辩证的哲学思想。”①

从反义词“虚语”来看，“事实”作为一个词的特殊意义在于强化“客观实在性”的含义，使之成为“事实”一词所要表达的中心含义。诸如正式性、重要性、规范性、普遍性、功用性等来自单字字源的含义，在“事实”的组词里都成为次要的、派生的含义，它们都建立在“客观实在性”的基础上。随着“事实”一词向其他社会科学领域的扩展，“客观实在性”成为越来越突出的中心含义，而其他派生的含义则日渐淡化了。

从前述词源分析来看，“事实”一词在古文语境中有两层含义：一是有迹可考、有据可查的“客观实际情况”；二是独立于人的主观意志，不以人的主观意志为转移的“客观实在性”。这两层含义延续至今，成为社会科学的不同领域形成自己“事实”范畴的共同理论支撑点。

第二节　哲学事实的概念：哲理化的事实

所有的社会科学领域都涉及“事实”的范畴，但哲学上的相关研究具有最为普遍的基础作用和导向作用。哲学有关事实范畴的研究是法学上形成事实概念的宝贵知识来源，而哲学事实观与法律事实观之间更是存在紧密的互动关系。下文尝试解析具有代表性观

① 高家伟：《事实与真实的语义之辩》，载卞建林主编：《诉讼法学研究》（第12卷），中国检察出版社2007年版，第9页。

点，在此基础上进行引申思考。

一、罗素的独立客观实在论

罗素是“独立客观实在说”的代表者，明确而又坚定地强调“事实”独立于人的主观意志和认知活动的客观实在性，认为独立于人的主观意志而自在自为地存在的一切自然现象和社会事件都是事实。笔者将其观点称为独立客观实在论。

（一）事实的概念

在《人类的知识——其范围与限度》一书中，罗素从知识学的角度对“事实”的概念作了既朴素而又明晰的限定：

> “我所说的‘事实’的意义就是某件存在的事物，不管有没有人认为它存在还是不存在。”①

围绕这个定义，罗素从如下四个层面作了解析：

1. 作为实指概念的事实

罗素首先指出“事实”是一个有具体特定指向的实指概念，不是一个抽象的、宽泛的、没有具体特定指向的泛指概念。这就是说，具体性、特殊性、个别性是“事实”概念之中所蕴含的属性内涵。在这个意义上，“事实”一词表示具体特定的事件或者事物。“‘事实’这个名词照我给它的意义来讲只能用实指的方式来下定义。世界上的每一件事物我都把它叫作一件‘事实’。（例如）太阳是一件事实，凯撒渡过鲁比康河是一件事实。”②

2. 作为属性概念的事实

罗素接着指出“事实”是一个属性概念，是指独立于人的主观意志和心理认识的客观存在属性。客观的实在性、自在自为的独

① ［英］罗素：《人类的知识——其范围与限度》，张金言译，商务印书馆 1983 年版，第 177 页。

② ［英］罗素：《人类的知识——其范围与限度》，张金言译，商务印书馆 1983 年版，第 176 页。

立性是“事实”一词所表达的属性内涵。“大多数的事实的存在都不依靠我们的意愿……大部分物理事实的存在不仅不依靠我们的意愿，而且也不依靠我们的存在。”① “事实是不论我们对之持有什么样的看法而该是怎么样就是怎么样的东西。”②

3. 作为实效概念的事实

罗素接着指出，“事实”是一种实效的概念，是用来鉴别特定的陈述真伪的根据。这就是说，只有事实才能作为证据使用，事实未必是（用作）证据，但证据必须是事实。“事实是使叙述为真或者伪的条件。我愿把‘事实’这个词限定在一个最小的范围内。这个最小范围使得任何一个陈述的真或者伪可以通过分析的形式从那些肯定这个最小范围的陈述得出来所必须知道的。”③ 按此，事实在作为证据时，必须有明确的指向，必须指向特定陈述的真伪辨别，不允许大而化之，更不允许泛泛而谈、模棱两可。可见，相关性、明确性是“事实”一词所蕴含的属性要求。

（二）事实的意义

从哲学的角度探寻事实的概念，其意义何在呢？罗素给出的回答是：

首先，理性而又能动地对待事实是人类与动物的区别所在。“人是什么”是哲学的三大经典命题之一，研究事实的问题是从一个角度解答“人是什么”的问题。对此，罗素从知识学和生物进化论的角度指出，如何对待“事实”是人类与动物的区别所在。生活的环境是由事实构成的，人与动物都会适应环境，但唯有人类才配得上“知识”这一珍贵的名称，以科学的态度和方法去认识作为事实的环境，从而能动积极地适应（改造）环境。“从生物学

① ［英］罗素：《人类的知识——其范围与限度》，张金言译，商务印书馆 1983 年版，第 176~177 页。

② ［英］罗素：《逻辑与知识》，范莉均译，商务印书馆 1996 年版，第 219 页。

③ ［英］罗素：《人类的知识——其范围与限度》，张金言译，商务印书馆 1983 年版，第 176~177 页。

的观点来看，我们的全部认识生活是对于事实的适应过程的一部分。这个过程是一切生物在大小不同程度上都具有的一个过程，但是除非发展到一定的阶段，一般并不把它叫作‘认识’的过程。因为在最低级的动物与思想最深刻的哲学家之间并没有一道分明的界限，所以……我们不能准确说出我们是在什么地方从完全属于动物的行为过渡到配得上‘知识’这个珍贵名称的阶段。但是，每个阶段都有适应的过程，而动物本身所要适应的就是由事实构成的环境。”①

其次，事实的概念是知识、信念、真理等范畴的基础。罗素之所以对“事实”作如此细致的界定是为有关信念、真理、知识的论述奠定前提条件，因为信念、真理只有在经过事实验证、其内容得到确定之后才能成为知识。在罗素看来，事实是甄别信念之真伪、真理与虚妄的根据。“一个真的与伪的信念之间的区别正像一位太太与一位老处女的区别那样：真的信念有着与它有一定关系的事实，但伪的信念就没有这样的事实。为了完成我们对于‘真理’和‘虚妄’要下的定义，我们需要对一个已知信念为真的那个事实作出描述，这个描述在信念为伪的情况下不能适用于任何事物。”②

（三）事实的图景

从作为认识对象但不以人的主观意志为转移的独立客观、自在自为的“事实”出发，经过信念和真理的形成、发现、验证与甄别，最终到明确系统的（科学）知识的形成，罗素勾勒了一幅知识学上的“事实”范畴的图景。事实的独立、客观、实在等属性归根结底服务于人类认识活动真伪的鉴别，事实的独立、客观、实在等属性只有在成为人类精神活动的属性时，作为“珍贵名称”的“知识”才会形成。事实的发现、认定、应用的过程，是一个

① ［英］罗素：《人类的知识——其范围与限度》，张金言译，商务印书馆 1983 年版，第 177 页。

② ［英］罗素：《人类的知识——其范围与限度》，张金言译，商务印书馆 1983 年版，第 184 页。

确立信念、验证真理的知识过程。如果剥离掉信念和真理的内核，事实的独立性、客观性、实在性等本质属性（要求）将失去意义。在这个意义上，罗素指出，

“一切存在的，或者至少，一切为人所知道是存在的，在某种意义上，都必然是精神的。”①

二、胡塞尔的本质直观还原论

与大洋国海风吹拂下形成的热情奔放的经验主义智慧不同，在欧陆上空寒冷气流笼罩下凝结的是冷淡纯粹的理性主义智慧。现象学的开山导师胡塞尔沿着康德所奠定的纯粹理性主义的道路，披荆斩棘、开疆拓土。笔者将胡塞尔现象学意义上的事实观称为本质直观还原论。

（一）主要论点

笔者将胡塞尔事实观的要旨概括为如下三点：

1. 本质科学

胡塞尔首先主张明确区分表象与本质、事实科学与本质科学，确立两者之间的辩证关系。事实科学的研究对象是偶然、多样、特殊的外在表象，本质科学的研究对象是必然、统一、普遍的内在本质。事实科学作为经验科学，总是着眼于外在表象的特殊性，亦即把事实“设定为某些在时空中的具体存在物，设定为某种在此时间点上的东西，具有其本身时延和实在内容的东西。这种实在内容，就其本质而言，也可以存在于任何其他时间点上。……普遍而言，每一个别的存在，都是‘偶然的’。它如是存在着，就其本质而言，它可以不如是存在”。② 与此不同，“纯粹本质科学，如纯逻辑、纯数学、纯时间学、空间学、运动学等等，在每一思想的阶段

① ［英］罗素：《哲学问题》，何兆武译，商务印书馆1999年版，第28页。

② ［德］胡塞尔：《纯粹现象学通论》，李幼蒸译，商务印书馆1996年版，第49~50页。

上它们都摆脱了各种事实设定……在他们之中无作为经验的经验，即作为现实的、作为一种把握着或者设定着事实存在意识的经验，可承担奠定基础的功能……因此纯本质科学的本质就在于，它以纯粹本质的方式运作。”① 在两种科学的关系上，胡塞尔认为“每一种本质科学都原则上独立于每一种事实科学，但是……事实科学的情况正好相反”。② 按照这种学科的逻辑，表象依附于本质，但本质却独立于任何一种表象。

2. 本质直观

接下来的问题是：如何区分表象与本质呢？胡塞尔给出的一个重要方法是“本质直观和个别直观”，用个别直观的方法甄别丰富多变的偶然性，用本质直观的方法洞察稳定普遍的必然性。既然“属于个体本质的每种东西，其他个体也可能有”，那么，

> “当我们说，任何事实‘按其自身本质’可以是其他样子时，我们已经是在说，每一偶然事物按其意义已具有一种可被纯粹把握的本质，并因而具有一种艾多斯（纯粹本质）可被归入种种一般性等级的本质真理。”③

因此，作为方法论的本质直观，“是一种原初给予的直观，这个直观在其‘机体的’自性中把握着本质”。④ 与此不同，“个别直观的主要部分，即个体的显现、被见，是以其（本质直观）为根据的”。⑤ 这就是说，本质的直观是个别直观的基础，只有先洞察事物的内在本质，才能正确地把握其外在的表象。

---

① ［德］胡塞尔：《纯粹现象学通论》，李幼蒸译，商务印书馆1996年版，第57~58页。

② ［德］胡塞尔：《纯粹现象学通论》，李幼蒸译，商务印书馆1996年版，第59页。

③ ［德］胡塞尔：《纯粹现象学通论》，李幼蒸译，商务印书馆1996年版，第50页。

④ ［德］胡塞尔：《纯粹现象学通论》，李幼蒸译，商务印书馆1996年版，第52页。

⑤ ［德］胡塞尔：《纯粹现象学通论》，李幼蒸译，商务印书馆1996年版，第53页。

3. 本质还原

那么，如何进入这种“本质直观”的状态之中或者说获得这种“本质直观”的能力呢？胡塞尔提出了“现象学还原”的命题。为了“在此纯粹性中为现象学奠定基础”①，应当“最大限度地排除本质事物，并因此相应地排除一切本质科学”。② 但是，相对于对其他科学知识的排除而言，更为关键的环节是认知者必须超越自我，从作为表象的自我开始一直到纯粹自我，不断地进行超越，从而进入一种纯粹的认识状态之中。这就是说，

“作为自然存在和作为人的联合体中的、‘社群’中存在的人被排除了，此外也排除了一切（作为）其他生物（的自我）……把还原一直进行到一种纯粹意识流。”

经过这样一系列的纯粹自我反思式的排除过程，只“留下了作为排除作用剩余的纯粹自我……”③ 然后，

“把纯粹自我当作现象学的一种材料，而一切超出此界限的、与自我有关的理论都应加以排除。”④

此时，

“在该自我处就呈现出一种独特的——非被构成的——超验性，一种内在性中的超验性。”⑤

---

① ［德］胡塞尔：《纯粹现象学通论》，李幼蒸译，商务印书馆1996年版，第156页。

② ［德］胡塞尔：《纯粹现象学通论》，李幼蒸译，商务印书馆1996年版，第153页。

③ ［德］胡塞尔：《纯粹现象学通论》，李幼蒸译，商务印书馆1996年版，第150~151页。

④ ［德］胡塞尔：《纯粹现象学通论》，李幼蒸译，商务印书馆1996年版，第152页。

⑤ ［德］胡塞尔：《纯粹现象学通论》，李幼蒸译，商务印书馆1996年版，第152页。

在获得了这种立足于纯粹自我的内在超验性之后，

“只运用我们能在意识中和从纯内在性中洞见到的东西。”①

这个东西就是认识对象的本质。

(二) 评价与启发

按照笔者的理解，胡塞尔现象学的主旨在于通过一系列排除干扰或者误导的现象学还原方法，引导认识过程进入一种纯粹理性洞察的状态之中，从而获得一种本质直观的能力，得以准确地区分表象、假象等外在的现象，而发现客观、普遍、必然的本质内核。胡塞尔认为，事实的表象与其内在的本质是不可分的，只有准确地把握其内在的本质，才能正确地认识其外在的表象；反过来说，“现象是本质的直通车”，以正确的方法排除假象、幻象、乱象的干扰，找到能够反映本质的现象，是现象学的任务之所在。

总体而言，胡塞尔的现象学延续着自康德以来的德国古典理性主义的思路，注重应用表象与本质、偶然与必然、外在与内在、普遍与特殊、一般与个别等辩证分析的方法，在方法论上的主要突破在于“现象学的还原”与“本质的直观”，为通过“现象学的还原”而获得“本质的直观”能力提供了一个精密细致的蓝图。就“事实”而言，胡塞尔将其作为经验科学的研究对象，这是片面的，因为“事实”之中既有外在偶然特殊表象的因素，也有内在普遍一般本质的因素，只有将经验科学的方法与本质科学的方法综合起来，才能获得对“事实”的全面认识。这一点是借鉴胡塞尔现象学理论时应当注意的。

三、王长存的原始客观实在论

王长存先生在论及事实的范畴时，强调事实是一种原始客观的

① ［德］胡塞尔：《纯粹现象学通论》，李幼蒸译，商务印书馆 1996 年版，第 155 页。

存在状态，不仅独立于人的主观意志，而且不受后来情况变化对原初状态的影响。笔者称之为原始客观实在论。

王先生重点论述了事实的如下四重属性：

（一）客观性

事实具有独立于人的意志的客观实在性。“人们可以根据现实条件和客观规律预测将来可能出现什么情况，但在这种情况出现之前，这只能叫推测而不能叫事实。作家在文学创作中可以依靠形象思维来塑造某种事物的形象，如果塑造的形象符合社会生活的本质和规律，在文学意义上可称之为‘艺术的真实’；但在哲学意义上却只能算作是艺术而不能算作是事实。”①

（二）原始性

事实在发生或者产生时的原初状态即是事实本身。后来情况的变化造成事实存在状态改变的，是增加了新的事实，并未改变原初的事实。“凡事实都是保持原来的样子，是不会也不能改变的。事物的被改造仅仅意味着又出现了新的事实，而并不意味着改变了原来的事实。”② 金岳霖先生从知识学的角度也提出了类似的观点：“事实是我们拿了没有办法的。事实是没有法子更改的。所谓修改事实，只是使将来与现在或已往异趣而已。事实总是既成或正在的，正在或既成的事实，只是如此如彼的现实而已。”③

（三）永恒性

事实具有内在本质的永恒性。事实一旦发生就不可能消灭，会以某种方式持续地存在。“某种事实一经发生，它就成了历史中的一个颗粒，一个不可磨灭的组成部分。”④ 事实的外在表象可能变化或者灭失，但事实的内在本质则会永久地存在。

---

① 王长存：《论事实》，载《光明日报》2005年10月11日。

② 王长存：《论事实》，载《光明日报》2005年10月11日。

③ 金岳霖：《知识论》（下册），商务印书馆年2011年版，第784页。

④ 王长存：《论事实》，载《光明日报》2005年10月11日。

（四）完整性

事实具有全面性与完整性，主张应用系统分析的方法全面地认识事实。一方面要进入事实的“内部”，认识每一项事实的内在构成要素、本质属性和结构关系；另一方面要跳出“事实”本身，从外部关联因素的角度考察它在更大的事实背景中所处的地位和所起的作用。只有把这两方面结合起来，才能“从事实的整体上，从它们的联系中去掌握事实”。

符合上述特征的事实“不仅是‘顽强的东西’，而且是绝对确凿的证据”。[①]

四、彭漣漪的主客观一致论

相对于学界的其他观点而言，彭漣漪先生有关事实的论述最为系统深入。在坚持事实的客观实在性的基础上，彭先生强调了“事实”的特殊性与原始性，最后落脚于主观认识与客观存在之间的一致性。笔者因此将彭先生的观点归纳主客观一致论。

（一）事实的一般属性

在事实的诸多属性之中，彭先生强调了如下三点：

首先，事实具有客观实在属性。“事实之所以是事实，首先必须是存在的。”但是，彭先生的独到之处在于借用了命题学的分析方法和术语，视角独特，认为事实作为一种存在，其特殊之处是一种自在自为的存在，既没有所谓的正负之分，也没有所谓的真假之分。“所谓负事实，即事实的否定，就是肯定事实的不存在，而不存在就无所谓事实。所以负事实的说法是不成立的。不言而喻，与之相对应的所谓正事实也就没有意义。一句话，事实就是事实，无所谓正负。”另外，事实只能通过肯定命题来表述，而不能通过否定命题来表述。“一个真的特殊的否定命题，虽然有事实上的根据，但本身并未直接肯定或表述任何事实，所以，事实只能是一个

① 王长存：《论事实》，载《光明日报》2005年10月11日。

真的特殊的肯定命题所表现的内容……但是，命题有真假，事实是否也有真假呢？答案是否定的。人们有时提出要求事实是确凿无疑的，也不是因为有什么错误的事实、假事实存在，而是由于人们对于呈现在感官面前的事物、现象，有时候可能作出错误的判断，把不存在的现象当作事实，即把不是事实说成是事实。”①

其次，事实具有特殊性，亦即事实是唯一的、具体的存在，只可能类似、循环地出现，而不可能被复制或者重复相同地出现。“正因为事实只能是特殊的，所以，事实本身是不能重复的。所谓‘历史的重演’、‘事实的反复’说的无非都是类似的事实的‘重演’和‘反复’出现而已，并非指同一事实的重复出现。问题很清楚，历史事实是已经逝去的、存而不在的事实，它是无法再重复出现的；当前的事实无论彼此有多么相似，它们都是在不同的特殊的时空关系中出现的，因而，也决没有重复的可能。”“但是，这并不意味着我们否认类似的事实（注意不是指同一件事实）是可以重复出现的。而且恰恰相反，正是由于我们承认类似事实重复出现的可能性。”②

最后，事实具有既成的原始性，事实一旦形成，既不可能改变，更不可能抹杀。“因为原有的事实在新事实出现后仍然是事实，只不过它已经存而不在而已。但它作为一种既成的事实，无论随后还会有多少新事实出现，都是否定和抹杀不了的，因此，它绝不会随着新事实的出现而有任何改变。”③

（二）主客观的一致性

彭先生从知识学和逻辑学的角度，将自己的主张落脚于主观认识与客观存在之间的一致性。

作为人类认识活动的对象，事实的发现、描述、判断深受人类

① 彭漪涟：《事实论》，上海社会科学院出版社 1996 年版，第 5 页。
② 彭漪涟：《事实论》，上海社会科学院出版社 1996 年版，第 78 页。
③ 彭漪涟：《事实论》，上海社会科学院出版社 1996 年版，第 75 页。

的主观因素影响，必须采取某种特定的命题表达方式等，这就产生了主观判断与客观存在的一致性难题：

“事实是呈现于感官之前的现象，它为概念所接受（即为概念所摹写），并由主体作出判断而被发现和确定。”①

这就意味着，自然界的事物或者人类社会中的事件在进入人类的认知领域之前只是没有意义的东西而已，不能称之为“事实”。“事实”作为一个科学的概念，是指人们对所感知事物的一种判断和描述。当人们提及“事实”的范畴时，即意味着进入了认识论或者知识学的领域之中了。“事实”在这里是认知的客体和语言的描述对象，必然要打上主观判断因素的烙印。因此，

“所谓事实乃是人们在感觉中被感知的关于事物情况的一种判断，而就事物的情况（某事物具有某性质或某事物与另一事物之间具有某种关系）即使不为人所感知、不为主体概念所接受并从而由主体作出判断，它也客观存在着这一点而言，事实具有客观的性质；而就事物的情况只有为主体的概念所接受并由其作出断定才算是陈述和确立了一个事实而言，事实又有主观的性质（概念、判断都是一种主观思维的形式和活动）。而这种客观性与主观性的统一则集中地表现为事实与命题的统一。其中，事实集中体现了这种统一的客观内容方面，命题则集中体现了这种统一的主观形式方面。”②

可见，主观认识与客观存在之间的关系是事实范畴中蕴含的一对主要矛盾，是检验不同学术立场的一块试金石。事实是独立于人的主观意志的既成客观实在，人不可能改变事实，但是却可以认识事实，是主观认知与客观实在达到一致，也就是说，使判断命题的描述内容与事实的实际情况一致，此即所谓的命题事实与客观事实

① 彭漪涟：《事实论》，上海社会科学院出版社 1996 年版，第 70~71 页。

② 彭漪涟：《事实论》，上海社会科学院出版社 1996 年版，第 134~135 页。

的一致性。

五、启发

如果说语义分析的意义在于追根溯源、刨根问底，在于面向过去而深厚奠基，那么，哲学分析的意义在于确立行为的基准、确定行动的出发点，在于面向未来而校准指南。

(一) 客观事实与命题事实的一致性

比较中外学界的观点，可以发现“主客观一致性”问题在事实范畴中处于核心的地位。这里应用维特根斯坦的逻辑哲学原理和金岳霖先生的知识学原理进行引申论述。

命题是“逻辑学上指表达判断的语言形式，由系词把主词与宾词联系而成”。[①] 在认识事实的过程中要作出判断，必须采取判断命题这种特殊的语言表达方式。维特根斯坦认为命题是对事实进行分析判断的逻辑中介，“事实的逻辑形象”是“思想”的对象，“有意义的命题”则是“思想”的工具。[②] 客观存在的事实是通过命题的语言中介，进入人类思想的场域之中，在人类的头脑之中形成命题事实。在命题事实与客观事实之间，“必须有某种同一的东西，使得前者一般地能成为后者的形象”。[③] 所谓“同一的东西”，是指相同的要素和结构，如主体、客体、时间、空间、结构等，客观事实作为“客体……的构成是与……在命题记号中的构成相对应的”。[④] 因此，“只要我们理解这个命题，则我们就能知道它所叙述的（事实）情况”。[⑤]

---

① 中国社会科学院语言研究所词典编辑室编：《现代汉语词典》（第3版），商务印书馆1996年版，第892页。

② ［奥］维特根斯坦：《逻辑哲学论》，郭英译，商务印书馆1985年版，第34、43页。

③ ［奥］维特根斯坦：《逻辑哲学论》，郭英译，商务印书馆1985年版，第33页。

④ ［奥］维特根斯坦：《逻辑哲学论》，郭英译，商务印书馆1985年版，第36页。

⑤ ［奥］维特根斯坦：《逻辑哲学论》，郭英译，商务印书馆1985年版，第46页。

客观事实与命题事实之间的完全一致性是人类认知活动的理想目标，两者之间达到一定程度的一致才是实际的情况。客观事实与命题事实之间的区别也是同样值得重视的问题。金岳霖先生在《知识论》中细致地分析了命题事实与客观事实之间的区别：(1) 命题对事实的描述和判断有真假之分，而客观存在的事实无真假之分；(2) 命题有肯定和否定之分，而事实无肯定与否定之别；(3) 命题有正负之分，而事实无所谓正负；(4) 命题有普遍、特殊之分，而事实无普遍、特殊之分；(5) 命题有必然与可能之分，而事实本身则无所谓必然与可能；(6) 命题可以重复，而事实则不可重复。①

(二) 事实的道德决断内涵

将语义分析和哲学分析综合起来可以发现，不以人的主观意志为转移的“客观实在性”是一致公认的“事实”的本质属性，指向某一特定具体的情况、事物或者事件的“特殊具体情况”则是事实的本质内核，不同观点对其他内涵或者属性的阐述都是以此为出发点和立足点而展开的，笔者对此深表赞同。在此基础上，笔者强调如下三点感悟：

1. 事实自身存在的完整性

事实是一个由内在的构成元素和外在表现方式构成的一种综合的、完整的、整体的存在。当人们将一个事物、事件或者行为称为“事实”时，意味着承担了一种认识论上的道德义务，一方面尽其所能去完整全面地看待这个事物、事件或者行为；另一方面明确地承认自己观点、立场与方法的片面性与局限性。不同的学者在阐述自己的观点时可以立足于不同的角度，如知识学、现象学、逻辑学等，可以强调事实范畴不同方面的属性和要素，但这并不改变事实本身的综合性、系统性、整体性与完整性。

2. 事实认识角度的无限性

比较四位学者的观点，可以发现，事实实际上是一个无限维

① 金岳霖：《知识论》（下册），商务印书馆 1983 年版，第 845~847 页。

度、无限向度的综合范畴，其中蕴含着客观与主观、表象与本质、具体与抽象、特殊性与普遍性、偶然性与必然性、感性经验与理性直觉、意义指向与语言方式等不同的认知角度和分析向度，蕴含着经验、信念、真理、知识等不同的认知层次，单凭一种向度或者方法不可能认清事实，更不可能上升到信念、真理、知识的高度深刻地认识事实。只有综合应用多学科的分析方法，才能尽可能全面客观地认识事实。

3. 事实决断义务的道德性

作为认识对象的事实是独立、客观、实在的，既具有永恒普遍的本质属性蕴含其中，又具有外在偶然的表现形式（表象）。但是，事实的认知过程受时间、空间的尺度限制，受语言、方法、资源的限制，因此在不可能无限进行下去的认知过程中的某个阶段必须作出最终的判断，即决断。认知者如何作出决断，在决断的时刻不再是知识问题，因为对事实的认识过程到此为止；而是道德问题，因为面向未来的安排才刚刚开始，认知者因此承担着一个关于未来何去何从的方向选择，而作出方向选择的根本依据是内心中的道德决断。在这种道德的决断之中，人类与动物的区别到底何在——这一古老的、原始的命题——起着关键的作用。这就是说，认知者在作出事实决断时，既可能应用（动）物的尺度，也可能应用人（类）的尺度。在笔者看来，罗素在论述“事实”的范畴时，最后用“配得上知识这一珍贵名称”的术语来表示人类认识事实的过程与动物认识事实的过程之间的根本区别，可谓切中关键、入木三分。

写到这里，笔者想起了荷尔德林的一段诗句：[①]

为了高尚美好的目的

Das Höchste seinem Zweck, das Herrlichste benennen

---

① 参见［德］荷尔德林：《塔楼之诗》，先刚译，同济大学出版社 2004 年版，第 21 页。笔者根据自己对德文诗句的理解，对译文语句作了修改。

要以人的尺度体察世界

Gemäß der Menschheit so des Lebens Welt betrachten

是的，为了将事实的认识过程指向高尚美好的生活，认知者在最后决断的时刻必须以人的尺度体察世界。这就是事实决断中的道德义务。

第三节 法律事实的概念：规范化的事实

“事实”是一个横贯所有社会科学领域的基础范畴。语言学上的“事实”概念是文化传统的源头，哲学上的“事实观”是社会科学研究的共同起点，史学、法学、社会学、经济学等领域中的事实观则是哲学事实观的具体化。下文着重阐述法律事实的规范性特征，以便为法律事实确立一个比较清晰的边界。

一、法律事实的规范性特征

对此，学界具有代表性的观点认为，法律事实是“法律规范所框定的，而又经过法律职业群体（法官起着最终决定性作用）证明的‘客观’事实”，[①] “是事实因素与法律相结合的产物，是获得了法律的评价，带有法律价值色彩的事实。根据程序公正的要求，诉讼中再现的事实，必须符合法律的形式规定，并受制于法律的评价。在此基础上认定的事实，才是法官据以定案的根据”。[②]

相对于史学、社会学、经济学等领域的事实范畴而言，法律上的事实范畴也具有客观实在性、具体特殊性、系统完整性等特征，但最为突出的特征是规范性，法律事实本质上是一种规范事实，是在目的、内容、形式、方法、后果等方面都以法律条文的方式预先

---

① 陈金钊：《论法律事实》，载《法学家》2000年第2期。

② 肖建国、肖建华：《民事诉讼证据操作指南》，中国民主法制出版社2002年版，第284页。

地予以模式化了的事实。[1] 法律事实的范围（标准）、构成（内容）、效果（意义）、表现方式以及调查、收集、应用的程序都由法律规定，只有在符合法律规定时才会被认为是法律事实。否则，即使具备了客观实在性、具体特殊性等本质特征，也不会认定（采纳）为法律事实。这就意味着，在伦理学、社会学、经济学、管理学上有意义的事实很有可能在法学上被认为没有意义而被排除。这方面最为典型的例子是证据法上的排除规则，如案卷排除规则、相关性排除规则、非法证据排除规则等。

法律事实的规范属性表现为：

（一）形式的正式性

任何事实作为一种具体客观的实在，都具有自己的存在方式。法律事实要求采取法律规定的存在方式或者载体，如口头语言、书面文书、电子信息、影像资料等。在形式上明显不规范的存在方式将导致其中所承载的事实内容不会在法律上认定和采纳。

（二）内容的明确性

法律事实的构成要素和效果内涵必须明确肯定，指向特定主体的某个行为、某项权利、义务或者责任。在法律上不（允许）存在既没有明确的主体归属，也没有权利、义务或者责任指向的模糊事实。日常生活中经常发生这样的模糊事实，但法治的目的正在于尽可能避免这样的模糊事实出现，引导人们走向平凡平常却富含理性和意义的生活。

（三）方法的规定性

调查、认定、采纳法律事实的程序、方式、方法不仅要具有科学性，而且要具有合法性，符合相关法律的规定。否则，有关的事实会在法律上被排除。

---

① 陈金钊：《论法律事实》，载《法学家》2000年第2期。作者指出："虽然法律事实是法官在适用法律的时候认定的，但这种认定同时也是用法律规范衡量生活事实的一种结果。所以法律事实这一概念在一定程度上体现了法律规范所设计的事实模型。"

（四）意义的公共性

法律事实是在特定的政治、经济与社会的环境中发生的，法律对其进行规范化调整的事实应当与政治、经济或者社会等方面的公共生活具有直接的相关性。公共生活领域中可能发生的事实情况无限多样，但法律只调整其中具有公共性价值的部分，公共生活领域中的自发事实或者自然事件只有符合法律规定的公共价值时，才会认定为法律事实而予以调整。

（五）主体的专业性

法律事实不是一般的生活事实，而是凭借专业知识才能准确全面认识的专业事实，其复杂程度远远超出了日常的生活经验或者常识。

二、法律事实的规范化矛盾

从前述五点分析来看，法律事实的范畴之中蕴含着如下三个突出的矛盾：

（一）客观性与主观性之间的矛盾

在这个问题上，学界的代表性观点强调主观性的因素，认为法律事实“是一种客观见之于主观的过程，是一种历史上的事实与当下的主体‘视域融合’的结果”。[①] “一旦关系事实进入司法领域成为案件事实，它就成为法官观察、理解和解释的对象。”[②] 笔者认为，法律事实的范畴在本体论层面受客观性法则的支配，但在认识论层面受主观性法则的支配，在决断论层面既要遵循客观存在的法则，又要遵循主观认知的法则，但最终受价值判断法则的支配。可见，决断是主客观矛盾最为对立、法则冲突最为激烈的环节。从尊重人的能动性来看，主观性法则在决断的时刻应当优先于客观性法则；在主观法则出现根本性的冲突时，价值判断的法则又

---

① 杨建军：《法律事实的概念》，载《法律科学》2004 年第 6 期。

② 谢晖：《法律的意义追问》，商务印书馆 2003 年版，第 120 页。

优先于认识论的法则。

（二）普遍性与特殊性之间的矛盾

法律规范预先以模式化普遍规定的事实标准与特定案件中的具体事实内容之间存在很大的距离。法官要正确地裁判案件，既要根据法律的一般规定认定要件事实，又要结合案件的特殊情况认定情节事实。在这个问题上，学界的观点侧重特殊性的方面，认为“每个法律事实都有不同的主体和客体，不同的时间和地点，不同的起因、过程和结局，法律事实的当事人有不同的内心状况。”① “法官对关系事实的理解也不是铁板一块，这既体现在法官对同一案件事实的不同理解和解释上，也体现在不同法官对类似案件事实的不同判决上。”② 笔者持折中说的立场，认为认定案件事实时应当力求全面完整，既要明确把握具有普遍性的要件事实，又要充分考虑彰显本案特殊性的情节事实。

上述两大矛盾相互交织，构成了法律事实范畴的灵魂主线。法律事实范畴在不同的部门法领域中展开具体化的过程，就是两大矛盾运动在特定的时空范围内具体地展开对峙关系，迸射冲突的思想火花，形成丰富多彩的知识图景的过程。

（三）有限性与无限性之间的矛盾

作为客观存在的事实的内部结构是无限复杂的，但人类认识事实的立场和角度是无限的；人类在特定时空条件下认识事实的范围、程度和水平是有限的，但人类认识事实的能力却是无限发展进步的。在科学技术日新月异、社会迅速分化的快速转型时期，法律关系的稳定周期越来越短暂，法律事实的关联范围日渐扩展，而法律规范的意义内涵也随之不断多样，使案件事实的证明过程呈现出无限拓展的趋势。

---

① 严存生、王海山：《“法律事实”概念的法哲学思考》，载《法学论坛》2002 年第 1 期。

② 谢晖：《法律的意义追问》，商务印书馆 2003 年版，第 120 页。

但是，人力物力财力资源的有限性、认识方法和能力的局限性、法律调整社会生活的特殊性和有效性等，不仅从客观的层面限制了证明案件事实的途径、方法、范围和水平，而且从主观的层面限定了证明案件事实的价值取向、目的定位和意义内涵。法律事实是为特定法律规范的适用所必需、对权利义务的公平分配具有直接意义并且能够得到充分证明的那部分事实，简言之，只是一个具有无限维度的事实之中具有法律意义的那一部分，这就是法律事实的有限性之所在。

日常生产生活事实的无限性要求法律人全面地认识与案件有关的事实，唯有如此才能正确地认定案件事实；但是，法律事实的有限性要求法律人将有限的资源用于查明具有法律意义的那部分事实内容，唯有如此才能彰显法律规范在调整范围、价值取向、目的定位等方面的专业特殊性。这就是法律人在证明案件事实方面所面临的有限性与无限性之间的矛盾。这一矛盾集中表现在相关性尺度的把握上，由此彰显出相关性规则在证据规则体系中的基础地位。

以上三对矛盾归根结底是人类社会自身内部所蕴含的矛盾，它们相互交织、盘根错节，编织成一道又一道的樊篱，困扰着所有的理性人，羁绊着所有的法律人。就此而言，案件事实的证明过程是这样的一个突破观念的樊篱，破除认识的羁绊，不断追问查明案件事实的法律意义的反思过程，亦即通过无限地接近案件事实的真相，从无知的、盲目的、物化的奴隶王国逐步走向——作为“人”的——自觉自由的理性王国。归根结底，案件事实的证明过程是法律人引导当事人走出对案件事实的认识蒙昧，走向自我作为（当事）人的理性自觉，从法律理性的角度认识自己所经历的案件事实的意义，面向未来更好地安排世俗生活的一种途径。既然过去已经失去了，那么，未来就必须抓住，这是突破三对矛盾所构成的樊篱和羁绊的最好办法，现代证据法应当致力于成为这样的一个最好办法。

三、法律事实的规范性界限

法律事实的规范性界限主要表现在它与客观事实、科学事实、生活事实、自然事实等相关范畴的区别上。这些区别从不同的角度划定了法律事实的边界。

（一）法律事实与客观事实

客观事实是法律事实的基础，法律事实是对客观事实进行规范化提升的结果；法律事实来自客观事实而又高于客观事实。在有关客观事实与法律事实之间的区别方面，具有代表性的观点是：

何家弘教授从司法证明的角度认为，对司法证明过程而言，客观事实是客观存在的原初案件事实，而法律事实则是具有法律意义的事实，也就是由法律规范所调整的、引起一定法律后果的、由证据证明的案件事实。① 客观事实是法律事实的基础，但法律事实不完全等同于客观事实，两者之间存在质和量的差异。质的差异主要表现在法律事实中蕴含了主观判断的因素，“因为法律事实是由证据证明的事实，而用证据证明是一种人的行为，所以法律事实并不完全是客观的东西，其中或多或少都会掺杂一定的人的主观因素或作用”。量的差异主要表现在法律事实是客观事实的筛选和提炼，因此“一般来说，案件中客观事实的数量都会大于法律事实的数量”。②

孔祥俊认为，法律事实与客观事实之间的关系表现在如下三个层面：客观事实是法律事实的基础，法律事实是客观事实的再现和反映，法律事实必须以客观事实为追求目标。③

我国证据法学界的通说认为，“诉讼中所呈现的并最终为法院所认定的事实，乃是经过证据法、程序法和实体法调整过的、重塑

---

① 何家弘：《论司法证明的目的和标准》，载《法学研究》2001年第6期。

② 何家弘：《论司法证明的目的和标准》，载《法学研究》2001年第6期。

③ 参见孔祥俊：《论法律事实与客观事实》，载《政法论坛》2002年第5期。

了的新事实。这种新事实因为不可避免地渗透了人的主观意志，因此可以称之为主观事实；又由于它是在诉讼活动过程中形成并成立于诉讼法上、仅具有诉讼意义的事实，因此也可以称之为诉讼事实或法律事实”。[①]

美国学者吉尔兹有关客观事实规范化成为法律事实过程的描述可谓精辟：“法律事实并不是自然生成的，而是人为造成的，一如人类学家所言，它们是根据证据法则、法庭规则、判例汇编传统、辩护技巧、法庭雄辩能力以及法律教育等诸如此类的事物而构设出来的，总之是社会的产物。”[②]

综合上述观点，可以发现由法律语言、法律逻辑、法律程序、法律价值等因素构成“规范化”的中介是法律事实与客观事实之间的根本区别所在。去掉这些规范化的中介，法律事实将还原到（退化为）客观事实；经过规范化的中介，客观事实将凝练为（升华为）法律事实。

（二）法律事实与科学事实

科学事实是法律事实的基础和前提，法律事实包括但不限于科学事实，除科学事实的内容之外，法律事实还包含有价值判断的事实因素。法律事实是科学事实与价值事实相互结合的产物。

法律事实与科学事实之间的关系归根结底表现为科学事实与价值事实之间的关系。对此，李德顺教授在《价值论》一书中提出的观点具有启发意义。他认为，价值事实是指“从价值认识角度把握的客观效用价值存在”，[③] 本质上是“评价中的事实”，因此凡是“在客观地存在着价值关系及其运动的地方，价值事实就作为

---

① 江伟主编：《证据法学》，法律出版社 1999 年版，第 117 页。

② ［美］克列福德·吉尔兹：《地方性知识：事实与法律的比较透视》，邓正来译，载梁治平主编：《法律的文化解释》，三联书店 1994 年版，第 80 页。

③ 杨曾宪：《论与“科学事实”对举的“价值事实”及其认识路径》，载《社会科学辑刊》2004 年第 3 期。

它的结果、现实效果而客观地存在”。[①] 与此相反，科学事实是“从科学认识角度把握的客观存在”，是不包含有价值判断内容的“非价值事实”。

对“事实”作出这种区分的哲学意义在于把握两者之间的区别与联系。“在科学认识中，客体属性一般源自固有的结构功能，主体可以直接通过结构功能分析把握客体本质……而价值认识（事实）却大不相同，即便价值认识主体中立、价值认识尺度确定，这种价值事实也是难以把握的。”这个“难”来自三个方面：一是价值认识主体的倾向性，二是价值评价尺度的复杂性，三是价值认识客体的系统性。[②]

另外，科学事实与价值事实之间在特定的条件下是可以转换的。“科学认识与价值认识之间并不存在一条难以逾越的鸿沟：只要在认识过程中主体对科学事实作出价值判断，即在原有的事实判断中施放进价值词汇，科学认识就立马变成了价值认识，科学事实也就变成了价值事实。”[③]

受李先生观点的启发，笔者认为：

首先，科学事实是法律事实的基础。科学事实是价值无涉的、作为科学研究对象的纯粹客观的事实，独立于、外在于人的主观意志，因此客观实在性与特殊具体性是科学事实最为突出的本质特征。按照“以事实为根据，以法律为准绳”的原则，在进行法律上的价值判断之前，必须首先采取科学的态度和方式查清事实。在案件事实不清楚的情况下茫然地进行价值判断，必然会产生主观臆断的弊端，滋生司法专横的危险。

其次，法律事实是科学事实的升华。对案件的公正裁判而言，

---

① 李德顺：《价值论》，中国人民大学出版社 1987 年版，第 265~266 页。

② 杨曾宪：《论与“科学事实”对举的“价值事实”及其认识路径》，载《社会科学辑刊》2004 年第 3 期。

③ 杨曾宪：《论与“科学事实”对举的“价值事实”及其认识路径》，载《社会科学辑刊》2004 年第 3 期。

查明案件事实的客观原初情况只是前提工作，在此基础上，还要综合法律价值权衡判断，采取法律命题的逻辑和语言，全面地认定具有法律意义的案件事实即法律事实。与科学事实不同，法律事实是关涉价值判断的，在发现、认定的范围、标准、方式、后果等方面都直接地关涉自由、平等、民主、效率、秩序等正义诸价值。法律事实对科学事实的升华恰恰表现在后来进行的价值判断上。

最后，法律事实是科学事实与价值事实的结合、主客观相互统一而成的一种更为高级的理性存在。法律事实既高于科学事实，又高于价值事实，是两类事实理性结合而产生的一种更加完善的事实状态。

（三）法律事实与生活事实

法律事实与生活事实都是客观事实，两者在客观实在性、具体特殊性等方面是一致的。但是，作为事实存在的两种形态，两者的区别是比较明显的。对此，王利明教授认为无论是自然事实或人的行为，当它与生活事实有关、发生法的意义时，即成为法律关系的发生原因，都称得上是法律事实。①

1. 法律事实与生活事实的区别

笔者认为，两者的区别表现在：

（1）表现形式不同。法律事实采取法律命题的逻辑语言形式，严谨、规范、简练、统一，是一种经过专业人士予以正式化、格式化处理的事实，而生活事实则采取地方居民日常生活语言的表现形式，具有浓厚的地方风俗特色和个性特征。

（2）内容的明确程度不同。法律事实是规范化的科学事实，必须完整明确地具备主体、时间、地点、过程、方式、因果等方面的要素，不允许模棱两可、片面截取，否则，在法律上视为不成立。生活事实本质上是一种初级的感性经验事实，粗糙、模糊、片面是其常态。

---

① 王利明：《民法总则研究》，中国人民大学出版社 2003 年版，第 180～181 页。

（3）指向的效果目标不同。法律事实指向正义的公共价值目标，而生活事实指向幸福的个人生活目标。

2. 法律事实与生活事实之间的联系

尽管存在前述区别，法律事实与生活事实之间还是存在密切的联系：

（1）生活事实是法律事实的知识来源。生活事实中所蕴含的众所周知的常识在法律事实的判断中起重要作用。专业的知识固然重要，但不能因此而忽视常识。背离生活常识的事实判断会被民众认为是愚蠢的，很难产生信服力。这就意味着，法律人必须先学会像常人那样快乐地（体验）生活，积累丰富的生活事实经验，然后才能很好地像专业人士那样准确地认定法律事实。

（2）法律事实是生活事实的规范指导。理性是人与动物的根本区别之所在，人类的生活归根结底是理性的生活。从法律事实的角度认识生活事实，尤其是应用法律事实的规则来引导生活事实的形成、发现与判断，是提高生活理性化水平的一种有效方式。随着法治化水平的提高，生活事实的规范化水平也随之提高，生活事实之中的法律事实的含量也随之提高。

第四节　法律事实的类型

法律上的事实范畴以语言学和哲学的事实概念为基础，针对法律作为一种社会行为规范的特殊性而具体化，具体分为四大类：一是作为立法行为之科学性、民主性、合法性根据的立法事实；二是作为具体特定的法律后果或者法律关系产生、变更或者消灭之条件的条件事实；三是因法律争议而产生的案件事实；四是用于证明事实主张成立的证据事实。下文分别阐述。

一、立法事实

立法事实是指作为法律规范的制定和修改、法律制度的设计和改革根据的事实，又称为制度事实。

（一）立法事实的意义

立法事实作为一种单独的法律事实类型的合法性依据是“以事实为根据，以法律为准绳”的原则。该原则虽然扎根于三大诉讼法，但其思想内涵和约束效力适用于所有的公权力行为，因而是一个具有宪法效力位阶的一般法律原则。另外，该原则不仅符合世界法治国家建设的一般规律，而且在视角、语言、传统根基和思想内涵等方面都具有浓厚的中国法律文化特色，可谓一个世界先进性与民族特色性兼备的法治国家原则。

按照该原则的要求，立法行为作为公权力运作的一种特殊类型，既要有《宪法》和《立法法》的依据，也要有足以支持立法内容的合法性——包括但不限于必要性、可行性、科学性、民主性以及合宪性——的事实根据。以立法的方式调整或者解决的问题在性质上必须是需要予以规范化调整的命题，从政治、经济、社会、文化等领域之中存在的实际困难而来。立法条文的内容必须具有鲜明的实践针对性，立法所设计的制度必须具有明确的可行性与必要性，这些方面的要求都需要确凿充分的证据材料支持。否则，就会出现“关门立法”、“拍脑袋立法”的弊端，形成主观主义、官僚主义的不良作风，致使立法文件脱离实际情况，背离实践的紧迫需要，造成所谓的“垃圾立法”，从而在整体上损害国家法律制度的严肃性和公信力。

（二）立法事实的概念

尽管立法事实如此重要，但相关研究却十分薄弱。麦考密克和魏因贝格尔的“制度事实”理论很具有代表性。在《制度法论》中，他们把“制度事实”作为“制度法论”的基本概念，认为法律制度是一种人类凭借其高度的自觉性而创造的“异在”，不是自在自发的自然物，因此需要明确的“制度事实”来证明其产生和存在的合理性。在他们看来，法律规范既是人类勾画的一种理想存在方式，也是作为一种社会现象的客观实际存在。[①]

立法事实具有如下四个特征：

1. 概括性

制度事实是一种由立法者经过抽象思维而提炼出来的，以特定的命题语言描述出来的抽象事实。为了调和法律规范的普遍性与社会生活的具体性之间的距离，立法者“必须以放弃变化多端的生活关系本身所要求的细致化、放弃对具体案件作出公平处理为代价”，[②] 从丰富多变的具体事实情况中提炼出具有普遍意义的抽象事实元素，以作为法官在具体案件中认定事实的标准。

2. 预测性

制度事实是一种面向未来进行能动积极地筹划或者规划的前瞻事实，是立法者基于对客观规律的把握和现实生活条件的认识，面向未来潜在的可能性而描述的事实蓝图。这是因为“制度作为一个概念而言在逻辑上早于它的任何实例的存在”，“对于该特定的制度的实例的存在而言，必须在合适的环境中以合适的方式发生适当的条件或实施适当的行为”。[③] 法律规范的前瞻性决定了制度事实的预测性。

3. 公共性

制度事实是涉及较大范围内国计民生的公益事实，“公益”是其本质内核，公共性则是其本质的属性。制度事实的命题表达形式与公共利益的客观存在状态之间存在对应一致的关系，有什么样的公共利益类型，就有什么样的制度事实类型，这是事实主客观统一性原理的要求。

---

① ［英］麦考密克、［奥］魏因贝格尔：《制度法论》，周叶谦译，中国政法大学出版社 1994 年版，第 41 页。

② ［德］拉伦茨：《德国民法通论》，王晓晔译，法律出版社 2003 年版，第 34 页。

③ ［英］麦考密克、［奥］魏因贝格尔：《制度法论》，周叶谦译，中国政法大学出版社 1994 年版，第 68 页。

4. 真实性

制度事实是否应当具备客观真实性？笔者认为，答案应当是肯定的，因为凡是以命题方式表述的事实都存在真伪证明的问题，以命题方式表述的“制度事实”也不例外。制度事实是否客观上成立，需要通过特定的规划、调查、咨询、论证和辩论程序，收集调取相关证据材料来证明。

（三）立法事实的种类

与前述属性相对应，立法事实主要有如下两种类型：

1. 概括性事实

这是指涉及较大时空范围内的公民、法人或者其他组织的生产和生活，具有广泛社会影响的事实情况。如物价水平指数、食品卫生标准、环境质量状况、水污染指数等。

2. 预测性事实

这是指基于现有的知识、信息和资料对未来发展所面临的各种可能性进行分析预测而形成的事实情况，以此为事实根据进行行动方案的设计或者权利义务的安排。这方面的最近典型是“一带一路”的发展规划。

以上两类事实都具有公共利益的内涵，只不过公益的内容不同而已。

（四）立法事实的证明

立法事实是否需要证明？是否需要纳入证据法的调整范围？笔者认为，答案应当是肯定的，因为按照“以事实为根据，以法律为准绳”的原则，凡是公权力行为都必须既有法律依据，又有事实根据。从效力范围来看，立法行为应当比司法行为更加注重证据，更加需要证据法的约束。

鉴于立法事实作为一种特殊的事实类型，在证明的对象、标准、程序和方法等方面都有自己的特殊性，应当设立专门的证据法规则进行调整。相对于诉讼案件事实的证明面向过去的实际发生情况而言，制度事实证明的特点是：在时间维度上是面向未来的可能发生的情况，在一般情况下只要有相关的立法材料证明未来发生的可能性大于不发生的可能性，相关制度事实即告成立。证明程序主要有调查、论证、咨询、辩论等类型，一般情况下不采取两造对抗的方式，而是采取主题研讨的方式。

《立法法》的有关规定过于简略，远远不能满足约束立法公权力的需要，制定相关证据规则，将《立法法》的相关规定予以细化，形成一套专门的立法事实证明规则，是很有必要的。

二、条件事实

这是指作为条件或者原因，引起法律关系的成立、变更和消灭的事实。从文献来看①，这是法理学界有关事实的通说。

（一）条件事实的特征

条件事实具有如下特征：

1. 具体性

作为法律关系条件的事实都有主体、目的、权利、义务、责任等方面的明确指向，具有法律上的效果或者意义。法律事实是“因其存在而使主体获得或不再拥有主体权利的那些限制或条件”，“是法律使某一权利的取得、丧失或变更赖以发生的条件，换言之，是引起法律后果的事实”。② 不引起任何法律后果的事实在法律上没有意义，有可能是一般的生活事实，但不是法律事实。

---

① 沈宗灵：《法理学》，北京大学出版社 1999 年版，第 449~450 页（具体法律关系的产生、变更、消灭，都需要一个条件——事实，它是导致具体法律关系产生、变更、消灭的另一原因）；葛洪义：《法理学》，中国政法大学出版社 1999 年版，第 424 页（法律规范所规定的能引起法律关系产生、变更、消灭的客观情况或现象）；公丕祥：《法理学》，复旦大学出版社 2002 年版，第 461 页（法律事实是法律规定的，能够引起法律关系产生、变更、消灭的现象）；陈金钊：《论法律事实》，载《法学家》2000 年第 2 期（法律事实一方面是法律关系产生的前提，另一方面它只有引起法律关系产生、变更或消灭才能称为法律事实）。

② ［意］彼得罗·彭梵约：《罗马法教科书》，黄风译，中国政法大学出版社 1992 年版，第 23、56 页。

2. 特殊性

作为法律关系条件的事实在产生过程、构成要素、存在形态等方面具有原始唯一的、不可复制的特殊性，这正是不同法律事实产生不同法律后果、支持不同法律关系的原因所在。

3. 既成性

作为法律关系条件的事实是实际上发生完成的情况，具有相对完整的内容和稳定的方式。可能发生但没有发生或者正在进行中、其内容尚未完全形成的状态不能产生法律效果，不足以构成法律事实。

（二）条件事实的类型

从不同的角度，可以进行不同的分类：

1. 法律事件和法律行为

这是以人的主观因素作用为标准所作的分类。事件是不以人的主观意志为转移、难以预知和控制的突发情况。具体又分为两类：一类是自然突发事件，主要是自然灾害；二是社会突发事件，如流行瘟疫。

行为是在人的主观意志支配下进行的，具有明确的动机和意思内容，可能对他人或者公共生活造成影响的活动，具体分为两类：一是积极追求特定结果发生的作为；二是消极放任特定结果发生的不作为。

2. 要件事实和情节事实

这是以对法律后果的影响大小为标准所作的分类。要件事实是直接导致特定的法律关系、法律行为或者法律后果成立、产生、变化或者消灭的前提事实，或者直接决定特定法律关系、法律行为之定性的关键事实；情节事实是影响特定法律关系、法律行为或者法律后果的方式、内容、程度等的细节事实。

3. 积极事实和消极事实

这是以对法律后果的影响方向为标准所作的分类。积极事实是导致特定的关系、权利、义务、责任产生、成立或者变更的事实，而消极事实是阻却特定的关系、权利、义务或者责任产生、成立或者变更的事实。

4. 权利事实、义务事实和责任事实

这是以法律后果的具体内容为标准所作的分类。权利事实是指导致特定权利成立、变更或者消灭的事实，义务事实是导致特定义务成立、变更或者消灭的事实，责任事实是指导致不利法律后果产生的事实。

（三）条件事实的证明

条件事实是作为法律规范适用要件的案件事实，证明的过程应当围绕着法律规范的正确适用进行，案件事实的证明过程与法律规范的适用过程之间是互动交织的一个整体。

一方面，案件事实的证明过程服务于法律规范的正确适用，因此案件事实证明的范围、内容、尺度和方式都是由法律事先确定的。超出特定法律规范调整范围的事实属于与本案无关的事实，因没有相关性而不应纳入证明的过程；已经纳入证明过程的，应当按照相关性规则予以排除。

另一方面，案件事实作为前提也决定了法律规范的选择、解释和适用。在初步了解案件事实之后，法律人会根据自己的专业直觉和前理解对案件事实进行诊断和定性，寻找案件事实中的问题和症结，然后初步选择应当适用的法律规范。

随着案件事实证明过程的进行，新的证据材料不断出现，新的案件事实不断发现，案件事实的真相会越来越全面地显示出来，法律人有关法律规范的选择、理解和适用的意见会随着案件事实的证明过程而不断发生变化，证明案件事实的范围、内容和尺度也会随之不断调整。这是一个相互交织、循环往复的过程，直到作出最终事实认定结论时才会告一段落。

由此可见，案件事实的证明过程与法律规范的适用过程之间互动交织为一个完整的认识过程，是条件事实证明的显著特点所在。

第五节　证据法事实

证据法事实作为一种法律事实类型的最大特点在于它有一套专门的法律体系，从形式到内容，从形成、调查、收集、提供、对质、鉴定、认定的过程，到主体、方法、范围、标准、后果等的要素，进行细致缜密的调整。相对于立法事实、条件事实而言，证据法事实是实践和理论难题最多、规范化程度最高的法律事实类型。事实是贯穿整个证据法体系的概念红线，是研究、制定和实施证据法规范的逻辑起点。

一、证据法事实的概念

证据法事实是指采取证据法规定的表现形式，具有证据法意义，能够产生证据法效果的事实。

（一）形式

证据法事实是采取证据法规定的表现形式的事实。从法律对形式理性的严格要求来看，相同的事实内容采取不同的表现形式（载体），性质可能完全不同，致使其意义不同、效果不同。这方面的典型是传闻证据规则。传闻证言所承载的事实内容可能是真实相关的，但由于采取了道听途说的传闻证词的表现形式，原则上应当排除，不具有证据法上的证明意义，不能产生证据法上的主张成立、事实认定、责任转移等效果。

（二）意义

证据法事实是具有证据法意义的事实。从法律对实质理性的严格要求来看，只有指向证据法的规范目的或者制度目的的事实才可能成为证据法事实。从宏观制度的层面来看，证据法的制度目的是从调查、收集、认定事实的角度引导和约束公权力行为，将其置于“以事实为根据”的原则之下，从而有效保障尊严、自由、平等、民主、效率、秩序等法治诸价值得到综合平衡，达成有机统一的实质正义状态。在现代实质法治的目标追求上，证据法制度与其他法律制度是相同的，都是实施宪法的部门法，具有相同的宪法价值追求。微观层面的目的是约束和引导调查取证、审查判断等公权力行为，保障当事人的主张权、取证权、举证权、质证权等证据法权利，从而使案件事实真相得以查明，为法律规范的正确适用奠定确凿的事实根据。简言之，促使公权力和私权利的行使都“以事实为根据”，是证据法的根本意义之所在。

（三）效果

证据法事实是作为特定证据法规范适用之条件、能够产生证据法上预期法律效果的事实。证据法上的预期效果多种多样，如说服法官采纳或者排除有关的证据材料、认定或者否定某项事实主张、裁定调整或者转移举证责任等。

二、证据法事实的特征

相对于其他法律事实类型而言，证据法事实具有如下突出的特征：

（一）格式化

这是指证据法事实必须遵循严格规范的外在表现形式，这是证据材料与证据线索的主要区别之所在。具体而言，证据法事实必须采取书证、物证、证人证言、专家意见、鉴定意见、视听资料、电子数据等法定载体方式，并且不同的载体方式有不同的格式要求。否则，不具备作为证据材料予以接纳的形式资格，会被预先排除，不得进入举证、质证和认证的程序。有学者因此认为证据法事实是经过法官“格式化”的事实①。

（二）逻辑化

这是指证据法上的事实陈述、鉴定意见或者认定结论，其内容

① 参见吴宏耀：《诉讼认识论》，中国政法大学 2002 年博士学位论文，第 117～118 页。

都必须采取法律命题的逻辑表达方式。否则，它们只是一堆原始的证据材料，不能成为证据法事实。例如，当事人的陈述是证据法事实的合法载体方式，但是陈述的内容只有在经过（代理律师或者法官）规范化的提升，转换为一项明确、肯定、完整的事实判断命题时，才构成证据法上的事实主张；否则，只是一般的生活事实、经验事实、意见事实而已，而绝非证据（法）事实。

对此，拉伦茨强调指出：

“法条要适用在实际事件，即事实上发生的案件事实上……这只有在已发生的案件事实被陈述了之后才有可能。在判决的事实部分出现之‘案件事实’，是作为陈述的案件事实。基于此项目的，事件必须被陈述出来，并予以整理。”①

这里所说的“整理”就是代理律师、检察官或者法官作为法律人，从法律的角度对当事人陈述要点的提炼和整理。当事人的陈述是合法的证据材料（表现形式），但其中所承载的证据事实（内容）需要法官予以逻辑化的提炼，否则，不能形成明确肯定的事实主张，不能产生证据法上的证明作用。

（三）精确化

这是指证据法事实具有比较严格的确定性尺度，只有在内容、形式和性质上达到一定的质和量的确定性标准的事实才能成为证据法上的事实。

证据法事实“质”的确定性表现为必须证据的客观性、相关性和合法性三大属性。符合法定表现形式的证据材料中所承载的事实内容既要求与有待证明的事实主张之间具有合理关联性，又必须有其他足够的证明材料证明其自身内容具有客观真实性。只有符合这三大标准的事实内容才能作为证据事实来使用。

---

① ［德］卡尔·拉伦茨：《法学方法论》，陈爱娥译，商务印书馆2003年版，第160页。

证据法事实“量”的确定性表现为一系列科学的分析和认定的方法，如实地调查的方法、言词辩论的方法、专家鉴定的方法、常识经验分析的方法、概率分析的方法、信息分析的方法等。通过多种方法的综合应用，从而能够形成一个比较明确的客观实在性分析尺度。比较准确地把握证据法事实的必然性和盖然性水平。

以上三个方面既是证据法事实的特征，也是证据法事实的发展趋势。

三、证据法事实的分类

以不同的标准进行分类既有助于划分证据法事实的外在边界，也有助于解析证据法事实的内部结构。

刘行博士在《论事实》一文中归纳了五种分类：一是案件事实与裁判事实；二是客观事实、陈述事实与裁判事实；三是过程事实、结果事实与中间事实；四是积极事实与消极事实；五是目的事实、手段事实和关系事实。① 整体地看，第一种是基础分类，其他四种是派生的、细化的分类；而且，五种分类是围绕着“裁判事实”这一重心而展开的。不同分类之间的逻辑关系安排和重心安排颇具匠心，笔者受启发提出如下分类：

（一）原始事实、主张事实、证据事实与裁判事实

这是以证据法事实的演变过程为标准所作的分类。原始事实是指原初实际发生的案件事实，而主张的事实是指当事人为了胜诉而单方面主张的案件事实，证据事实是用于证明主张事实的事实，裁判事实是法官依据法定的程序和标准在裁判文书中认定的案件事实。

相对于客观原初的事实状态而言，当事人主张的事实受感知能力、表达能力、利害关系的影响，难免片面散乱、良莠不齐、真伪

① 刘行：《论事实》，载卞建林主编：《诉讼法学研究》（第14卷），中国检察出版社2008年版，第207~211页。

掺杂，虽然来自客观事实却往往低于客观事实，是有争议的事实。与此不同，法官认定的裁判事实则是在听取各方陈词、审查全案证据材料的基础上，经过去伪存真、由表及里的思辨过程，既看案件事实的具体特殊性因素，又看案件事实的整体普遍性因素，纯粹客观的科学事实判断与相对主观的价值事实判断相结合，所形成的一种格式化、精确化、逻辑化的综合判断，来源于客观事实而又高于客观事实。

原始事实、主张事实、证据事实和裁判事实形成了一个完整的案件事实发展变化的过程阶段图。客观事实是起点，主张事实和证据事实是中间的过渡媒介，裁判事实是终点。四类事实属性不同、功能不同、标准不同，证据法规则应当予以分别调整。

（二）性质事实、要件事实、情节事实和背景事实

这是以证明内容为标准所做的分类。

1. 性质事实

性质事实是指直接影响案件法律定性的关键事实。定性直接决定着法律规范的选择和适用，进而直接决定着要件事实的限定和认定。性质事实的特点是：

（1）抽象性。性质是案件事实之中蕴藏的抽象内核，只有通过借助抽象思维才能发现。

（2）内在性。性质事实是内在本质的事实因素，不是外在的表象事实因素。

（3）普遍性。不同案件可以具有相同的本质事实因素，因而具有相同的本质属性，由此成为一个案件类型。

（4）整体性。性质事实是涉及整个案件事实的整体，将具体的过程事实贯穿起来成为一个案件事实整体的主线。

（5）关键性。性质事实是直接决定法律思维方向、案件性质认定、法律规范选择的先决事实。法官要准确地认定案件事实，必须首先解决案件定性的问题。

2. 要件事实

要件事实是决定案件的定性，导致权利、义务、责任的成立、变更或者消灭，以及特定的诉讼主张是否成立的必要事实。其特点是：

（1）指向的明确性。要件事实指向具体的权利、义务、责任或者主张等。

（2）内容的简要性。要件事实内容简明扼要。

（3）构成的法定性。要件事实通常由法律以列举的方式明确规定。

（4）效果的决定性。要件事实直接决定案件的定性，决定权利义务的主张是否成立。

3. 情节事实

情节事实是涉及案件发生具体过程的事实，如主体的身份、主观的动机、行为的方式、手段的性质、后果的形态和范围等。情节事实的特点是：

（1）过程性。案件事实的完整过程是通过情节事实形成的，情节事实表现为过程事实。

（2）特殊性。要件事实彰显不同案件的共同属性，而情节事实彰显不同案件各自的特殊属性。

（3）裁量性。法官在情节事实认定方面的裁量权余地通常大于要件事实的裁量余地。要件事实是骨架，情节事实则是血肉，两者之间相互依赖和转换。同一类型的事实在不同类型的案件中所起的作用不同，在一个案件中是要件事实，在另一个案件中则是情节事实。

4. 背景事实

背景事实是要件事实或者情节事实发生时的相关政治、经济、社会背景情况。背景事实是具有普遍性的相关事实，对法官准确理解、正确判断案件事实具有重要的参考意义。从司法实践来看，背景事实是证据法调整的一个盲区，法官在认定案件事实时都要自觉或者不自觉地考虑相关的社会背景事实，但却没有相关的证据法则约束，尤其是如何确保当事人的知情权、质证权，需要明确的证据法规则调整。

以上四类事实构成了一个完整案件事实的内部构造，各自对裁判的重要性不同，因此其证明标准也应当有所不同。一般而言，定性事实的证明标准应当高于要件事实，要件事实的证明标准应当高于情节事实和背景事实。

（三）经验事实、常识事实、科学事实与价值事实

这是以事实的内容和认定方法为标准所作的分类。这种分类从认知层次的角度反映了一个完整意义上的案件事实的结构。

1. 经验事实

经验事实是凭借感官感知到的事实。其特点是：

（1）表面性。感官感知到的是事实的现象，也就是说外在的表象，可能是原始的、原初的真相，也可能是经过伪装的或者发生变化了的假象。

（2）片面性。感官的感知内容受角度、心情、环境、方法、体质等多重因素的影响，往往出于感知者个人一时的感受，感知者在表述时通常进行有意或者无意的截取，不能全面地反映案件事实的全貌。

（3）实在性。眼见为实，耳闻为虚。直接地面对事实，切实地感受事实，是经验事实的优点所在。

对案件事实的证明而言，经验事实是必要的原始素材。

2. 常识事实

常识事实是在日常生产生活经验中逐步形成的、为业内专业人士或者公众普遍认可的事实。所谓“常识”，分为两个层次：

一是普通常识，是大众普遍周知的自然科学知识、社会科学知识、日常生活知识等，反映了社会大众的一般认知水准和理性水平。媒体资讯、普及读物是大众常识的载体，而民意调查则是检测常识的必要方法。

二是专业常识，从事一个特定职业的专业人士应当知道或者普遍接受的事实。从事一个职业的人士应当具备一定的专业知识或者技能资格，这是应当知道的常识，具体内容主要反映在资格考试、职称评定、教科书之中。一个职业长期形成的惯例或者规程是普遍接受的常识事实。

3. 科学事实

科学事实是需要借助专门的思维方法、实验手段、语言方式才能认知的专业事实。其特点是：

（1）中立性。科学事实针对自在自为的、不以人的意志为转移的客观实际情况，不涉及个人的主观价值偏好。

（2）专业性。科学事实是专业人士以专业思维、专业语言、专业方法认知的事实。

（3）精确性。科学事实通常可以以量化分析和定性分析的方法进行精确的把握。

4. 价值事实

价值事实是涉及尊严、自由、平等、民主、秩序、效率等法律价值的性质、内容和意义的判断，尤其是发生冲突时权衡和决断的文化偏好事实。其特点是：

（1）主观性。价值事实本质上是一个反映主观价值偏好的文化观念事实。

（2）个体性。符合现代实质正义的法治秩序是法律人的共同目标，但不同的法律人具有不同的个体价值偏好。有的偏好尊严的价值，有的偏好自由的价值，而有的则偏好效率的价值。从心理科学的角度来看，这些不同的价值偏好是一种客观存在的心理学事实，具有其自身内在的合理性和规律性。

（3）模糊性。与科学事实的精确化特征截然相反，价值事实是不能借助量化分析方法进行精确把握，而只能通过意向型思维进行整体直观的把握。价值判断事实可以形成明确肯定的逻辑命题，但作为命题基础的范畴通常具有高度的抽象性、概括性。

三类事实的复杂水平不同，所需要的专业知识水平也不相同。一般而言，价值判断难于科学判断，科学判断难于常识判断。三类事实的认知方法也不尽相同，因此证明的方法和标准应当区别开来。常识事实的判断主要依据经验法则，科学事实的判断主要依据科学法则，而价值事实的判断主要依据价值法则。完整的案件事实是三个层面事实元素的有机结合，法官在形成裁判事实认定结论时应当首先区别三类事实，分别予以判断；然后在此基础上，凭借证据法的想象力，对全案事实进行综合的判断。

第六节　从还原论走向建构论

前文从四个方面层层剥笋，深入发掘了“事实”范畴的内涵，建立一个简要的事实分析框架，形成了比较明确的证据法事实概念。接下来要研究的是“事实观”的问题。相对而言，事实的概念是理论分析的工具，而事实的观念则是具有普遍指导作用和制度标志意义的基本观念。把事实的概念界定清楚是为了打磨好理论分析的工具，而确立明确的事实观念则是为了指导证据法规范的解释和适用。所谓“神明裁判的证据制度”、“严格法定的证据制度”、“自由心证的证据制度”和“实事求是的证据制度”之间的根本区别在于奉行什么样的事实观。

笔者在这里提出的是“从还原论迈向建构论”的事实观，认为案件事实不是一个封闭静止的存在状态，而是一个动态发展的存在状态，随着案件审理过程的进行和法官认知过程的深化而不断地生成、解构与重构。这是因为从原初的案件事实到裁判认定的案件事实，在案件事实的发现和认定的整个过程中，实际上不断有新的事实在生成，并且汇入、介入原初的案件事实状态之中。这不仅是人的主观能动性规律发生作用的结果，更是存在与时间之间的客观关系规律所必然造成的结果。从受规律支配的理性奴隶的事实王国走向主动认识规律和应用规律的理性主人的事实王国，是从还原论走向建构论的思想内核所在。

一、证据法事实的特殊性

证据法事实的特殊复杂性在于三对矛盾的交织：一是主观认知性与客观实在性之间的矛盾；二是具体特殊性与抽象普遍性之间的矛盾；三是价值无涉的科学事实判断与价值关涉的价值判断之间的矛盾。在个案中存在的证据法事实，实际上是三种矛盾交织、综合而成的产物。从这三对矛盾来看，证据法事实是一种高度复杂、高度专业的事实类型。庞德由此认为，司法裁判中的事实问题“是司法上由来已久和最难解决的问题之一。法令承认提供的事实并根据事实来宣布指定的法律后果。但事实并不是现成地提供给我们的，确定事实是一个充满着可能出现许许多多错误的困难过程”。[①]的确，三种矛盾的交织运动使证据法事实认定呈现出很不确定的状态。

笔者认为，克服这种不确定状态的方法有：一是形成专门的价值判断规则、利益权衡规则和模糊状态时的决疑规则；二是提高司法过程的公开性与透明度；三是尊重法官的主观能动性，充分保障法官发挥其心证自由；四是切实保障当事人的举证、质证、阅卷等权利，激发和引导当事人在事实发现与判断方面的主观能动性；五是对现有散乱、矛盾的证据法规范进行系统化整理，在此基础上制定统一的证据法典，以证据法典的制定实现对整个事实发现和认定过程的精密调整。这五项措施能够在很大程度上提高证据法事实的发现与认定过程中的可预测性。

问题是：将这五项措施统一起来的基础观念是什么呢？答案是事实观。奉行正确的事实观才是解决问题的根本办法之所在。

笔者认为，从前文论述和相关文献来看，存在两个基本的事实

---

① ［美］罗·庞德：《通过法律的社会控制·法律的任务》，沈宗灵译，商务印书馆 1984 年版，第 29 页。

观：一是面向过去对事实进行追溯或者描述的还原主义；二是面向未来对事实进行解构与重构的建构主义。事实作为一种自在自为的客观实在，独立于人的主观意志，两种事实观都尊重事实的客观实在性和自在自为的独立性，但所持的立场、角度和方法不同，因此所发现和获得的意义很有可能完全不同，甚至相反。

二、还原论的事实观

还原论事实观的要点表现在如下方面：

（一）主客关系

还原论主张案件事实是独立客观的实在，是司法认识活动的客体，外在于并且独立于司法证明的过程。就重要性而言，客观实在的案件事实是第一位的，而当事人主观认知或者法官主观认定的案件事实是第二位的，司法证明的过程就是通过举证、质证、认证的方法，确保主观认定的案件事实（裁判事实）符合客观上实际发生的案件事实的原初情况（案件事实真相或者作为真相的案件事实）。

（二）时间维度

还原论主张面向过去展开对事实的发现、探索和追问。事实作为已经发生完成的客观实在摆在那里，静候发现它并且赏识它的主人的到来。对还原论者而言，案件事实的查明过程是一个从现在的时间起点出发，循着证据材料中所承载的蛛丝马迹（事实线索），去努力寻找案件事实在过去的原始起点的事实回溯过程。所谓的查明案件事实真相，就是要搞清楚案件事实是否曾经发生，以及如果发生的话，到底是如何发生的。当事人主张的事实是对过去事实的简单折射反映，而法官认定的裁判事实应当是过去发生的案件事实的原本回光返照。在调查认定案件事实时，法官的眼中应当只有过去，就过去而论过去。凡本案件事实形成后所发生的新事实，均属于另案事实，与本案无关。

（三）哲学基础

其在哲学上的原理依据主要有：

1. 唯物主义的认识论

认为事实作为一种客观实在，是认知的客体或者对象，但独立于主体的认知活动，其存在的状态不受主体认知的目的、语言、方式、方法的影响。

2. 科学主义的知识论

认为事实是纯粹客观、自在自为的独立实在，科学研究活动不是改变事实，而是客观、全面、准确地认识事实，发现在事实之中所蕴含的内在规律。对科学主义的知识论者而言，形成知识根本的前提是对事实的尊重。金岳霖先生对此指出："事实是我们拿了没有办法的。事实是没有法子更改的。所谓修改事实，只是使将来与现在或以往异趣而已。事实总是既成或正在的，正在或既成的事实，只是如此如彼的现实而已……对于事实之'然'，我们只有承认与接受，除此之外，毫无别的办法。"①

3. 现象学的存在论

认为事实是"在其自身存在中的实事"，是"在实事的多样性中的自在存在的显现方式"。"'面向事实本身'这个座右铭，要是针对这种自在的，即我们在事物之显现中经验到的这种自在"，"世界就是自在"，"自在就是世界，就是那个首先日常地作为使用境域为我们所信赖的世界"。② 要"面向事实本身"，就要"返回到一种新的自在存在的尊重，并且因此克服把存在者对象化的主体主义"。③ 也就是说，"事物的真正自在存在对我们始终是锁闭起来的……只有我们专心地逗留于某个事物的面前，从而在某种安宁状

① 金岳霖：《知识论》（下册），商务印书馆 2011 年版，第 784 页。

② ［德］克劳斯·黑尔德：《世界现象学》，孙周兴编，倪梁康等译，生活·读书·新知三联出版社 2003 年版，第 122 页。

③ ［德］克劳斯·黑尔德：《世界现象学》，孙周兴编，倪梁康等译，生活·读书·新知三联出版社 2003 年版，第 118 页。

态中去对待事物的内在安宁——‘自持’……事物的真正的自在存在才向我们显示出来”。[①] 简单地说，要准确地认识事实，必须奉行“面向事实本身”的客观态度，尊重其自在、自为、“自持”的独立性、原始性与完整性，用摆脱欲求困扰或者偏见干扰的平静心境去考察事物；唯有如此，才能发现事物的内在隐蔽的原貌。

4. 法律意义

还原论的事实观立足于对事实的客观性、独立性、完整性、自在性、自为性的尊重，着眼于主观认识与客观事实的一致性，落脚于对调查研究的高度重视，反对脱离客观事实的虚构，尤其反对没有任何事实根据的主观臆断，具有鲜明的科学主义与实证主义的风范。

从司法证明的角度来看，还原论的事实观有助于引导法官夯实裁判事实的证据基础，用充分的（证据）事实来证明（裁判）事实，避免认定事实方面的主观臆断。这对防止司法裁量权的误用和滥用，防止司法专横，具有重大的作用。

还原论的事实观由此成为司法实务界所奉行的通说。

三、建构论的事实观

建构论事实观的要点有以下几方面。

（一）主客关系

建构论主张案件事实是内置于司法认识活动场域之中的客观存在，原初发生的案件事实情况只是原始素材，只有在采取法定的载体形式，通过法律命题语言的表达方式，并且经过内容相关性的筛选之后才能进入司法证明的程序之中，成为具有法律意义的案件事实而被采纳或者认定。对裁判事实而言，主观性才是第一位的，客观性实际上已经下降到第二位，这是因为主观性的语言方式、命题

① ［德］克劳斯·黑尔德：《世界现象学》，孙周兴编，倪梁康等译，生活·读书·新知三联出版社2003年版，第126页。

逻辑、程序方式、认定标准、价值权衡等因素决定了客观性的案件事实内容的意义，原初的案件事实情况经过一道道证明程序和标准的筛选，经过一层层的语言和载体的格式化，到形成裁判事实时，可谓脱胎换骨、今非昔比了。

（二）时间维度

建构论主张面向未来展开对事实的发现，因为未来是对过去的延续，发现了未来就发现了过去，过去真正的意义在于未来。对建构论者而言，之所以要在未来的时间向度中去发现过去，是因为从案件事实发生一直到裁判事实的认定，事实的内容、性质和意义是不断发展变化的，过去已经发生的案件事实的完整内容和真正意义只有在面向未来的事实发现过程中才会显现出来，因此只有面向未来而追问过去，把未来与过去作为一个连续不断的存在，才能真正准确而又全面地发现案件事实的真相。法官在作出裁判事实结论时，首先要在思维的向度上进行调整，应当着眼于未来而看过去，而不是回到过去而看过去；其次是要在审查判断的事实范围上进行扩展，从案件事实的最初形成到裁判事实的结论形成，其间不断发生的过程事实应当作为案件事实的组成部分予以通盘考虑；最后，对过去发生的事实情况必然对未来生产生活产生重大影响的案件，还应当将有充分证据证明未来必然会发生的事实情况考虑在内，一并予以综合认定。

（三）哲学基础

建构论事实观的哲学原理依据主要有：

1. 辩证唯物主义的主观能动性理论

事实客观性决定人类认识活动主观性，并不意味着人类只能像录影机或者摄像机那样对事实作消极、被动、机械的记录和描述，而是可以通过经验的、逻辑的和科学的分析方法，由表及里、去粗存精，从外在的表象到内在的规律，把对事实的认识水平从粗糙、肤浅、片面的感性经验，上升到深刻、精确、全面的理性知识，然后用之于改造作为事实总体的世界。这个认识进步的过程，是人类作为社会性、历史性的动物，自觉能动地从事社会生产生活的斗争实践、改造世界的循环往复的过程。[1] 可见，人类的社会性和与历史性是主观能动性的人性基础，而这也是人类与动物的根本区别之所在。

2. 先验唯心主义的创造性直观理论

这是谢林提出的先验唯心主义的一种方法论。所谓创造性的直观，是指“能够像艺术大师最完满地认识自己的作品一样，从根本上洞察事物的内在机制”的创造性思维能力[2]。这种创造性思维的关键在于不断的超越性。要正确地认识一个事物，一方面要把注意力集中到该事物本身，使认识活动受到阻滞（限制）；另一方面又要思维的范围超出该事物本身，进行越界的认识；与此同时，还要不断超越（修正）自己的认识。“为了对其自身进行感觉的东西，自我必须尽力超出原初被感觉的东西。同样，为了对其自身成为进行创造的东西，自我就必须尽力超出每一个创造物。”[3] 这就意味着，对事物的认识要获得进步，既要超越自我的（先前）认识，又要超越认识的对象本身。这里所说的“直观”，是理性的直观而非感性的直观。“关于直观这个词……绝对不可把任何感性的东西混杂到这个概念里，比如把视觉活动当成好像是唯一的直观活动似的……没有头脑的庸人们用光线解释视觉活动，可是光线是什么呢?”[4] 直观因此有所谓的内在直观和外在直观之分，而创造性

① 参见毛泽东：《实践论：论认识和实践的关系——知和行的关系》，载《毛泽东选集》（第1卷），人民出版社1991年版，第282~298页。

② ［德］谢林：《先验唯心论体系》，梁志学、石泉译，商务印书馆1976年版，第92页。

③ ［德］谢林：《先验唯心论体系》，梁志学、石泉译，商务印书馆1976年版，第95页。

④ ［德］谢林：《先验唯心论体系》，梁志学、石泉译，商务印书馆1976年版，第94页。

的直观则是将两类直观综合在一起的“更高级次的直观”。①

3. 先验唯心主义的理性直观理论

按照康德所建构的纯粹理性、判断理性、实践理性与历史理性的古典理性主义分析框架，以先天综合判断能力为内核的纯粹认知理性是正确认识事实的逻辑起点，以区分善与恶、美与丑为内容的判断理性能力是认识事实的中介，以目的律、因果律、背反律为主要法则的实践理性能力是检验事实的尺度，而以人类社会的普遍幸福与永久和平为目的的历史理性则是认识事实的终极目标。在这四种理性之中具备一个相同的内核，一种透过表面、片面、偶然、分散、临时的现象而以系统化、整体化、图景化的思维方式洞察内在本质的直观能力。这种理性直观能力的内核就是富含创造性的想象力。既然这种想象力人人都有，那么，这种洞察内在本质的理性直觉能力也是人人都有的。对康德来说，要完整地认识一个事实，必须借助这种直观能力，从四个层次的理性分别入手，一步一步地进行，使对事实的认识水平逐步上升到一个比较健全的理性阶段。

（四）法律意义

相对于事实的客观实在性、具体特殊性、自在自为性而言，建构论的事实观更加注重事实之中规律内核的发现，注重人类在认识事实过程的主体性、目的性和能动性，尤其是尊重人的社会性和历史性。人类认识事实的过程本质上是一个来自于并且服务于社会生产生活实践的创造过程，是一个追求更高的人类理性的历史进步过程。对建构论者而言，尊重事实更要尊重人，尊重事实的目的是更好地尊重人，离开了对人的尊重而单纯地尊重事实，难免坠入机械唯物主义的、将一切都物（质）化的泥潭。

以建构论的观点考察司法证明过程，可以发现司法证明的过程不仅是对过去事实的单纯回溯过程，更是一个面向未来的积极建构

---

① ［德］谢林：《先验唯心论体系》，梁志学、石泉译，商务印书馆1976年版，第131页。

或者重构的过程。当事人提出事实主张、参加举证、质证的过程，也是出于维护权益的目的、从自己诉讼立场的角度对案件事实进行重新认识的过程。与此相应，法官调查、审查、判断认定案件事实、形成裁判事实（认定结论）的过程，是一个出于维护自由、平等、民主、秩序、效率的法律正义目的，应用经验常识、逻辑命题、科学分析的方法，去伪存真、去粗存精、由表及里，从证据材料中抽取证据事实的内核，将分散的、片面的证据事实组合成一个既符合一般情理又符合科学规律和法律逻辑的案件事实图景（真相）的过程。这个事实的图景在内容上是面向过去的，但在效果和意义上却是面向未来的，因此在时间的维度上得以把过去和未来有机地统一起来。

建构论尚未在官方主导的司法政策中得到明确的肯定，却早已经是司法实践的新常态了。

四、从还原论迈向建构论

迈向不是走向。走向是在从一个阶段进入另一阶段时，彻底地告别、抛弃第一个阶段，将第一个阶段作为翻过去的篇章而折叠起来，或者将前一个阶段的全部遗产作为过去的历史而“尘封”起来，因此走向的阶段未必是更高水平的，而且很有可能是更低的水平，此谓之倒退。与此不同，迈向表现为一种不急不躁、扎扎实实、循序渐进的步伐，在从一个阶段进入另一阶段时，保持着对第一个阶段的眷恋和敬畏，也就是说，把前一个阶段中的教训和知识作为宝贵的财富予以传承、积累，因而所迈向的必然是一个更高的认识阶段，此谓之进步。

为什么说从还原论迈向建构论可以称得上“进步”呢？

建构论的科学之处在于符合人类认识过程的阶段性、循环性和无限性三大规律。按照谢林的先验唯心哲学理论，从感性经验的认识阶段到创造性的理性直观阶段，然后再从对创造性直观的反思阶段到绝对自由意志的确立阶段，一个完整的认知活动才告以完成。

按照康德的理论理性、实践理性、判断理性和历史理性的分析框架，实践理性的阶段只是事实认知活动的检验和反思的阶段，只有经过判断理性的甄别、过滤而进入了历史理性的阶段，一个完整的、健全的对事实的认知过程才告以完成。按照辩证唯物主义的否定之否定律，认识是一个不断循环往复的否定之否定过程，从肤浅片面的感性认识到深刻全面的理性认识，从规律奴隶的必然王国到规律主人的自由王国，每一次的否定都进入一个更高的阶段。建构论正是建立在认识无限性、阶段性和循环性规律的基础之上的。对建构论者而言，司法裁判的终局效力只是意味着法律程序的终结，而绝非意味着案件事实认识过程的终结。在裁判事实作为一种认识事实过程的阶段性与其法律效力的最终性之间，存在难以调和的内在矛盾。只有通过建构的方式才能调和这一对矛盾，而还原论的方法只会加剧这对矛盾。

建构论最为诱人之处是它将对（案件）事实的尊重建立在对（关系）人的尊重的基础之上，主张在开始尊重事实（的客观实在性、具体特殊性、自在自为性）之前，应当学会尊重人（的人格独立性、主观能动性、目的选择性以及人的社会实践性和历史进步性）。只有具备了这种作为人——与动物得以区别开来的——的基本文化教养的法律人（士），才会具备知道如何和为何去认识事实的基本科学素养，因而才能扎扎实实、真真切切地认识事实。

最后用泰戈尔的一行诗句[①]说明从还原论迈向建构论的哲学根据：

时间是变化的财富，
然而时钟拙劣的模仿，
却只有变化而毫无财富。

① ［印］泰戈尔：《飞鸟集》（第139首），载《泰戈尔抒情诗选》，吴岩译，上海译文出版社1990年版，第101页。

本章提要

事实的概念是事实观的原始内核，事实观是事实概念的文化引申。事实的概念本质上是一个科学问题和理论命题，而事实观本质上是一个哲学命题和文化问题。本章在深入细致地解析了事实的概念之后，阐述了证据法上的事实观确立问题。

本章首先从语义、哲学、法学、证据法学四个层面剖析了事实的概念。在语义学部分，结合甲骨文、金文文献，解析了“事”和“实”的字义。在殷商甲骨文中，事、史、吏三个字同形同源，字形意思是“执笔书写”，这表明“事”是具有官方正史记载意义的活动或者事件。“实”字诞生在东周金文中，字形由房屋、储藏室、货币三个部分组成，本义是殷实富足，引申为实在或者实际的意思。比较而言，“事”侧重于“人”的社会性和主观性，而“实”则突出“物”的客观性与完整性，这就奠定了“事实”一词的文化基因。“事实”一词最早出现在《史记》之中，与“虚言”相反，其词义是有充分确凿的证据证明实际上发生了的重大事件或者重要行为。

哲学上的事实称为哲学事实，本章将笔墨集中在概念解析上，重点介绍了罗素的独立客观实在论、胡塞尔的本质直观还原论、王长存的原始客观实在论、彭涟漪的主客观一致论四种具有代表性的观点。可以发现，哲学研究“事实”的视角是高度哲理化的，本体论层面研究的重点是事实的本质属性，如客观性、实在性、完全性、原始性、永恒性、具体性、唯一性等；方法论层面关注的重点是主观与客观、表象与本质、普遍性与特殊性、必然性与偶然性等。哲学上的事实范畴和事实观为法学学科确立自己的事实范畴和事实观奠定了厚实的知识基础和明确的方向指南。

法律上的事实称为法律事实。与政治学、社会学、经济学等领域中的事实概念相比较，法律事实的最大特征是规范化，法律事实是一种规范化的事实，具体表现在载体的格式化，语言表达方式的逻辑化，调查收集、审查判断方法的规定性，效果意义的公共性以及认知主体专业性五个方面的特征，确立了法律事实的内部边界。本章接着分析了法律事实与客观事实、科学事实、生活事实之间的区别，划定了法律事实的外部边界。法律事实的分类多种多样，本章重点论述立法事实、条件事实和证据法事实三个主要类别。立法事实又称为制度事实，是具有普遍性和预测性的事实，是立法公权力合法运作的事实要件，具有普遍性、抽象性、公共性和真实性等特征。条件事实是作为特定法律关系、权利、义务或者责任的产生、变更和消灭条件的事实，具有具体性、特殊性、既成性等特征，可以按照不同的标准分为事件事实和行为事实、要件事实和情节事实、积极事实和消极事实以及权利事实、义务事实与责任事实等。

证据法事实是符合证据法的规定，具有证据法上的意义的事实，是本章论述的重点。相对其他法律事实类型而言，证据法事实的格式化、逻辑化和精确化水平都比较高，是最为复杂的法律事实类型。为了明确证据法事实的内部结构，本章提出了三个分类：一是客观事实、主张事实、证据事实和裁判事实，形成了一个完整的案件事实发展变化的过程阶段图；二是性质事实、要件事实、情节事实和背景事实，构成一个完整案件事实的四个方面的内容；三是常识事实、科学事实、价值事实，构成了证据法事实的三个判断层级。

事实观是本章的落脚点。鉴于证据法事实的特殊复杂性，本章提出了“从还原论迈向建构论”的主张，认为还原论是立足于事实的客观实在性和具体特殊性，面向过去以回溯方式查明案件事实、力求使裁判事实符合原初案件事实的事实观。这种观点有助于避免案件事实证明过程的主观随意性和公权力的独断专横，但具有机械唯物主义、宿命论的缺陷。与此不同，建构论是立足于对人的社会性、历史性、主观能动性的充分尊重，以面向未来、筹划未来、引领未来的思维视角，客观全面地反思过去曾经发生（过）的、已经成为应当告别的历史陈迹的案件事实。在这种客观的、全面的反思中，不仅蕴含着对过去的回溯与追问，更蕴含着对未来的思考与筹划，也就是说，司法证明过程的真正意义在于搞清楚过去已经发生的案件事实对未来的生产与生活的安排到底意味着什么，正是为了未来才需要更全面、客观地查明过去。建构论的事实观存在主观臆断弊端，同样存在导致司法专横的潜在危险。

本章由此提出了“迈向”的事实观革新主张。迈向不是告别过去、尘封过去的“走向”，也非改弦更张、重新抉择的“转向”，而是沿着还原论的道路继续走下去，但迈向更富有前瞻性、创造性的高级认知层次。也就是说，把过去的（案件事实）与未来的（生产生活）事实联系起来，作为一个完整的社会实践活动图景或者一个连续的历史进步过程来看待，把司法证明的过程作为一个面向未来而追问过去的积极的、能动的反思过程。过去的意义在于未来，过去因为未来而（更）有意义，这就是人之所以为人的一条客观规律，亦即人的历史性与社会性有机统一规律。如果为了查明过去而失去了未来，那么，司法证明很有可能沦落为（被滥用为）一场场无聊而又荒谬的儿戏，蜕变为恶意诉讼、虚假诉讼、连环诉讼的诱因，这就是还原论的根本缺陷之所在。“迈向”建构论有助于把两种事实观的优点结合起来，克服各自的缺陷和弊端。

在证据法规则体系层面，本章发现了四个较大的漏洞，即立法事实规则、价值事实规则、背景事实规则和证据法事实类型化规则，提出了补充完善的建议。

第二章 真　　实

事实是证据法的起点，真实是证据法的终点。证据法上的“真实”是“案件事实真相”一词的简称。真实范畴的特殊意义在客观真实论与法律真实论之间的那场影响广泛的理论争鸣中得到了充分的显示。[①] 从这场理论争鸣的要点来看，客观真实论与法律真实论之间的分歧主要表现在真理观和证明标准两个层面。真理观是证明标准的思想观念内核，证明标准是真理观的制度表现形式。不同的法律人对同一案件所应适用证明标准的理解之所以会出现不同，归根结底是各自所持的真理观不同。真理烤不出面包，却能擦亮眼睛，指引前进的道路。只有确立了正确的真理观，法律人才能为案件事实确立准确的证明标准尺度。下文从语义学、哲学、法学三个层面分析真实的范畴，然后讨论真实观的问题。

第一节　“真实”的语义探源

语言文字是活着的化石，是追根溯源、刨根问底的可靠材料。正确应用语义分析的方法，有助于发现“真实”范畴的原初文化

---

① 樊崇义：《客观真实管见》，载《中国法学》2000 年第 1 期；陈光中、陈海燕、魏晓娜：《刑事证据制度与认识论——兼与误区论、法律真实论、相对真实论商榷》，载《中国法学》2001 年第 1 期；刘金友：《客观真实与内心确信——论我国诉讼的证明标准》，载《政法论坛》2001 年第 6 期；张继成、杨宗辉：《对“法律真实”证明标准的质疑》，载《法学研究》2002 年第 4 期。关于这场争论的整体介绍和评价，参见宋英辉、汤维建主编：《证据法学研究述评》，中国人民公安大学出版社 2006 年版，第 8～12 页。

基因，它深藏在每一个人的潜意识之中，作为一种洞察和领悟事物内在因素的敏锐性，尤其是作为一种支配最后决断的直觉冲动，悄无声息地发挥着作用。

一、“真”的字义探源

“真”字早在殷商时代诞生，用于描述一种重要而又美好的理想生活场景。

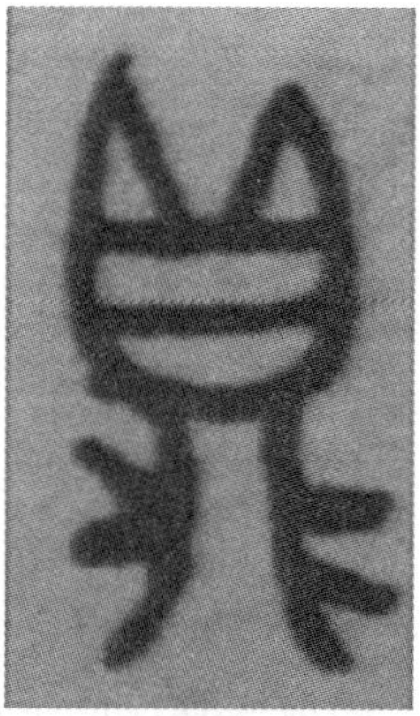

（鼎）

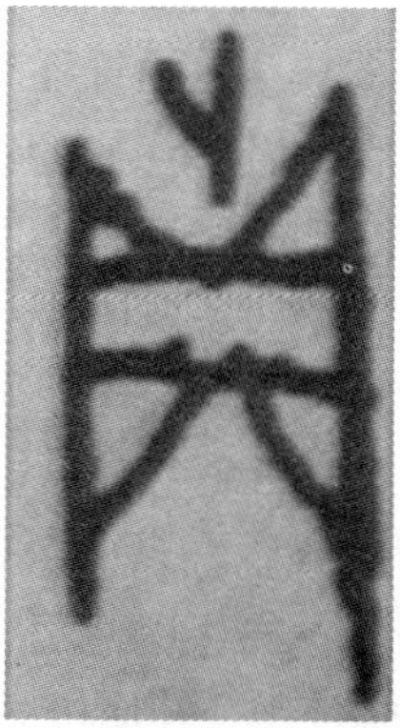

（真）

（真）

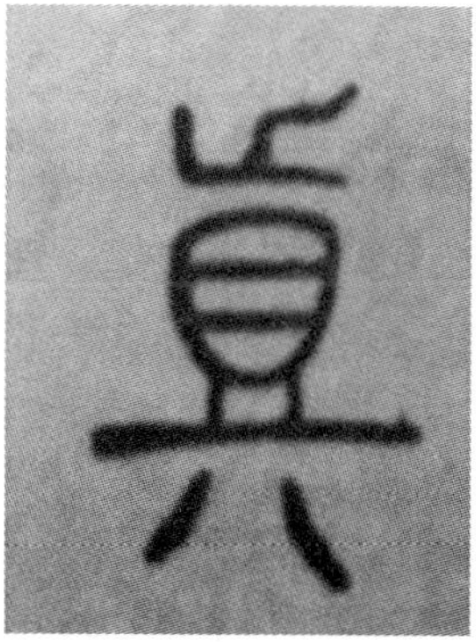

（真）

第一、二个字是殷墟甲骨文字，来自马如森先生的著作[1]；后两个字分别是周时期的金文和秦汉时期的石（鼓）文，来自左安民先生的著作[2]。马先生认为，“真”的原字是“贞”；左先生认为，“真”字的本义是鼎中之物。对比甲骨文的两个字，可以发现两位先生的观点确有根据。问题是：位于鼎上的符号是什么呢？对此两位先生都没有给予解释。谷衍奎先生在《汉字源流字典》中认为是“人”，是人从鼎中取物的意思，后来“鼎”变成了“贝”，表示人从鲜贝中取食的意思。[3]

笔者认为，鼎上的符号可能有三种意思：一是祭祀物品，如胙肉；二是占卜的蓍草；三是贵重物品，也就是珍宝。在殷商时期，“鼎”是贵族才能拥有和使用的生活和公务用具，具有严格的等级身份限制，其中所放置的物品一定是贵重的物品，而放置的地方一定是美好而又郑重的特殊藏所，如庭、庙、室等。左安民先生认为“真”的本义应当是“珍”，后来因“珍”的含义被取代，“真”转向表达与“假”相反的意思了。

笔者赞同左先生的意见，但认为“真”的原始含义应当不限于“珍”，而是还有其他相关的含义。因为“真”的字形与筮用语的“贞”一致，而“贞”字具有（趋势上）吉利、（性质上）正确、（形式上）美好、（条件上）可行的意思，这些成为了“真”字后来的引申义。

综合前述分析，“真”的原初字义是指吉利、正确、美好、可行、珍重的属性、事物或者事情。

“真”字诞生后，向史学、儒学、道学等领域中扩展应用。在史学上，用于史料的“真”、“伪”辨别。《汉书·宣帝纪》有言

---

① 马如森：《殷墟甲骨文实用字典》，上海大学出版社 2008 年版，第 85 页（第 0251 号，贞）、第 169 页（第 0233 号，鼎）。

② 左安民：《细说汉字——1000 个汉字的起源与转变》，九州出版社 2005 年版，第 570 页。

③ 谷衍奎编：《汉字源流字典》，华夏出版社 2003 年版，第 535 页。

“勿使真伪相乱”，这种用法与“真实”一词最为接近。在道学上，“真”字指符合内在本质的自然存在状态，即“本真”。例如，《庄子·齐物论》中“必有真宰”、“无益损乎其真”等。[①] 随着历史的演进，“真”逐步成为道学的核心范畴和标志性概念，理想主义、神秘主义的色彩也随之日渐浓厚。与此不同，儒学对“真”字的应用走向世俗的现实生活，主要用于形容做事态度的严肃诚恳，即真诚、真心。例如，《荀子·劝学篇》的“真积力而入”，意思是说真诚用力、长期积累就可以入门。比较而言，史学和道学的用法接近“真”的本义，而儒学的用法属于世俗化的引申含义。后来，“真”的用法进一步向日常生活中引申扩展，主要用于加强肯定语气的副词，表示“的确”、“实在”、“确实”的意思。例如，明朝谢榛《秋兴》中的词句“吾生真浪迹，沧海一鱼竿”。

可见“真”字的引申含义随着应用范围的扩展而扩大，具有真实、真正、诚心、确实的意思。

二、“真实”的词义探源

以现代哲学的眼光来看“真”字的所有含义，可以发现“真”是一个具有浓厚理想主义色彩的主观判断概念。无论是吉利、美好、可行、珍重等，还是后来逐步引申出来的真实、本真、诚心、确实等，都是表达主观判断的词语。“吉利”是未来学上的趋势判断（预测），“正确”是科学上的事实判断，“美好”是审美学上的艺术判断，“重要”是价值理论上的效用判断，而“可行”是策略上的条件判断，“真实”是相对于虚假而言的一种甄别型判断，而真诚、本真、确实等都是有关现实存在状态符合内在本质的一致性判断。总结不同判断含义的要旨，“真”是一种外在形态与内在本质保持一致的理想存在状态。

---

① 王先谦：《庄子集解　庄子集解内篇补正》，中华书局1987年版，第12页。

(一)"真实"作为词语的诞生

问题是：作出主观判断或者决断的根据何在呢?"真"字的局限性由此凸显出来，而具有鲜明现实主义色彩的"实"字正好可以弥补这个局限性。"真"与"实"结合成词因此具有了语义学上的必然性。

潜在的必然性需要偶然的条件才能转变为现实性。从笔者收集到的文献资料来看，"真实"一词诞生在自东汉时期传入中国的佛学领域，是有知识的信徒们在翻译佛经中创造出来的一个词。随着佛教向内地发展，"真实"的范畴越来越重要，逐步形成一个专门理论领域即"真实论"，从而成为佛学的一个核心范畴。玄奘法师翻译的《般若波罗蜜心经》中"真实不虚"一词，可谓佛学"真实"的典范用法。

陈兵先生认为，佛学上的真实是指"未经主观认识所改变、歪曲的本来面目，和正智如实知见的本然，真而无妄、实而不假者，是虚假、虚妄的反义词。……真，谓如实不妄，系从认识论角度而言；实，谓本然如是，不以他起，系从本体论角度而言。合而言之，真实是指本然之实在"。[①] 具体可以分为四个层次：一是"世间极成真实"，指世间众生公认的日常经验意义上的真实；二是"道理极成真实"，指通过领悟而发现的内在于事物的普遍法则；三是"烦恼障尽智所行真实"，指依佛法修行、排除各种烦恼障碍的"圣者"以清净心所认知的"诸法无我"意义上的纯粹客观的真实；四是"所知障尽智所行真实"，指依大乘佛法修行而排除了所有认知障碍的菩萨、佛，以其圆满的智慧所认知的完全真实。这四种含义的真实构成了一种认识进步的阶梯。[②]

(二)"真实"一词的原初含义

受陈兵先生的启发，笔者结合对《金刚经》的领悟，认为佛

① 陈兵编：《新编佛教词典》，中国世界语出版社 1994 年版，第 91 页。

② 陈兵：《真实论》，载《法音》1993 年第 7 期（对《瑜伽师地论·菩萨地真实品》的注释）。

学上的真实范畴主要有如下四层含义：

1. 本质真实

本质真实，是指内在本质所具有的永恒、完整、实在的状态。《金刚经》有言："凡所有相皆是虚妄，若见相非相，则见如来。"外在的表象（相）之所以是"虚妄"的，是因为它们像浮云那样变动不居，像树叶那样散乱飘零、易于腐败，像语言那样容易被曲解或者伪造；与此不同，内在的本质之所以是"真实"的，是因为永恒完整，根本不可能被伪造或者曲解。俗话说"江山易改本性难移"、"本质是遮掩不住的"，就是这个意思。

2. 表述真实

表述真实，是指有明确的义理依据和充分的事实根据证明所说话是真实的。《金刚经》有言："如来是真语者、如语者、实语者，(是）不诳语者、不异语者。"这里所言的"真"是符合事（物内在机）理和客观规律的意思，"实"是有根据证明实际存在或者可以实行的意思。"真实"是指如来所说的话既符合事理规律又有根有据，并非没有根据的虚假妄言或者奇谈怪论。

3. 信念真实

信念真实，是指内心确信为正确美好的事情。《金刚经》有言"生实信"者"一念生净信"，也就是说，真实的内心确信产生于排除了诸如恐惧、喜欢、偏见、傲慢等外在干扰的平和心境。只有在这种平和的心境下才能以客观冷静的态度认识事物的内在本质，从而产生符合规律的信念。换言之，实信即净信，净信即实信。

4. 圆满真实

圆满真实，是指作为修行终极理想的纯粹、绝对、完全的真实状态，如健全的人格、完整的知识、美好的修养、善始善终的事业等。《金刚经》有"肉眼"、"天眼"、"慧眼"、"法眼"和"佛眼"之分，肉眼是感知外在表象的经验能力，慧眼是认知内在本质的思维能力，天眼是认知方向和道路的判断能力，而法眼是认知客观规律、确立主观法则的计划能力，佛眼则是获得没有漏洞的完全知识，使主观修为与客观规律自然而然地达到统一的综合知行能力。圆满真实是只有“佛眼”才能看到的完美存在状态。

从认识论角度来看，以上四类真实是循序渐进的认知进步阶段，本质真实是现实的起点，表述真实和信念真实是中介和桥梁，而圆满真实是理想的终点。相对而言，起点和终点的错误是根本性的错误，影响深远，很难纠正；而中介和桥梁的错误只是工具或者方法的错误，比较容易纠正，效果也立竿见影。笔者认为，这是“慎终惟始”古训的本义所在。

(三)“真实”词义的世俗化衰变

“真实”在佛学上诞生时的词义，既吸收了“真”与“实”的本义和引申义，又吸收了佛学的教义，将世俗生活的事理与佛学教义的宗旨结合起来，既包含理想主义的情怀，又充满现实主义的智慧，是一个含义丰富、底蕴深厚、品味高雅的哲理化词语。

在现代汉语中，“真实”一般是指“跟客观事实相符合；不假”。[①] 显然与诞生时代原初词义可谓渐行渐远，越来越简化、直接、明了，但也越来越低俗、肤浅、赤裸。如果语言是民族的载体，折射着一个民族的生存现状，又引领和塑造着一个民族的未来生活，那么，“真实”一词的含义衰变折射出了什么呢？这不仅是中国语义学最值得反思的一个命题，更是中国的哲学和法学最需要追问和反思的一个命题。但愿本章的研究有助于启发同仁，引起同人们的共同重视。

三、“真实”与“事实”之间的关系

“事实”与“真实”都根植于唯物主义的“实”，但“事”和“真”却存在明显的区别，“事”是具体个别的客观存在现象，而“真”是抽象普遍的主观判断标准。相对而言，“事”是现实主义

① 中国社会科学院语言研究所词典编辑室编：《现代汉语词典》(第5版)，商务印书馆2005年版，第1730页。

的行动结果，而“真”是理想主义的预期目标。“实”奠定了“事实”与“真实”的共同性，而“事”与“真”的区别奠定了两者的差异性。

笔者曾经在《事实与真实的语义之辩》① 一文中将两者的关系概括为如下三种观点，这里结合新的认识而重新阐述之：

（一）再现还原说

认为真实就是经过正确的认识方法而得到还原和再现的事实，“真实”意味着人们的主观描述内容与事实的客观实际情况完全吻合。“事实”既是“真实”的描述内容和判断对象，也是衡量“真实”之真假水平的尺度。事实是认识过程的起点，而真实是认知过程的终点。从事实的片段出发，通过点点滴滴、方方面面的努力，将不同来源、方式和内容的事实片段综合起来，到形成完整全面的有关事实原貌的认识，亦即真实，构成了一个完整的认识过程。

再现还原说的时间维度是过去式的，方法论上是回溯型的，而本体论上是逼真式的。不是站在现在的角度看过去，而是设身处地地回到过去，站在过去的环境之中认识过去。为了很好地做到这一点，不仅要在观念和思维上进行时间的穿越，而且要尝试进行环境的模拟，尤其是角色的扮演。

问题是，这三个环节都存在难以克服的困难。时间的穿越以能够回到现在为前提，否则就会深陷过去的宿命之中而不能自拔，成为一种令人恐怖的尝试。至于环境的模拟，借助现代信息化的手段可以减少很多困难，但模拟的真实程度是有限的。而要成功地进行角色扮演也存在知识、性格、语言、习惯的重重心理障碍，如果不能有效地克服这些障碍，角色的扮演必将导致角色的错位，久而久之导致角色扮演者自己心理错乱，成为心理学上的冒险尝试。唯物

① 高家伟：《事实与真实的语义之辩》，载卞建林主编：《诉讼法学研究》（第12卷），中国检察出版社2007年版，第1~33页。

主义的宿命论与唯心主义的轮回论是这种论点的致命缺陷。

(二) 符合反映说

真实是事实的主观反映，真实之真假取决于主观的描述和判断是否以及在多大程度上符合事实的情况。一种典型的观点认为："真的判断在某种意义上就是与事实相符合的，是以某种方式与这些事实相适应或者相'一致'的判断，而假的判断则与事实不相适应，不相符合，不相'一致'。"①

符合反映说的时间维度是现在式的，方法论是模拟型的，本体论是写真式的。此论是站在局外的角度看局内，从客观中立的立场出发，把一切都视为身外之物，与认识的对象谨慎地保持着若即若离的审美学距离，以便进行冷静客观的审视与考察。为了做到这一点，认识主体尤其要注意保持自身地位的独立性与立场的中立性，不能进行所谓的设身处地的角色扮演，以免深陷其中而被蒙蔽或者遮蔽。

问题是，反映符合的标准由谁来制定呢？反映符合的水平由谁来判断呢？既然认知的过程完全由认知的主体自己所把握，那么所反映的情况是否符合客观情况，"真实"是否准确反映和是否符合事实，也只能由认知主体自己去判断了。唯物主义的机械论与唯心主义的独断论是符合反映说所蕴含的致命缺陷。

(三) 提炼升华说

认为真实是秉持科学的态度和方法，在尽力发现事实原貌的基础上，立足现实的合理需要，面向未来的发展趋势，将对过去的事实判断、现在的效用判断和未来趋势判断综合起来，将过去、现在与未来作为一个不断连续的存在过程而进行整体的思考。事实是过去的图景，但真实却是未来的蓝图；事实是过去所奠定的现实起点，而真实是未来追求的理想目标。因此，从目的定位、内容要

---

① ［德］M. 石里克：《普通认识论》，李步楼译，商务印书馆 2005 年版，第 84 页。

素、时间维度等方面来看，真实来自事实而又高于事实。

提炼升华说是最为贴切“真实”一词在诞生时的本义的，具有比较扎实的历史传统的延续性。另外，此说中和了再现还原说和符合反映说的特点，既吸收了唯心主义尊重主观能动性的优点，又继承了唯物主义尊重客观实在性的优点；既避免了唯心主义的主观独断论和永世轮回论的缺陷，又避免了唯物主义的机械论和宿命论的缺陷，将理想主义的（真实）情怀与现实主义的（事实）策略结合起来，具有比较宽阔的文化包容性。笔者赞成此说。

第二节 哲学意义上的真实：哲理化的真实

概念支撑着学科，学科塑造概念。哲学关注“真实”范畴的视角是哲理化的，因此所打造的真实的概念也是哲理化的。抓住了“哲理化”这个特点，有助于更好地理解哲学上有关真实范畴的研究成果。下文从相关术语的界定入手，介绍具有代表性的观点并且进行评析。

一、真实与真理之间的关系

从相关文献来看，真理与真实两个范畴之间的关系是最为密切的。很多文献不严格区分两个范畴，交互使用，需要结合上下文仔细地甄别，才能区分一二。

在德语的哲学文献之中，“真”（wahr）一词具有真理、真实、真相、真正四种含义，具体含义需要根据上下文而定。真理是经验证行之有效（wirklich）的方案、规则或者规律（wahrheit），真实是确实（real）、明确（deutlich）、达到不可否认的程度（unverkenntbar）的存在属性（wahrhaft），而真相是有证据证明实际上发生（tatsaechlich）的情况（sachverhalt），真正是原初（original）的、本质的（sachlich）存在（dasein）。无论是真理、真实，还是真相、真正，都需要以虔诚的（ehrlich）态度，进行明确（deutlich)、肯定（klar）的验证，最终形成真的内心确信（echt）。[①] 将这四点含义综合起来，可以认为，“真”是指以严肃认真（真正）的态度，透过客观实在的现象（真相），去发现行之有效的方案或者规律（真理），从而达到明确肯定的目标或者状态（真实）。就“真”而言，“真实”是态度，而“真理”是依据，“真相”是内容，而“真正”是方法，这四个尺度从四个角度和层面构成了一个有关“真”范畴的分析坐标。将这四个层面结合起来，不仅有助于更准确地把握德国古典哲学真理观的要旨，而且有助于从一个角度理解与把握我国法学界的真理观，因为中国与德国在哲学观念和思维上具有特殊的亲缘关系。

在英美哲学文献中，真实和真理的词根都是“truth”，学者们在展开论述时不注意两个含义的区分，需要译者和读者根据语境仔细甄别才能发现具体的意指。一般而言，英美古典哲学注重区分“事实”（fact）与“真理”（truth）这两个概念，认为“真理”或者“真实”是一个与“事实”相对称的主观认识问题，也就是说，“真”归根结底是认识论而非本体论上的命题。“真实”一词意在表示某人相信某项“事实”是客观实际发生的，而“真理”一词偏向于意指某人相信某条道理或者原理是切实有效的。事实作为自在自为、完整统一的客观实在，外在于人类的主观认识；而真实——人们认识事实——的程度则随着条件、目的、角度、方法、语言等因素的变化而不断改变。与此同理，规律作为一种抽象、普遍、客观的存在，独立于人的主观认识，而真理——人们认知规律——的内涵也随着人们的效用定位和意义取向的改变而不断改变。真理和真实是随着人们的认识而不断发展变化的一个集合名词，具有主观性、相对性、阶段性、具体性的特征，不存在所谓的

① 参见赵汤寿主编：《现代汉德德汉词典》（汉德卷），北京大学出版社 1992 年版，第 788 页。

绝对真理或者绝对真实。[①] 明确地区分事实与真实、真理与规律，强调真实与真理的主观性、相对性、阶段性、开放性、多元性，尤其是强调“真”的可验证性，是英美古典哲学真理观的闪光点所在。这些闪光点随着改革开放的历史进程逐渐进入中国学界的视野，并且融入到中国主流真理观的形成之中，构成了理解与把握中国真理观的另一个角度。

汉语语境构成了把握中国真理观的第三个角度。上文对古代汉语语境中的“真”与“实”作了细致的字义分析。在现代汉语语境中，事实与真实的区分是明确的，真理与真实的区分也是比较明显的。真理是“真实的道理，即客观事实及其规律在人的意识中的正确反映”；真实是“跟客观事实相符合；不假”。[②] 从字面含义来看，两者的立足点都是“真”——一种经过经验、实验或者证据的验证而在内心之中形成的一种明确肯定的确信状态，但着眼点不同，一个是外在客观存在的“实”，另一个是内在普遍规律的“理”。

结合欧美现代古典哲学的真理观要点，反观我国古代汉语中的真理观语境，可以发现，相对于古代汉语“真”而言，现代汉语中的“真”字抛弃了那种根植于贵族垄断知识的特权主义因素和巫师占卜的天启神秘主义的糟粕，吸收了西方古典哲学注重生产生活的斗争实践的经验实证主义的因素，尤其是吸收了打破知识垄断、向民众开放的平民主义的精华，产生了一个历史性的巨大飞跃，为科学主义与民主主义在新中国的兴起奠定了一个具有世界先进性的崭新历史起点，也为改革开放以来的当代中国制定与实施科教兴国和依法治国方略奠定了一个扎扎实实的观念基础。

---

① ［美］威廉·詹姆士：《实用主义》，陈羽纶、孙瑞禾译，商务印书馆 1979 年版，第 114~115 页。

② 中国社会科学院语言研究所词典编辑室编：《现代汉语词典》（第 5 版），商务印书馆 2005 年版，第 1730 页。

综合前述三个角度的语义分析，可以发现真实与真理两个范畴之间存在如下两重关系：

(1) 内在与外在的表里关系。真理是内在的规律，而真实是外在的表象。

(2) 内容与属性的一体关系。真理是客观存在的内容，而真实是客观存在的属性。

真实与真理两个范畴之所以能够产生前述两重密切关系，是因为两者具有共同的基础：

(1) 内心确信与实际经验的辩证关系。“真”是形成明确肯定的内心确信状态，而“实”与“理”则是用于支撑内心确信的证据和依据。其中，“理”是先（于经）验而存在抽象、普遍、客观的规律，而“实”是具体个别、客观实在的证据材料。要形成合法意义上的“真”的内心确信，必须一方面具有规律（客观法则）的明确依据，另一方面具有事实（客观实在）的明确根据。“实”与“理”是“真”的分析坐标，规律依据和事实根据是“真”之本体的两翼。

(2) 本体论与方法论之间的依存关系。无论是真实还是真理，归根结底是“真”的问题。“真”作为一个凝重的哲学命题，在本体论上是认定或者评价标准问题，即什么才是“真”的；在目的论上是效用和意义的问题，即什么才是有用的和有意义的；在方法论上是验证或者证明的问题，即如何验证一个有争议的存在是否达到了“真”的标准；归根结底，在主体论上是“人”的界定和理解问题，即如何定义“人”，如何理解“人”。只有从人作为人的本质属性出发，进行客观的效用验证、主观的意义验证或者证据证明，得到内心确信的东西，才能是“真”，这是讨论“真理”或者“真实”范畴的逻辑起点。换言之，如果从人作为动物或者工具的属性出发去讨论“真理”或者“真实”的命题，由于逻辑起点的错位，所求证的只会是动物的真理，岂不荒谬？

二、代表性观点

从相关文献来看，作为哲学范畴的“真实”具有多种含义。① 具有代表性的观点有：

（一）毛泽东的实事求是说

毛泽东在《实践论》一文中应用辩证唯物主义的方法和术语对中国古典的知行学说进行了重新阐释，融汇中西，贯通古今，认为合乎规律和实际的真实知识（真理）来自社会实践，服务社会实践，并且最终在社会实践中得到真伪、对错的检验。要旨是：

1. 真实是有充分证据证明符合实际情况的理性判断

毛泽东结合抗日民族统一战线的实例指出：“外来的考察团先生在他们集合了各种材料，加上他们‘想了一想’之后，他们就能够作出‘共产党的抗日民族统一战线是彻底的、诚恳的和真实的’这样一个判断了。在他们作出这个判断之后，如果他们对于团结救国也是真实的话，那么，他们就能够进一步作出这样的结论：抗日民族统一战线是能够成功的。这个概念、判断和推理的阶段，在人们对于一个事物的整个认识过程中是更重要的阶段，也就是理性认识的阶段。”②

2. 真理是来自实践并且经过实践检验合乎规律的认识

借助直接经验与间接经验、感性认识与理性认识的范畴，毛泽东分析了真理与实践之间的辩证关系。“人们要想得到工作的胜利即得到预想的结果，一定要使自己的思想符合于客观外界的规律

---

① 弓肇祥：《真理理论——对西方真理理论历史地批判地考察》，社会科学文献出版社1999年版，第4~5页（真实主要有两种含义：一是本原、本性；二是与“假”相对）；郭继海：《真理符合论的困难及其解决》，中国社会科学出版社2003年版，第1页（从广义上理解“真实”，认为有五层含义：一是指“有”“存在”；二是指符合规定性；三是指主观印象正确；四是指思想、理论正确；五是指“好”、“善”）。

② 《毛泽东选集》（第1卷），人民出版社1991年版，第285~286页。

性。如果不符合就会在实践中失败。”① 因此，所谓真知，是指合乎实际情况和客观规律的感性认识和理性知识。“一切真知都是从直接经验发源的。但人不能事事经验，事实上多数知识都是间接经验的东西，这就是古代的和外域的知识。这些知识在古人在外人是直接经验的东西，如果在古人在外人直接经验时，符合列宁所说的条件‘科学的抽象’，是科学地反映了客观规律的事物，那么，这些知识就是可靠的，否则就是不可靠的。”②

认识分为感性的认识与理性的知识两个层次，但都立足于实践，统一于实践。“感觉只解决现象问题，理论才解决本质问题。”“认识过程的两个阶段的特性，在低级阶段，认识表现为感性的，在高级阶段，认识表现为论理的，但任何阶段都是统一的认识过程中的阶段。感性与理性二者的性质不同，但又不是相互分离的，而是在实践的基础上统一起来了。”③

3. 社会实践是验证真实、检验真理的唯一标准

强调实践对真理的检验是毛泽东真理观的核心基石所在。“只有人们的社会实践，才是人们对于外界认识的标准……判定认识或者理论之是否符合真理，不依主观上觉得如何而定，而是依客观上社会实践的结果如何而定。真理的标准只能是社会实践。”④

4. 诚实谦虚的科学态度

“知识的问题是科学问题，来不得半点的虚伪和骄傲，决定需要的倒是其反面——诚实谦虚的态度。”⑤ 从上下文的要旨来看，《实践论》所称的诚实谦虚的态度不仅表现为一丝不苟、严肃认真的科学主义作风，更表现为放下架子、甘当工农兵的小学生、将理论研究服务于社会生产斗争实践的一种平民主义情怀。

---

① 《毛泽东选集》（第1卷），人民出版社1991年版，第284页。
② 《毛泽东选集》（第1卷），人民出版社1991年版，第288页。
③ 《毛泽东选集》（第1卷），人民出版社1991年版，第286页。
④ 《毛泽东选集》（第1卷），人民出版社1991年版，第284页。
⑤ 《毛泽东选集》（第1卷），人民出版社1991年版，第287页。

笔者认为，在尊重客观第一性基础上注重发挥主观能动性的辩证唯物主义立场，谦虚谨慎、严肃认真的科学主义作风，全心全意为劳苦大众服务的平民主义情怀，以及紧密联系社会生产斗争实践的实证主义方法，是《实践论》所阐述的真理观的四大要素。这四大要素构成了一个在中国占据主流地位的哲学观念，这就是著名的实事求是的真理观。

（二）杜威的效用验证说

沿着詹姆士所开辟的经验主义和实用主义的哲学道路，杜威提出了著名的效用真理观。在《哲学的改造》一书中，杜威将批判的矛头指向欧陆古典理性主义的经院哲学，因为它“妄自以为论证超越的、绝对的或者更深奥的、实在的存在和启示这个究极的、至上的、实在的性质和特色为己任”，“主张有一个比实证的科学和日常实际经验所用的更为高尚的认识的官能，并主张这个官能独具优异的尊严和特殊重要性”。[①] 杜威认为欧陆古典经院哲学的这种先验主义和超验主义的做法构成了对真理的无聊独占。为了“舍弃关于终极的绝对实在的研究的无聊独占”[②]，使哲学研究成为一种能够有效服务于社会斗争实践的知识动力，杜威提出了“哲学转向”的命题，确立了实用主义和经验主义的真理观。

1. 本体论层面

从本体论的层面来看，杜威真理观具有如下三个要点：

（1）真理是假设。在哲学和科学上，真理首先表现为一个假设命题，也就是说，采取假设命题的语言表达方式。“命题”一词意味着真理中必须包含是非、美丑、善恶等方面的判断内容，含糊其辞、模棱两可的内容不能成为真理。“假设”一词意味着“所谓‘真理’是一个抽象名词，适用于因其作用和效果而得着确证的、

① ［美］杜威：《哲学的改造》，许崇清译，商务印书馆1958年版，第12页。
② ［美］杜威：《哲学的改造》，许崇清译，商务印书馆1958年版，第14页。

现实的、事前预想和心理所期愿的诸事件的汇集”。[①] 这就是说，真理必须是开放的、实验性的，因而是包容性、扩展性的，允许质疑、辩论、试验、修正。按此，真理一旦被垄断或者独占，就会异化为绝对的权威和僵化的教条，最终坠入谬误的泥潭之中。

（2）真理即效用。这是实用主义真理观的核心主张。由于表述十分简略，容易被误解，导致真理的庸俗化乃至低俗化。为了防止这一点，杜威强调指出，真理意义上的效用是指符合事物本质属性的功能或者作用。所谓符合本质属性的功能或者作用，对物质而言，就是发挥一种物质财富本来应当具有的作用，物当其用，物尽其用；对人而言，就是使人像人一样地工作和生活，人尽其才，各得其所。检验一种科学技术是否符合真理，要看其是否能够使所支配的物质尽可能充分地发挥作用。检验一种社会制度是否符合真理，要看它是否能够让受其调整的人更加充分地展现作为人的属性，如才干、德行等。“所谓真理即效用，就是把思想和学说认为可行的拿来贡献于经验改造的那种效用。道路的用处不以便利于山贼劫掠的程度来测定。它的用处决定于它是否实际尽了道路功能，是否作了公众运输和交通便利而有效的手段。观念或者假设的效用之所以成为观念或者假设所含真理的尺度也是如此。”因此，“把真理当作满足私人野心和权势的概念非常可厌”。[②]

（3）真理需要证明。对不证自明的、绝对的、先验的真理，杜威莫不嗤之以鼻，视之为僵化的教条或者神秘的天启。在杜威看来，任何论断，如果一定要采用“真理”这一高贵的名称，就必须接受检验。科学实验和生活试验是检验的可靠办法，而客观外在的效用与结果是检验真理的主要标准，主观内在的确信、意见等是次要的标准。“真正指导我们的（才）是真的——经证明能作这样的指导功能是所谓真理的要旨。”“坚信、确证、凭据，不如作用

① ［美］杜威：《哲学的改造》，许崇清译，商务印书馆1958年版，第84页。
② ［美］杜威：《哲学的改造》，许崇清译，商务印书馆1958年版，第85页。

和效果。美的行为胜过美的容貌……能起作用的假设（才）是‘真’的。”①

2. 方法论层面

在方法论层面，杜威真理观的要点是：

（1）大胆假设。科学研究意义上的假设是一种严格的逻辑思维方法和语言表达方式，需要训练才能学会。这里要特别注意学会把握权威的尺度，信奉权威而不迷信权威，遵从权威而不依附权威，敬畏权威而不止步于权威。也就是说，不能把权威的观点或者主张当作绝对的、无条件的教条，而是要“留心所有的概念、学说、系统，不管它们怎样精致，怎样坚实，必须视为假设，就足够了。它们应该被看作验证行动的根据，而非行动的终局，明白这个事实，就可以从世界去除死板的教条，就可以晓得思想的概念、学说和系统永远是通过应用而发展的”。②

（2）善于思考。杜威尤其看重困境在激发心智中的作用，主张在困境中怀疑，在怀疑中思考，在思考中进步。“所谓困难生思考，实指在非思考不能脱出困难和非思考摸不着解决途径的时候。凡是外界权威统治的地方，思考就被怀疑，就被憎厌。”③

（3）面对事实。假设、思考必须面向事实本身，而且要直接地以切身体验的方式面对，不能拐弯抹角、模棱两可地面对，更不能托人代劳、道听途说地面对。“面向事实本身”是现代科学主义的基石。杜威认为，严肃认真“思考的第一个特质是面迎事实——考究，精细而广博的检查与观察……（不能）以一串与感情相投并与理性一致的意义，代替对引起纠纷的情势的特征的思考。(因为）它倾向于所谓‘智’的梦游病的那种唯心论……产生了一个远离实际，而不应用检验他们的思考的高高在上、不负责任

① ［美］杜威：《哲学的改造》，许崇清译，商务印书馆 1958 年版，第 84 页。
② ［美］杜威：《哲学的改造》，许崇清译，商务印书馆 1958 年版，第 78 页。
③ ［美］杜威：《哲学的改造》，许崇清译，商务印书馆 1958 年版，第 75 页。

的思想家阶级”。①

直接面对事实本身，不仅需要理论的勇气，更需要科学的方法，有明确的目标和对象，有的放矢、有条不紊、坚持不懈地进行。面对“作为改造经验方法的思考，是把（对）事实的观察看成是解释问题、勘定纠纷所在……困难在什么地方的不可缺少的步骤。它不是无目的、无选择、杂乱无章的，它是有主旨、有特色，并为所遭遇的纠纷的性质所限定的”。②

（4）面向未来。未来的表现形式主要是趋势，面向未来进行思考，意味着思考的目的在于发现事物的发展趋势，从而使未来变成一种有根有据的实在，如同就在眼前。对此，杜威举例指出，“观念若非妄想，若非情绪化的、企图逃脱和躲避记忆所作成，就是由于正在发展的事实的考察而唤起的关于未来事件的预想。铁匠注意他的铁，它的色泽和结构，以获得它正在变成什么的证据。医师诊断病人，以发觉在朝着一个方向变化的症候。科学家留心他的实验材料，以掌握在某种情况下会发生什么事件的线索。所以观察不是以它本身为目的，而是要获得证据和征兆的一种探究，这就表明了除了观察还有推论、预想——简单地说，观念、思考或概念”。③

发现未来、把未来放在眼前进行审视的意义不仅在于道路的选择与规划，更在于行动自由的扩展。“一切精明的思考就是行动自由的扩大——从偶然的机会和命运中解脱出来。‘思考’代表应付途径的提示。”④

（5）提炼经验。真理来自经验，但经验本身并不等于真理，真理的判断内容是从经验点滴中提炼出来的知识精华。为此，杜威

① ［美］杜威：《哲学的改造》，许崇清译，商务印书馆1958年版，第75页。
② ［美］杜威：《哲学的改造》，许崇清译，商务印书馆1958年版，第75页。
③ ［美］杜威：《哲学的改造》，许崇清译，商务印书馆1958年版，第77页。
④ ［美］杜威：《哲学的改造》，许崇清译，商务印书馆1958年版，第78页。

特别强调采用抽象、概括、分类的方法总结提炼具体个别的经验，使之条理化。“所谓抽象，就是从一种经验分出事物以便转移到别个经验的意思。抽象即解放。一种抽象越是理论的……则越适于处置以后可能发生的无限驳杂的事物中的任何一个。”① “事物必须分别整理起来，以增进处理事务的成效。便利、经济和效率是分类的基础。”② “分类能把经验荒废的隘巷，变成秩序井然的道路系统，增进研究的运转和传递。人们一旦想到将来，预先准备去有效地和顺利地应付它的事后，演绎的诸作用和它们的效果就占了主导地位。”③

立足现实，面向未来，在困境中思考，大胆假设，质疑一切现成的教条，应用科学的分析方法将经验的点滴提炼成为条理清晰、有根有据、行之有效的判断命题。这就是杜威真理观的要旨。

（三）海德格尔的自由本质说

海德格尔在《论真理的本质》一文中在批判流俗理论观点的基础上提出了“真理的本质是自由”的论断，下文尝试介绍其要点。

1. 流俗的真理（实）概念

海德格尔认为，流俗理论所称的真理“意指那个使真实成其为真实的东西。什么是真实呢……真实就是现实（das Wirkliche）……（例如）真正的金就是那种现实的东西，其现实性符合于我们‘本来’就事先并且总是以金所意指的东西”。④ 可见，“现实性”是流俗的真实概念的核心所在。

2. 流俗的两种真理观

海德格尔认为，流俗理论提出了两种真理观：一是在主观的认知真实的意义上，使“知符合物”的真理观；二是在客观的物质

---

① ［美］杜威：《哲学的改造》，许崇清译，商务印书馆1958年版，第79页。
② ［美］杜威：《哲学的改造》，许崇清译，商务印书馆1958年版，第83页。
③ ［美］杜威：《哲学的改造》，许崇清译，商务印书馆1958年版，第84页。
④ ［德］海德格尔：《路标》，孙周兴译，商务印书馆2000年版，第207页。

真实的意义上，使“物符合知”的真理观。“真实的东西，无论是真实的事情还是真实的命题，就是相符、一致的东西。在这里，真实和真理就意味着符合，而且是双重意义上的符合：一方面是事情与关于事情的先行意谓的符合，另一方面则是陈述的意思与事情的符合。传统的真理定义表明符合的这一双重特性……（前一种意义上的）真理是物（事情）对知的适合……（后一种意义上的）真理是知对物（事情）的符合。”①

3. 两种真理观的区别

海德格尔认为，两种流俗的真理观看似表述颠倒，但实际上并非“知”与“物”之间关系的颠倒，而是对两者关系进行了不同角度的思考②，因此意义大不相同。（主观）命题真理的关键在于正确性，亦即陈述符合客观实际情况。“当一个陈述所指所说与它所陈述的事情符合时，该陈述便是真实的……在这里……相符的不是事情，而是命题。”③ 与此不同，（客观）事情真理（实）的关键在于存在的合理性，亦即“现成的事物与其‘合理性’的本质概念的符合”。④

4. 两种真理的关系

客观意义上的事情真理是主观意义上的命题真理的前提。“……知与物的符合……这样理解的真理，即命题真理，却只有在事情真理（Sachwahrheit）的基础上，亦即物与知符合的基础上，才是可能的。”⑤

5. 真理的标准

两种世俗真理观的软肋在于真理（实）的判断标准。对（客观）事情真理中用于判断事情存在合理性的知识，海德格尔指出

① ［德］海德格尔：《路标》，孙周兴译，商务印书馆2000年版，第208页。
② ［德］海德格尔：《路标》，孙周兴译，商务印书馆2000年版，第208页。
③ ［德］海德格尔：《路标》，孙周兴译，商务印书馆2000年版，第207页。
④ ［德］海德格尔：《路标》，孙周兴译，商务印书馆2000年版，第210页。
⑤ ［德］海德格尔：《路标》，孙周兴译，商务印书馆2000年版，第208页。

了两个来源：一是宗教来源，二是科学来源。事情真理（实）分为两种情况：一是基于神学创世纪观念的真实。只有符合上帝预先设定的理念（idea）的物才会被认为是真实的。“在本质上，真理无非是指协同（convennietia），也即作为受造物的存在者在其自身中与造物主的符合一致，一种根据创世秩序之规定的‘符合’。”①二是基于人之主体性的先验思想的真实，亦即“对象符合于我们的知识”，这是现代科学意义上的真实。

对（主观）命题真理中判断陈述真伪对错的正确性（真实性）标准，海德格尔给出的答案是：自由。这是因为“首先使正确性得以成为可能的那个东西就必须具有更为原始的权利而被看作真理的本质了”，而自由正是这样一种作为正确性根据的、最为原始的权利。② 主观意义上的“真理原始地并非寓居于命题之中”，而是存在于一种“开放的和先行确定的行为的内在可能性根据”③ 之中，这就是自由。

问题是：什么是自由？这种自由是哲学意义上的。

这种哲学意义上的自由就是“让存在……本身展开着……绽出。着眼于自由的本质，自由的本质显示自身为进入存在者之被解蔽状态的展开”。④ 因此，这种意义上的自由绝非“偶然出现的在选择中或偏向于此或偏向于彼的任意……并不是对行为的可为和不可为不加约束”⑤，而是“参与到存在者自身的解蔽过程中去”。⑥正是在通过解蔽而获得的此在（Dasein）之中，“人才具有他由之得以绽放地生存的本质根据，而这个本质根据长期以来未曾研究过”。这个作为人的本质的根据就是“作为自由的真理”，就是为

① ［德］海德格尔：《路标》，孙周兴译，商务印书馆 2000 年版，第 209 页。
② ［德］海德格尔：《路标》，孙周兴译，商务印书馆 2000 年版，第 213 页。
③ ［德］海德格尔：《路标》，孙周兴译，商务印书馆 2000 年版，第 214 页。
④ ［德］海德格尔：《路标》，孙周兴译，商务印书馆 2000 年版，第 217 页。
⑤ ［德］海德格尔：《路标》，孙周兴译，商务印书馆 2000 年版，第 217 页。
⑥ ［德］海德格尔：《路标》，孙周兴译，商务印书馆 2000 年版，第 218 页。

人（类）的“历史性”奠基，使每一个来到人世的人作为人类而进行全面“绽放”、“绽出”的“无遮蔽状态”。[①] 海德格尔为此作出了这样的论断：

“唯有绽出的人才是历史性的人。”[②]

正是在这个意义上，“‘真理’并不是正确命题的标准……（而）是存在者之解蔽，通过这种解蔽，一种敞开状态才成其本质。一切人类行为和姿态都在它的敞开中展开”。[③] 因此，

“真理的本质揭示自身为自由，自由乃是绽出的、解蔽着的让存在着存在。”[④]

到了这里，海德格尔确立了一个——他认为更具有基础意义的——真理判断标准：自由，得出了“真理即自由”的结论。

三、哲学真实的分类

前述代表性观点之中蕴含了如下分类：

（一）客观真实与主观真实

客观真实是指外在客观物质世界意义上的真实，通过直接感知物质世界的经验方式予以验证，以所获得经验的确实充分的程度来衡量其大小。主观真实是内在主观意识世界意义上的真实，通过逻辑、数理或者感悟的方式予以求证，以内心确信的程度来衡量其大小。

两者的主要区别表现在知与物的关系不同。客观真实以物的存在状况来验证知的对错，立足于知对于物的符合性，亦即认知的内容符合物质存在的程度。与此相反，主观真实以一套先验存在的逻

---

① ［德］海德格尔：《路标》，孙周兴译，商务印书馆 2000 年版，第 218 页。
② ［德］海德格尔：《路标》，孙周兴译，商务印书馆 2000 年版，第 219 页。
③ ［德］海德格尔：《路标》，孙周兴译，商务印书馆 2000 年版，第 219 页。
④ ［德］海德格尔：《路标》，孙周兴译，商务印书馆 2000 年版，第 221 页。

辑、梳理或者教条来衡量物的对错，立足于物对于知的符合性。如果外在的物质存在状况不符合既定的逻辑、梳理或者教条，就会被认为是不真实的。

两者的主要联系在于符合性的标准和证明的方法。无论是主观符合客观，还是客观符合主观，符合性的标准是一致的，而验证是否符合以及符合的程度的方法也是可以相互借用的，主观真实的逻辑和数理分析方法可以用于客观真实的验证，而现场体验或者科学试验的方法也可以用于主观真实的验证。以此而论，客观真实与主观真实这一分类的意义在于对真实的内涵和标准进行具体的划分，以便更深刻、更全面地认识真实。完整意义上的真实应当是主观真实与客观真实的统一，也就是说，无论是从主观符合客观的角度还是从客观符合主观的角度来看，知与物之间都能够符合一致。如果其中的一个角度能够达到一致，而另一个角度不能达到一致，则意味着存在“合理的怀疑”，真实的程度因此打折扣；如果从两个角度进行印证都不符合，则意味着完全不真实。

对证据法而言，这种分类的启发意义在于要科学地设定证明标准，需要从主观真实和客观真实两个角度入手，力求两个方面的有机统一。例如，“案件事实清楚、证据确实充分”是客观真实意义上的证明标准，而“排除合理怀疑”的“内心确信”是主观真实意义上的证明标准，一个完善的证明标准应当将这两个方面——更准确地说是角度——的要求结合起来，多角度地设定证明的标准。

（二）绝对真实与相对真实

在一般语义上，“绝对”是指“没有任何条件的；不受任何限制的”[①]，“相对”是指“依靠一定条件而存在，随着一定条件而变化的”[②]。在哲学上，绝对真实具有两种含义：一是指先前已经

① 中国社会科学院语言研究所词典编辑室编：《现代汉语词典》（第3版），商务印书馆1996年版，第690页。

② 中国社会科学院语言研究所词典编辑室编：《现代汉语词典》（第3版），商务印书馆1996年版，第1371页。

反复验证、不再需要实际验证的、作为理论研究的前提或者实践出发点而无条件存在的真实。例如，不言而喻、显而易见、众所周知的事实或者定律。二是人们有关事实的认识和判断完全符合实际情况，达到无可置疑程度的一种完全圆满的理想认知状态。

与此相应，相对真实也具有两种含义：一是尚未经过充分的实践检验或者理论论证，并未得到业内人士或者社会民众的普遍公认，因此不能作为理论研究的唯一前提或者实践的唯一出发点的，具有实验性、阶段性的判断或者论断；二是人们有关事实的认识不具有充分的证据，存在诸多合理疑点的认知状态。

在证据法上，区分相对真实与绝对真实的意义在于：

1. 原则与例外之间的界限把握

相对真实是普遍、基准的情况，是绝大多数证据法则得以制定和实施的理论基础；而绝对真实只是严格条件限制下的少数例外情况，只是基于周知事实和科学定律的推定规则和免证规则的理论基础。

2. 证明标准的多层次性设定

真实并非铁板一块，而是因案件的性质和类型而异。对于影响重大、利益关系复杂的案件，需要提高证明的真实程度，因此要设定比较高的证明标准，如“排除合理性怀疑”标准。相反，对于标的价款数额较小、案情简单、事实争议不大的案件，要设定比较低的证明标准，如优势盖然性标准。对于需要采取紧急措施的案件，如诉前保全措施、提供临时救济的案件，应当进一步降低证明的标准，达到合理可能性的证明程度即可。

（三）先验真实与经验真实

先验真实是先验论意义上的真实，是指在人获得实际经验之前就已经存在的事实，如人的生存本能、集体潜意识、民族文化传统、地方风俗习惯等。经验论意义上的真实就是通过自己后天获得的经验——主要是调查、实验或者实习——来感知和验证的事实，如社会阅历、职业技能、切身感悟等。

在哲学上，先验真实来源于经验真实，而又高于经验真实。先验真实是经验真实的提炼与升华，是经验真实中的精华部分。只有经验真实而无先验真实内核的真实，是肤浅的乃至粗暴的真实，会陷入实而不真的庸俗机会主义泥潭；只有先验真实而无经验真实血肉的真实，是空虚的乃至虚伪的真实，会走向真而不实的天启神秘主义的不归路。

在法律规范的层面上，先验真实主要表现为逻辑、定律、古训、箴言、教义、传统等，是经过长期历史积淀而形成的众所周知的抽象理性知识，而经验真实主要表现为试验、概率、因果、规范、习惯等，是从临时、分散、切身的逐渐形成的具体理性知识。完善的真实应当是某种先验的真实与特定的经验真实的内外表里统一，也就是说，任何一项完整意义上的法律真实，其中应当既有先验真实的精神内核，也要有经验真实的骨骼与血肉。

在法律证明亦即证据法的层面上，先验真实与经验真实分类的意义在于：

（1）证明方法的类型化区分。证明的方法应随着真实的类型而有所区别。先验真实的证明方法主要是文献考证、实地调查，辅之以专家意见，而经验真实的证明方法主要是当事人陈述、书证、物证等。

（2）证明规范体系建构的类型化区分。从这一分类来审视我国的证据法规范体系，可以发现其重心在经验真实方面，对先验真实几乎是完全忽视，甚至是鄙视的。笔者认为，先验真实不但在日常生活中客观上大量存在，而且在法律的制定和实施领域也普遍存在，相关的法律争议也不少见，先验真实证明规则的缺失不仅导致证据法体系的漏洞，而且致使法官不能全面地认识案件事实。在未来完善证据规则时，应当注意补足先验真实的相关证明规则。

从前述三种分类来审视证据法制度的完善，可以发现，类型化是我国证据法体系建构的一个必然趋势。这个趋势将朝着两个方向进行：一是随着案件类型的拓展——亦即法律调整领域的扩展——而不断产生新的证据法规则体系。例如，随着全球化进程的不断推进而逐渐增多的涉外案件的证据规则，随着网络化的进程亦即“互联网+”国策的实施而迅速增加的网络违法案件的证据规则。二是随着事实类型的细化——亦即法律调整深度的提高——而出现了对采用新的证明方法、证明标准和证明程序的要求，为了及时回应这种实践需要而制定的新证据规则。

四、哲学真实理论的启发

宗教意义、哲学意义和世俗生活意义是真实词语的三个层次，法律意义上的真实范畴同时蕴含了这三个层次的意义，这是法律真实的特殊性所在。法律真实的概念立足于世俗生活的现实意义，着眼于哲学上的理性意义，秉承着一股浓厚的宗教人文情怀。

（一）三种代表性观点的比较

比较三种代表性的观点，可以发现，“符合说”是哲学意义上的真理观或者真实观的关键所在。毛泽东的实践检验说立足于悲天悯人的民本主义情怀，着眼于日常生产生活的实践需要；杜威的效用验证说则立足于个人成长的紧迫需要，着眼于切身的、实际的经验困境。两位先生虽然采取了不同的角度和方法，但最终都落脚于主观认识符合客观实在的符合说，看重实际经验，强调科学态度与方法的重要性，而这正是现代科学主义的精神所在。我国哲学界主流奉行主观符合客观的学说，为我国科教兴国的方略和科学技术的繁荣奠定了良好的理论基础。

相对而言，海德格尔的观点独辟蹊径，生涩的语言不但没有掩盖熠熠生辉的思想内涵，反而为其增添了欧洲古典理性主义哲学的深邃意味。海德格尔的学说不仅为哲学界的真理观拓展了一个崭新的视角，而且也将哲学界有关真理的谈论提升到了一个崭新的高度，也就是所谓的存在主义高度。海德格尔批评了两种流俗的真理观：“物符合知”意义上的真实着眼于人类对于客体实在及其规律的正确认识和把握；“知符合物”意义上的真实立足于世界的运动、变化、发展中表现出来的客观规律性。在海德格尔看来，这两种观点之所以“流俗”，是因为没有抓住更为关键的内核：事物的存在状态与其内在本质相一致，[1] 因为这是符合的根本前提。试想：如果人（类）自身处于物化或者异化的状态，他自身作为人（类）的存在已经处于虚假的或者虚伪的——被遮蔽的——状态，这样以虚假的表象或者虚伪的方式存在的人，纵使穷其一生积极参与所谓的生产斗争或者科学实验，去获得切身的经验，他又如何去发现外在客观世界的真实呢？在笔者看来，海德格尔所言之“自由”的要旨在于存在者无遮蔽地绽放，从而使存在与自身保持一致。只有处于这种无遮蔽地绽放，从而使自身与存在达成一致的人才有希望发现真实。在这个意义上，“真理即自由”的论断不仅回应了现代科学主义的需要，更回应了现代法治主义的需要。从依法治国方略的角度来看，“真理即自由”的学说更具有针对性。

（二）作为证据法观念内核的真理观

写到这里，笔者想到的第一个问题是：对于证据法体系的建构而言，何种真理观可以作为理论基础，更准确地说是理论基石？

笔者认为应当兼收并蓄，将符合说与自由说作为两大并驾齐驱、相辅相成的理论基础。这是因为证据法既要直接地面对事实本身，旗帜鲜明地奉行现代科学主义的精神，也要明确地指向人类的自由，坚定不移地贯彻现代法治主义的宗旨。只有将科学主义与法治主义有机统一起来，才能为我国证据法体系的完善和发展提供正确而又坚实的观念引导。

（三）证据规则体系的完善

笔者想到的第二个问题是：我国现行证据法规则体系的相关重要缺陷是什么？换言之，为了完善我国证据法的规范体系，最需要补足的基本规则类型是什么？

从前文有关真实的哲学分析来看，笔者认为，我国证据规则体

---

① ［德］海德格尔：《海德格尔存在哲学》，孙周兴译，九州出版社2004年版，第82~107页。

系的主要缺陷是有关证明主体性规则的缺位。比较海德格尔的自由真理说与毛泽东的实践检验说，可以发现，对人的主体性地位的尊重是两位先生的共同出发点所在。毛泽东的民本主义情怀是对民众作为人的主体性地位的尊重，而海德格尔主张的人的存在应当与其自身保持一致是对个人作为人的主体性地位的尊重。将两位先生的观点结合起来，可以发现，对人作为个体人和群体人的双重主体性的尊重是任何一种正确的真理观得以确立的根本前提。对证据法而言，这意味着诉讼程序对真实的追求必须以对当事人、参加人和参与人作为法律人的主体地位的尊重为出发点，任何一条具体的证据规则的制定和实施，都必须符合我国《宪法》所确立的以尊严为核心的公民基本权利体系的内在精神，任何一种侵害公民基本权利，尤其是损害人格尊严的证明行为不仅不具有证据法的证明效力，而且要追究法律责任。具体而言，应当补充或者完善如下五个方面的规则：

1. 宣誓作证规则

在证据法上，宣誓是彰显证人的证明主体地位的严格规则，只适用于涉及不名誉指控的案件。凡涉及损害个人人格尊严的不名誉行为的证言，作证者必须以符合自己信仰的方式进行宣誓，然后才能获得作证的法定资格。这是因为，宣誓意味着证人是以自己的人格尊严来担保如实作证。唯有如此才符合人格尊严平等的原则。

如何确保宣誓的真诚呢？对此，《摩奴法典》（第八卷）第84条规定：“真我是自己的证人，真我是自己的归宿；决不要轻视你的真我这一人们最卓越的证人。”第115条规定：“火不烧其人的人，水不使其漂在水面的人，灾祸不迅即突然袭击的人，应该被视为宣誓真诚的人。”① 抛弃其中神明裁判制度的糟粕因素，从现代法治的视角进行审视这两条规定，可以发现，公共仪式的庄严性和个人信仰的契合性是确保宣誓真诚的两个有效措施。在法庭中举行

① ［法］迭朗善译：《摩奴法典》，马香雪转译，商务印书馆1982年版，第176页（第84条）、第180页（第115条）。

的庄严仪式用于规范宣誓者的行为，而由宣誓者公开宣布支持作证的观念和内容完全符合个人的信仰，有助于有效地约束宣誓者的内心。将内外两个方面结合起来，能够在事前形成一种对宣誓者的有效约束；而伪证的法律责任则有助于从事后的角度形成对宣誓者的有效约束。

2. 拒绝作证权规则

宪法上的人格尊严保护是证据法上拒绝作证权的依据所在。个人的拒绝作证权源自个人的人格尊严保护，职业人的拒绝作证权源于职业集体人格尊严的维护。

个人的拒绝作证权的宪法依据是家庭保护。除了性质严重的暴力犯罪等例外情况，具有继承关系的亲属之间相互作不利于对方的证言或者提供不利于对方的证据，将构成对家庭亲情的严重侵害。为此应当确立直系亲属的拒绝作证权。

职业拒绝作证权不仅出于职业共同体根本利益的维护，更出于公民个人人格尊严的保护。医生、律师、教师、神职人员的拒绝作证权应当在特定的条件下和范围内成立。

3. 证人权益保护规则

切实保护证人的人身权益和财产权益是彰显证人主体地位的必要规则。公民在有合理的理由认为自己的人身和财产权益得不到国家有效保护时，有权拒绝作证。

4. 非法证据排除规则

从证据法的角度来看，以侵害公民基本权益的方式获得的证据材料之所以要排除，是因为采纳这种证据材料意味着对当事人证明主体地位的轻视乃至蔑视。一旦采纳了非法的证据材料，会产生践踏人权法治、破坏善良风俗等流毒。

5. 法官内心确信规则

现行证据规则体系将调整的重点放在了证明标准的客观尺度把握上，忽视了对法官形成内心确信的主观尺度的把握问题。这是我国证据规则体系的又一个大漏洞。无论是案件事实清楚、证据确实充分，还是排除合理怀疑，最终都回归于法官个人的内心确信。正如海德格尔的自由真理说强调指出的，只有当坐在审判席上的法官感觉到自己的的确确是法官时，他（她）的内心确信才有可能产生，也就是说，将自己的内心确信建立在自己作为法官的主体性地位的基础上，以法官的心境、思维和语言进行有关案件事实真相的判断。充分确凿的证据材料只是法官形成法定的——亦即达到法定证明标准的——内心确信的客观外在条件，而法官自身作为法官的存在才是法官形成法定内心确信的内在主观条件。当事人、社会力量和国家机关对法官人格与职业独立性的尊重是外在的必要条件，而法官自身对法官作为一种特殊国家权力内在本质和规律的自觉认识、矜持和坚守是内在的必要条件。只有这两个方面的条件都具备时，法官作为证明主体的特殊地位才能得到充分的体现。证据法上的内心确信正是建立在法官主体性地位的基础之上，而这正是法官内心确信规则所要重点调整的内容。

笔者认为，补充和完善以上五个方面的规则是健全我国证据规则体系的一个重点所在。

第三节　证据法意义上的真实：规范化的真实

当笔者将思考的目光从哲学领域转向证据法领域时，首先映入眼帘的是《摩奴法典》的一句箴言：

“凡在法官面前正义被不义所毁灭，真实被虚伪所毁灭之处，法官亦同归于尽。”①

笔者认为，这句古老的箴言不仅浓缩了证据法的真谛，而且也浓缩了法治的精髓。用现代法治国家的眼光审视这句古老的箴言，可以发现它毫不落后。可见，古今中外的法律人对正义的追求是坚

① ［法］迭朗善译：《摩奴法典》，马香雪转译，商务印书馆1982年版，第169页。

定执着的，证据法对真实的追求也是一致的。真实指向正义，正义基于真实，法官是两者之间的桥梁，这就是法律（意义上的）真实之要旨所在。下文的论述围绕着这一主旨进行。

一、形式真实说与实质真实说

证据法上的真实学说可谓百花齐放、百家争鸣。[①] 要梳理出理论争鸣的脉络，有必要借助分类的方法。首先应当介绍的是形式真实说与实质真实说，因为这是证据法学理论上最早出现的两种具有代表性的真实学说。[②]

（一）形式真实说

形式真实说的一种典型观点认为“法院于审理案件中应受当事人意思之约束。即仅在当事人主张事实及所提证据之范围内认定事实。对于当事人二造不争之事实，则不应再为调查，而遥为真实”。[③] 这是因为，法官有关案件事实真相的判断“恒为当事人之意思所拘束，而仅须发现形式上真实之事实”。[④] 可以看出，形式真实说立足于对当事人作为证明主体地位的尊重，注重通过举证责任的机制引导当事人以积极的姿态行使举证的权利，履行举证的义务。法官的职责显得消极，主要在于指挥案件事实真相的发现进程处于一种公平有效的秩序。除非法定的例外情形，法官不得依职权主动进行法庭之外的调查。

（二）实质真实说

实质真实说则认为法院认定事实应当依职权进行，不受当事人

① 宋振武：《诉讼证明理论中的四组相对概念之辩证》，载《法学论坛》2004 年第 2 期；何家弘：《论司法证明的目的和标准——兼论司法证明的基本概念和范畴》，载《法学研究》2001 年第 6 期。

② 左为民：《分辨事实真伪的理性思考》，载《法学》2003 年第 3 期；裴苍龄：《论实质真实》，载《中国刑事法杂志》1999 年第 4 期。

③ 周荣：《证据法要论》，商务印书馆 1936 年版，第 5 页。

④ 刁荣华：《刑事诉讼法释论》（上册），台北汉苑出版社 1977 年版，第 8 页。

主张的约束，而是应当基于作为法官的专业判断，积极探求案件事实的真相。[①] 实质真实说立足于法官作为裁判者——更准确地说是“决断者”——的地位，注重法官作为法律人士之专业能力的发挥，主张法官作为正义的使者，积极主动地干预案件事实的查明过程。相对而言，当事人的举证只是法官形成判断的一种辅助方式，不能限制法官进行事实判断的范围和内容。

（三）比较评价

两种学说各有千秋，可谓“山巅之月相同、登山之路万千”。在形式真实说的背后折射着注重程序正义的诉讼价值观和当事人主义的诉讼构造观，而在实质真实说的背后可以比较分明地看到注重实体正义的诉讼价值观和职权主义的诉讼构造观。这就是说，一个国家的证据法是奉行形式真实观还是实质真实观，取决于诉讼价值取向和诉讼结构模式设计。如果在诉讼价值取向上侧重于实质正义，则需要在诉讼程序的主体结构模式设计上相应地采取职权主义的做法，而在证据法上则随之采取实质真实说的立场。反之，如果在诉讼价值观上侧重于程序正义，在诉讼程序的主体结构模式设计上需要相应地采取当事人主义的做法，在证据法上随之采取形式真实说的立场。

（四）启发意义：完备的法律真实观

接下来值得思考的一个问题是：是否存在折中的做法？在诉讼价值取向上兼顾实质正义与程序正义，在诉讼程序的主体地位结构设计上兼顾职权主义与当事人主义合理因素，在证据法上将形式真实观与实质真实观结合起来，形成一种更加完备的法律真实观？

答案应当是肯定的，因为人类法律文明进步的步伐是不会停止的。兼收并蓄两种诉讼模式的优点，形成一种具有广泛开放性、包容性与协调性的法律真实观正是证据法法律制度未来进步的方向，也是我国司法制度改革的大势所趋。

---

① 周荣：《证据法要论》，商务印书馆1936年版，第5页。

问题是如何做到这一点呢？笔者认为，类型化是关键所在。三大诉讼类型应当在诉讼价值取向、诉讼结构设计以及真实观立场上区别开来，因为三类诉讼直接关涉的公民权利的性质不同，案件事实的复杂程序不同，所约束之公权力的性质、强度更是不同。公安司法机关直接干涉公民的尊严权、生命权、健康权、自由权，这是处于第一宪法位阶和核心地位的公民基本权利，因此必须奉行实体正义与程序正义兼备的诉讼价值观，采取职权主义与当事人主义结合的诉讼结构设计，奉行实质真实与法律真实相统一的立场。与此相反，民事司法权主要和直接关涉的是处于第三宪法位阶的财产权、劳动权、休息权、契约权等财产性和经济性的权利，在诉讼价值观上可以侧重程序正义，在诉讼结构设计上立足于当事人主义，在法律真实观上采取形式真实的立场。相对而言，行政诉讼制度处于刑事诉讼和民事诉讼的中间地带，行政案件既可能关涉第一宪法位阶的基本权利，也可能关涉第三位阶的公民基本权利，也可能关涉以公民权——如国籍权、移民权、难民权、敌国公民权、盟国国民权等——为核心的第二位阶基本权利，以及环境权、信息权、隐私权为标志的第三代新型公民权利，因此在诉讼价值观取向、诉讼主体结构模式设计以及法律真实观的立场上，应当区分不同类型的行政案件。这就是意味着，在三大诉讼类型化框架的基础上进行更加细化的亚类型划分，这是完善我国诉讼制度的未来方向。证据法规则体系的完善和重构也是如此。

二、客观真实说与主观真实说

受哲学上有关主观真实与客观真实分类的影响，证据法学上也产生了与此分类具有某种对应关系的争鸣。

（一）客观真实说

客观真实说主张主观认识符合客观实际情况。对此，第一种具有代表性的观点认为，“所谓客观真实，是说司法活动中人们对案件事实的认识完全符合客观的实际情况，即符合客观标准的真实”。①

第二种具有代表性的观点认为，“人们对案件事实的认识要受到主客观条件的限制，人们的认识难以达到与客观事实绝对一致，……证据事实对案件事实的反映……只是相对的符合……这种相对的符合只能是相对地符合于客观的案件事实本身”。②

第三种代表性观点认为，客观真实是证据法制度的最高价值目标，“裁判者视域中的真实只能是‘一元真实’，即客观真实”，因此，“不论采取何种诉讼模式，其诉讼程序的设置原则上都应当追求最大限度地实现客观真实。……法律事实无非是具有法律意义的案件事实，法律事实的真实性来自案件事实的真实性，案件事实是客观真实的，所有法律事实的真实必然是客观的真实”。③

客观事实说所言之“符合”是相对的，也就是说，是有条件、范围和标准限制的，而不是完全的、绝对的。问题是，如何从法律的角度来界定“符合”？又由谁来最终断定这个“符合”呢？

符合说认为，所谓客观真实，是司法人员按照忠实于案件事实真相的法定职责，在诉讼中根据证据所认定的案件事实应当符合实际发生的案件事实。④

职责说认为，客观真实的要旨在于“以事实为根据”的原则和公安司法人员忠于事实真相的义务，按此“作为认定案件的事实，必须有确实充分的证据，不能凭主观想象、怀疑、推断或查无实据的设想、说法来处理案件”。⑤

再现说认为，客观真实是裁判者依法据以裁判、形式上符合法

---

① 何家弘：《论司法证明的目的和标准——兼论司法证明的基本概念和范畴》，载《法学研究》2001年第6期。

② 张继成：《对“法律真实”和“派生性证明”的逻辑反思》，载何家弘主编：《证据学论坛》（第二卷），中国检察出版社2001年版，第418~419页。

③ 张永泉：《客观真实价值观是证据制度的灵魂——对法律真实观的反思》，载《法学评论》2012年第1期。

④ 陈光中、陈海燕等：《刑事证据制度与认识论》，载《中国法学》2001年第1期。

⑤ 刘金友：《客观真实与内心确信》，载《政法论坛》2001年第6期。

律要求、客观上与案件有关，并能再现的案件事实。[①] 也就是说，法院裁判证明的事实必须是对案件事实的真实再现。[②]

三种观点的着眼点不同，但都立足于客观存在相对于主观认识的第一位属性以及主观认识符合客观实际情况的一致关系。

（二）主观真实说

主观真实说可以简称为“内心确信真实说”。一种典型的观点认为，“主观真实并不是自然生成的，而是人为造成的，正如人类学家所言，它们是根据证据法则、法庭规则、判例汇编传统、辩护技巧、法庭雄辩能力以及法律教育等诸如此类的事物而构设出来的”。[③] 可以看出，主观真实说所言之作为司法裁判根据的真实，是指法官内心确信的真实，当事人的事实主张及其提供的证据材料是否符合案件事实真相，应当并且只能由法官根据自己的内心确信来作出最终的断定。

问题是，法官如何形成有关真实——案件事实真相的——内心确信呢？对此，有三种具有代表性的主张。法定说认为，法官形成内心确信的根据、内容、标准和效力应当由法律事先作出明确、具体的规定；自由说认为，法官形成内心确信的根据、范围、标准由法官根据自己的心证自由来确定，法律不事先作出明确具体的规定；诠释说认为，案件事实的真相归根结底取决于当事人作为证明的主体如何在展开互动关系的过程中进行具体的阐释，亦即“通过对阐释事实来达到对事实真相的了解”。[④]

三种观点的着眼点不同：法定说着眼于立法者的规范制定权力

① 李华：《客观真实是诉讼证明的终极目的》，载《阿坝师范高等专科学校学报》2003 年第 4 期。

② 王贞会、王福恒：《从客观真实与法律真实之价值考量》，载《河北师范大学学报》（哲学社会科学版）2007 年第 1 期。

③ ［美］克列福德·吉尔兹：《地方性知识：事实与法律的比较透视》，邓正来译，载梁治平主编：《法律的文化解释》，三联书店 1994 年版，第 80 页。

④ 谢晖：《事实之为诠释学法学的对象》，载《法律科学》2001 年第 4 期。

和政策导向义务，自由说着眼于法官的个案决断职责和专业判断能力，而诠释说则着眼于当事人的互动关系、主观认识和自由意志。但是，三种观点的宗旨却是一致的：以主观认识作为认定案件事实真相的主要根据。

（三）比较评价

客观真实说与主观真实说的着眼点和立足点不同，但都指向共同的法律正义目标，因此两者之间不是截然对立的，而是相反相成的。客观真实说的可取之处在于从客观相对于主观的第一属性地位出发，确立了“以事实为根据”的原则和公安司法人员忠于事实真相的法定义务；主观真实说的可取之处在于从人作为证明的主体性地位和主观能动性出发，确立了法官的心证自由原则和内心确信标准。只有将两者的可取之处结合起来，从客观真实说——以事实为根据的原则和忠于事实真相的义务——出发迈向主观真实说——法官心证自由和内心确信标准，才能发现更全面、更完善的真实。从这个角度反过来看，客观真实说和主观真实说都具有片面之处，将两者结合起来，有助于取长补短，相互克服对方的局限性，形成一个更加完善的真实标准。

（四）启发意义：证据规则体系的完善

以此审视我国现行证据规则有关证明标准的规定，可以发现，客观真实说的立场占据了绝对主导的地位。在笔者看来，其片面性在于法官的心证自由和内心确信被忽视，法官作为证明决断者的主体地位、专业能力和主观能动性被轻视。这种片面性在于既限制了发现案件事实真相的角度和方法，也充满了对法官的不信任立场，这是不符合司法改革的总体方向的。案件事实真相的发现角度多多益善，而对法官的信任程度必须适可而止，但是不能因此有损于作为法官职业基础的基本信任。笔者认为，有关证明标准的证据规则应当尽快补充：

1. 法官心证自由规则

所谓心证自由，是指法官依据独立审判的原则而依法享有的既不受当事人举证情况的约束，也不受案外力量的影响和左右，秉着客观、中立的态度，裁量认定案件事实的司法职权。从性质上来说，心证自由属于事实调查和认定领域中的司法裁量权。因此，有关法官心证自由的规则需要从司法裁量权控制的角度，针对案件事实调查和发现的特殊性来规定。

2. 内心确信标准规则

按照不同的案件类型具体地规定法官结合案件事实的审理和发现的情况，形成内心确信的对象、范围、标准、方法和效果。这里既要从正面积极地确立形成内心确信的标准，也要从反面消极地规定内心错误的情况。

3. 事实和解规则

如果主要案件事实的真相难以查明，从节约司法资源、减轻当事人讼累的角度来看，促成当事人达成和解是消除事实认定分歧的一个有效办法。这是主观真实优于客观真实的一种典型情况。当事人之间达成事实和解性质上属于（诉讼）和解协议，具有终结事实调查过程、形成事实认定结论的效力。除非有明显违法的情形，法官裁判认定事实应当受事实和解协议的约束。

三、法律真实说

法律真实是一个学理概念而不是法律概念。近年来，证据法学界的有关讨论比较热烈，争议主要集中在如下四个问题：

（一）法律真实的概念

对此，一种具有代表性的观点认为，“所谓法律真实，是说司法活动中人们对案件事实的认识符合法律所规定或认可的真实，是法律意义上的真实，是在具体案件中达到法律标准的真实”。[①] 另一种具有代表性的观点认为，法律真实是指裁判人员运用证据认定

---

① 何家弘：《论司法证明的目的和标准——兼论司法证明的基本概念和范畴》，载《法学研究》2001年第6期。

的案件事实达到了法律所规定的视为真实的标准，法官依法运用证据材料、逻辑推理和经验法则，对案件事实的认定形成了符合法定证明标准的结论，达到了法律上认为真实的程度。①

对比两种观点，可以发现法定的证明程序和证明标准是两者的共同之处。不同之处在于，第一种观点强调真实必须具有法律意义，而第二种观点强调法律真实的认定主体是公安司法人员，尤其是法官。

受两种观点的启发，笔者认为，法律真实是由公安司法人员经法定证明程序，依据法定标准认定的，能够产生法律效果的案件事实真相，具有如下四个构成要素：

1. 主体要素

案件事实真相认定权的归属是主体要素的关键所在。公安司法人员是法律真实的认定主体，其中法律真实的最终认定权属于依法行使审判权的法官，其他公务人员，如公安人员、检察人员、行政人员等依法享有调查和认定法律真实的证明职权，但仅在例外情况下才享有法律真实的最终认定权。

当事人是案件事实的亲身经历者，依法享有证明主体的地位，行使证明的权利，承担证明的义务，但在法律上却不是案件事实真相的认定者。当事人可以依法提出自己的事实主张，提供证据材料，是案件事实真相的发现者，但不是案件事实真相的认定者。

2. 内容要素

案件事实真相是法律真实的内容，法律真实是案件事实真相的规范化表现形式。在证明程序开始之前发生的原初案件事实是原相，经过法定证明程序依法认定，并且采取法定的语言和文书格式——如生效裁判中的事实认定结论、依法认定的事实和解协议等——的案件事实是真相。案件事实真相是案件事实原相的规范化提炼，来源于案件事实原相，但在内容的条理性、形式的规范性、

① 樊崇义：《客观真实管见》，载《中国法学》2000 年第 1 期。

目的指向的明确性、过程的完整性、根据的可靠性等方面均高于案件事实的原相。

3. 程序要素

法律事实是经过法定证明程序认定的案件事实真相。从法律真实的角度来看，证明程序的模式多种多样。发现型的证明程序以面向未来的时间维度来尽可能全面地认识原初发生的案件事实，而再现型的证明程序则是面向过去的时间维度而尽可能逼真地还原当初发生的案件事实。无论是采取面向过去的还是面向未来的时间维度，在证明的过程之中都存在案件事实的重构问题。完完全全、原原本本、百分百逼真地再现或者发现案件事实都是不可能的，每一次启动证明程序，都是在立场和视角选择、语言表达方式、逻辑分析方法、内在规律的认识等方面产生一次新的重构因素。一般而言，案件事实经过的证明程序环节越多，就越会偏离原初的案件事实原貌。因此，法律证明程序本质上是一种案件事实的重构程序，规范性与重构性是法律证明程序的本质属性。

4. 效果要素

法律真实是能够产生法律效果的案件事实真相。法律效果是指案件事实真相的认定直接影响法律规范的选择和适用，影响裁判结论的作出，最终会产生对特定当事人在法律上的权利义务的有利或者不利影响。与此相反，只具有道德、经济、社会等方面的意义而没有任何法律效果指向的案件事实内容，会因为不具有相关性而排除在证明程序的范围之外，不纳入法律规范化调整的范围。

（二）法律真实与自然事实的区别

法律真实与自然事实之间的区别和联系是证据法学界争鸣的第二个要点，有以下三种具有代表性的观点。

1. 范围说

范围说强调法律真实的边界，认为“法律事实之‘真’仅限于规范之真，规范之真不同于自然之真，它必然缩小了真的范围”。[①] 按此，法律真实的范围小于自然事实，因为其范围有法律规定的限制。

2. 意义说

意义说则强调法律真实的意义，认为“‘法律真实’衡量的事实只是法律意义上的事实，并非原始状态下的事实。原始状态下的事实必须按照法律规定的程序和规则进行审查、判断、认定，才能产生法律上的后果，即法律事实是事实因素与法律因素相结合的产物，法律事实一方面必须符合法律规定的形式，受制于法律的评价；另一方面，对法律事实进行认定的过程还应当遵循相应的制度、程序规则”。[②]

3. 重构说

受上述两种观点的启发，笔者提出“重构说”，认为法律真实是自然事实的规范化重构，也就是说，按照法律规范适用的事实要件结构，采用法律的语言方式和思维方式，按照特定法律效果的指向，重新认识——作为自然事实的——原始案件事实，将偶然发生的、分散临时的案件事实表象梳理成为一个具有内在合理逻辑、符合法律规范适用要求的案件事实过程。在这个经过规范化梳理的案件事实过程之中，不仅具有客观规律——如因果律——的内核，而且具有合理的类型结构——如要件事实、情节事实、背景事实等。这些不同层面的事实内容按照一定的逻辑关系——如时间、空间、因果——构成了一个既合乎逻辑又合乎情理案件事实过程，这就是案件事实真相亦即法律真实。

以上三种观点揭示了法律真实与自然事实之间在范围、意义和结构上的区别。

---

① 杨建军：《法律事实与法律方法》，载《山东大学学报》（哲学社会科学版）2005 年第 5 期。

② 张中利：《法律真实：民事证据的证明标准》，载《法制日报》2003 年 5 月 15 日第 10 版。

(三) 法律真实与客观真实的区别

相对于客观全面地发现案件事实真相的理想目标而言，客观真实论者强调客观存在决定主观认识的基础地位，认为对案件事实真相的发现应当以客观实际发生的案件事实原貌为出发点，证明标准的确立也应当以原始的案件事实为基点确立。

法律真实论者强调人类认识能力的局限性、相对性和阶段性，认为案件事实的原貌在证明程序中不可能以完全再现的方式发现。对此，一种具有代表性的观点认为，“思维的至上性是在一系列非常不至上的思维者的人们中实现的；拥有无条件真理权的那种认识是在一系列相对的谬误中实现的；二者都只有通过人类生活的无限延续才能实现……一方面，人的思维的性质必然被看作是绝对的，另一方面，人的思维又是在完全有限地思维着的个人中实现的。这个矛盾只有在无限的前进过程中，在至少是对我们来说是无止境的人类世代更迭中才能得到解决。从这个意义上讲，人的思维是至上的，同时又是不至上的。它的认识能力是有限的，同时又是无限的。按它的本性、使命、可能和历史的终极目标来说，是至上的和无限的；按它的实现和每次的现实来说，又是不至上的和有限的”。①

两种观点并非截然对立，而是在不同角度和层面上阐述发现案件事实真相的范围、标准和方法，其出发点是相同的。两种观点都将实际上发生的原始案件事实作为发现案件事实真相的出发点。对此，一种观点认为，“法律上的事实是以客观事实为基础的，就本质而言，它是客观事实的模拟，是客观事实在法律上的反映”。②另一种观点则认为客观真实是法律真实的追求目标和底线，而法律真实是一种以规范化的形态表现出来的、是法律实践中得到应用的客观真实，是以合法性评价为先决条件的客观真实。③

---

① 锁正杰、陈永生：《论法律真实——我国刑事证明标准的反思与重塑》，载《诉讼法学研究》2002 年第 1 期。

② 李玉萍：《论司法裁判的事实根据》，载《法学论坛》2000 年第 3 期。

③ 张志铭：《证成法律真实标准》，载《人民法院报》2002 年 4 月 12 日。

笔者认为，客观真实说与法律真实说都以辩证唯物主义哲学原理为基础，只不过所选取的着眼点（角度）不同。客观真实说的独到之处是着眼主客观关系原理。客观真实说强调公安司法人员调查和认定案件事实的客观、中立、全面的——亦即忠于案件事实真相的——义务，强调案件事实真相的发现必须以原始发生的案件事实原貌为出发点，这有助于避免公安司法人员在调查认定事实时陷入主观臆断的泥潭。法律真实论的可取之处在于按照辩证唯物主义的主观能动性原理，强调法律规定的证明目的、证明标准、证明程序对案件事实发现过程的规范化调整作用，这有助于尊重人类主观认识的主体性、能动性，客观地对待人类认识能力的局限性，根据案件的具体情况确立合理可行的证明标准。

实践上可行的办法是将两种观点的可取之处结合起来，以客观真实为出发点，以法律真实为着眼点，确保案件事实真相的证明过程从正确的起点出发，朝着正确的目标进行。

（四）法律真实说的根据

“客观真实说”在实务界长期处于主导地位，以至于获得了某种法律文化图腾的象征意义。[①] 相对于客观真实而言，法律真实是一个崭新的概念，理论基础与实践根据的探寻成为法律真实论者的一个艰巨任务。法律真实说的实践和理论的根据主要有：

1. 制度实践根据

法律真实作为规范化的真实，来自客观真实而又高于客观真实。“自认”、“和解”、“视为”和“推定”四类规则可谓这方面的典型，这四类事实认定方式拟制化的主观真实不是实际发生的客观事实。有学者认为这是法律真实对客观真实世界的入侵和“殖民”，而这正是证据法的“魅力”所在。[②]

---

① 张卫平：《自认制度及理论的基本构成》，载《清华法律评论》2000年第3期。

② 左卫民、谢鸿飞：《分辨事实真伪的理性思考》，载《法学》2003年第3期。

2. 法律价值追求

与单纯追求事实真相的科学研究不同，证据法对事实的追求是服务于正义诸价值的均衡实现，也就是说，证据法规范对真实的追求必须从秩序、安全、自由、效率、公平、正义等价值均衡协调。[①] 在发现事实真相时，如果可能损害正义诸价值之间的优化均衡，那么，事实真相的发现过程将指向不义。

3. 主客观条件的限制

人类认知能力和司法资源的有限性决定了事实真相发现程度和范围的相对性，以完全再现的方式发现案件事实，仅在重大司法资源投入的情况下才有可能。因此，"在关于以前事件的事实存在争议的司法程序中，事实发现者对于究竟发生了什么不可能获得完全准确的认识，相反事实发现者能够获得的只是关于可能发生了什么的一种信息"。[②]

笔者坚信，法律真实论的根据将随着我国证据法的完善和发达而逐渐拓展、扎实起来，它的制度表现形式也将逐步成长为证据法园地中的一片参天大树。

第四节 迈向完善的法律真实观

法律真实观是一种既具有原则的统一性，又具有规则的广泛开放性的崭新真实观。其崭新之处在于将哲学的抽象思辨的优点与法学的规范实证分析的长处结合起来，既具有深厚的哲学基础，也具有扎实的对策分析。因此，对法律真实观来说，客观真实和主观真实是角度不同、相反相成的基石，而形式真实和实质真实则是层次不同、相辅相成的内容。完善的法律真实观追求客观真实与主观真实的相互结合，

① 何勤华：《法律真实的整体思考》，载《法学论坛》2005 年第 6 期。

② 王贞会、王福恒：《从客观真实与法律真实之价值考量》，载《河北师范大学学报》（哲学社会科学版）2007 年第 1 期。

形式真实与实质真实的有机统一。在笔者看来，这种完善的法律真实观是重构我国证据法体系的核心指导观念。尽管这一观念转向存在太多的困难，从司法文明的未来走向来看，是早晚要迈出的一步。与制度的改革、规则的修改不同，观念的转变既不是在手上进行，也不是在脚下进行，而是在头脑中悄无声息地进行。

一、理论视野的开放性

完善的法律真实论不偏执于任何一种理论主张，而是力求朝着正义的目标，兼容并包各种观点，兼收并蓄各家所长。为了推动我国证据法体系的完善这一宏大的司法改革目标，理论视野的开放性转向应当从如下方面着手：

（一）原则统一性与规则多样性相结合

类型化、精确化和专门化是证据规则在近年来呈现出来的发展态势，司法权威机关为了彰显不同类型案件的特点而分别制定的审理程序规则和证据规则文件越来越多，针对一个特别重要的问题而制定专门的司法解释也开始出现[①]，这是值得称赞的司法制度创举，标志着我国司法制度改革的进程迈向了追求实质正义的阶段。

与证据规则类型化、精细化和专门化的发展态势形成鲜明对比的是，现行司法解释在证据法基本原则的开拓上显得非常谨慎，可谓谨小慎微、裹足不前。笔者认为，在证据规则的类型化、精细化与专门化发展到一定阶段后，证据法基本原则的架构必须随之拓展，否则，原则会因其狭隘性、保守性而僵化，难以发挥证据法体系一以贯之的红线和灵魂作用。为了给我国证据法体系的重构提供更加完善的政策方向指引，应当以“以事实为根据、以法律为准

① 例如，最高人民法院《关于印发〈关于审理证券行政处罚案件证据若干问题的座谈会纪要〉的通知》（2011 年 7 月 13 日发布，法〔2011〕25 号）；最高人民法院、最高人民检察院、公安部、国家安全部、司法部联合发布《关于办理刑事案件严格排除非法证据若干问题的规定》（以下简称 2017 年《非法证据排除规定》）（2017 年 6 月 27 日发布实施）。

绳”的诉讼法基本原则为立足点，针对证据法的特点，逐步拓展其基本原则的构成。

（1）证据裁判原则。这是学界和实务界公认的证据法基本原则，在三大诉讼法和相关的证据法解释之中得到了明确的肯定。

（2）自由心证原则。对这个起源并且滥觞于欧美国家的证据法基本原则，应当本着辩证唯物主义的哲学立场予以批判和借鉴。笔者认为，该原则并非一无是处，恰恰相反，而是具有历史论、认识论和人性论等方面的厚重基础。从历史的角度来看，自由心证原则是对神明裁判制度和形式证据制度的双重扬弃，是证据法制度长期历史演变的一个优秀成果。从认识论的角度来看，法官的心证过程客观上需要自由，因为法官在认定案件事实的过程中需要动用自己的经验和知识储备，大胆地放飞自己的想象力。唯有如此，法官才能透过分散的、临时的、反复的事实表象，发现隐藏在事实表象背后那些连贯一致的、稳定不变的事实真相。从人性论的角度来看，向往自由是人类本性。法官滥用心证自由的潜在可能性不是抹杀法官心证自由的合理理由，正如不能因噎废食那样。自由的问题只有通过更多的自由来解决，也就是说，要用自由来约束自由，通过扩大当事人知情权、阅卷权、举证权、主张权、上诉权等权利，自然会形成对法官心证自由的一个有效约束。

（3）内心确信原则。内心确信不仅是一种具有现代心理学和伦理学根据的证明方法，更是一种彰显法官享有最终事实决断权这一崇高地位的证据制度原则。从心理学的角度来看，内心确信是一种明确的事实判断与均衡的价值判断相互交织，明确的经验判断与明晰的逻辑判断相互矫正，不断反复、不断修正而逐步形成的一种解除了一切遮蔽的、澄明的认知状态。当法官形成了这种意义上的内心确信之后，会不由自主地进入一种如释重负的心理状态，一种轻松、自信、愉悦的成就感，这是法律人所独有的一种巅峰心理体验状态。从伦理学的角度来看，内心确信的认知状态是在法官个人的良心法庭中形成的，尤其是两难的决断以及事实认定结论。法官只有在内心之中建立了一个超越自我的良心法庭时，才会形成有关案件事实真相的内心确信。

特殊的专业技能、严格的职业纪律约束、公正的审判程序保障既是法官享有案件事实最终判断权的正当性基础，也是其内心确信的合法性的基础。

（4）人权保护原则。切实有效地保护公民基本权利既是查明案件事实真相的目的指向，也是调查权和判断权的边界底线。将切实有效的人权保护作为证明过程的内在目的追求，而不只是对司法公权力的外部界限约束，是法律真实观区别于客观真实说的分水岭所在。对法律真实观而言，案件事实真相的发现过程本质上是一个法律规范的适用过程，而不是一个科学研究的过程。对严肃认真的科学研究过程而言，“没有调查就没有发言权”；但是，对严肃认真的法律适用过程而言，“不讲法治就没有决断权”。案件事实真相的发现过程，既是一个“注重调查研究”的科学探索过程，更是一个“注重人权保护”的法治决断过程，其目的、范围、过程和方法都必须符合法治的一般要求。以不择手段、不惜代价的方式发现的案件事实情况，根本不是法律意义上的案件事实“真相”，而是一丝不挂的、赤裸裸的自然事实“真象”，当事人作为人类的尊严价值在其中荡然无存，而公安司法人员作为人类的尊严价值也因此受到贬损。法律真实观要求案件事实真相的发现过程必须采取——作为训练有素的法律人入门基本功的——严格规范化的法律语言、法律命题和法律格式，必须指向彰显人类尊严这一个法律核心价值目标。按照这种观点，以非法的手段、方式和方法调查收集的事实材料必须排除在可定案证据的范围之外，非法证据排除规则是健全我国证据法体系的应有之义。

（5）利益权衡原则。如果说价值判断是影响案件事实真相发现过程的主观偏好因素，那么利益权衡则是影响案件事实发现过程的客观计算因素。用于案件事实真相发现的司法资源是有限的，无论是当事人还是公安司法机关，都要以理性人的态度合理地进行相关的成本计算。例如，可以精确计算的金钱成本、时间成本、选择成本、风险成本以及无法精确计算的精力成本、情感成本、机遇成本等。只有在查明案件事实的收益与成本之间建立合理比例关系的情况下，才能更好地把握发现案件事实“真相”的条件、范围和尺度。作为法律适用过程内在组成部分的案件事实“真相”的发现过程，是一个高度复杂的理性化计算过程。离开了这种理性计算的能力，所能发现的只能是外在表面的事实“真象”，而不是内在本质的事实“真相”。

以上五个原则相辅相成，证据裁判原则是核心，自由心证原则、内心确信原则、人权保障原则和利益衡量原则是四个支点，从不同的角度和层面指向“以事实为根据、以法律为准绳”的一般法律原则。

（二）客观真实与主观真实相结合

客观物质世界相对于主观心灵世界的第一位属性和决定性作用不是绝对的、无条件的，并不（能）排除主观心灵世界自身的独立性、统一性、完整性、能动性和创造性。从“人是什么”这一迄今为止尚未得到很好回答的古典哲学命题来看，使人类得以与动物世界区别开来的所谓“人”的属性恰恰在于主观心灵世界的能动性，而不是客观物质世界的决定性。离开了人类心灵世界的独立性、能动性和创造性，客观物质世界的决定性就会沦落为一种永世轮回的宿命论。动物也具有反映客观物质世界的意识，但是，它们的认识止步于客观规律支配的必然王国；只有人类才会展望充满了不确定性的未来，发挥主观心灵世界的能动性和创造性，开辟航海世纪、太空世纪、信息世纪，逐步地从盲目奴隶的必然王国走向自觉主人的自由王国。

证据法所追求的真实是一种完全的真实，是客观真实与主观真实的内在有机统一，也就是说，在尊重客观物质世界决定性地位的基础上，充分发挥主观心灵世界的独立性、能动性和创造性。原初发生的案件事实自在自为地摆在那里，但认识的立场不同、角度不同、方法不同，所看到的“真象”也就不同。对法官而言，当事人从不同的立场和角度，采取不同的方法所感知的“真象”的不同，有助于法官全面完整地发现案件事实的“真相”，但是归根结底起决定性作用的是法官自身在调查和认定案件事实时所采取的立场、观点和方法。在这里，真正能够彰显法官作为法定的事实最后决断者的是作为人的心灵世界属性，如独立性、能动性、创造性，尤其是自身心灵世界的内在一致性，也就是说，出自良心法庭的本能判断与在法庭审判过程所获得经验判断，以及借助科学分析、逻辑分析的方法所获得的理性判断达成一致。只有在这种实现了内心心灵世界的内在一致性时，才能确保作为主观认识的事实认定结论符合原初的案件事实原貌。简言之，主观世界符合物质世界的一致性建立在主观世界自身的内在一致性的基础上。一个主观心灵世界充满了矛盾、冲突、混乱乃至于错乱的人，不可能形成符合物质世界的认识，在这种情况下，所谓物质世界相对于主观心灵世界的决定性是毫无意义的。对法官来说，只有客观真实与主观真实达成统一之处，法律真实才能存在。

(三) 实质真实与形式真实相结合

法律真实作为一种人类追求的真实，不（可能）是原初案件事实的简单再现和复原，而是在逻辑判断、价值判断、情感判断等影响下，经过规范化的提炼而以规范化的方式重新生成的案件事实，这是所谓形式真实的要旨。另外，法庭审判作为一个经验科学的过程，既不允许在没有充分确凿证据材料的情况下而凭空臆想，也不允许仅凭借一种方法而片面地作出事实决断。最终生效的事实决断必须建立在确凿充分的证据材料基础上，采取多种判断方法而形成的一种综合判断的结论。这就是所谓实质真实的要旨。

但是，所谓形式真实和实质真实的类型划分仅在理论上是成立的，在实践上则是站不住脚的。作为裁判根据的事实认定结论既要合乎法定的规范表现形式，也要符合客观实际的情况，力求客观实际的事实内容与法定规范化的表现形式的内外表里统一。这是法律真实的要旨所在。

二、证明标准的精确化

从《刑事证据法》[①]、《民事证据法》[②] 和《行政证据

① 2012 年《刑事诉讼法》第 51 条规定："公安机关提请批准逮捕书、人民检察院起诉书、人民法院判决书，必须忠于事实真象。故意隐瞒事实真象的，应当追求责任。"第 53 条规定："对一切案件的判处都要重证据，重调查研究，不轻信口供。只有被告人供述，没有其他证据的，不能认定被告人有罪和处以刑罚；没有被告人供述，证据确实、充分的，可以认定被告人有罪和处以刑罚。证据确实、充分，应当符合以下条件：（一）定罪量刑的事实都有证据证明；（二）据以定案的证据均经法定程序查证属实；（三）综合全案证据，对所认定事实已排除合理怀疑。"

2012 年通过的最高人民法院《关于适用〈中华人民共和国刑事诉讼法〉的解释》（以下简称 2012 年《刑诉法解释》）第 64 条规定："应当运用证据证明的案件事实包括：（一）被告人、被害人的身份；（二）被指控的犯罪是否存在；（三）被指控的犯罪是否为被告人所实施；（四）被告人有无刑事责任能力，有无罪过，实施犯罪的动机、目的；（五）实施犯罪的时间、地点、手段、后果以及案件起因等；（六）被告人在共同犯罪中的地位、作用；（七）被告人有无从重、从轻、减轻、免除处罚情节；（八）有关附带民事诉讼、涉案财物处理的事实；（九）有关管辖、回避、延期审理的程序事实；（十）与定罪量刑有关的其他事实。认定被告人有罪和对被告人从重处罚，应当适用证据确实、充分的标准。"第 104 条规定："对证据的真实性，应当综合全案证据进行审查。对证据的证明力，应当根据具体情况，从证据与待证事实的关联程度、证据之间的联系等方面进行审查判断。证据之间具有内在联系，共同指向同一待证事实，不存在无法排除的矛盾和无法解释的疑问的，才能作为定案的根据"。第 105 条规定："没有直接证据，但间接证据同时符合下列条件的，可以认定被告人有罪：（一）证据已经查证属实；（二）证据之间相互印证，不存在无法排除的矛盾和无法解释的疑问；（三）全案证据已经形成完整的证明体系；（四）根据证据认定案件事实足以排除合理怀疑，结论具有唯一性；（五）运用证据进行推理符合逻辑和经验。"

② 2012 年《民事诉讼法》第 63 条第 2 款规定："证据必须查证属实，才能作为认定事实的根据。"第 64 条第 3 款规定："人民法院应当按照法定程序，全面地、客观地审查核实证据。"

法》① 的相关规定来看，证明标准的多元化是大势所趋。不仅三大诉讼“大一统”的一元化证明标准做法早已被打破，而且在三大诉讼法各自内部的小一统局面也被打破，出现了按照案件事实或者证据的类型而分别确立证明尺度的做法，证明标准规则随之出现了精确化的发展趋势。在可以想见的未来，通过引入指数、公式、图形等自然科学方法进行高度精确的量化分析，将成为民众对提高司法公正水平的一个普遍要求。

鉴于刑事诉讼证明标准在三大诉讼中具有示范的作用，这里集中笔墨于“证据确实充分”标准的细化，表现在：

(一) 证据类型的细化

2012 年《刑诉法解释》第 104 条和第 105 条采取了有罪证据和无罪证据、直接证据和间接证据、定案证据与证据材料等学理分类，细致规定了定案证据的合法性、相关性和真实性三大标准的具体尺度把握。

---

① 《行政诉讼法》第 5 条规定：“人民法院审理行政案件，以事实为根据，以法律为准绳。”第 43 条第 2 款规定：“人民法院应当按照法定程序，全面、客观地审查核实证据。对未采纳的证据应当在裁判文书中说明理由。”第 69 条规定：“行政行为证据确凿，适用法律、法规正确，符合法定程序的……人民法院判决驳回原告的诉讼请求。”第 82 条规定：“人民法院审理下列第一审行政案件，认为事实清楚、权利义务关系明确、争议不大的，可以适用简易程序……”第 89 条规定：“人民法院审理上诉案件，按照下述情形，分别处理：(一) 原判决、裁定认定事实清楚，适用法律、法规正确的，判决或者裁定驳回上诉，维持原判决、裁定；(二) 原判决、裁定认定事实错误或者适用法律、法规错误，依法改判、撤销或者变更；(三) 原判决认定基本事实不清、证据不足的，发回原审人民法院重审，或者查清事实后改判……”

2002 年发布的最高人民法院《关于行政诉讼证据若干问题的规定》(以下简称 2002 年《行诉证据规定》) 第 53 条规定：“人民法院裁判行政案件，应当以证据证明的案件事实为依据。”第 54 条规定：“法庭应当对经过庭审质证的证据和无需质证的证据进行逐一审查和对全部证据综合审查，遵循法官职业道德，运用逻辑推理和生活经验，进行全面、客观和公正地分析判断，确定证据材料与案件事实之间的证明关系，排除不具有关联性的证据材料，准确认定案件事实。”第 56 条规定：“法庭应当根据案件的具体情况，从以下方面审查证据的真实性：(一) 证据形成的原因；(二) 发现证据时的客观环境；(三) 证据是否为原件、原物，复制件、复制品与原件、原物是否相符；(四) 提供证据的人或者证人与当事人是否具有利害关系；(五) 影响证据真实性的其他因素。”

（二）证明对象的细化

2012年《刑诉法解释》第64条采用了有罪事实与无罪事实、要件事实与情节事实、实体法事实与程序法事实等学理分类，对案件事实的结构要素进行细致的划分，包括被告人和被害人的身份和责任能力，被指控犯罪行为的过程、目的、动机、时间、地点、后果等。

（三）证明尺度的细化

有罪认定和从重处罚适用“证据确实充分”的标准。1996年《刑事诉讼法》第46条和第162条第1项尤其是2012年《刑事诉讼法》第53条和第195条第1项规定了三条尺度，即认定事实必有证据、定案证据都经查证属实、全案证据排除合理怀疑。2012年《刑诉法解释》第105条则针对间接证据定罪量刑的情况极为细致地规定了的证明尺度，笔者将其概括为四个尺度：A. 定案证据合法、相关、真实；B. 全案证据的证明指向一致；C. 形成了证明体系；D. 事实认定结论具有唯一性。刑事诉讼证明标准的精细化做法代表了证明标准规则的未来发展趋势，对民事证据法和行政证据法起到了很好的示范作用。

民事证明标准的细化主要表现为证明和释明两大标准的确立，前者适用于实体法要件事实，采取优势盖然性的标准；后者适用于程序法事实，采取合理可能性的标准。

2002年《行诉证据规定》没有规定行政诉讼的证明标准，但一种代表性观点认为，行政案件的证明标准是根据行政行为性质及对相对人影响的大小分别运用优势证明标准、清楚而有说服力的证明标准和排除合理怀疑的证明标准。①

三、证明方法的精细化

与证明标准的精确化转向相呼应，证明方法出现了多样化扩张的趋势。有助于查明案件事实真相的方法是无限多样的，证据规则

① 甘文：《行政诉讼证据司法解释之评论》，中国法制出版社2003年版，第172页。

体系的完善过程就是不断地扬弃旧方法、拓展新方法的过程。按照方法论决定本体论的哲学原理，证明方法的拓展直接决定着案件事实真相的发现程度。随着科学法则、逻辑法则、经验法则的步伐，推定规则、自认规则、和解规则走入了证据法的园地，成为一道又一道的实践难题，也因此成为一重又一重亮丽的理论风景。下文着重从法律真实的角度探讨后三个规则。

（一）推定规则的完善

从有关规定来看[①]，推定是法官运用已知的事实情况推测未知事实真相的一种证明方法，原则上允许当事人通过举证来反驳或者

---

① 例如，1996年《刑事诉讼法》第12条规定："未经人民法院依法判决，对任何人都不得确定有罪。"1991年《民事诉讼法》第67条规定："经过法定程序公证证明的法律行为、法律事实和文书，人民法院应当作为认定事实的根据。但有相反证据足以推翻公证证明的除外。"

2012年《民事诉讼法》第69条规定："经过法定程序公证证明的法律事实和文书，人民法院应当作为认定事实的根据，但有相反证据足以推翻公证证明的除外。"

1992年通过的最高人民法院《关于适用〈中华人民共和国民事诉讼法〉若干问题的意见》（以下简称1992年《民诉法适用意见》）第75条规定："下列事实，当事人无需举证……（3）根据法律规定或已知事实，能推定出的另一事实……"

2011年通过的最高人民法院《关于民事诉讼证据的若干规定》（以下简称2001年《民诉证据规定》）第75条规定："有证据证明一方当事人持有证据无正当理由拒不提供，如果对方当事人主张该证据的内容不利于证据持有人，可以推定该主张成立。"

2002年《行诉证据规定》第68条第1款第3、5项规定：对于"按照法律规定推定的事实"和"根据日常生活经验法则推定的事实"，法庭可以直接认定。

我国台湾地区"民事诉讼法"第28条规定："法院依已明了之事实，推定应证事实之真伪。"

《法国民法典》第1349条规定："推定为法律或审判员依已经知道的事实推论未知事实所得的结果。"

《美国统一商法典》第1-20条第31款规定："'推定'或'假设'，是指事实的审理者必须发现该推定事实的存在，除非并且直至提出对该推定的不存在予以认定的证据。"

《日本民事诉讼法》第140条第2款规定："对于对方当事人所主张的事实作出不知的陈述时，推定为对该事实有争议。"（载《日本新民事诉讼法》，白绿铉编译，中国法制出版社2000年版，第310页。）

《德国民事诉讼法典》第138条规定："对于某种事实，只有在当既非当事人自己的行为，又非当事人自己所亲自感受的对象时，才准许说'不知道'。"（载李国光主编：《最高人民法院〈关于民事诉讼证据的若干规定〉的理解与适用》，中国法制出版社2002年版，第122页。）

推翻。

在把握推定的概念时值得注意的一个问题是：不允许当事人反驳或者推翻的所谓“不可反驳的推定”，性质上属于法定的事实拟制，严格地说，是法律将生活事实进行规范化调整的一种方法，而不是案件事实的证明方式。

推定的法律意义在于：首先，推定具有免除或者加重当事人一方的举证责任的法律效果。其次，推定具有简化证明程序、集中诉讼争点、节约司法资源等法律功能。推定是法官根据现有证据材料而直接认定案件事实的方法。借助推定，可以防止调查和审理程序过分拖延，集中有限的司法资源于案件的实质性问题。最后，推定具有法律价值导向的宣示作用，如加强弱势群体保护、保护家庭亲情、维护善良风俗、捍卫契约自由等。立法者在设立推定规则时，都隐含着某种法律价值取向，宣示着某种司法政策导向。

推定规则的完善应当着重从如下三点着手：

1. 政策导向的把握

推定规则不仅是一种案件事实的证明方法，更是立法者借此表达所倡导的社会价值取向的，促进实施某种社会政策的一种制度工具。[①] 在设定推定规则之前，立法者必须首先明确自己在观念层面奉行什么样的法律价值取向。例如，是实质的正义观还是程序正义观，是公平正义观、自由正义观还是强权正义观。其次立法者必须随之明确具体的法律政策指针，也就是说明确设计具体规则的方向和思路。在法律价值取向和法律政策导向明确了之后，再考虑具体规则的设计，才能使推定规则发挥应有的功能。

2. 心证自由的约束

法官在应用推定规则认定案件事实时，采取直接推理的方式，其中充满了主观推测的因素，孟德斯鸠斥之为“当法官推定的时

① 赵钢、刘海峰：《试论证据法上的推定》，载《法律科学》1998 年第 1 期。

候，判决就武断”。[①] 防止法官滥用心证自由的最好办法是说明理由，也就是详细地说明基础事实与推定事实之间的内在合理联系，并且允许当事人通过举证的方式予以反驳，甚至推翻。对此有人认为，推定不是绝对的事实认定方法，而只是一种可能性的事实认定方式。“这种盖然性的大小也与案情的复杂程度、法官素质、据以作为基础事实（或称已知事实）的真实可靠程度，以及特定事物之间包含在常态联系内部的必然性与偶然性之间相互依存关系的稳定程度不无关系。”[②] 当事人对其中任何一点提出了合理的反驳意见时，推定即失去效力。

3. 推导方法的限制

基础事实与推定事实之间的关系是多种多样的，严格的逻辑推理关系、日常的情理关系以及特定条件下的时空关系是常见的三种推导方法。这三种推导方法不是绝对的，而是存在条件和范围的限制。法官在应用推定规则认定案件事实时，必须清楚地说明所采用的推导方法。

以上三点是我国现行推定规则存在的最大漏洞所在，很容易导致法官滥用推定规则。如果法官在应用推定规则时不明确详细地说明理由，不给当事人提供反驳的机会，不允许发生推定失效的情况，那么，推定规则就会蜕变为一种司法专横的规则。这是立法者在完善推定规则时应当着力予以防止的情况。

---

① ［法］孟德斯鸠：《论法的精神》（下册），张雁深译，商务印书馆 1994 年版，第 299~300 页。

② 毕玉谦：《民事证据法及其程序功能》，法律出版社 1997 年版，第 171 页。

(二) 自认规则的扩大

尽管自认的性质存在颇多争议[①]，但从我国相关规定来看[②]，自认规则的应用还是在民事证据和行政诉讼证据领域得到了确立，这是法律真实观念在法律制度层面得到切实应用。不过，由于法律真实理论自身还不完善，自认规则的设计也存在问题：

1. 范围

自认的范围必须严格限制，因为“以事实为根据、以法律为准绳”原则和证据裁判原则要求如此，完善的法律真实建立在法治的基础上并且指向法治本身。一般而言：

(1) 基本权利限制。从宪法的角度来看，在有关个人合法财产权的方面，当事人享有较大的处分权，因此原则上可以适用自认规则；但是，在涉及人格权和身份权的事实方面，如尊严权、生命权、健康权、人身自由权、荣誉权、名誉权、姓名权等的要件事实，由于这些人身基本权利不仅是公民个人的基本权利，而且是社会法治秩序的基本价值，因此当事人原则上不得处分，此类事实原

---

① 陈祥龙、杨永华：《自认若干问题初探》，载《华东政法学院学报》2003 年第 1 期（认为在证据说、非证据说、特殊证据说、证据规则说四种观点中，证据规则说是通说）。

② 2001 年《民诉证据规定》第 8 条规定：“诉讼过程中，一方当事人对另一方当事人陈述的案件事实明确表示承认的，另一方当事人无需举证。但涉及身份关系的案件除外。对一方当事人陈述的事实，另一方当事人既未表示承认也未否认，经审判人员充分说明并询问后，其仍不明确表示肯定或者否定的，视为对该项事实的承认。当事人委托代理人参加诉讼的，代理人的承认视为当事人的承认，但未经特别授权的代理人对事实的承认直接导致承认对方诉讼请求的除外；当事人在场但对其代理人的承认不作否认表示的，视为当事人的承认。当事人在法庭辩论终结前撤回承认并经对方当事人同意，或者有充分证据证明其承认行为是在受胁迫或者重大误解情况下作出且与事实不符的，不能免除对方当事人的举证责任。”2002 年《行诉证据规定》第 65 条规定：“在庭审中一方当事人或者其代理人在代理权限范围内对另一方当事人陈述的案件事实明确表示认可的，人民法院可以对该事实予以认定。但有相反证据足以推翻的除外。”第 67 条规定：“在不受外力影响的情况下，一方当事人提供证据，对方当事人明确表示认可的，可以认定该证据的证明效力……”

则上不得适用自认规则。

（2）重大利益限制。即使是当事人享有处分权、可以采取自认方式证明的事实，如果当事人的承认将直接或者间接地导致他人的重要合法权益或者重大公共利益遭受损害，那么，当事人的自认是无效的。

（3）主要事实限制。涉及案件法律定性或者法律适用的要件事实属于法官应当依职权查明的主要案件事实，不允许以当事人自认的方式进行认定。否则，构成法官的失职。

2. 条件限制

自认的事实必须已经具有一定的可定案证据支持，虽然没有达到明显优势盖然性的程度，但至少必须具备合理的可能性。对完全没有任何证据支持的事实主张进行承认，虽然符合当事人的处分权，但背离“以事实为根据”和“证据裁判”两大原则的宗旨，在这种情况下的自认事实只是主观的、形式的真实，而绝非健全的法律真实。

3. 方式限制

自认原则上应当采取正式书面陈述的方式，记载自认的事实内容、相关证据、法律依据和法律后果。采取口头方式自认的，必须以书面方式记录在案，并且经当事人签名认可后，才能满足自认的形式要求。以口头方式作出的具有自认内容的事实陈述，在不符合自认形式要件的情况下，仅仅只有当事人陈述或者证人证言的效力。

4. 效力限制

超出法定范围的自认或者出于胁迫或者重大误解作出的自认是自始无效的。当事人在事后能够提供证据的，人民法院应当确认无效。

（三）和解规则的确立

法律和解分为两个层面：一是权利义务关系的和解，二是事实认定的和解。这里所称的和解是指后者，亦即事实和解。

1. 事实和解的概念

和解与自认不同：和解是出于结束争议、中止诉讼或者面向未来建构崭新（合作或者协作）法律关系的目的，而积极地谋求在案件事实认定方面达成建构性的共识与合意。相对而言，自认是一方当事人对另一方当事人提出的不利于事实主张以承认或者认可的方式，消极地表示接受，人民法院虽然可以直接认定承认或者认可的事实主张，但这并不意味着双方当事人对此项事实的认定达成了共识和合意。以面向未来的眼光而积极建构某种更具有价值和意义的法律关系，是事实和解在哲学观念上的特殊性所在。

任何科学知识之中都具有特定道德和伦理的观念基础，完全不带有任何道德或者伦理观念内核的、纯粹工具性的知识是不存在的。和解的眼光是面向未来的眼光，只有能够看到未来并且志在追求未来的人才能拥有未来。这就是说，达成事实和解不仅需要专业知识的眼光，更需要一种悲天悯人的人文主义情怀，一种以人类的姿态积极建构社会生活共同体的宽容胸怀。对在资源、地位、手段等方面占据明显优势地位的强者而言，与对方当事人达成事实和解并不是懦弱的表现，相反，是更加能动自觉地建构某种更有价值和意义的法律关系的努力。一言以蔽之，宽容是事实和解的道德观念基础。只有这种宽容的情怀才能将看到未来的眼光武装起来，形成把握未来、获得未来的行动能力。

2. 事实和解的意义

事实和解在法律上的意义在于：将面向过去的案件事实——到底发生了什么——的再现式追问过程与面向未来的案件事实——究竟意味着什么——的建构型反思过程联系起来，使其成为一个完整的人类生活过程。生活是海洋，而司法只是海洋中的小岛。司法的正义性归根结底是为了日常生活的和谐性，因此法官在作出裁判时必须考虑过去和未来的关系，不能将过去和未来简单地割裂开来。

3. 事实和解的规则

事实和解的证据规则应当明确如下事项：

（1）范围。凡直接影响第三人权益或者公共利益的事项，不允许当事人和解。

对现有证据材料能够证明的案件事实，也不允许进行内容上的和解，而只允许进行表述方式上的和解。

应当查明的主要案件事实，如果调查的持续进行会造成难以预测的、不合乎比例的拖延或者经费支出，应当允许当事人进行和解。

（2）方式。事实和解只能采取书面、明示的协议方式。事实和解协议应当载明和解的主体、时间、地点、内容和效力，经过当事人签字或者盖章，并且经人民法院以记录在案或者加盖公章的方式确认后才能成立。

（3）效力。和解协议具有中止调查过程、免除举证责任、直接认定事实等效果，但仅限于本案裁判。和解协议在其他案件中不得作为对一方当事人不利的证据使用。

由此观之，2001 年《民诉证据规定》第 67 条和 2002 年《行诉证据规定》第 66 条针对的事实和解问题①，却采取了自认规则的视角，因此造成了思维的紊乱和内容的错乱，亟待修改。

本章提要

本章通过语义分析发现，“真”是一种外在形态与内在本质保持一致的理想存在状态，而“真实”则是一个具有浓厚理想主义色彩的主观判断概念。“真”字所表达的理想存在状态既需要现实

① 2001 年《民诉证据规定》第 67 条规定：“在诉讼中，当事人为达成调解协议或者和解的目的作出妥协所涉及的对案件事实的认可，不得在其后的诉讼中作为对其不利的证据。”2002 年《行诉证据规定》第 66 条规定：“在行政赔偿诉讼中，人民法院主持调解时当事人为达成调解协议而对案件事实的认可，不得在其后的诉讼中作为对其不利的证据。”

的条件，更需要现实的印证，这就是“真”与“实”组合成“真实”一词的内在关联性所在。“真实”一词作为一个严肃、规范、成熟的理论范畴首先在佛学领域中出现，具有本质真实、表述真实、信念真实和圆满真实四层含义。“真实”是一个主观判断概念，而事实是一个客观描述概念，两者之间存在再现还原、符合一致、提炼升华等关系。

哲学上的真实是高度抽象的哲理化的真实。本章首先辨析了真实和真理之间的关系：真实是真理的实现形式，而真理是真实的规律内核，哲学上的真实观与真理观是内外表里的关系，在用语上不严格区分。一个人奉行什么样的真理观，就会奉行什么样的真实观，本章因此介绍了三种具有代表性的真理观。一是毛泽东的实事求是说，认为真理是人们对客观规律的正确认识，来自科学实验和社会实践的感性经验，需要经过理论的理性概括，最终接受科学实验和社会实践的检验。二是杜威的效用检验说，认为真理是一种需要证明的效用假设。为了发现和验证真理，必须直接面对事实进行大胆的假设和小心的求证，面向未来进行思考和怀疑，用科学的态度和方法进行调查研究和科学试验，将经验提炼为知识，将真理转变为把握未来的知识力量。三是海德格尔的自由本质说。在批判了“认识符合事物”、“事物符合认识”这两种流俗的真理观之后，海德格尔认为真理的本质是自由，真理是使存在者自由绽放的途径，是使存在的方式与内在本质达到一致的无遮蔽的、澄明状态。海德格尔最终提出了真理即自由的论断，认为这是比流俗真理观更加基础、更为先决的定律。

三种哲学真实观的立场、角度、观点和语言可谓大相径庭，但浓厚的人文情怀、严谨的研究态度、切实的分析方法是共同的精神内核，这也许是比形成正确真理观更为重要的先决素质。以此来看，我国证据规则体系的主要缺陷是有关证明主体性规则的缺位。本章由此提出补充和完善以人类尊严权有效保障为宗旨的五大证据规则：一是宣誓作证规则，二是拒绝作证权规则，三是证人权益保护规则，四是非法证据排除规则，五是法官内心确信规则。这五大证据规则分别指向个人人格、家庭亲情、职业共同体荣誉、国家法制文明等不同类型、不同性质、不同层次的尊严权。这五大证据规则的宗旨是排除一切以损害尊严权的方式查明案件事实真相的行径。

因此，法律上的真实是由公安司法人员经法定证明程序，依据法定标准认定的，能够产生法律效果的案件事实，是经过高度理性化的过滤和重构，指向正义目标的案件事实，这就是原初案件事实与案件事实真相之间的区别所在，后者来源于前者而高于前者。

通过形式真实说与实质真实说、客观真实说与主观真实说等不同观点的比较分析，本章认为客观真实和主观真实是角度不同、相反相成的基石，而形式真实和实质真实则是层次不同、相辅相成的内容，因此兼收并蓄各种学说的优点，力求客观真实与主观真实相互结合、形式真实与实质真实有机统一，形成一种具有广泛开放性、包容性与协调性的法律真实观，是证据法制度未来进步的方向，也是我国司法制度改革的大势所趋。

从现行证据法规定来看，法律真实观在我国证据制度中已经确立起来，只是理论基础薄弱，规则体系很不完善，笔者因此提出迈向完善的法律真实观的理论观点。为此，笔者提出了三个主张：一是拓展证据法基本原则的构成，以“以事实为根据、以法律为准绳”原则为核心，将证据裁判原则、自由心证原则、内心确信原则、人权保障原则、利益衡量原则等统率起来，形成一个既具有足够的包容性，又具有足够的统一调整能力的证据法基本原则体系。二是证明标准的精确化，主要是按照不同的诉讼类型、案件类型确定不同的证明标准尺度。三是证明方法的精细化，为此重点论述了推定规则、自认规则、和解规则的补充和完善。

第三章 证 据

证据是将事实的现实此岸与真实的理想彼岸连接起来的桥梁，虽然只是一种过路的工具而已，但必须具备跨越时间的河流，将事实和真实联系起来的足够跨度和承载力。法律人总是期待证据是一条开阔便捷、畅通无阻的阳关大道，而实际上更有可能遇到的只是一根横跨在两边悬崖上的独木桥或者一叶在风雨中飘摇的扁舟。法律人总是希望遇到漓江的小溪，在欣赏着路边风景时轻松地摆渡而过；而实际上更有可能遇到的是咆哮的乌江天险或者怒吼的黄河天堑。怎么办？正义感的本能冲动，真实理想的目标吸引，像一种无形的力量推动着法律人在简陋的条件下闯关，驾驭证据的能力此时成为最重要的成功因素。

证据是一个跨越性、过渡性、媒介性、开放性、多维度的法律概念，在从事实的此岸走向真实的彼岸的过程中，要横跨时间的河流，把过去、现在和未来联系起来，在不断变化的案件事实情况之中寻求稳定不变的案件事实真相。这就是证据本身所具有的特殊复杂性，本章从梳理学术文献和司法解释入手进行研究。

第一节 证据的概念

有关证据范畴的争鸣首先在概念的层面展开。学界有关证据的定义不胜枚举，在不同观点的碰撞和争鸣声中，“统一说”作为学界和实务界的通说正在逐步确立起来。①

一、观点梳理

有关证据的定义，代表性观点有："事实说"认为证明案件真实情况的一切事实都是证据。②"材料说"认为可以用于证明案件事实的一切材料都是证据。③"根据说"认为证据是"证明案件事实或者与法律事务有关之事实存在与否的根据"。④"定案根据说"认为证据是用来认定案件事实的根据。⑤"统一说"认为"经过查证属实可以作为定案根据的，具有法定形式和来源的，证明案件真

① 具有一定代表性的观点有"事实说"、"根据说"、"统一说"、"定案证据说"（又称为"狭义说"）、"两义说"（又称为"事实和材料说"、"双重含义说"）、"材料说"（又称为"广义证据说"）、"方法说"（又称为"手段说"）、"结果说"、"原因说"、"证明说"、"反映说"、"信息说"、"综合说"（事实和方法说）、"多义说"。参见崔敏、张文清主编：《刑事证据的理论与实践》，中国人民公安大学出版社 1992 年版，第 24~25 页；江伟主编：《证据法学》，法律出版社 1999 年版，第 205~206 页；何家弘主编：《新编证据法学》，法律出版社 2000 年版，第 91 页；高家伟：《行政诉讼证据的理论与实践》，工商出版社 1998 年版，第 1~3 页。

② 江伟主编：《证据法学》，法律出版社 1999 年版，第 206 页。"事实说"是 1996 年《刑事诉讼法》第 42 条第 2 款采取的立场。

③ 这是 2012 年《刑事诉讼法》第 48 条的立场："可以用于证明案件事实的材料，都是证据……证据必须经过查证属实，才能作为定案的根据"。

④ 何家弘主编：《新编证据法学》，法律出版社 2000 年版，第 99 页。

⑤ "定案证据说"的代表者是：（1）英国学者墨菲（Murphy）。他认为，证据是"能够说服法官认定某个案件事实成立或者可能成立的任何材料"，但前提是"真实、可信并且具有充分的相关性"。为此参见 Peter Murphy, A Practical Approach to Evidence, pp1-2。（2）我国学者陈一云。他认为，证据"都是在诉讼过程中可用以证明案件真实情况的"，具有真实性、相关性。参见陈一云主编：《证据学》，中国人民大学出版社 2001 年版，第 99 页。

实情况的一切事实。”① 比较而言，不同观点的分歧主要在于：

（一）证据的内容与形式之间的关系

证据的内容是经查证属实的“事实”，而表现形式则是各种类型的“材料”。用来定案的证据必须是事实内容和材料形式的完整统一体，对此学界和实务界没有分歧。

实践问题是：事实的内容和材料的形式完美无缺地结合在一起的理想状况在实践中很少见，那么，在事实的内容和材料的形式之间出现裂痕时，该如何取舍呢？具体而言：A. 是否可以因材料形式的缺陷而舍弃经查证属实的内容？B. 是否可以通过形式而直接认定内容，也就是说，只要“材料”具备了法定的表现形式，就可以直接认定其内容的真实性吗？

按照非法证据排除规则和传闻证据排除规则，A 问题的答案是肯定的。通过违法的程序和方法调查收集的证据材料原则上应当排除，不得作为定案的证据使用。未经法庭举证、质证和认证的证据材料，无论格式多么规范，内容多么真实，都不得作为定案证据使用。

按照最佳证据规则和宣誓作证规则，B 问题的答案也是肯定的。公文书证的证明力优先于一般书证；在一般书证之中，原件的证明力优先于复制件。在证人证言中，宣誓证言优于不宣誓证言。

由此看来，在很多情况下，证据的表现形式重要于事实的内容。事实内容的真实性与材料形式的规范性之间往往存在紧张的关系，内容真实而形式不规范或者形式规范而内容不真实的情况并不少见。确保内容的真实性与形式的规范性达成协调一致的状态，正是证据法作为一个法律部门而存在的必要性之所在。如果只追求事

---

① 参见刘金友主编：《证据法学》，中国政法大学出版社 2001 年版，第 115 页。另请参见陈光中主编：《刑事诉讼法学（新编）》，中国政法大学出版社 1996 年版，第 148 页（卞建林教授持相同立场）；樊崇义主编：《证据法学》，法律出版社 2001 年版，第 45 页；卞建林主编：《证据法学》，中国政法大学出版社 2007 年版，第 72 页（张建伟教授持相同立场）。

实内容的真实性而不讲求材料形式的规范性和程序的正当性，或者相反，一味地讲究格式的规范性和程序的正当性而忽视内容的真实性要求，证据法都没有存在的必要性。

由此引起的理论问题是：在界定证据时，是以“事实”为着眼点，还是以“材料”为着眼点呢？这是事实说与材料说的主要分歧所在。

统一说认为，学理定义既可以着眼于事实的内容，也可以着眼于材料的形式，但司法实践必须着眼于将真实的内容与规范的形式统一起来。只有内容经过法定的正当程序查证属实并且形式符合法定格式要求的证据材料，才能作为定案的证据使用。

（二）定案证据与证据材料之间的关系

这是界定证据概念时的另一个问题。相关术语的混杂性说明了这个问题的复杂性，例如：

（1）“广义证据”与“狭义证据”；①

（2）“证据”与“证据资料”、“证据材料”；②

（3）“真证据”与“假证据”；③

（4）“定案证据”与“一般证据”。④

在公安司法人员调查收集到的各种证据材料中，能够用作定案证据的只是与本案有关、经查证属实并且来源和形式合法的那一部分。问题是：诉讼证明是一个动态的过程，什么样的证据材料能够成为定案证据，只有判决生效时才能最终确定，在此之前，定案证据与一般的证据材料之间并没有截然的界限。定案证据与证据材料之间界限的动态不确定性是导致学理分歧的最为复杂也最为重要的

---

① 刘金友主编：《证据法学》，中国政法大学出版社2001年版，第115页。

② 陈光中主编：《刑事诉讼法学（新编）》，中国政法大学出版社1996年版，第149页。

③ 江伟主编：《证据法学》，法律出版社1999年版，第207页。

④ 高家伟：《行政诉讼证据的理论与实践》，工商出版社1998年版，第2、242页。

原因。

（三）两条规定之间的异同解析

上述两个理论难题也是立法实践的难题。1996 年《刑事诉讼法》第 42 条[①]和 2012 年《刑事诉讼法》第 48 条[②]是我国实在法有关“证据”的权威定义，上述理论分歧也体现在这两条的内容里面。第 42 条第 1 款着眼于证据的内容（事实），第 2 款着眼于证据的形式（证据种类），第 3 款进一步提出了“查证属实”为“定案的根据”的要求。第 48 条第 1 款将着眼点放在了“材料”上，第 2 款增加了证据的种类，第 3 款与第 42 条第 3 款保持一致。

一种观点则认为，第 42 条的三款分别从内容、形式和作用等方面对证据作了界定。从内容来看，证据是客观存在的事实；从关系来看，证据是认定案件事实的手段；从形式来看，证据表现为法律确认的种类。因此，证据是“事实内容与法律形式的统一，即以法律规定的形式表现出来的能够证明案件真实情况的一切事实”。[③] 这种观点也适合于对第 48 条整条主旨的理解。

另一种观点认为，第 42 条第 1 款将证据的着眼点定位在“事实”上，用具有真假价值取向的“事实”取代了中立性的“根据”、“材料”或者“手段”，不符合司法实践和认识论规律，因此定义证据的着眼点应当以中立性的形式，即“材料”、“手段”、“根据”等。[④] 第 48 条汲取了这种观点的科学之处。

---

① 1996 年《刑事诉讼法》第 42 条规定：“证明案件真实情况的一切事实，都是证据。证据有下列七种：（一）物证、书证；（二）证人证言；（三）被害人陈述；（四）犯罪嫌疑人、被告人供述和辩解；（五）鉴定结论；（六）勘验、检查笔录；（七）视听资料。以上证据必须经过查证属实，才能作为定案的根据。”

② 2012 年《刑事诉讼法》第 48 条规定：“可以用于证明案件事实的材料，都是证据。证据包括：（一）物证；（二）书证；（三）证人证言；（四）被害人陈述；（五）犯罪嫌疑人、被告人供述和辩解；（六）鉴定意见；（七）勘验、检查、辨认、侦查实验等笔录；（八）视听资料、电子数据。证据必须查证属实，才能作为定案的根据。”

③ 卞建林主编：《证据法学》，中国政法大学出版社年 2007 年版，第 72~73 页。

④ 何家弘主编：《新编证据法学》，法律出版社 2000 年版，第 94~99 页。

两条之间相隔15年，但延续性和一致性是明显的，那就是之间要求定案证据必须达到合法规范的形式与客观真实的内容的有机统一。这是我国官方有关证据的一贯立场，是实务界的通说。

比对第42条第1款和第48条第1款，可以发现两者之间存在微妙而又实质性的区别，那就是着眼点从“事实”（的内容）转向了“材料”（的形式）。从第2款来看，第48条对证据的形式类型采取了宽泛的态度，允许更多类型的证据材料进入定案证据的范围；但从第3款的内容来看，对定案证据的合法性和真实性要求是一如既往的。这预示着我国证据法调整重点将从内容的真实性、相关性要求转向程序的正当性与形式的规范性要求。也就是说，越来越注重对证据的形式要求，通过程序、方式、形式和格式的规范化来达到确保内容真实性、相关性、合法性的目的。笔者认为，刑事诉讼法有关证据定义的转变，符合证据法发展的趋势和规律，也预示了制定统一证据法典的方向。

二、通说解析

综合以上各种观点，笔者认为“统一说”是学界和实务界有关证据定义的通说。这是因为：

（一）“统一说”具有更全面的代表性

该说汲取了“事实说”主张的事实内容因素、“根据说”主张的材料形式因素和“定案证据说”强调的证明功能因素，其他学说的要点在统一说中都得到了体现。

（二）“统一说”符合现行立法的本意

该说不仅抓住了1996年《刑事诉讼法》第42条和2012年《刑事诉讼法》第48条有关证据内容、形式和功能的规定，而且将这三个方面综合协调为一个统一的整体。这种理解对2012年《民事诉讼法》第63条、2014年《行政诉讼法》第33条具有普适性，是对我国立法实务界有关证据定义的合理发展。

（三）“统一说”符合法律证明的规律

统一说合理地解决了证据的内容和形式、定案证据与证据材料之间的辩证关系，较为充分地体现了司法实践的理性。该说将证据的事实内容和材料形式统一起来，这符合形式与内容关系的哲学原理。另外，“统一说”并不否认证据材料的作用，而是认为（定案）证据来自对证据材料的去伪存真，（定案）证据与证据材料的界分标准主要是证据排除规则，诉讼证明的过程就是按照证据排除规则不断对证据材料去伪存真的过程，这个过程只有在裁判最终生效时才能结束。这完全符合诉讼证明的认识论规律。

（四）“统一说”符合法律证明的日常经验

通过调查收集活动，将在自然界和社会领域中作为一种客观存在的事实材料收集起来，按照一定的格式要求编排为案卷中的证据材料，从入卷的证据材料中筛选出具备真实性、合法性和相关性的一般证据，再从全案审查判断的角度将一般证据按照一定的逻辑关系组合成定案证据的整体，是证明过程的基本步骤。统一说符合这个作为职业常识的一般证明过程。

三、定义解析

下面尝试应用系统论的原理和方法完善统一说的证据定义。按照系统论的哲学原理①，证据本身是一个由要素构成的有机整体，离开任何要素，证据将不再是证据。证据的概念要素有如下三个：

（一）内容要素：证据事实

事实是证据的内容。一般意义上的事实是指“事情的真实情

---

① 参见《中国大百科全书》光盘1.1版，哲学部分“系统”、“系统论”、“系统方法”等词条。系统是指“由元素组成的整体”，元素是指构成要素，要素是按照一定标准对系统的不同部分分类的结果。系统论是研究“现实系统和可能系统一般规律和性质的理论”，系统方法是“将对象作为系统定量化、模型化和择优化的科学方法”。任何系统都具有整体性、关联性、动态性和相对性。

况"[①]，而作为证据内容的事实——亦即"证据事实"——是指客观存在、可见并且可以量度并且需要通过承认或者证据予以证明的事项、情节、行为和事件，[②] 是指"存在的事物、已经实施的行为或者发生的事件"，是指"其存在发生或者存在需要证据予以证明的事件或者事物的真实性"。[③] 从这些权威定义中可以发现证据事实具有如下特征：

第一，证据事实是客观真实与主观真实相互统一的产物。与生活事实或者科学事实不同的是，证据事实作为一种具有法律意义的事实，是客观真实性与主观真实性的统一体，来源于但高于其他领域中的事实，如自然事实、生活事实和科学事实等。离开了客观真实的要求，存在的将不再是事实，而只是假象或者猜测；离开了主观真实的要求，存在的也不是证据事实，而是其他领域中的事实。

第二，证据事实需要证据事实来证明。事实不能自行证明，而是需要其他事实证明。与此同理，证据事实不能自行证明，也需要其他证据事实来证明，从而在不同的证据事实之间形成相互补充、相互印证、相互校正的逻辑关系。证据事实与证据事实之间的这种相互证明关系，是诠释学上循环论（hermeneutischer Zirkel）的一

---

① 中国社会科学院语言研究所词典编辑室编：《现代汉语词典》（第3版），商务印书馆1996年版，第1608页。

② 参见北京社会与科技发展研究所组织翻译：《牛津法律大辞典》，光明日报出版社1988年版，第325页（"事实"、"事实与法律"词条）。"事实"的另一重含义是"不是由人的行为产生的事件或者事情"，与"行为"对称。

③ Henry Campell Black, M.A., Black's Law Dictionary, West Publisching Co., 1979, pp.531-532. 布莱克首先解释了事实的多重含义和多样的表现形式，之后从证据的角度进一步作了解释。

种典型情况[①]，也是排除合理怀疑规则所要调整的一个问题。

为了突出作为证据内容的事实的特殊性，学理上将其称为证据事实。[②]

（二）形式要素：证据材料

作为证据的事实必须符合法定形式。根据上文有关事实的解析，事实的内核是客观真实性，而外在表现形式多种多样。这就产生了事实的自然形式与法律形式是否符合的问题。只有那些外在表现形式符合证据法规定的形式的事实才能成为证据。

什么是形式？"形，象形也"，"式，法也"[③]。所谓形式，是指"事物的形状、结构"[④]，是指"在司法程序或者法律行为中应用的一种手段模型或者模具，其中蕴含着原则性的必要因素、技术标准、阶段或者其他要求，从而使事物得以外观正确、安排有章法，因而适合特定案件的具体情况"。[⑤]

以上权威解释表明，法律程序中的任何事物都必须采取法定的形式，因为只有那些采取了法定形式的事物才具有法律意义。对证据（事实）而言，问题不是要不要形式，而是要采取什么样的形式，遵循什么样的形式规则。证据法有关证据形式的主要规则有：

---

① 诠释学（Hermeneutik）是在法律适用过程中解释法律、发现法律的方法之一，针对特定案件事实寻找并且解释相应的法律规范。诠释学上循环论的典型是事实与法律之间的循环关系：只有根据本案事实才能寻找所要适用的法律，而为此又需要明确法律规定的事实要件是否符合本案事实，法律适用的过程就是这种事实与法律之间的不断上升的逻辑循环过程。为此参见 Creisfelds，Rechtswörterbuch，15. Aufl.，Verlag C. H. Beck 1999，S.640，1039f.

② 刘金友主编：《证据法学》，中国政法大学出版社 2001 年版，第 128 页。

③ 许慎：《说文解字》，中华书局 1963 年版，第 100 页。

④ 中国社会科学院语言研究所词典编辑室编：《现代汉语词典》（第 3 版），商务印书馆 1996 年版，第 1410 页。

⑤ Black's Law Dictionary，p. 586. 相对于实体而言，形式是指程序、法律文件的形式等。

（1）证据种类规则[①]。只有符合法定证据种类形式的事实才能作为证据。

（2）证据手续规则。这方面的规则不胜枚举，如笔录的签名、宣读、修正规则[②]，物证的提取、保管手续规则[③]，境外形成证据的认证手续[④]，人民法院接收当事人提供证据的签收手续[⑤]等。

这里值得注意的一个问题是证据事实的自然形式与法定形式之间的辩证关系。按照客观决定主观的哲学原理，证据事实的自然形式决定法定形式，证据的法定形式只是其自然形式在法律上的确认。按照人类的主观能动性原理，法律对证据自然形式的确认不是简单复制，而是理性的升华。证据形式规则的丰富和发展正是这种辩证关系不断演进的结果。

在证据形式方面，英美法系通常不作严格要求，采取法定形式迁就自然形式的基本立场；大陆法系国家则相反，采取自然形式服从法定形式的立场，其典型是复杂的证据种类和手续规则。我国现行法的做法吸收了法系的优点，既注重严格规范的形式要求，又注重真实相关的内容要求。

为了突出证据形式的特殊性，学理上有人将证据的多样表现形式概称为“证据材料”[⑥]，与“证据事实”相对称。

笔者认为证据事实的表现形式是无限多样的，随着科学技术的发展、人类活动范围和方式的改变而不断推陈出新、丰富拓展。偶

① 1996 年《刑事诉讼法》第 42 条第 2 款；2012 年《民事诉讼法》第 63 条第 1 款；1989 年《行政诉讼法》第 31 条第 1 款。

② 1996 年《刑事诉讼法》第 85 条第 1 款（举报人、检举人的签名）。

③ 2012 年《刑诉法解释》第 69 条第 1 款和第 2 款。

④ 2001 年《民诉证据规定》第 12 条。

⑤ 2001 年《民诉证据规定》第 14 条，1998 年《刑诉法解释》第 54 条（人民法院取证的无误确认、盖章、署名）。

⑥ 刘金友主编：《证据法学》，中国政法大学出版社 2001 年版，第 128 页。这里需要注意实务界和学界在两种意义上使用“证据材料”一词：一是与定案证据对称；二是作为证据多样表现形式的概称。

然突发的意外事件，有意筹划和实施的行为，自然形成的存在状态，内在抽象普遍的客观规律，事物之间的关系等，都有可能成为具有法律意义的案件事实。现行证据法规定比较保守、封闭和僵化，不能适应社会进步日新月异的时代背景。未来统一证据法典有关证据表现形式的规定必须采取前瞻性的眼光和开放包容的立场。

（三）目的要素：定案证据

证据是用来定案的事实材料，是对证据的目的性要求，我们把这个要求称为证据的合目的性（Zweckmässigkeit）[①]。

“目的是这个世界的创造者。”[②] 在哲学上，“目的论”是“用目的或者目的性解释世界”[③]，其任务是揭示世间万物的目的理性。在经济学上，目的性是指人们追求效率的经济理性，是有关均衡利益最大化的理性。[④] 在法学上，法律目的论是研究法律对政治、经济、文化发展应当起什么样的作用，以及目的如何支配具体制度设计的理论，有以边沁、耶林为代表的功利主义学派[⑤]和马克思主义的阶级利益学说[⑥]。这些不同观点的共同之处在于：任何事物都具有目的理性和工具理性；目的理性表现为人类发展需要的合理性，而工具理性表现为人类实现特定需要的手段合理性。

---

① 这里需要注意：“合目的性”是一个法律原则，又称为便宜原则，是指裁量权的行使必须遵循法定目的，执法机关应当选择最有助于实现法定目的的措施。为此参见Creisfelds, Rechtswörterbuch, S.640, 1596f.本书借用合目的性的概念，将其发展为证据的定义要素。

② Bernd Rütters, Rechtstheorie, Verlag C.H.Beck, 1999, S.304.

③ 参见《中国大百科全书》光盘1.1版，哲学部分“目的论”、“目的与手段”等词条。哲学上的目的论分为内在和外在两部分，前者用神的意志解释世界，后者将事物的必然性作为目的性解释世界。根据“目的与手段”理论，目的体现的是主观观念和需要的合理性，而手段体现的是客观的工具合理性。

④ ［美］罗伯特·考特、托马斯·尤伦：《法和经济学》，张荣军等译，上海三联出版社、上海人民出版社1994年版，第22~25页。

⑤ 王启富、陶髦主编：《法律辞海》，吉林人民出版社1998年版，第1086~1087页。

⑥ Bernd Rütters, Rechtstheorie, Verlag C.H.Beck, 1999, SS.302-303.

按照上述观点，任何证据都具有目的理性和工具理性。证据的目的理性表现为查明案件事实真相、确保法律正确实施的目标，而其工具理性表现为证据的内容和形式必须有助于上述目的的实现。证据的目的性决定了定案证据的标准限定，具体而言：

1. 合法性

证据的目的是证明案件事实，以确保法律正确实施，其自身必须首先合法。合法性不仅表现为形式的规范性要求，而且表现为调查收集和审查判断的程序与方式的正当性要求，是形式的规范性与程序的正当性的统一。

2. 相关性

只有那些有助于实现法定证明目的的事实才能作为证据，作为定案根据的事实必须与本案待证事实之间存在内在合理的关联性。“内在”一词是指在偶然、分散的表象背后所隐藏的本质、稳定的因素；“合理”是指既合乎情理，又合乎事理，更合乎法理，是情理、事理、法理的有机统一。

3. 真实性

用于定案的证据必须经过查证程序，公安司法人员内心确信为真实，达到客观真实性与主观真实性的统一。

以上是学界和实务界公认的证据三大属性要求，但从全案事实的认定来看，定案证据还应当具备如下两个要求：

4. 一致性

这是指全案的不同证据事实之间存在情理、规律或者逻辑等层面的一致关系，才能作为定案证据使用。

5. 充分性

这是指全案证据组合起来形成相当的证明力，足以支持公安司法人员形成排除合理怀疑的内心确信。

笔者认为，后两点是明确区分“定案证据”和“一般证据”的实践合理性所在。一致性和充分性是公安司法人员从全案事实认定的角度审查判断证据时应当注意的整体定案证据的标准，而真实性、相关性和合法性则是公安司法人员从分散、个别的证据材料中甄别、筛选出可以用来定案的个别合格证据的标准。离开了一致性和充分性的要求，合格的证据无论数量再多，也不能形成充分、一致的作为一个整体的定案证据。

综上所述，作为“统一说”的一种表述方式，笔者认为所谓证据，是指公安司法人员按照法定程序调查收集和审查判断，能够用来定案的一切事实材料。

第二节 证据的属性

属性是指单个证据具有的性质和特点，[①] 在学理上被称为证据的“基本特征”[②]，被视为证据能力和证明能力的要件[③]，或者作为证据的采用标准[④]。从内容来看，“两性说”[⑤] 和“三性说”的区别在于“合法性”；有学者试图用关联性、可采性、主观性和客观性等术语另辟蹊径[⑥]，但其要旨与“三性说”并无实质性差异。

---

① 参见中国社会科学院语言研究所词典编辑室编：《现代汉语词典》（第3版），商务印书馆1996年版，第1173页。

② 江伟主编：《证据法学》，法律出版社1999年版，第209页；樊崇义主编：《证据法学》，法律出版社2001年版，第46页；刘金友主编：《证据法学》，中国政法大学出版社2001年版，第115页。

③ 陈光中主编：《刑事诉讼法学（新编）》，中国政法大学出版社1996年版，第148~153页。

④ 何家弘主编：《新编证据法学》，法律出版社2000年版，第103~110页。

⑤ 该说的代表是：巫宇甦主编：《证据学》，群众出版社1983年版，第67~71页；陈一云主编：《证据学》，中国人民大学出版社2001年版，第104页。

⑥ 卞建林主编：《证据法学》，中国政法大学出版社2007年版，第73~81页；沈德咏主编：《刑事证据制度与理论》，法律出版社2002年版，第5章“刑事证据的属性”。

"三性说"是我国学界和实务界普遍采取的通说①，下文的论述遵循通说的框架。

一、客观性

证据的客观性原理不仅是一个证据法哲学命题，更是一个社会意识形态命题，是折射世界观、价值观和真理观的一个小小的知识窗口。这个知识的窗口虽然很小，但足以洞察法学基本观念和社会基本观念的变迁。总体而言，我国证据法近年来的发展出现了向敬畏客观物质世界的第一位属性、向尊重和发挥人类的主观能动性转变的趋势，人文主义的因素越来越多地体现在证据规则的制定和实施之中，客观性的内涵、尺度和视角都在不断地发生变化。证据法虽然是一个历史悠久的古老法律部门，却也是一个与时俱进的、充满创新活力的崭新法律部门。

（一）客观性的含义

作为日常生活用语，"客观"一词有两重含义：一是"在意识之外，不依赖主观意识而存在"；二是"按照事物的本来面目考察，不加个人偏见"。②

作为哲学范畴，客观性是指物质的"客观实在性"，即物质独

① 有关的学理文献有：江伟主编：《证据法学》，法律出版社 1999 年版，第 209 页；樊崇义主编：《证据法学》，法律出版社 2001 年版，第 46～51 页；何家弘主编：《新编证据法学》，法律出版社 2000 年版，第 103～110 页；刘金友主编：《证据法学》，中国政法大学出版社 2001 年版，第 115～127 页。有关的实在法规范有：1996 年《刑事诉讼法》第 42 条第 3 款（查证属实）、第 43 条（禁止非法取证）；1998 年《刑诉法解释》第 61 条（非法证据排除）；2001 年《民诉证据规定》第 50 条（质证的真实性、相关性和合法性内容）、第 65 条（证据审查标准）、第 68 条（非法证据排除）；2002 年《行诉证据规定》第 51 条（证据裁判原则）、第 55 条（证据的合法性审查标准）、第 56 条（证据的真实性审查标准）、第 57 条（非法证据排除）、第 58 条（非法取证排除）、第 62 条（非法鉴定结论排除）。

② 中国社会科学院语言研究所词典编辑室编：《现代汉语词典》（第 3 版），商务印书馆 1996 年版，第 716 页。

立于意识存在的属性。这是所有的物质——无论其形态如何——的共同属性。除了客观实在性之外，物质还具有结构性、层次性、运动性、矛盾性、规律性等共同属性。[①]

作为证据法学范畴，客观性是指证据事实是独立于公安司法人员、当事人和其他证明主体主观认识的客观存在，从中产生证明主体尊重事实、忠于事实的法律义务。

（二）客观性的边界

从哲学范畴转变为证据法学范畴的过程不可能一帆风顺。只有在不断的追问和反思中，才能完成这个转变。

1. 客观性与真实性

学界和实务界的主流观点已经注意到客观性与真实性之间的区别。例如，2001年《民诉证据规定》和2002年《行诉证据规定》在界定定案证据的标准时采用了“真实性”的概念，而没有采用“客观性”的概念。[②] 从字面分析，真实是指“与客观事实相符；不假”。[③] 其要义是人的认识符合事物的本来面目，即主观符合客观。就此而言，真实性与客观性并非同一概念。有学者因此认为，客观性是证据的本质属性，而真实性是法律提出的证据认识要求；所谓的“查证属实”，针对的是后者而非前者。但受“无知之幕”的限制，裁判者的证据判断不可能总是符合客观情况，单个证据的真实性只能通过全案证据的综合审查判断得到一定的体现，法律无法对真实性提出过高要求。[④]

如前文第一章和第二章的分析，笔者赞成区分客观性和真实

---

① 参见《中国大百科全书》光盘1.1版，哲学部分“客观实在”、“物质”等词条。

② 例如，2001年《民诉证据规定》第50条（质证的真实性、相关性和合法性内容），2002年《行诉证据规定》第56条（证据的真实性审查标准）。

③ 中国社会科学院语言研究所词典编辑室编：《现代汉语词典》（第3版），商务印书馆1996年版，第1598页。

④ 史立梅：《程序正义与刑事证据法》，中国人民公安大学出版社2003年版，第14~15页。

性，认为客观性是偏重于实物证据的属性，而真实性偏重于言词证据的属性。但是，笔者反对将两者割裂，主张在摆正主客观关系的基础上以“客观真实性”的术语将两者统一起来。这不仅符合字面含义的分析，而且符合证据的法律意义分析：真实性以客观性为基础，而客观性通过真实性得以体现和实现；证据是客观性和主观性的矛盾统一体。

2. 客观性与主观性

证据是否具有主观性？主观性与客观性的关系如何？[①] 对此，“否定说”认为，主观性与客观性不能结合，证据不是主观与客观的统一，因为第一性的证据本身和第二性的证据认识是两个层面的事物，两者不能混同。[②]“肯定说”认为，证据的客观性并非纯粹，证据既有主观性的一面，也有客观性的一面，是主观和客观相互结合统一的产物，其典型是言词证据。[③]“主观性决定说”认为，“证据的主观特性决定证据之为证据”，因为从证据的客观性、关联性到合法性，证据的主观特性越来越强，最终实现主观与客观的统一，即对证据的正确把握。[④]“折中说”认为，证据是否具有主观性应当区分不同证据种类而定，物证、书证等实物证据属于客观性证据，当事人陈述、证人证言等属于主观性和客观性相杂的证据，鉴定结论等属于主观性证据，但归根结底只有符合客观真实的证据材料才能作为证据。[⑤]

笔者赞成“肯定说”，认为问题的关键不是证据是否具有主观

---

① 参见江伟主编：《证据法学》，法律出版社1999年版，第212~214页。该书提出了问题，但立场不明确。

② 刘金友主编：《证据法学》，中国政法大学出版社2001年版，第116页。

③ 参见周国均、刘根菊：《刑事证据种类和分类的理论与实务》，中国政法大学出版社1992年版，第9页；何家弘主编：《新编证据法学》，法律出版社2000年版，第106页。

④ 朱友学：《证据主观特性新论——主观特性决定证据之为证据》，载何家弘主编：《证据学论坛》（第四卷），中国检察出版社2002年版，第325~342页。

⑤ 卞建林主编：《证据法学》，中国政法大学出版社2007年版，第80~82页。

性，而是如何摆正主观性与客观性之间的关系，具体而言：

（1）证据的客观性反对的是证明主体的主观随意性，但不排除其主观能动性。证据需要被证明主体发现和认定，是证明主体在尊重客观性的基础上发挥主观能动性的结果。

（2）客观性是证据的第一位的本质属性，而主观性是证据的第二位的非本质属性。证据的客观性决定了证据的主观性，在认定某个证据材料是否为证据时，决定性的衡量标准是客观性。

（3）证据的主观性与客观性可以统一，表现为证明主体有关证据的认识符合其客观真实性。从主从关系来看，是主观性与客观性统一，而不是客观性与主观性统一。

3. 客观性与中立性①

有关证据定义的“根据说”认为，从司法实践和认识论来看，证据的本义是“根据”，而根据具有中立性，属实者可以为证据，不属实者亦可为证据。“客观真实”是一种价值取向，不是证据的属性。为此，应当区分证据的采用标准和采信标准，前者属于法律问题，后者属于裁判人员的主观认定问题，“决定一个证据能否被采用所依据的标准是证据法的一般原理和有关规则，并不要求裁判者相信其内容必须真实”。②

笔者认为，根据说所依据的司法实践和认识论恰恰是该学说的反证，而不是其本证。从司法实践来看，所有的诉讼证明过程都是从纷繁复杂的证据材料中发现定案证据的过程。不能用来定案的证据材料在诉讼的某个阶段被当事人称为证据，或者被执法人员认定为证据，只能说明执法人员或者当事人的认识存在偏差或者偏见，这正是证据法所要避免和克服的问题。从认识论的角度来看，执法人员和当事人将虚假的证据材料作为定案证据，说明其主观认识不

① 宋世杰：《证据学新论》，中国检察出版社2002年版，第19页。

② 参见何家弘主编：《新编证据法学》，法律出版社2000年版，第94～99、103～104页；另请参见沈德咏主编：《刑事证据制度与理论》，法律出版社2002年版，第291～299页。

符合客观真实，在这种情况下，需要改变或者完善的是他们的主观认识，而不是证据本身，因为作为一种客观实在，证据独立于主观认识。因此，“客观真实”是证据事实内在固有的属性，所谓不问是非真假的“中立性证据”在法律逻辑上是不能成立的。

4. 客观性与虚拟性

现代信息技术的发展使人们得以在虚拟的网络世界中交往，案件事实及其证据所采取的电子形式不易为人所感知和记忆，又很容易销声匿迹。这给证据的客观性认定带来了新的问题。对此，有人认为以电子形式存在的事实如同人脑中的信息，没有以可供人们感知的客观形式表现出来，不能作为证据采用。只有这些信息以屏幕、打印等可供感知的形式表现出来，才可以作为证据。①

笔者认为，电子证据的虚拟性与其客观性并不矛盾，相反，其虚拟性却是客观性的一种特殊表现形态。电子证据的虚拟性是指其不易感知却容易消失的特征，而不是指子虚乌有或者无中生有的属性。作为物质的一种形态，电子和电子信息本身就是一种客观实在。因此，电子证据的虚拟性造成的问题不是证据是否具有客观性，而是证据的客观性如何得到证明。技术问题应当首先借助技术手段解决，通过录制、复制、固定、打印和屏幕演示等措施，电子证据的客观性能够得到证明保证。

（三）客观性的量度

证据的客观性是否具有度的差异？在真与假之间，是否必须或者只能非此即彼？是否存在真伪并存的证据？

① 何家弘主编：《新编证据法学》，法律出版社2000年版，第105~106页。

无论是从自然辩证法[①]还是从人类认识的局限性[②]来看，客观性都存在一个度的问题。绝对的客观真实和绝对的虚假是两个极端，在这两个极端中间，客观上存在“真”与“假”并存的可能性，在涉及科技鉴定的证据中尤其如此。科技发展的水平往往构成科学证据客观性的度。

笔者认为，客观性是（证据）事实的本质属性，但并非（证据）事实的唯一属性，而是受制于（证据）事实的其他属性，包括结构性、层次性、矛盾性、联系性等。在不同属性的相互交织中，尤其是受环境和认识条件的制约，证据的客观性会出现迷失、扭曲或者淡化的情况，因而呈现出不同的量度。对此，可以采用数理逻辑的方法进行精确的测量，将证据来源的可靠性、内容的完整性、形式的规范性、程序的正当性等因素换算为不同的分值，应用百分比刻度表的方法进行精确化的测量。这是证据法未来发展的一个趋势。

需指出的是，制约证据客观性的环境和条件也是一种客观的存在。从这个意义上来说，是环境和条件的客观性制约了证据材料的客观性，对环境和条件的客观性的量度是对证据本身客观性进行精确测量的一个重要考虑因素。

客观性的精确化量度是证明方法顺应科学技术日新月异的趋势而进行的一种自我改进，目的在于更加准确地查明案件的事实真相，并不改变客观性与主观性之间的主从关系。因主观认识错误甚

① 《马克思恩格斯选集》（第3卷），人民出版社1972年版，第535页。“一切差异都在中间阶段融合，一切对立都经过中间环节而相互过渡……辩证法不知道什么绝对分明和固定的界限，不知道什么无条件的普遍有效的‘非此即彼’，它使固定的形而上学的差异相互过渡，除了‘非此即彼’，又在适当的地方承认‘亦此亦彼’，并且使对立成为‘中介’。”

② 《马克思恩格斯选集》（第3卷），人民出版社1972年版，第126页。恩格斯在《反杜林论》中指出：“人的思维是至上的，同样又不是至上的。按它的本性、使命、可能和历史的终极目的来说，是至上和无限的；按它的个别实现和每次的现实来说，又是不至上的和有限的。”

至臆想造成虚假事实仍然不是证据，“不属实者不为证据”的命题并未因客观性的度而改变。

(四) 客观性的内容

证据的客观性表现在如下三个方面：

(1) 证据来源的客观性。即证据产生于特定的时间、空间和主体，这些来源是独立于意识的客观实在。

(2) 证据内容的客观性。证据的内容是对特定案件事实的客观反映，不是证明主体的主观猜测或者臆想。

(3) 证据关系的客观性。证据个体之间以及证据与案件事实之间的联系也具有客观性。

(五) 客观性的规则

证据的客观性不仅具有其哲学和司法实践基础，而且得到了我国证据法的确认。具体分为两大类：

1. 证据客观性规则

现行的实在法规定形成了一个比较完善的证据客观性规则体系，可以分为：

(1) 证据资格规则。客观性是证据的资格要件。证据材料必须经（法庭）查证属实才能作为定案根据。①

(2) 证据审查规则。客观性为质证和认证的一个法定标准②或者考虑因素。对证据的客观性，公安司法人员应当从证据形成的原因、环境、复制件是否符合原件、利害关系等方面审查。③

(3) 证据义务规则。将客观性作为公安司法人员或者当事人、证人的法定义务，是我国证据法的一个鲜明特色。

A. 当事人如实陈述的义务。④

---

① 1996 年《刑事诉讼法》第 42 条第 3 款、第 46 条（证人证言的查证属实）；1991 年《民事诉讼法》第 63 条第 2 款；1989 年《行政诉讼法》第 31 条第 2 款。

② 2001 年《民诉证据规定》第 50 条（质证）、第 65 条第 4 项（认证）。

③ 2002 年《行诉证据规定》第 56 条。

④ 1996 年《刑事诉讼法》第 93 条（犯罪嫌疑人、刑事被告人的如实陈述义务）。

B. 证人、鉴定人如实提供证据的义务和作伪证的制裁。①

C. 公安司法人员忠于事实真相的义务及其法律责任。应当客观调查事实真相，全面收集对当事人有利和不利的证据。②

D. 公安司法机关保证知情人客观提供证据的义务。③

E. 公安司法人员审查证据时的客观性义务。④

2. 证据客观性的例外规则

客观性作为证据本质属性是绝对的，但作为定案证据的标准却是相对的，具有条件、范围、方式等方面的限制或者例外。

（1）承认作为证据的一种特殊类型，是证据客观性规则的例外。“承认”的事项被视为事实，不意味着事实有真假之分，因为承认者处分的不（一定）是客观的事实，而是特定诉讼主张成立的事实要件。在这种例外的情况下，当事人承认的主观真实在法律上视为实际上发生的客观真实。这种情况说明证据法对客观真实的追求不是绝对的、无条件的，而是有条件的、相对的。但是，作为证据一般属性要求的客观真实性标准并不因此改变。

（2）推定作为证明方法，是对证据客观性规则的部分校正。在基础事实得到证明后，推定的事实即在法律上被视为真实。推定拟制的法律真实与证据的客观性要求之间并不矛盾。客观性是针对个体证据（事实内容）的一般要求，这个一般性的要求也适用于推定的基础事实。不过，推定作为一种特殊的证明机制，在基础事实得到证明的情况下，可以直接认定主张事实的真实性。这就从一

---

① 1996 年《刑事诉讼法》第 45 条第 1 款和第 3 款（任何人都不得隐匿、毁灭证据）；2001 年《民诉证据规定》第 54 条第 2 款（证人的如实陈述义务）、第 80 条第 2 款（伪证制裁）；2002 年《行诉证据规定》第 76 条。

② 1996 年《刑事诉讼法》第 44 条；《德国刑事诉讼法典》第 160 条第 1 款、第 163 条第 1 款（客观性原则）。

③ 1996 年《刑事诉讼法》第 43 条。

④ 2001 年《民诉证据规定》第 64 条（全面、合法、客观审查证据的义务）；2002 年《行诉证据规定》第 54 条（全面、客观审查证据的义务，准确认定案件事实的义务）。

个特殊的角度演示出主观与客观之间的辩证关系：客观的证据事实可以被用来证明主观的法律真实，证据事实的客观性要求最终要服务于证明过程的主观性目的。

二、相关性

随着社会结构的细化和人类活动范围的扩展，相关性广度和维度都呈现出大幅度扩展的趋势。如何回应人类社会日新月异的进步，适当地拓宽相关性的广度和维度，是相关性证据规则所面临的一个挑战。相对于人类社会未来发展的趋势而言，现行的证据法规定已经显得古老，亟待修改完善。

（一）相关性的含义

证据法上的相关性是指证据“有助于”认定“案件中的某个实质性争议问题”，是“实质性和证明性的结合”。[①] 具体有如下两层含义：

第一层含义是合理的关联性，亦即基于证据法上的合理性标准认定证据事实与待证事实之间存在正向或者反向的证明关系。从客观的角度来看，相关性是两个证据法上的事实——证据事实和待证（争议）事实——之间的合理关联性，亦即为“证据与意图证明的争议事实之间存在合理的关系”。[②] 所谓的“合理”是指符合规律和理性，既包括主观心理世界的情理，也包括客观物质世界的事理。在实践中，“合理”表现为符合生活常识、职业常识、科学定律、逻辑公式、惯例规程、古训箴言等。

第二层含义是证明的价值，亦即按照证据法上的证明力标准衡量某项证据或者某一组证据所能发挥的正向或者反向的证明作用。从主观的角度来看，相关性是指证据事实对特定事实主张的证明价

---

① ［美］乔恩·R. 华尔兹：《刑事证据大全》，何家弘等译，中国人民公安大学出版社 1993 年版，第 64 页。

② 何家弘、南英主编：《刑事证据制度改革研究》，法律出版社 2003 年版，第 416 页。

值，亦即“证据具有某种倾向，使某项诉讼中待确认的争议事实的存在比没有该证据时更有可能或者不可能”①，证据的“存在比不存在使实体法所规定的系争事实更有可能或者不可能”，从而从证据中“能够推导出本应推导出来的事实主张”。②

（二）相关性的标准

相关性是定案证据的筛选标准，表现为如下四个方面的具体要求：

1. 关联性

关联性是指证据事实与——作为系争事实和证明对象的——待证事实之间存在逻辑、时空、物理或者心理等方面的关联性，从证据事实之中可以合理地推导出待证事实成立或者不成立。

这里需要注意的是，对证明对象的认识可能因法律适用和案件定性的改变而改变，证据的相关性也可能发生相应变化。③

只有与本案的争议事实存在合理关联性的事实材料才有资格和可能成为本案的证据，有学者称此为证据资格方面的相关性，亦即作为可采性的相关性。④

2. 合理性

证据与案件事实之间的联系应当符合客观规律或者主观情理。符合规律意味着，这种联系必须具有客观的必然性或者可能性；符合情理意味着，这种联系必须具有主观的必然性或者可能性。

这里值得注意的一个问题是相关性与证明力之间的关系，因为

---

① 《美国联邦证据规则》第401条。

② Paul F. Rothstein, Evidence: State and Federal Rule, West Pub. Co. 1981, pp.2-4.

③ 例如，1999年重庆市第一中级人民法院审理“虹桥”案时，公诉人重庆市人民检察院一分院提出的指控是玩忽职守罪，但其提出的证据却证明被告人犯工程重大安全事故罪。在这里证据的相关性在很大程度上与职权原则、处分原则和诉因制度有关。为此参见史立梅：《程序正义与刑事证据法》，中国人民公安大学出版社2003年版，第19页。

④ 史立梅：《程序正义与刑事证据法》，中国人民公安大学出版社2003年版，第22~23页。

两者的定义基本一致。一种相对客观的观点认为，关联性是证明力的基础，证明力是关联性的外在表现。①

3. 可用性

特定证据有助于认定系争事实，能够使系争事实的存在和不存在更有可能，从而使案件事实更加明确（积极的证明性）或者不明确（消极的证明性）。

4. 重要性

特定证据对系争事实的证明价值必须达到一定的程度，即证明力方面的相关性。至于该程度的大小，因案件的性质、系争事实的重要性、收集证据的成本等不同因素而异。笔者认为：

（1）没有特定证据，系争事实不能得到充分证明的，该特定证据就具有重要性。

（2）系争事实在整个案件中的重要性决定了有关证据的重要性。系争事实无关紧要的，有关的证据也就没有重要性。

（3）重复的证据没有重要性。

总体而言，前两个要求是作为证据资格的关联性，是“质”的要求，而后两个要求是作为证明力的关联性，是“量”的尺度。定案证据必须首先具备定案证据资格意义上的关联性和合理性要求，然后再从重要性和可用性的角度衡量其证明力的大小。对证据的相关性要求，可以从证据资格和证明力两个层面上进行认识；但对定案证据而言，这两个层面却是一个统一的整体。

（三）相关性的形态

相关性是普遍联系规律在证据法上的具体表现，具体的形态多种多样：②

（1）时空。即证据与案件事实在时间、环境方面的反映关系。

---

① 刘金友主编：《证据法学》，中国政法大学出版社 2001 年版，第 121 页。

② 周国均、刘根菊：《刑事证据种类和分类的理论与实务》，中国政法大学出版社 1992 年版，第 23~34 页。

（2）条件。即证据事实可能是案件事实发生的必要条件、充分条件或者一般条件，或者反之。

（3）因果。证据事实是案件事实发生的直接或者间接原因，或者反之。因果关系的形态有内因和外因、必然和偶然、主要和次要以及多因一果、多果一因和多果多因等。

（4）连带。案件事实可能附带产生特定的证据事实，或者反之。

（5）连锁。证据事实与案件事实通常没有关系，但在特定条件下，两者中间可能发生多米诺骨牌式的连锁反应关系。

（6）涵盖。证据事实中包含了案件事实，或者反之。

（7）排除。证据事实排除特定案件事实发生的可能性，或者反之，特定案件事实排除的特定证据事实。

（8）反复。一旦证据事实存在，特定的案件事实就会反复出现；反之亦然。

（四）相关性的规则

从中外实在法来看，相关性规则上可以分为两个层面，一是总则层面，即适用于各个证明领域的一般相关性规则；二是分则层面，即分别适用于刑事诉讼、民事诉讼或者行政诉讼领域的特殊相关性规则。[①] 这里集中笔墨梳理总则层面的证据相关性规定。

总则层面的相关性规则主要是消极性的排除规则或者限制，少有积极性的确认规则或者引导规则。现行法规定可以分为如下四种情形：

1. 因没有合理的相关性而排除

与本案争议事实没有合理相关性的事实材料不能采纳为证据，

① 例如，有关被告人品格、被害人品格、答辩、性犯罪的证据相关性的规则属于刑事证据领域，有关要求和解的证据相关性规则属于民事证据领域。为此参见《美国联邦证据规则》第 404 条（被告人和被害人品格）、第 408 条（和解）、第 410 条（刑事答辩）、第 412 条（性犯罪证据）。

这是相关性规则的首要要求。[1] 具体表现为：

(1) 品格证据的排除。一般情况下，有关某人品格或者品格特征的证据不得用于证明该人在特定场合的行为与其品格特征一致。[2] 排除品格证据的主要原因是这种证据材料的相关性不确定。证据材料与系争事实之间可能具有证明关系，但长期的司法实践表明这种关系没有合理性或者确定性，因而其证明价值也难以认定。

但是，在相关性可以确定的情况下，品格证据材料可以作为证据采纳。例如：

A. 刑事被告人或者被害人的品格在成为本案争点时，品格证据具有相关性；[3]

B. 当证人的可信性成为本案争议事实时，品格证据具有相关性。[4]

(2) 因不存在合理的证明性而排除。[5] 事前的过错只能通过行为人事前的行为证据证明，而不能通过行为人事后的行为证据证明。行为人事后采取补救措施的，并不意味着事前具有过错。这是证据相关性的合理性要求。具体情形是：

A. 事后采取补救行为证据的排除。有关事后采取事先可以采取的预防措施的证据材料，不得用于证明行为人具有过错或者应当受到处罚。[6] 这是因为，损害的发生是由行为人事前的过错造成，因此只能通过其事前的行为证据证明；在很多情况下，没有任何过错的人也可能采取事后补救措施。

B. 支付医疗费和其他类似费用证据的排除。承诺支付或者已经支付医疗费或者其他类似费用的证据不得用来证明行为人对伤害

---

① 《美国联邦证据规则》第 402 条。
② 《美国联邦证据规则》第 404 条 a 款。
③ 《美国联邦证据规则》第 404 条。
④ 《美国联邦证据规则》第 607 条、第 608 条。
⑤ 《美国联邦证据规则》第 407 条。
⑥ 《美国联邦证据规则》第 404 条。

负有责任。[①] 这是因为，承诺支付或者已经支付医疗费属于事后行为，不能用来证明事前的原因或者过错；没有过错的人也可能承诺支付或者已经支付医疗费。

C. 责任保险证据的排除。有关某人曾经或者没有办理责任保险的证据不得用来证明行为人具有疏忽或者其他过失。[②] 这是因为，这种证据与行为过错之间没有合理的证明性。

2. 因利益衡量而排除相关性

证据材料虽然具有相关性，但因可能导致偏见、混淆视听或者严重妨害诉讼效率而造成的成本大于采纳该证据材料的收益时，仍然被排除。[③]

3. 习惯证据具有相关性

关于某人习惯或者某组织日常工作的证据可以用来证明该人或者组织在特定场合或者时间的行为与其习惯或者日常工作一致。[④]

4. 证明行为的相关性限制

相关性规则不仅限制证据材料的资格和证明力，而且限制相关证明行为的目标和范围：

(1) 取证的相关性限制。公安司法人员询问当事人、证人，讯问犯罪嫌疑人、刑事被告人，应当限于与本案有关的问题，否则，被询（讯）问的人有权拒绝回答。[⑤]

(2) 举证的相关性限制。公安司法人员认为其他证明主体的举证与本案无关、明显重复或者没有意义的，决定驳回。[⑥]

(3) 认证的相关性限制。相关性是公安司法人员审查认定证

---

① 《美国联邦证据规则》第 409 条。

② 《美国联邦证据规则》第 411 条。

③ 《美国联邦证据规则》第 403 条。

④ 《美国联邦证据规则》第 406 条。

⑤ 1996 年《刑事诉讼法》第 93 条。

⑥ 1998 年《刑诉法解释》第 139 条。

据的一个标准。[1]

（五）相关性的拓展

相关性的标准、范围和意义是证据法价值取向、调整范围、调整方法的晴雨表，随着时代的发展而不断拓展。影响相关性标准和范围的因素主要有：

（1）社会整体认识水平的进步。科学技术的日新月异大大拓展了人类的活动空间，增加了人类认识和把握自然和社会的方法，社会整体的知识水平随之大大提高。二十年前，甚至十年前认识不到的事实，在今天看来也许已经成为不争的常识；以前认为理所当然正确的事实，在今天看来也许完全是荒唐的谬误。法律的调整范围和调整方法必须随着社会整体认识水平的进步而不断调整。就案件事实的调查和审查判断而言，其范围应当随着民众合理预期的调整而不断拓展，其方法也应当随着科学技术的进步而不断创新。

（2）国家制度文明水平的提高。信息化和全球化的浪潮使任何一个国家的文明样式出现了多样化的趋势，单一文明样式的国家早已不复存在。我国的法律文明样式已经实现了从单一的儒家文明向兼收并蓄世界各国文明的多元包容性转变，国家法治建设的水平也随之同步地从形式法治迈向了实质法治阶段。法律的调整范围和方式方法必须适应法律文明的多样化和实质化趋势。

（3）案件事实结构的变化。以上两个因素造成了案件事实（调查和审理）的范围呈现出开放、拓展的趋势。法律条文是固定的，法庭的物理空间是封闭的，但法庭的知识空间却是越来越开放的，而法律的精神更是日新月异地发展的。摆在公安司法人员面前的法律案件事实的结构不是封闭的，而是随着社会的阶层结构、利益结构、权力结构、分工结构的变化而不断变化，公安司法人员的

---

① 2001年《民诉证据规定》第65条第2项（单一证据相关性审查）、第66条（全案证据相关性审查）；2002年《行诉证据规定》第54条（相关性审查、没有相关性排除）。

视野不能局限于现有的实在法规定，而是应当随着人类活动范围的拓展而不断拓展，随着人类知识水平的提高而不断深化。二十年前，甚至十年前被认为是情节的事实，现在可能成为要件事实；与本案无直接关联性的事实类型，如历史事实、政策事实、环境事实、预测事实等，随着社会形态的沧桑巨变，可能会变成与本案有直接实质性关系的情节事实，公安司法人员为了准确认定案件事实必须纳入视野予以慎重考虑。随着法律的科学化运动，“直接面对事实本身”的科学古训不仅是自然科学的箴言，更是法律科学的箴言，尤其是证据法学的箴言。

在前述背景下，相关性的拓展表现在以下三个层面：

(1) 案件事实的拓展。应当立足于要件事实和情节事实的古典二元划分模式，逐步将历史事实、背景事实、政策事实、未来（预测）事实等纳入考虑的范围。认定案件事实的准确性越来越依赖于调查和审查判断案件事实的全面性与完整性，也就是说，应当将认定案件事实的准确性建立在全面性和完整性的基础之上。这里不存在片面的正确性。

(2) 争议事实的增多。社会整体认识水平的提高，公民权利意识的觉醒，导致了可能发生实质性争议的系争事实越来越多。

(3) 证明方法的增加。主要是科学方法在发现、调查和审查案件事实方面的广泛应用，大大压缩了常识判断、经验判断和逻辑判断等古典认识方法的作用空间。

相关性证据规则也应当随之进行拓展：

(1) 拓宽案件事实调查收集和审查判断的范围。将准确性建立在全面性、完整性、客观性与科学性的基础上。一切对准确认定案件事实可能有实质意义的事实材料都应当纳入证据审查和认定程序的范围之内，围绕但不局限于法定的要件事实和情节事实。

(2) 增加积极引导型的相关性规则。消极排除限制性的规则在现行相关性规则中的比重太多，这是现行相关性证据规则体系的漏洞。

（3）增加相关性标准和范围认定的程序规则。衡量证据相关性范围的具体尺度应当在当事人之间的理性辩论过程中产生，而不能在法官的单方面决定中产生。增加相关性的认定程序规定是完善相关性证据规则体系的一项重要内容。

三、合法性

合法性是指只有采取法定形式，具有法定来源，由法定主体以正当的程序与合法手段取得的证据材料才具有证据的资格。非法证据排除规则是证据合法性原理的集中体现。

（一）证据合法性的理论根据

两性说和三性说有关证据是否具有合法性的争论由来已久。两性说认为，合法性不是证据本身固有的属性，而是对证明活动的一个要求。因为：（1）证据事实随着案件事实的发生而产生，并不因为进入诉讼之后才具有证据的属性；（2）收集、调取、提供等活动是人的证明活动，并非证据固有的特征；（3）合法性是对证明主体的要求，不是对证据本身的要求；（4）相对于形式而言，证据内容是其本质属性的落脚点；（5）合法性是对证据的认识（论）属性，而不是其本体的客观属性；（6）某个事实是否为证据，取决于该事实本身，而不是司法人员的主观认识。[①]

三性说认为，合法性是证据必不可少的属性之一，既是对证明活动的要求，也是对证据的要求。因为：（1）合法性是证据客观性的法律保障。法律有关收集、调取、提供证据的合法性要求，使证据的客观性具有法律上的效力和稳定性。（2）客观性和相关性是内容，合法性是形式。证据的合法性是证据内容和形式统一的要求。[②]（3）合法性具有一系列的现行实在法基础。例如，有关严禁

① 参见陈一云主编：《证据学》，中国人民大学出版社 2001 年版，第 104~111 页。

② 关于（1）、（2），参见樊崇义主编：《证据法学》，法律出版社 2001 年版，第 50~51 页。

刑讯逼供和非法证据排除[1]的规定。(4) 合法性是客观性和相关性对证据应有属性的要求，合法性是证据的客观性和相关性在法律上的反映。[2]

笔者赞成三性说，同意上述四点理由。同时认为，证据的合法性是实质真实与程序法治之间价值冲突协调的结果。合法性并非证据的外在认识论属性，更非“人为附加的属性”[3]，而是利益权衡的理性结果，是证明过程中利益冲突协调规律的客观要求，因而是证据的内在固有属性。具体而言：

1. 证据合法性的哲学根据

对此可以从本体论、主体论和价值论三个层面认识。[4] 西方哲学的本体论是有关存在及其本质和规律的学说，具体分为不同的学派。例如，亚里士多德认为本体论研究事物的本质、共性和个性问题。中国的本体论称为“本根论”，是关于天地万物产生、存在、发展的根本原因和规律的科学。根据本体论的要义，证据的属性是指证据内在固有的本质特征，是证据内在规律的集中表达。凡是支配证据个体的客观规律，都是证据的属性。笔者认为，客观性、相关性和合法性都是证据个体内在固有的规律。其中，客观性是物质与意识规律的体现，主观性是普遍联系规律的体现，而合法性是(价值) 矛盾规律的体现。

主体论是从主体和客体之间的关系角度说明人的实践和认识活

---

① 1996 年《刑事诉讼法》第 43 条（严禁刑讯逼供）；1998 年《刑诉法解释》第 61 条（非法言词证据排除）；2001 年《民诉证据规定》第 50 条（质证的真实性、关联性和合法性内容）、第 65 条（证据审查标准）、第 68 条（非法证据排除）；2002 年《行诉证据规定》第 53 条（证据裁判原则）、第 55 条（证据的合法性审查标准）、第 57 条（非法证据排除）、第 58 条（非法取证排除）、第 62 条（非法鉴定结论排除）。

② 关于（3）、（4），参见江伟主编：《证据法学》，法律出版社 1999 年版，第 217~218 页。

③ 卞建林主编：《证据法学》，中国政法大学出版社 2007 年版，第 77 页。

④ 参见《中国大百科全书》光盘 1.1 版，哲学部分“本体论”、“主体论”、“价值论”等词条。

动的哲学理论。实践活动和认识活动的承担者是人，客体是其指向的对象。在实践关系方面，人们把自己的目的、能力对象化，把对客体属性和规律的认识转化为自己的力量，以巩固自己的主体地位。在认识关系上，主体与客体之间存在认识与被认识、掌握与被掌握之间的关系。在实践关系和认识关系中渗透着价值关系，即客体满足主体需要的利益关系，这正是价值论的主题之一。人类为了满足自己的需要，改变着客体的形态，因而价值是人类实践和认识活动的内在动力、目的和尺度。就证据而言，主体论和价值论的含义是一致的，即证据具有满足证明目的的工具价值属性。所有支配证据证明工具价值实现的客观规律，都属于证据的本质属性，合法性是其中之一。

2. 证据合法性的法学理论根据

笔者认为主要是法律价值论①。如上文所述，合法性是证据个体中所蕴含的各种法律价值冲突及其协调的客观结果，是证明过程中的法律价值冲突规律在证据个体上的集中表达。证据合法性的法律价值②表现在：

（1）防止公安司法机关违法行为，落实法治国家原则要求，特别是公民基本权利保护。

（2）维护法律尊严，体现法律公正。法律只能通过合法的手段执行，国家机关不能以毒攻毒、以恶制恶，因为相对于公民违法而言，政府违法对法治的损害更为严重。

（3）保持个人权利与公权力之间的平衡。证据合法性主要是对公权力机关调取和应用证据的限制，借此在公权力和公民之间保持平衡。

---

① 法律价值论是研究法律的外在价值、内在价值及不同价值冲突协调的理论。参见沈宗灵主编：《法理学》，北京大学出版社 2000 年版，第 52～53 页；赵震江、付子堂：《现代法理学》，北京大学出版社 1999 年版，第 99～108 页。

② 杨宇冠：《非法证据排除规则研究》，中国人民公安大学出版社 2002 年版，第 123～145 页。

（4）丰富和发展证据法。在某种意义上说，整个证据法都是有关证据合法性的法律，而证据法学也是有关证据合法性的科学。离开了合法性，证据法和证据法学就没有发展的意义和空间。

（5）保障证据的客观性，实现实质真实的证明目的。合法性是客观性的保障，没有合法性的证据材料往往是虚假的。例如，逼供和诱供所得的犯罪嫌疑人的陈述存在很大的虚假成分和可能性。

但是，证据合法性具有如下消极作用：

（1）放纵违法犯罪。不合法性的证据材料可能具有客观性和一定的相关性，排除该证据材料导致案件事实不能查清，致使违法犯罪分子逍遥法外。

（2）提高法律执行的成本，降低法律执行的效率。证据的合法性客观上构成对公安司法机关取证的限制，必然增加法律执行的成本，降低行政和司法的效率。

证据的合法性正是上述价值冲突的集中概括。在证据立法或者在个案中，经过价值冲突的协调和利益权衡，违法取得的证据材料可能被采纳为定案根据。这不意味着证据没有合法性，恰恰相反，这正好说明了证据合法性实现形式的多样性和证据合法性规则的复杂性。

（二）非法证据排除规则的内容

证据的合法性理论在实践的层面集中表现为非法证据排除规则。

学界一方面从积极的角度提出证据合法性的一般规范标准，各种观点大同小异，已经形成通说[①]，要点是：（1）形式合法；（2）主体（来源）合法；（3）程序合法；（4）内容合法（属实、相关）。另一方面，学界从消极的角度研究非法证据的排除，存在“采纳说”

① 刘金友主编：《证据法学》，中国政法大学出版社 2001 年版，第 124～126 页（四点）；卞建林主编：《证据法学》，中国政法大学出版社 2007 年版，第 76 页（四点）；何家弘主编：《新编证据法学》，法律出版社 2000 年版，第 109～110 页（三点）；江伟主编：《证据法学》，法律出版社 1999 年版，第 211～212 页（两点）。

（“真实采纳说”）、“衡量采证说”、“排除说”（“一律排除说”）、“例外说”、“线索转化说”、“实物证据和言词证据区别对待说”、[1] “违法性绝对影响和相对影响区别对待说”[2] 等不同观点。从内容来看，采纳说和衡量采证说的共同之处是不确立非法证据排除原则，属于少数派观点。其他观点的共同之处是首先确立非法证据排除原则，在此基础上，注意区分实物证据和言辞证据、区分违法性的绝对影响和相对影响，谨慎地调整证据排除的范围。

总体而言，“区别对待说”比较全面地反映了多数意见，吸收了衡量采证说的合理因素，具有较大的可行性，被最高人民法院、最高人民检察院、公安部、国家安全部、司法部《关于办理刑事案件严格排除非法证据若干问题的规定》（以下简称2017年《非法证据排除规定》）所采取。该规定在确立非法证据排除原则的基础上，为区别言词证据和实物证据而作了不同的例外规定和补正规定[3]。

1. 非法

2017年《非法证据排除规定》第2条和第3条是有关非法证

---

① 高家伟：《行政诉讼证据的理论与实践》，工商出版社1998年版，第11~15页；徐鹤喃：《论非法取得的刑事证据材料的排除》，载《政法论坛》1996年第3期；宋世杰、陈果：《论非法证据排除规则》，载何家弘主编：《证据学论坛》（第二卷），中国检察出版社2001年版，第225页；杨宇冠：《非法证据排除规则研究》，中国人民公安大学出版社2002年版，第226页。

② 刘金友主编：《证据法学》，中国政法大学出版社2001年版，第135~136页：绝对影响是指导致证据材料必须被排除的违法性，相对影响是指可以补正的违法性（如签名的补正、扣押搜查手续的补正）。

③ 2017年《非法证据排除规定》第5条（重复供述排除的例外）、第6条（非法的证人证言、被害人陈述一律排除）、第7条（书证、物证合法性瑕疵的补正）。

据的官方定义[①]，这两条规定虽然着眼于刑事证据领域，但其基本的内涵却具有普遍的示范意义。按此，“非法”有三层含义：一是没有法律依据，二是积极地实施法律禁止的行为，三是消极地不履行法律规定的行为义务。非法证据的“非法”是指什么？笔者认为：

（1）非法中的“法”是指一切现行有效的法律规范，既包括成文法，也包括公序良俗、法律原则等不成文法。

（2）非法证据中的“非”是指违反现行有效法律规范的行为或者状态，既包括没有法律依据，也包括积极或者消极的违法行为或者状态。

（3）造成非法的主体既包括执法机关及其工作人员，也包括实施收集证据活动的律师、公民、法人或者其他组织。

（4）“非法”存在度的不同。有的轻微，可以补正；有的严重，不得补正。

（5）“非法”是否侵害公民权益，属于程度问题，而不是性质问题。也就是说，“侵害公民合法权益”不是非法的构成要件，而是情节。

根据上述理解，非法证据中的“非法”包括但不限于如下情形：[②]

（1）形式违法。不符合法定证据形式，即存在种类、签名、登记、印章、顺序、手续等瑕疵。

---

① 2017年《非法证据排除规定》第2条规定：“采取殴打、违法使用戒具等暴力方法或者变相肉刑的恶劣手段，使犯罪嫌疑人、被告人遭受难以忍受的痛苦而违背意愿作出的供述，应当予以排除。”第3条规定：“采用以暴力或者严重损害本人及其近亲属合法权益等进行威胁的方法，使犯罪嫌疑人、被告人遭受难以忍受的痛苦而违背意愿作出的供述，应当予以排除。”

② 杨宇冠：《非法证据排除规则研究》，中国人民公安大学出版社2002年版，第5页（形式违法不属于非法证据排除规则的范畴；在美国，非法取证限于国家取证违法的情形）。

（2）来源违法。不符合法定来源，如无证人资格的人的证词。

（3）取证违法。即执法机关及其工作人员违反法定权限、程序，或者采取法律禁止的手段调取证据材料。具体情形，因不同措施或者案件而异。例如，监听必须办理批准手续，其范围和时间必须明确。

实践中曾经出现的热点问题是：

（4）私人取证。即公民、法人或者其他组织采取侵害他人合法权益的手段调取、制作证据材料。例如，侵害他人隐私权制作的录音带、录像带、照片等。这类证据应当排除。但是，公民为了防御他人违法侵害行为而制作证据材料，只要不超过必要的限度，即属于合法取证。

（5）“黑市证据”。是指当事人在进行虚假交易过程中制作的证据材料。[①] 笔者认为，当事人“假戏真做”影响其民事行为的合法性，但不影响相关证据材料，因为在这种情况下，“假戏”是民事交易行为，“真做”的却是证据材料，证据材料正是在“假戏”过程中形成，并且用于证明“假戏”。

2. 证据

“非法证据”是一个存在内在矛盾的术语，因为非法的证据材料应当排除，不能作为定案证据使用。在理解“非法证据排除规则”意义上的“证据”时，需要注意的要点是：

---

① 陈慰星、程春华：《证据法的经济学分析》，载樊崇义主编：《诉讼法学研究》（第4卷），中国检察院出版社2003年版，第274~275页；吴彤：《打假英雄涉嫌黑吃黑》，载《北京晨报》2000年1月11日。王海的大海商务顾问公司查出了“津成”公司销售点的伪劣低压电器，让“津成”损失了几百万元，“津成”遂设下圈套，冒充一经销假冒低压电器的个体户，许诺向王海支付大额酬金，委托其通过打假手段挤垮做同样生意的竞争对手。王海答应了这个要求，并先后收取“津成”公司7万元（但据他称，当时也是假装答应了“津成”的要求）。这里的“假戏”就有两个：一是“津成”公司根据《反不正当竞争法》设计不正当竞争手段来证明王海打假的“假”；二是王海抓住对方行贿7万元事实是为了形成“包括敲诈勒索、侵权、虚假报道”的起诉证据，并且将计就计证明对方销售伪劣产品的铁证。

（1）非法证据中的“证据”应当是非法的结果，即毒树之果。如果执法机关的非法行为与证据之间不存在条件或者因果关系，则不属于非法证据。

（2）经权衡或者补正，非法的证据材料违法性消除或者可以采纳的，属于证据；否则，仅为证据材料。简言之，非法证据中的“证据”是定案证据还是证据材料，由公安司法人员依法认定。

（3）非法证据中的“证据”可以是任何证据种类，可以是实物证据，也可以是言词证据。

3. 排除

2017年《非法证据排除规定》吸收了美国非法证据排除规则的实践经验[①]，按照侦查、起诉和审判的程序阶段分别规定排除的具体情形，可操作性更强。这里值得注意的问题是：

（1）排除是指不得作为不利于当事人的定案根据。所谓“定案”，包括法律程序进行过程中作出的任何决定、裁定或者判决。所谓“不利于”，包括一切导致当事人处于不利处境的情形，如实施逮捕、扣押、搜查措施、有罪判决等。[②] 所谓“当事人”，是指对非法证据的形成无过错的一方当事人，如被刑讯逼供的犯罪嫌疑人、刑事被告人。实施非法取证行为的过错一方当事人，不受排除规则的保护。

（2）当事人及时提出主张。这意味着，证人、鉴定人等参与人无权要求排除非法证据。当事人提出排除主张还必须及时，所谓及时，笔者认为是在生效裁判作出之前。[③] 当事人提出排除主张的，应当承担举证责任。关于举证责任的性质及其标准，因不同情

---

① 参见杨宇冠：《非法证据排除规则研究》，中国人民公安大学出版社2002年版，第100～145页。

② 在美国，非法证据排除不适用于：（1）量刑判决；（2）假释撤销的审讯；（3）大陪审团的预审活动。

③ 在美国，非法证据主张在刑事诉讼中是指无罪答辩之后陪审团开庭审理之前提出。

况而异。①

（3）执法机关有义务依职权审查证据的合法性，即使当事人没有提出排除主张，也应当进行中立的审查。

4. 例外

如上文所述，证据的合法性是不同法律价值冲突的表现。作为其实在法形式的排除规则也并非绝对，并非一切非法的证据材料都需要排除。从美国的情况来看，具有普遍意义的例外情形有：

（1）善意的例外。法院签发搜查令、逮捕令、扣押令或者上级命令错误，而执法人员不明知执行这些命令所获得证据材料，可以采纳。

（2）最终必然发现的例外。执法人员通过合法程序必然发现的证据材料，构成例外。

（3）在国外取得的证据材料。在国外通过非法手段调取的证据材料，可以采纳，除非双边条约另有规定。

（4）用于追究非法取证者或者伪证者的法律责任。

5. 毒树之果

这里是指以违法取得的证据材料为线索，以合法手段取得的证据材料。对此，我国学界有代表性的观点认为，非法证据材料可以作为线索，后来的合法取证行为中断或者逐渐减弱了违法性，这种毒树之果（证据）没有毒（违法）。② 笔者同意这种观点。

（三）非法证据排除规则的完善

我国的非法证据排除规则经历了一个从分散规定到系统规定的

① 参见杨宇冠：《非法证据排除规则研究》，中国人民公安大学出版社 2002 年版，第 112~116 页。

② 参见杨宇冠：《非法证据排除规则研究》，中国人民公安大学出版社 2002 年版，第 65~74、234 页。

发展过程。从比较法的视角来看[1]，实事求是证据制度的痕迹依然明显，价值取向还有待进一步明确，需要完善的空间也不少[2]，例如：

1. 尚未形成统一的非法证据排除规则

（1）刑事证据法采取了“区别对待说”的立场。在区分言词证据和实物证据的基础上，一方面明确规定非法言词证据一律排除，另一方面对实物证据做了相对宽松的规定，允许公案司法人员进行补正。[3] 一些地方法院制定的证据规则也采取这种立场。[4]

（2）民事证据法采取违法程度区别对待说[5]，只有那些侵害他人合法权益或者违反法律禁止性规定调取的证据材料才予以排除。

（3）行政证据法采取“排除说”。即凡没有合法性的证据材料

---

① 参见杨宇冠：《非法证据排除规则研究》，中国人民公安大学出版社 2002 年版，第 166~202 页。美国采取例外说模式，英国、德国、加拿大、澳大利亚、日本采取衡量采证说模式。德国将手段与目的之间、收益与成本之间的“比例性”作为非法证据取舍的标准。加拿大和澳大利亚则赋予法院取舍非法证据的裁量权，但同时立法明确规定有关的考虑因素。日本法院取舍非法证据的标准是调取手段是否“重大违法”。

② 参见 2001 年《民诉证据规定》第 65 条第 3 项（证据来源和形式的合法性）；2002 年《行诉证据规定》第 55 条（证据的形式及其取得的合法性，以及影响证据效力的其他违法情形）。

③ 1998 年《刑诉法解释》第 61 条规定：“严禁以非法的方法收集证据。凡经查证确实属于采用刑讯逼供或者威胁、引诱、欺骗等非法的方法取得的证人证言、被害人陈述、被告人供述，不能作为定案的根据。”该条没有对非法取得的实物证据作出排除规定。1999 年发布的《人民检察院刑事诉讼规则（试行）》第 140 条、第 165 条、第 265 条的规定基本相同。

④ 例如，上海市第一中级人民法院制定的《证据规则（试行）》第 42 条规定：“采取刑讯逼供或者威胁、引诱、欺骗等非法方法取得的证人证言、被害人陈述、被告人供述，不具有可采性。采取上述非法手段取得的实物证据，若违法情节轻微，证据效力受非法方式影响不大的，具有可采性。以非法证据材料为线索再以合法手段取得的证据材料，具有可采性。”

⑤ 2001 年《民诉证据规定》第 68 条规定：“以侵害他人合法权益或者违反法律禁止性规定的方法取得的证据，不能作为认定案件事实的依据。”

均不得采纳。①

2. 有关证据非法性的认定标准不具体

这就意味着，公安司法人员在审查证据材料的非法时应当考虑的因素不够明确，认定和取舍非法证据材料的裁量权缺乏严格的法律约束。看来，立法者还没有充分注意到利益衡量的重要性，没有明确列举如下因素：②

A. 证据材料的证明价值和重要性；

B. 取证行为违法的严重程度，尤其是否侵害公民基本权利；

C. 合法取证的困难和成本；

D. 违法的取证行为是否已经通过复议、诉讼等途径得到纠正；

E. 司法的公正性和威严；

F. 防止违法取证的社会效果；

G. 证据材料本身的物质属性，违法取证对其客观性的影响程度。

---

① 2002年《行诉证据规定》第57条规定："下列证据材料不能作为定案依据：（一）严重违反法定程序收集的证据材料；（二）以偷拍、偷录、窃听等手段获取侵害他人合法权益的证据材料；（三）以利诱、欺诈、胁迫、暴力等不正当手段获取的证据材料；（四）当事人无正当事由超出举证期限提供的证据材料；（五）在中华人民共和国领域以外或者在中华人民共和国香港特别行政区、澳门特别行政区和台湾地区形成的未办理法定证明手续的证据材料；（六）当事人无正当理由拒不提供原件、原物，又无其他证据印证，且对方当事人不予认可的证据的复制件或者复制品；（七）被当事人或者他人进行技术处理而无法辨明真伪的证据材料；（八）不能正确表达意志的证人提供的证言；（九）不具备合法性和真实性的其他证据材料。"该条前7项针对证据形式、来源、提供、调取的合法性，第8项则采取概括式规定。第58条规定："以违反法律禁止性规定或者侵犯他人合法权益的方法取得的证据，不能作为认定案件事实的依据。"该条是针对非法取证的加重规定。

② 参见1995年《澳大利亚证据法》第138条；杨宇冠：《非法证据排除规则研究》，中国人民公安大学出版社2002年版，第182页。

第三节　证据的分类

学理上提出的分类不胜枚举①，但实务界采纳的分类有：（1）非法证据和合法证据；（2）实物证据和言词证据；（3）原始证据和传来证据；（4）直接证据和间接证据。下文简述后三种分类。

一、言词证据和实物证据

言词证据是指以人的陈述为表现形式证据，实物证据是指以物质形态为表现形式的证据。

（一）区别

两者的区别表现在：

1. 载体不同

前者是语言，后者是物质。这一区别是根本的。这里所说的

---

① 这些分类有：（1）直接证据和间接证据；（2）本证和反证（有罪证据和无罪证据、辩护证据和控诉证据、有利于被诉人的证据和不利于被诉人的证据）；（3）证明力强的证据和证明力弱的证据；（4）最佳证据和次要证据；（5）主要证据和补强证据；（6）人证、物证、书证（我国台湾地区学界）；（7）证明与释明（台湾地区学界）；（8）通常证据与补助证据、独立证据与补助证据、一般证据与补强证据（台湾地区学界）；（9）事前证据、当时证据和事后证据（台湾地区学界）；（10）积极证据和消极证据（台湾地区学界）；（11）实物证据、书面证据、证人证言和司法认知（英美）；（12）原始证据与传闻证据（英美）；（13）证人证据、勘验证据和情况证据（英美）；（14）书证、证言、推定、自认、宣誓（法国）；（15）勘验、人证、鉴定、书证、询问当事人、宣誓、具结（德国）；（16）询问证人、鉴定、书证、勘验、询问当事人（日本）；（17）自愿证据和强制证据（边沁）；（18）直接证据、情况证据和言词证据（魏格摩尔）；（19）实物证据、言词证据和司法认知（华尔兹）。

参见崔敏、张文清主编：《刑事证据的理论与实践》，中国人民公安大学出版社1992年版，第112~156页；江伟主编：《证据法学》，法律出版社1999年版，第232~242页；卞建林主编：《证据法学》，中国政法大学出版社2007年版，第235-236页；刘金友主编：《证据法学》，中国政法大学出版社2001年版，第196~224页；［美］乔恩·R. 华尔兹：《刑事证据大全》，何家弘等译，中国人民公安大学出版社1993年版，第11~13页。

"原始载体"，是指证据事实得以形成或者固定的本源的、第一次的载体。例如，口头证言的本源载体是口头语言，执法人员制作的记录或者录音只是第二次的载体。物证的本源载体是物质，勘验笔录或者现场笔录只是执法人员制作的第二次记录载体。

2. 范围不同

前者包括当事人陈述、证人证言、被害人陈述、犯罪嫌疑人和刑事被告人的供述和辩解、鉴定意见，后者包括物证、书证、视听资料以及各种形式的笔录。①

3. 属性不同

言词证据存在比较明显的主观性，受人的主观个性因素的影响大，学理上称之为"主观性证据"；后者比较客观，独立于人的意识存在，学理上称之为"客观性证据"。

4. 形成过程不同

言词证据的形成过程经过感知、判断、记忆、复述等阶段，而实物证据的形成过程受物质载体本身的特点、环境和条件的影响，没有明显的阶段性。

5. 调取和保全的方式不同

前者采取询问、讯问、辨认、笔录、录音、录像等方式，后者采取调取、勘验、检查、查封、扣押、提供等方式，遵循"不损毁、不变形、不丢失"的原则，有时需要借助专门的技术手段。

6. 证明力不同

前者对案件事实的证明具有全面性、动态性，关联性比较明显，往往具有直接的证明力；后者对案件事实的证明具有局部性、静态性，关联性不明显，通常具有间接的证明力。

---

① 这种范围归类已经成为我国学界的通说。采取这种立场的是：崔敏、张文清主编：《刑事证据的理论与实践》，中国人民公安大学出版社 1992 年版，第 143~144 页；樊崇义主编：《证据法学》，法律出版社 2001 年版，第 135~136 页；卞建林主编：《证据法学》，中国政法大学出版社 2007 年版，第 238~239 页；刘金友主编：《证据法学》，中国政法大学出版社 2001 年版，第 205~206 页。

（二）规定

现行实在法有关这种分类的规定有：

1. 非法证据排除中的区别对待

非法调取的言词证据一律排除，非法调取的实物证据由执法人员裁量决定是否采纳。①

2. 证明力优先

在同一个事实有多个证据证明的情况下，实物证据的证明力优于言词证据。②

二、原始证据和传来证据

原始证据是指直接来源于事实产生过程的证据，又称为原生证据；传来证据是指经过复制、传抄、转述等中间环节的证据，又称为派生证据。

（一）概念解析

在理解这种分类时需要注意的问题是：

1. 分类标准

着眼点不同，分类标准也随之不同。这里的标准是证据事实与案件事实之间是否存在直接的来源关系，因此：

（1）复制品未必是传来证据，与待证事实之间存在直接原生关系的，仍然是原始证据。③ 例如：

A. 用于违法犯罪的盗版制品、传抄本虽然是复制品，却是盗版行为的直接结果，属于原始证据。

B. 当事人签字的一式多份文件，虽然是复印或者复写，仍然是民事行为的直接结果，属于原始证据。

C. 复写的发票或者收据，也是民事行为的直接结果，属于原

① 1998年《刑诉法解释》第61条；1999年发布的《人民检察院刑事诉讼规则（试行）》第265条；上海市第一中级人民法院《证据规则（试行）》第42条。

② 2002年《行诉证据规定》第63条第3项。

③ 何家弘主编：《新编证据法学》，法律出版社2000年版，第119~121页。

始证据。

（2）并非所有的“第一手材料”都是原始证据。例如，执法人员调取的书证复印件虽然是现场获取的第一手资料，但性质上仍然属于传来证据。

（3）证据事实存在合理争议时，自身也可能成为待证事实。

2. 传来证据不同于传闻证据

所谓传闻证据，是指在法庭之外产生，其来源不能由当事人在法庭上口头质证的证据材料，其典型是“道听途说”。两者的区别表现在：

（1）认定标准。传闻证据的界定标准是“证据材料的来源体是否在法庭上接受口头质证”，未经法庭质证的证据材料都是传闻；传来证据的界定标准是“证据材料是否直接来源于案件事实”。因此，可能出现如下情形：

A. 原始证据是传闻证据。例如，书面证人证言，在来源上属于“原始”的证据，但在调查收集和审查判断的方式上却属于“传闻”的证据。

B. 传来证据是传闻证据。例如，转述他人陈述的证言、不能在法庭展示的原物的照片或者录像。

C. 传来证据不是传闻证据。例如，原件经法庭质证的书证的复制件、原物经法庭质证的复制品。

（2）原则依据。传闻证据的原则性依据是直接言词原则，即所有的证据都应当在法庭上经当事人以口头方式质证，法官必须直接听审质证。直接言词原则的目的是保障当事人的知情权、质证权，排除法庭之外因素对裁决的影响。

传来证据的理论基础是证据的连贯性，其目的是保证证据材料的证据资格和证明力。传来证据的证明力弱于原始证据，如果存在瑕疵，可能丧失证据资格。例如，无法与原件原物核对的复制品、复制件没有证据资格①。

（二）实在法规定

这种分类的实在法规定有：

1. 最佳证据规则

即收集、调取、提供实物证据应当是原物、原件或者原载体。只有在特定条件下，并且遵循特定程序，才能使用照片、录像、复制件、副本、复制品、拷贝。②

所谓特定条件③，是指：

（1）调取或者提供原物或者原件确有困难。如不易搬运、容易变质、依法应当归还物主、原物已经不存在等。

（2）必须与原件或者原物具有足够的一致性，并且经核对无误。

所谓特定程序，是指：

（1）制作笔录或者记录，说明证据来源、形成情况等；

（2）有关单位核对后盖章，有关个人核对后签名或者盖章。

遵循上述条件和程序制作的复制件、复制品具有证据资格。④

如果不遵循上述条件和程序，复制件、复制品、副本、照片等没有证据资格，应当排除。⑤

---

① 2002 年《行诉证据规定》第 71 条第 5 项。

② 1998 年《刑诉法解释》第 53 条（调取物证、书证的最佳证据规则）；2001 年《民诉证据规定》第 10 条（当事人提供证据的最佳证据规则）、第 20 条（调取书证最佳证据规则的放宽）、第 21 条（调取物证的最佳证据要求）、第 22 条（调取视听资料的最佳证据要求）；2002 年《行诉证据规定》第 10 条（提供书证的最佳证据要求）、第 11 条（提供物证的最佳证据要求）、第 12 条（提供视听资料的最佳证据要求）、第 40 条（物证、书证和视听资料的质证的最佳证据要求）。

③ 2002 年《行诉证据规定》第 40 条（使用复制件的条件：困难、一致性）。

④ 2001 年《民诉证据规定》第 70 条第 1～3 项（书证、物证、视听资料的复制件）。该条规定的“证明力”实际上是作为证据资格的证据能力。

⑤ 参见 2001 年《民诉证据规定》第 69 条第 4 项“无法与原件、原物核对的复印件、复制品”，“不能单独作为认定案件事实的依据”。

最佳证据规则是质证[①]和认证中客观性[②]审查的一个考虑因素。

2. 证明力规则

具体包括证明力优先规则和证明力同等规则。

（1）证明力优先规则。在证明同一案件事实时，原始证据优于传来证据，[③] 原物原件的证明力优于复制件、复制品。[④] 这里需要注意证明力优先规则的适用条件是证明力的可比性：

A. 必须针对同一个待证事实。在针对不同的待证事实时，传来证据的证明力并非一定低于原始证据，因为在这种情况下，两者的证明力没有可比性。

B. 必须具有证据资格。只有在客观性、相关性和合法性都经过认定的情况下，原始证据的证明力才优于传来证据。

（2）证明力同等。复制件经核对或者鉴定与原件无误，并且真实的，具有同等证明力。[⑤]

证明力同等规则的适用条件与优先规则相同。

三、直接证据和间接证据

直接证据是指能够单独证明主要案件事实的证据，间接证据是指只有与其他证据相结合经过推理才能证明主要案件事实的证据。这里需要注意的问题是：

---

① 2002 年《行诉证据规定》第 40 条。

② 2002 年《行诉证据规定》第 56 条第 3 项；2001 年《民诉证据规定》第 65 条第 1 项。

③ 2002 年《行诉证据规定》第 63 条第 6 项；2001 年《民诉证据规定》第 77 条第 3 项。

④ 2002 年《行诉证据规定》第 63 条第 3 项。

⑤ 1998 年《刑诉法解释》第 53 条第 2 款（书证的复制件）；2002 年《行诉证据规定》第 64 条（电子证据的复制件）：以有形载体固定或者显示的电子数据交换、电子邮件以及其他数据资料，其制作情况和真实性经对方当事人确认，或者以公证等其他有效方式予以证明的，与原件具有同等的证明效力。

（一）区分标准

主要是证据对主要案件事实的证明作用。所谓主要案件事实，是指公安司法机关作出裁判必不可少的法定要件事实。要件事实可能是积极的权利发生和成立事实，也可能是消极权利妨害或者消灭事实；可能是定罪事实（有罪或者无罪、此罪或者彼罪的条件事实），也可能是量刑事实（从轻、减轻、从重、加重的条件事实）。要件事实的范围法律规定，另一方面取决于案件处理或者审理过程出现的争议问题。

按照学界的通说，可以单独证明全部要件事实的，是直接证据；只能证明部分要件事实的，属于间接证据。

现行实在法的有关规定限于证明力，数量甚少。例如，在证明同一案件事实时，直接证据的证明力大于间接证据。①

（二）直接证据规则

直接证据主要有当事人陈述、证人证言、视听资料、现场笔录等。

直接证据的两大特点是：来源的直接性和内容的综合性。直接来源的案件事实的发生过程，所记载的事实内容也是全面的，因此能够比较完整地反映案件事实的发生过程。

1. 禁止孤证定案规则

尽管直接证据在来源和内容上具有特殊的优点，但仅凭个别的直接证据是不能定案的。公安司法机关在作出涉及公民基本权利的限制或者剥夺的决定或者裁判时，尤其是在作出刑事有罪认定时，应当严禁孤证定罪。这是因为，直接证据本身的客观性、合法性和相关性需要其他的证据材料来证明。但是，在作出有利于公民的授益性质的决定或者裁判时，可以放宽该规则的要求。

2. 补强证据规则

在直接证据的证据资格和证明力受到质疑的情况下，必须有其

---

① 2001年《民诉证据规定》第77条第4项。

他证据从内容和证明力等方面进行补强，直接证据才能成为定案证据。

（三）间接证据规则

间接证据可能直接来源于案件事实的发生过程，但只能反映案件事实的某个片段或者侧面，在审查判断上有特殊的要求。

1. 印证规则

间接证据只有与其他证据相互结合、相互印证，才能全面反映案件事实，因此成为定案证据。

2. 链条规则

在只有间接证据的情况下，间接证据之间必须形成内容相互印证、连贯一致的证据锁链，作为一个证据链条的整体达到排除合理怀疑或者优势盖然性的充分性程度，才能成为定案证据。

第四节 实物证据

实物证据是指以质料作为载体的证据类型。主要是：

一、物证

物证是以自己的属性、特征或者存在状况来证明案件事实的实物或者痕迹。

（一）特点

主要是：

1. 物证的表现形式是实物或者痕迹

实物是指一切客观存在的物体，既包括可见的物品，也包括肉眼看不见、需要通过科学设备才能发现的微量物质；既包括有特定形状的物品，也包括没有特定形状的无形物，如空气、水、阳光、紫外线、红外线等。痕迹是指一个物体在另一个物体上遗留下的印迹。根据客观世界普遍联系和相互作用的原理，当一个物体在另一个物体上运动时必然要留下印迹，无论其形状如何，肉眼是否可以看见。从表现形式来看，痕迹有笔迹、血迹、脚印、手印、车印、伤口等。

2. 物证的事实内容是属性、特征和存在状况

这正是物证发挥证明作用的途径之所在。所谓属性，是指物证的内在结构特性，包括构成要素（元素）、构成要素的结构等。所谓特征，是指物质的外在形式特性，如物品的形状、大小、轻重等。所谓存在状况，是指物质的运动状况或者空间位置，如汽车的速度、停放位置等。

（二）规定

有关物证的实在法规定有：

1. 最佳证据规则

具体而言：

（1）举证和质证。当事人应当提供原物。只有在提供原物确有困难的情况下，经法庭许可，才可以提供经核对无误的反映物证特征的照片、固定痕迹的模型等复制件。①

所谓“确有困难”，是指当事人难以克服的客观困难，例如：

A. 原物属于他人所有或者由他人保管的贵重物品，他人有正当理由拒绝提供原物；

B. 原物不便于搬动，容易变质，或者属于危险物品；

C. 原物已经灭失，或者非经不合乎比例的重大支出不能调取。

所谓“经核对无误”，是指经原物的所有人或者管理人出具证据证明与原物“一致”②。这里需要明确的问题是：

A. 核对的主体。是公安司法机关、当事人还是原物的所有人或者管理人，现行法没有明确规定。有人认为，应当由当事人核对，对方当事人有异议的，可以质证。③ 笔者认为，公安司法机

---

① 2002年《行诉证据规定》第11条（举证）、第40条第1款（质证）。

② 2002年《行诉证据规定》第40条第2项（“一致性”要求）。

③ 甘文：《行政诉讼证据司法解释之评论》，中国法制出版社2003年版，第39页。

关、所有人或者管理人、当事人都有可能成为核对的主体，这取决于证据的来源、制作、调取和提供的具体情况，也取决于单行法律法规的规定。无论谁是核对主体，证据都必须经法庭质证。

B.“经核对无误”手续的效力。复制件没有办理“经核对无误”手续的，是没有证据能力，还是没有证明力？从现行法规定[①]来看，只影响证明力。笔者认为，从规范证明行为的趋势来看，应当赞成影响证据资格的做法。没有办理经核对无误手续的复制件，属于形式不合法，原则上没有证据资格。

（2）认证。是否为原物是有关物证真实性审查的一项内容[②]；在证明同一事实的情况下，原物的证明力优于复制品。[③]

（3）取证。公安司法人员应当调取原物；调取原物确有困难的，可以调取复制品、照片，但应当在调查笔录中记明来源的取证情况。[④]

2. 补强证据规则

根据该规则，无法与原物核对的复制品不得单独作为定案根据。[⑤]

3. 样品证据规则

在物证是种类物并且数量众多的情况下，提供其中的一部分。[⑥] 现行法规定不明确，需要探讨的问题是：

（1）样品的抽取。抽取样品必须有对方当事人或者见证人在场，采取各方当事人认可的方式，并且制作记录予以说明。否则，难以认定样品与原种类物之间的一致性和代表性，样品即没有证据

---

① 2002年《行诉证据规定》第71条第5项（无法与原件核对不单独为定案依据）。

② 2002年《行诉证据规定》第56条第3项。

③ 2002年《行诉证据规定》第63条第3项。

④ 2001年《民诉证据规定》第21条。

⑤ 2002年《行诉证据规定》第71条第5项。

⑥ 2002年《行诉证据规定》第11条第2项。

能力。

（2）样品的保管。抽取的样品必须按照有关的技术规程加封、保管，保证不被更换、损坏、变质。为此，必须制作有关的记录予以说明。

二、书证

书证是以文字、图形、符号等所表示的内容起证明作用的文件或者物品。

（一）特点

主要是：

1. 形式

书证形式上表现为记载文字、图形或者符号的各种文本、碑文以及其他媒体。这里的关键不是文本、碑文或者其他媒体本身的物质构成或者属性，而是该文本、碑文或者其他媒体中的物质、图形或者符号。

2. 内容

书证内容具有思想性。所谓思想性，是指人们主观思维活动的过程及其中蕴含的观点、情感、判断等内容。只有在文字、图形或者符号是人们的主观思维过程的反映，并且能够为人们所识别的情况下，才是书证。如果证据材料中的文字、图形或者符号没有思想内容，或者其思想内容不能为人们所识别，该证据材料就不是书证，而是物证。例如，没有思想内容的文字能够反映当事人的书写习惯，该文字是以字体特征反映案件事实，属于物证。

（二）分类

得到学理和立法实务界认可的书证分类有：

1. 公文书和私文书

公文书是指国家机关、企事业单位、人民团体在法定的权限范围内制作的文书，私文书是指私人制作的或者国家机关、企事业单位、社会团体不是基于职权而制作的文书。

两者的划分标准是书证是否依职权制作。“依职权”的具体内容因国家机关、企事业单位、社会团体而异：对国家机关来说，依职权是指行使法定职权，执行公务；对企事业单位来说，依职权是指按照法律规定的经营范围或者业务范围进行经营、管理活动；对社会团体来说，依职权是指按照法律规定的范围和方式，履行对社会的服务义务。例如，工会为保护职工的合法权益采取措施，制作和发布有关的文件。

2. 处分性书证和报道性书证

前者是内容以发生一定的法律后果为目的的书证；后者是指内容反映制作人的见闻、感想或者体会的书证。

这里的划分标准是书证内容的性质，即是否以产生特定的法律后果为目的。处分性书证以产生特定的法律后果为目的，往往在人们实施某种法律行为的过程中形成或者制作，往往用于证明法律行为。报道性书证是对所见所闻的客观的描述，具有与证人证言的类似的特征。

（三）规定

现行法有关书证的规定有：

1. 最佳证据规则

对举证而言，最佳证据规则意味着：①

A. 当事人应当提供书证原件；

B. 在确有困难并且经法庭许可的情况下，可以提供照片、复印件、节录本等复制品；

C. 复制品应当由所有人或者管理人核对无误，签字或者盖章；②

D. 经核对无误的复制件具有与原件同等的证明力。③

---

① 2002年《行诉证据规定》第10条第1~2项。

② 关于“核对无误”中的问题，参见“物证”部分；1998年《刑诉法解释》第54条。

③ 1998年《刑诉法解释》第53条第3款。

因复制品与原件的一致性而发生争议的，由提供证据的一方当事人承担举证责任。

对认证而言，最佳证据规则意味着：

（1）是否为原件是单个证据审查的一项内容。[①]

（2）在证明同一事实的情况下，原件的证明力优于复制品。[②]

对公安司法机关的取证而言，应当收集原件；收集复制件或者副本的，应当在调查笔录中注明来源和取证情况。[③]

2. 说明义务规则

对报表、图纸、会计账册、技术资料、科技文献等专业书证，当事人应当附有说明材料。[④]

3. 证明力规则

在证明同一事实的情况下：

（1）公文书证的证明力大于私文书证。[⑤]

（2）档案，经公证、登记的书证证明力大于其他书证。[⑥]

需要注意的是证明的“大小”和“优先”并非一回事。[⑦] 前者意味着分量的大小，而后者针对的是采用的优先性。在经验逻辑上，“大小”只是“优先”的一种情形和理由，而不是全部理由。例如，原件和复制品都存在的情况下，优先采用原件，这并非原件和复制件的证明力有差异，而是证据连贯性的要求。

4. 补强证据规则

当事人无正当理由不提供原件，在无法核对复制件并且对方当

---

① 2001 年《民诉证据规定》第 65 条第 1 项。

② 2002 年《行诉证据规定》第 63 条第 3 项（原物、原件）。

③ 2001 年《民诉证据规定》第 20 条；1998 年《刑诉法解释》第 53 条第 4 款。

④ 2002 年《行诉证据规定》第 10 条第 3 项。

⑤ 2001 年《民诉证据规定》第 77 条第 1 项。

⑥ 2001 年《民诉证据规定》第 77 条第 2 项。

⑦ 2002 年《行诉证据规定》第 63 条（优于）；2001 年《民诉证据规定》第 77 条（大于）。

事人不予认可的情况下，复制件不能作为证据。①

三、视听资料

视听资料是指以录音带、录像带、光盘和电脑及其他科学技术设备储存的音像信息证明案件事实的证据。

（一）特征

视听资料具有如下特征：

1. 综合性

视听资料集中了证人证言、当事人陈述、书证和物证的优点。视听资料在案件事实的发生过程中形成，视听资料是科学技术设备复制案件事实，能够连贯反映案件事实。视听资料以其记载的微电子音像信息反映案件事实，以特有的思想内容证明案件事实。特定的微电子信息只能记载在特定的载体，这些载体的属性直接影响视听资料内容的真实性。

2. 形象性

视听资料可以直观地、生动地反映和再现案件事实的发生过程，以原声原貌、直观地反映案件事实，这是其他证据形式所无法比拟和代替的特性。

3. 直接性

视听资料直接来源于案件事实，可以作为直接证据。

4. 准确性

视听资料对案件事实的记录和反映细致入微，比较客观和可靠。视听资料是采用现代科技手段与设备记载的案件的原始材料，或使用高精技术设备制作的与案件有关的信息和资料。除非伪造或者操作失误，视听资料反映案件事实既不受执法办案人员的思想感情左右，也不受任何诉讼参与人的主观意志制约。只要操作符合技

---

① 2002年《行诉证据规定》第57条第6项；2001年《民诉证据规定》第69条第4项。

术规程，对象准确，设备仪器精良，就能够准确、全面地反映案件事实。

1982年试行的《民事诉讼法》第55条首次将视听资料确定为一种独立的证据种类，随后，1989年《行政诉讼法》第31条、1991年《民事诉讼法》第64条、1996年《刑事诉讼法》第42条均将视听资料采取相同立场。将视听资料确立为独立的证据种类，是我国证据法的特色。英美法系国家视听资料因其产生和使用的目的不同，而分别被归入不同的证据种类。大陆法系国家的诉讼法也没有将视听资确立为一种独立的证据种类。在归类方面值得探讨的问题是视听资料与电子证据之间的关系，这一点在下文“电子证据”一节中专门研究。

（二）规定

我国有关视听资料的实在法规定有：

1. 非法证据排除规则

以偷拍、偷录、窃听等侵害他人合法权益制作的视听资料不能作为定案根据。[①] 这是我国实践中的一个热点问题。需要研究的是：

（1）“偷”或者“窃”的认定。从主观方面来看，认定的关键不在于关系人是否知晓和同意，而在于关系人是否具有将交往内容保密即不向外界公开的意思表示。如果被录制、拍摄的事实发生在公共场合或者有无关的人在场，则不构成“偷”或者“窃”。例如，两人在公共场合打架斗殴，被记者拍摄；执法人员在公共场合执法，被某公民有意或者无意拍摄。

从客观方面来看，是否“违反法律的禁止性规定”[②] 是认定“偷”或者“窃”成立与否的法律标准。“违反法律的禁止性规定”不仅包括实施法律明确禁止的行为，而且包括一切侵害公序

① 2002年《行诉证据规定》第57条第2项。

② 参见2002年《行诉证据规定》第58条。

良俗、社会公德、公共利益的行为。例如，人大代表执行职务过程中的言行受保密规定的保护，公安机关滥用窃听权窃听人大代表办公电话的，即使办理有关的批准手续，仍然属于违反法律的规定。①

上述主观、客观等两个方面的条件必须同时具备，才构成“偷”或者“窃”。因此，偷录、偷拍或者窃听的证据材料并非当然属于非法证据，这还需要结合其他标准综合认定。

（2）“侵犯他人合法权益”是指侵犯他人的通信自由、隐私权、名誉权等。为了调查、防御违法犯罪行为而“偷拍、偷录或者窃听”的，属于正当的执法或者防御行为，不构成“侵犯合法权益”，因为违法犯罪的行为人对其违法犯罪行为没有隐私方面的合法权益。其名誉权受到侵害不是偷拍、偷录或者窃听的结果，而是其本身违法犯罪行为的结果。因此：

A. 为反抗债务人拖延履行或者躲避债务而采取偷录、偷拍或者窃听，在不侵犯无关人合法权益的情况下，不构成对债务人隐私权的侵犯。②

B. 为了反抗或者制止关系人的不道德行为而偷录、偷拍或者窃听，在只用于在诉讼过程中证明关系人不道德行为，而不向外公开的情况下，不构成“侵犯他人合法权益”。例如，为了反对违反夫妻忠实义务而偷拍、偷录、窃听的证据材料。③

C. 偷拍、偷录或者窃听妨害损害了违法犯罪行为或者不道德行为之外的其他人合法权益的，构成违法。④

---

① 《县人大主任电话竟然被监控》，载《城市晚报》2003年3月10日。

② 田玉：《32. 5万元的欠款条丢失后引出一桩颇有争议的奇案　偷录证据算几何》，载《重庆经济报》2002年11月5日；《“陷阱取证”的困惑》，载《中国电视报》2002年第41期。

③ 《家中偷拍丈夫不忠　法庭认定证据有效》，载《生活日报》2002年12月12日。

④ 马文帅：《偷拍丈夫不忠却拍了全家洗澡　婚内隐私权案开审》，载《华西日报》2002年11月6日。

（3）“不能作为定案根据”是指不能用于证明对本案事实或者不利于非法取证行为受害者的事实。对证明非法制作视听资料的行为来说，非法制作的视听资料仍然可以作为定案根据，即非法视听资料可以用来证明非法制作视听资料的行为。[①]

2. 真实性规则

除了具备合法性之外，视听资料还应当具备真实性，才可以作为定案的根据。具体而言：

（1）视听资料因制作的技术缺陷致使其内容无法识别的，没有真实性，不能作为定案根据。[②]

（2）难以识别是否经过修改的视听资料不能单独作为定案根据。[③]

（3）注明制作的方法、时间、制作人、证明对象等事项。[④]

3. 最佳证据规则

一方面，当事人应当提供视听资料的原件，但在原物灭失或者确有困难的情况下，经法庭许可，可以提供经核对无误的复制件。[⑤] 另一方面，公安司法机关也应当调取原始载体，调取复制件的，应当在调查笔录中说明来源和取证情况。[⑥]

---

① 李惠等：《为讨赌资竟打官司 偷录证据反露马脚》，载《法制文萃报》2002年12月28日。

② 2002年《行诉证据规定》第56条第1~2项、第5项（影响证据真实性的因素）。这方面的一个典型案例是：甲欠乙工程款7万元，乙支付4万元，后双方达成书面协议：乙再支付4000元，甲放弃其他欠款。后甲反悔，多次找乙协商未果，遂决定在一次会谈中采取偷录方式，然后向法院起诉。法院认为，偷录虽然没有侵犯乙的合法权益，不属于非法证据，但是录音带杂音大、难以分辨内容，决定排除。参见胡祥英：《偷录虽合法，但不一定采信》，载《山东法制报》2002年10月23日。

③ 2002年《行诉证据规定》第71条第4项；2001年《民诉证据规定》第70条第3项。

④ 2002年《行诉证据规定》第12条第2项；1998年《刑诉法解释》第53条第4款。

⑤ 2002年《行诉证据规定》第12条第1项、第40条第1款。

⑥ 2001年《民诉证据规定》第22条。

4. 当庭播放规则

视听资料应当当庭播放，接受当事人质证。[1]

第五节　言词证据

言词证据是指以人类语音作为载体的证据种类，主要有：

一、证人证言

证人证言在言词证据中具有典型意义。有关证人证言的证据规则，通常也适用于当事人陈述和鉴定意见，后两者在来源、形成过程和证明作用方面与证人证言有很多相通之处。因此，这里首先研究证人证言的一般规则，为当事人陈述和鉴定意见奠定理论基础。

（一）意义

证人证言是指自然人对其亲身感知的事实向执法机关所作的陈述。在证据法上，证言具有特殊而又特别重要的意义：

1. 证人证言是检验一个国家诉讼模式的试金石

在整个证据种类系统的地位、收集和审查判断方式直接体现审判机关、公诉机关、当事人等诉讼主体在诉讼过程中的职能、角色和地位的配置模式。在英美法系国家，对证人的询问和反询问是最能体现其当事人主义诉讼模式特征的证据法制度，被英国知名的证据法学家魏格摩尔（Wigmore）称为普通法系对世界诉讼制度的一个杰出贡献。[2] 大陆法系国家近年来也逐渐借鉴吸收证人的询问和反询问制度，在传统的职权主义的诉讼模式中增加当事人主义的因素。

2. 证人证言是审判方式改革的一个重要环节

我国近年来推行审判方式改革，其中一项重要内容是用当事人

---

① 2002年《行诉证据规定》第40条第2款。

② Wigmore, Evidence, revised ed.1973, para.1367.

主义的因素改造传统的超职权主义模式。但是，证人出庭率很低，直接言词原则不能充分贯彻，审判方式实际上并没有得到多大的改变。在刑事诉讼中，导致辩护人的取证能力、被告人的防御能力反而不如以前。[①] 只要不确立系统科学的证人证言规则，我国的诉讼模式改革就不可能成功。

3. 证人证言是证据法中利益权衡原则的典范

证人证言规则中几乎无处不涉及公正、效率两个基本诉讼价值的权衡，涉及各种公共利益之间、个人权益之间以及公共利益与个人权益之间的权衡，证人证言规则在很大程度上是各种价值和利益权衡的结果。我们可以从中发现，作为一种诉讼过程的证明，证据法追求的是多元价值和利益的均衡实现，而不是单纯的事实证明或者查明。如同其他法律部门，证据法本身也是一部利益权衡法。

（二）规定

从上述意义来看，制定《证人法》的建议[②]颇有道理。我国有关证人的现行法规定有：

1. 证人资格规则

（1）只有知情、能够辨别是非并且正确表达的人才具有证人资格。[③]

（2）执法机关必要时可以依职权或者应申请对知情者的辨别是非和表达能力进行审查和鉴定。[④]

2. 作证义务

（1）出庭如实作证义务的原则性。为此，证人在作证之前应

---

① 孙长永：《刑事审判中的证据调查程序比较研究》，载樊崇义主编：《诉讼法学研究》（第4卷），中国检察出版社2003年版，第85~86页；王进喜：《刑事证人证言论》，中国人民公安大学出版社2002年版，第9页。

② 《制定〈证人法〉促证人上法庭》，载《南方农村报》2003年3月18日。

③ 1996年《刑事诉讼法》第48条第1款（知情者作证义务）、第2款（不能作证的情况）；2002年《行诉证据规定》第41条第1款。

④ 1998年《刑诉法解释》第57条（对辨别是非和表达能力的审查和鉴定）；2002年《行诉证据规定》第42条第2款。

当签署保证书。[①]

（2）视为出庭作证。证人在双方当事人交换证据时到场陈述的，可视为出庭作证。[②]

（3）出庭义务的例外。在具有正当理由时，经执法机关许可可以提交书面证言。正当理由分为无法出庭、不便出庭、难以出庭、交换证据时无异议[③]、证人为未成年人、证言不重要[④]等情况。

（4）出庭义务的替代。在（3）所述的例外情况下，经执法机关许可，可以采取双向视频传输手段作证。[⑤]

（5）出庭费用。证人出庭的合理费用，申请证人出庭作证的当事人先行支付，由败诉方最终承担。[⑥]

3. 证人证言的提供

（1）当事人的申请义务。申请应当在举证期限届满之前提出，经人民法院确认并且通知[⑦]；在庭审过程中提出申请的，由人民法院决定是否准许和延期审理。[⑧]

（2）当事人申请的手续。申请书应当写明证人的基本情况，由证人签名或者盖章，附带证人的身份证明文件。[⑨]

4. 证人证言的质证

（1）质证作为证人证言的证据资格要件。经过法庭质证并且

---

① 1996年《刑事诉讼法》第48条（知情者作证义务）；1998年《刑诉法解释》第141条第1款（出庭作证义务）、第142条第2款（保证书）；1991年《民事诉讼法》第70条（知情者出庭作证义务）；2001年《民诉证据规定》第55条（出庭作证义务），第57条（客观陈述）；2002年《行诉证据规定》第41条第1款。

② 2001年《民诉证据规定》第55条（视为出庭作证）。

③ 2001年《民诉证据规定》第56条第1款；2002年《行诉证据规定》第41条。

④ 1998年《刑诉法解释》第141条第2款。

⑤ 2001年《民诉证据规定》第56条第2款。

⑥ 2001年《民诉证据规定》第54条第3款；2002年《行诉证据规定》第75条。

⑦ 2002年《行诉证据规定》第43条第1款。

⑧ 2002年《行诉证据规定》第43条第2款。

⑨ 2002年《行诉证据规定》第13条。

查证属实的证人证言才能作为定案根据。①

（2）身份证明。证人出庭时应当出示身份证明文件。②

（3）权利义务的告知。作证之前，执法人员应当告知证人如实陈述义务和伪证的法律责任。③

（4）询问。执法人员和当事人都可以询问证人。④

（5）不得在场。证人不得旁听法庭审判，一个证人作证时其他证人不得在场。⑤

（6）证人对质。执法机关认为必要时，可以组织证人对质。⑥

5. 意见证言的排除

证人只能陈述其亲身感知的事实，判断、推测或者评论等意见一律排除。⑦

6. 证人证言的补强

需要补强才能作为定案证据的是：⑧

（1）未成年人的证言与其年龄、智力情况不相称；

（2）与一方当事人有亲属关系或者其他密切关系作出的有利于该方当事人的证言；

（3）与一方当事人有不利关系的证人作出的对该方当事人不利的证言。

（4）无正当理由没有出庭的证人提供的证言。

---

① 1998年《刑诉法解释》第58条。

② 1998年《刑诉法解释》第142条；2002年《行诉证据规定》第45条第1款。

③ 1998年《刑诉法解释》第142条；2002年《行诉证据规定》第45条第1款。

④ 2001年《民诉证据规定》第58条。

⑤ 2001年《民诉证据规定》第58条；2002年《行诉证据规定》第45条第2款。

⑥ 2001年《民诉证据规定》第58条。

⑦ 2001年《民诉证据规定》第57条；2002年《行诉证据规定》第46条。

⑧ 2002年《行诉证据规定》第71条第1~3项。

7. 证明力①

（1）物证、档案、鉴定意见、勘验笔录和经公证、登记的书证证明力优于证人证言；

（2）与当事人无利害关系的证人证言证明力优于有利害关系的证人证言。

8. 法律责任

证人作伪证的，采取排除妨害诉讼的强制措施。②

9. 证人保护③

（1）人民法院的积极保护义务。对证人的住址和联系方式予以保密，保证其人身和财产安全。

（2）人民法院的消极保护义务。对证人及其亲属实施威胁、侮辱、殴打、骚扰或者打击报复的，采取排除妨害诉讼的强制措施。

上述规定已经奠定了《证人（保护）法》的框架和雏形，比起以前的立法空白状态而言，是一个巨大的进步。但是，理论研究的模糊和分散立法造成了概念混淆、规范重复或者冲突、立法简单化等缺陷。下文对证人证言的重要问题逐一研究。

（三）资格

什么样的人能够成为证人？证人与当事人、鉴定人的区别何在？这是证人资格规则要解决的问题。

关于证人资格，境外立法存在宽泛和严格两种模式。按照宽泛

---

① 2001年《民诉证据规定》第77条第2项、第5项（与一方当事人有利害关系）；2002年《行诉证据规定》第63条第2项、第7项（与一方当事人有亲属关系或者其他密切关系）。

② 1998年《刑诉法解释》第58条；2002年《行诉证据规定》第76条。

③ 2001年《民诉证据规定》第80条；2002年《行诉证据规定》第74条（积极保护）、第77条（消极保护）。

模式，任何人都具有证人资格，除非法律另有规定。美国[①]、加拿大、澳大利亚、意大利、日本，以及我国香港特区都采取这种模式。[②] 按照严格模式，只有具备一定条件的人才能作为证人。[③] 系统的考察表明两种模式实际上只是规定的角度和方式不同，对证人资格的限制客观上普遍存在。

1. 证人资格的认定

对此，我国学界和实务界的通说采取严格模式。证人资格涉及如下因素：

（1）自然人。我国现行法没有明确排除法人或者其他组织的证人资格。1991 年《民事诉讼法》第 70 条明确将“单位”列为证人。这种做法没有得到学界的普遍认同，通说认为只有自然人才能成为证人。[④]

（2）基本作证能力。只有处于正常的精神状态，能够正确感知、记忆、表达并且明辨是非的自然人才能成为证人。感知是指以自己的感官感受到案件事实，记忆是指记录和回忆，表达是指以可以为他人理解的方式表述自己的思想从而能够交流，明辨是非是指能够理解说谎和说实话之间的区别及其后果。

这里需要注意的是，上述要求是最低限度的，只要求与待证事实的复杂性相适应，而不要求达到专业水平。因此，既不能将年龄与作证能力问题混淆，也不能将作证能力与行为能力混淆，没有行

① 《美国联邦证据规则》第 601 条规定：“每个人都具有作为证人的适格性，但本规则另有规定的除外。”

② 参见 1999 年《英国少年司法和刑事证据法》第 53 条第 1 款，《加拿大证据法》第 3 条，1995 年《澳大利亚证据法》第 12 条，《意大利刑事诉讼法典》第 196 条，《日本刑事诉讼法》第 143 条，我国香港特区《证据条例》第 9 条。

③ 例如，《澳门刑事诉讼法典》第 118 条规定：“凡未因精神失常而处于禁治产状态治人，均具有成为证人之能力。”

④ 江伟主编：《证据法学》，法律出版社 1999 年版，第 373 页。另请参见 1992 年《民诉法适用意见》第 77 条：“依照民事诉讼法第六十五条由有关单位向人民法院提出的证明文书，应由单位负责人签名或盖章，并且加盖单位印章。”

为能力的人只要具备基本作证能力，仍然可以成为证人。①

（3）亲身感受案件事实。只有以自己的感官接触到案件事实的人才能成为证人。亲身感受是指身临其境，没有转载性质的中间环节。

（4）与本案没有利害关系。这是我国学界对证人资格所作的限制性解释。从现行实在法的规定来看，利害关系只是影响证人证言证明力的因素，而不是影响证人资格的因素。②

这里的关键在于如何解释“利害关系”。利害关系的具体情形多种多样，有当事人形式的利害关系，也有参与人性质的利害关系。学界通说所说的“利害关系”应当指前一种，其目的是将证人与当事人区别开来，即当事人不是证人。就此而言，学理通说与现行实在法之间并不矛盾，而是存在一种互补的关系。

在历史上，宣誓、郑重陈述等手续曾经成为证人的一个形式资格要件。但现在，宣誓、郑重陈述等手续只成为唤起证人良知的一种程序，同时作为追究法律责任的一个先决要件。

2. 证人的范围

在明确了证人的一般资格要件之后，需要进一步明确证人的范围。英美法系国家采取广义的做法，当事人、鉴定人都是证人，承办本案的警察也可以成为证人。大陆法系国家往往采取严格限制的

---

① 2001年《民诉证据规定》第53条规定：“不能正确表达意志的人，不能作为证人。待证事实与其年龄、智力状况或者精神健康状况相适应的无民事行为能力人和限制民事行为能力人，可以作为证人。”1994年最高人民法院《关于审理刑事案件程序的具体规定》第42条第2款规定：“年幼的人能够辨别是非并正确表达的，可以作证，但询问方式必须符合年幼的人的生理和心理特点。”1996年《刑事诉讼法》第48条第2款规定：“生理上、精神上有缺陷或者年幼，不能辨别是非、不能正确表达的人，不能作证人。”

② 例如，2001年《民诉证据规定》第69条第2项规定，与一方当事人或者其代理人有利害关系的证人出具的证言不能作为单独认定案件事实的依据。第77条第5项规定：“证人提供的对与其有亲属或者其他密切关系的当事人有利的证言，其证明力一般小于其他证人证言。”

做法，当事人、鉴定人是独立的证据方式，公安司法人员不能成为本案证人。我国学界和实务界基本上采取大陆法系的做法，依通说：

（1）当事人不是证人。这里所说的当事人，在民事诉讼、行政诉讼中是指原告、被告和第三人，在刑事诉讼中是指犯罪嫌疑人、被告人、被害人。当事人与证人的根本区别在于：当事人是本案裁判的对象，受裁判效力的直接约束，而证人是案外的参与人。当事人受独立的证据方式规则调整。

（2）鉴定人不是证人。鉴定人提供专家意见适用专门的证据方式规则。证人和鉴定人的区别在于：证人陈述自己感受的事实，而鉴定人陈述对案件事实的判断意见；鉴定人可以因回避等原因替换，证人具有不可替代性；鉴定人具有科学法官的作用，证人只是一种证据方式。

（3）执法人员不能成为证人。主要原因是：第一，执法人员履行侦查、起诉和审判的职能，其身份和角色与证人冲突，破坏其公正的形象。第二，执法人员承担保守职务秘密的责任，他们作为证人往往与其保密职责冲突。第三，避免先入为主的客观需要。因此，法官、陪审团成员、公诉人不得就本案事实作证，是世界各国的通行做法；他们在本案之外感受本案事实的，应当回避。

在英美法系国家，警察通常可以就自己在办案过程中感受到的本案事实作证，而在大陆法系国家，承办本案的侦查人员通常不能作证。在我国，关于法官是否可以对本案评议事实作证，学界没有一致的意见。[①] 有学者认为，侦查人员可以对自己承办案件过程中感受的事实[②]，其中包括目击犯罪事实发生的事实或者有关勘验、

① 顾永忠：《关于证人出庭作证问题的思考》，载陈光中主编：《依法治国 司法公正——诉讼法理论与实践》（1999 年卷·上海），上海社会科学院出版社 2000 年版，第 175~176 页。

② 刘金友主编：《证据法学》，中国政法大学出版社 2001 年版，第 154 页。

检查、扣押合法性的事实作为证人。[①] 2002 年《行诉证据规定》第 44 条规定行政执法人员在特定条件下可以作为证人。[②] 通说尚未形成。

（四）地位

证人义务表现为证人作证的可强迫性，即公安司法机关可以采取强制性或者制裁性的措施强迫证人作证。

1. 证人的义务

按照学界通说，证人的义务是：

（1）到场。即到法庭或者其他指定地点接受询问的义务，具体包括审判阶段的到庭义务和侦查、起诉阶段的到场义务。在法律有规定的情况下，元首或者其他国家高级官员、法官、外交人员、被告人及其配偶、其他存在严重困难而不能到庭的人，可以不到场，由执法人员到其办公地点、住所进行询问。

（2）宣誓、郑重陈述、具结或者保证。为了唤起证人的良知，体现作证的严肃性，为制裁伪证行为成就事实要件，外国证据法大多规定了宣誓或者郑重陈述程序。[③]

（3）如实作证。即针对执法人员或者当事人、鉴定人的询问，客观陈述自己感受的案件事实，不得隐匿证据、有意作伪证或者作虚假陈述，否则可能被实施排除妨害诉讼的强制措施[④]，甚至被追

---

① 王进喜：《刑事证人证言论》，中国人民公安大学出版社 2002 年版，第 11～12 页。

② 2002 年《行诉证据规定》第 44 条规定："有下列情形之一，原告或者第三人可以要求相关行政执法人员作为证人出庭作证：（一）对现场笔录的合法性或者真实性有异议的；（二）对扣押财产的品种或者数量有异议的；（三）对检验的物品取样或者保管有异议的；（四）对行政执法人员的身份的合法性有异议的；（五）需要出庭作证的其他情形。"

③ 台湾地区"刑事诉讼法"规定了具结程序。1998 年《刑诉法解释》第 142 条第 2 款规定："证人作证前，应当在如实作证的保证书上签名。"

④ 参见 1996 年《刑事诉讼法》第 161 条；1991 年《民事诉讼法》第 101 条；1989 年《行政诉讼法》第 49 条。

究妨害司法或者伪证（《刑法》第305条）的刑事责任。

（4）遵守法庭秩序。这是任何诉讼参与人都必须履行的义务。证人违反该义务的，可能被采取排除妨害诉讼的强制措施。

（5）保守秘密。这是指证人不得向无关的人散布其向执法人员陈述的内容，以避免对执法机关办理案件形成干扰。①

2. 证人的权利

按照学界通说，证人享有的一般权利有：

（1）告知。即有权了解自己的权利义务，公安司法人员应当及时告知。

（2）客观充分作证。这是指任何人不得以任何方式干扰证人作证，公安司法机关应当保证证人客观作证的条件，尤其不得采取暴力手段逼取证人证言。

（3）控告。这是指对公安司法人员事实侵犯其合法权益的行为提出控告。

（4）使用自己民族语言文字作证。这是民族保护的要求和体现。

（5）安全保障。这是指公安司法机关应当采取专门机构设置、信息收集、保卫、警告、高额保证金、迁居、保护性隔离、社区辅助等措施，防止恐吓证人，保护证人或者其亲属的人身财产安全。

（6）经济补偿。这是指证人因作证而遭受误工、差旅等经济损失的，有权从合法的途径得到合理补偿。

（7）拒绝作证。出于法定理由证人有权拒绝作证。

在证人的义务权利中，出庭义务和安全保障、拒绝作证等权利是学界和实务界共同关注的难题。下文专门研究。

（五）出庭义务

出庭作证是作证义务和到场义务的集合，是实施直接言词原

---

① 关于第（4）项和第（5）项义务，参见樊崇义主编：《证据法学》，法律出版社2001年版，第77页。

则、询问和反询问规则的必要条件，这是其典型性和重要性之所在。

1. 现行规定

我国现行实在法有关证人出庭作证的规定存在诸多缺陷，表现在：

（1）将作证义务与出庭义务人为割裂开来，没有注意到两者之间的协调配套。1996 年《刑事诉讼法》第 48 条①和第 45 条②限于证人如实作证的义务，并没有明确规定出庭义务，也就是说，证人如实作证是可强迫的，但出庭则是不可强迫的，证人在是否出庭方面实际上享有选择权。1996 年《刑事诉讼法》第 157 条有关宣读证人证言的规定以及 1998 年《刑诉法解释》第 58 条有关未到庭证人证言经查证属实可以作为定案根据的规定更是将出庭与作证两项义务割裂。1998 年《刑诉法解释》第 141 条③虽然注意到证人出庭义务和作证义务的关联性，但四个例外情形使其实际效果与 1996 年《刑事诉讼法》第 157 条雷同。

1991 年《民事诉讼法》第 70 条④虽然明确规定“出庭作证”，但其后有关书面证言的规定则使“出庭”的义务失去了强制性。2001 年《民诉证据规定》第 56 条⑤有关“确有困难”的解释更是

---

① 该条规定：“凡是知道案件情况的人，都有作证的义务。”

② 该条规定，有关的单位和个人应当向公安司法机关如实提供证据。1991 年《民事诉讼法》第 65 条的规定类似。

③ 该条规定：“证人应当出庭作证。符合下列情形，经人民法院准许的，证人可以不出庭作证：（一）未成年人；（二）庭审期间身患严重疾病或者行动极为不便的；（三）其证言对案件的审判不起直接决定作用的；（四）有其他原因的。”

④ 该条规定：“凡是知道案件情况的单位和个人，都有义务出庭作证……证人确有困难不能出庭的，经人民法院许可，可以提交书面证言。”

⑤ 该条规定：“《民事诉讼法》第七十条规定的‘证人确有困难不能出庭’，是指有下列情形：（一）年迈体弱或者行动不便无法出庭的；（二）特殊岗位确实无法离开的；（三）路途特别遥远，交通不便难以出庭的；（四）因自然灾害等不可抗力的原因无法出庭的；（五）其他无法出庭的特殊情况。前款情形，经人民法院许可，证人可以提交书面证言或者视听资料或者通过双向视听传输技术手段作证。”

如此。

（2）没有系统规定配套的证人保护措施。证人保护是一项专门的法律制度，是出庭作证规则的咽喉所在。1996 年《刑事诉讼法》第 49 条明确规定公安司法机关应当保护证人及其近亲属的安全，但是没有明确规定任何实质性的保护措施。三大诉讼法的共同规定限于保密、排除妨害诉讼的强制措施，实体法的主要规定是《刑法》第 307 条、第 308 条。这些规定分散零碎，所谓的证人保护制度还没有确立。这正是证人出庭率低的根本原因所在。①

（3）没有明确规定证人应当出庭作证而不出庭作证的制裁措施。对证人出庭作证而言，保护和制裁是一辆马车的两个车轮，必须并行不悖。比没有系统规定证人保护措施更为糟糕的是，现行实在法没有明确规定证人无正当理由拒绝出庭作证的专门制裁措施。三大诉讼法有关排除妨害诉讼强制措施的规定都是针对妨害证人作证的行为，对证人无正当理由拒绝出庭作证的妨害诉讼行为没有明确规定，这是程序法渊源方面的漏洞。在实体法方面，《治安管理

① 现行实在法的立法方式有单独和分散两种模式，采取单独立法模式的有美国 1984 年制定了《证人安全改革法》，加拿大制定了《证人保护计划法》，我国香港特区制定了《证人保护条例》，我国台湾地区 2001 年 2 月制定了“证人保护法”。所规定的证人保护措施有：A. 签订证人保护书或者证人保护计划协议。即法院或者检察院依职权或者应证人申请核发证人保护书，明确证人保护的事项；或者与证人签订如何保护证人的措施协议。我国台湾地区和加拿大采取了这种做法。B. 证人基本情况的保密措施。为此可以采取蒙面、变声、变象、视讯传输或者其他适当隔离方式，或者采取代号等方式不公开证人的姓名、职业、住所等基本事项，设定律师、执法人员的保密义务。例如，我国台湾地区“证人保护法”第 11 条。C. 迁居、改变身份。美国 1970 年证人安全保护计划对此作了规定。D. 改进庭审方式。包括设置单独的隔离区、加大证人与当事人之间的距离、扩大简易程序的适用范围、设置庭前取证程序以减少证人出庭的范围等。E. 预防和制裁措施。对取保候审或者监视居住的人征收高额保证金，对于恐吓或者打击报复证人的，可以采取行政处罚或者刑罚的措施。例如，我国《治安管理处罚法》第 20 条第 3 项，《刑法》第 307 条和第 308 条也作了明确的规定。F. 设立证人保护的专门机构。负责收集有关信息、组织协调、法庭安全的警卫、证人安全保护措施的具体实施，其中包括社区保护措施等。参见王进喜：《刑事证人证言论》，中国人民公安大学出版社 2002 年版，第 223 页以下。

处罚法》和《刑法》也没有规定有关证人无正当理由拒绝出庭作证的专门制裁措施。这种零制裁的状况是证人出庭作证率低的重要原因。[①]

2. 出庭作证义务的例外

有原则必有例外，这是法律的一个普遍逻辑。对负有作证义务的人而言，证人到场或者出庭是一般原则，例外情形客观上存在。从现行实在法[②]来看，经执法机关决定或者裁定准许，证人可以不到场或者出庭的情形有：

（1）未成年人。这是保护未成年人身心健康的需要，公安司法机关不得要求到场接受询问。从三大诉讼法和有关司法解释的本意来看，这里所说的“未成年人”应当是指“年幼”的没有行为能力的儿童；至于具有限制行为能力的青少年，则因根据待证事实的内容、复杂程度、对其身心健康的影响等因素具体认定。

（2）因从事特殊岗位无法或者不宜离开。这主要是指国家元首、高级公务员、议员、法官、外交人员等，其目的是避免妨害他

① 从世界各国和地区诉讼法和证据法规定来看，有关证人无正当理由拒绝出庭作证的专门制裁措施有：A. 拘传。即采取限制人身自由的强制措施，迫使证人到场。B. 警告。即在实施更为严重的制裁措施之前，先实施警告措施。例如，《德国刑事诉讼法典》第161a条第2项和第77条第2项。C. 罚款。性质上有三种：一是作为排除妨害诉讼强制措施的罚款；二是作为妨害治安管理秩序行政处罚的罚款；三是作为刑罚的罚金。前两者可以反复实施。D. 赔偿由于不到场产生的费用，是指因程序延迟造成的额外费用，包括必不可少的手续费、已经到场的参加人或者参与人的差旅费等。E. 拘留。可以直接实施，也可以在不能缴纳罚款时实施，即代偿拘留。根据《德国刑事诉讼法典》第70条第2项规定，拘留可以长达6个月。F. 藐视法庭罪。这是英美法系国家的做法，对证人无正当理由拒绝出庭作证、拒绝宣誓或者郑重陈述、拒绝回答问题，以藐视法庭罪处罚。G. 违警罪。这是《法国刑事诉讼法典》第110条规定的处罚形式。上述制裁措施实施主体的分配原则是：证人拒绝到场行为发生在哪个诉讼阶段，则由该阶段的主导机关实施，如法院和检察院；对限制人身自由的制裁措施，应当由法庭裁定实施；刑罚措施只能由法院判决实施。

② 1998年《刑诉法解释》第141条、2001年《民诉证据规定》第56条、2002年《行诉证据规定》第42条以及外国和地区诉讼法和证据法的规定。

们正常执行公务。其中，对国家元首，公安司法机关不得要求到场接受询问，只能到其办公地点询问。其他公职人员有权要求在办公地点接受询问，否则应当事先经过所在机关的同意。具体的情形和手续，世界各国和地区的规定多种多样。

(3) 因身患严重疾病、行动极为不便，或者自然灾害等不可抗力而无法到场。这里的关键是如何认定“无法”。笔者认为，所谓无法，是指客观上不可能。例如，因身患严重疾病需要救治或者隔离，到场将严重损害证人身心健康等。

(4) 路途特别遥远、交通不便难以到场。这里的关键是如何认定“难以”。笔者认为，所谓“难以”是指到场将给证人的生产或者生活造成严重的困难，并且该困难超过了到场作证的价值。为此，公安司法人员需要权衡各种利益，进行成本收益分析。

(5) 其证言没有决定性的作用。这是没有必要到场的情形。这里需要注意的问题是“有无决定性作用”由公安司法人员认定，但是，公安司法人员应当为此听取当事人、代理人、辩护人的意见，最终认定权由法官保留。

从英美法系的传闻证据规则和大陆法系的直接言词原则来看，有关出庭作证义务的例外，还需要与证人庭外陈述的证据资格结合考察。

3. 证人出庭作证的补偿

现行法没有确立一套完整的证人出庭的经济补偿制度，只有分散的规定。安全保护、法律制裁和费用补偿是证人出庭作证制度的三个顶梁柱。证人因出庭作证而遭受经济损失的，有权得到补偿，这是世界各国和地区证据法的通行做法，但我国三大诉讼法却没有明确规定证人补偿问题。2001 年《民诉证据规定》第 54 条第 3 款①确立了民事诉讼中由败诉方承担对方证人费用的原则。但是，

① 2002 年《行诉证据规定》第 75 条作了基本相同的规定。另请参见山东省高级人民法院 1995 年 7 月 10 日印发的《关于改进民事审判方式的若干意见》第 43 条。

1996年《刑事诉讼法》及其解释、1999年《人民法院费用管理办法》都没有明确规定证人补偿问题。可以认为，系统的证人补偿制度在我国没有根本确立。这里涉及的问题是：

（1）立法体例。有专门立法和分散立法两种模式。德国有《证人、鉴定人补偿法》，属于专门立法模式；大多数国家和地区采取分散立法模式，即三大诉讼法分别规定证人补偿问题，我国属于分散立法模式。

（2）补偿的标准。一般包括食宿费、交通费、误工费、日津贴等，但具体计算标准各国不同，有的采取固定的标准。例如，在美国，证人每天补助20美元，每公里旅行补助0.2美元；有的采取浮动标准。例如，《俄罗斯联邦刑事诉讼法典》第106条。

（3）补偿的义务主体。这里存在公安司法机关负担、传唤方承担、败诉方承担等不同做法，并且因三大诉讼而异。在刑事诉讼中，一般采取由公安司法机关承担的做法；在行政诉讼和民事诉讼中，一般采取由传唤方负担，败诉方最终承担的做法。

（4）费用的退还。已经接受费用的证人无正当理由不到场，或者拒绝保证、提供证言的，应当退还已经支付的费用。

（5）程序。对此，中外现行实在法没有明确规定。笔者认为，证人应当提出补偿请求。在刑事诉讼中，由公安司法机关决定；在民事诉讼和行政诉讼中，应当由传唤的一方当事人预先向人民法院支付，由人民法院转交，最后根据审理结果判决承担费用的一方当事人。

针对我国证人保护、制裁措施和经济补偿都不力的问题，笔者认为：第一，应当制定专门的《证人法》，集中系统地规定证人的保护措施。第二，应当修改三大诉讼法的有关排除妨害诉讼强制措施的规定，将证人无正当理由拒绝出庭作证确认为妨害诉讼的行为，由法庭裁定实施警告、罚款、拘留等排除措施。第三，修改《治安管理处罚法》，将证人在侦查或者起诉阶段无正当理由拒绝到场确认为妨害管理秩序的行为，确认警告、罚款或者拘留的行政处罚措施。第四，修改《刑法》第 305 条，将有关证人无正当理由拒绝到场作证情节严重的确认为妨害司法的情形，确立证人拒绝作证罪；第五，制定专门的《证人补偿法》，系统规定证人、鉴定人的补偿的范围、标准、主体、程序、执行等问题。

（六）拒绝作证权

对适格的证人而言，作证义务是一般原则。但是，按照有原则必有例外的法律逻辑，在证人作证可能损害其他国家、社会利益的情况下，证人享有拒绝作证权，即使其证言对案件事实的认定具有重要意义。这是诉讼公正多元价值观的体现，是利益权衡的一个具体要求。证人拒绝作证权本身是一个复杂的规则体系，可以分为如下四个方面：

1. 职业特权规则

这是指为了保护特定职业群体的共同体利益以及有关的国家利益、社会利益和个人权益，从事特定职业的人对在从事该职业活动中得知的情况依法享有拒绝作证的权利。特权是针对作证义务的原则性而言的例外权利，并非法外特权。

（1）律师的拒绝作证权。律师拒绝作证权是律师职业道德、社会信任感和司法制度健康发展的客观需要，是理性权衡相互冲突的各种利益的结果①。

律师拒绝作证权同时是律师保守职业秘密的义务。对委托人或者其他与律师发生职业关系的案外人而言，律师承担保密的义务；对公安司法机关而言，该保密义务则表现为律师的拒绝作证权。我国现行法的缺陷在于只规定了保密义务，而没有规定拒绝作证权，

---

① 例如，1996 年《律师法》第 35 条和第 45 条规定律师不得“隐瞒事实”，否则，由省级司法行政部门吊销执业执照；《刑法》第 310 条和第 362 条规定了包庇罪；1996 年《刑事诉讼法》第 38 条规定了辩护律师不得干扰司法机关的诉讼活动。这些规定与《律师法》第 33 条规定的保密义务冲突。只有从多元公正价值观和利益权衡的高度，才能把握这些冲突中蕴含的法理。

如同畸形的独轮马车。[①]

A. 主体。从内部结构来看，律师并非拒绝作证权的唯一主体。律师不得公开所知道的委托人或者案外人的隐私，除非事先得到委托人或者案外人的同意。因此，就主体结构而言，委托人、案外人以及其他秘密所有人、秘密的管理人是律师拒绝作证权的内部主体，而律师是针对公安司法机关的外部权利主体。需要注意，这里所说的律师是职业意义的律师群体，不仅包括取得律师执业资格的人员，而且包括律师助理、实习律师等。

B. 客体。从中外现行法的规定来看，律师对从事职业活动过程中知悉的如下事项享有拒绝作证权：

第一，国家秘密[②]、商业秘密[③]和个人隐私。对国家秘密而言，律师的拒绝作证权只是外在的表现形式。个人隐私是指因可能损害个人名誉或者身心健康，委托人或者案外人不愿意公开的有关个人生活、工作的任何情况，但犯罪行为事实例外。

第二，律师工作成果。在开庭审理之前，律师为了进行诉讼而进行信息性或者创造性的准备活动，如所记录的证人陈述、有关本案的法律意见等，律师有权拒绝提供。该特权又被称为工作成果特权，其目的是保护律师的工作成果被对方当事人攫取，防止投机取巧、不劳而获。该特权主要适用于先悉程序。

第三，其他委托人或者案外人明确表示不要公开的事项。[④]

---

① 1996年《律师法》第33条、中华全国律师协会1996年《律师职业道德和执业纪律规范》第9条是这方面的典型。

② 2010年《保守国家秘密法》第2条规定，国家秘密是关系国家安全和利益，依照法律程序规定，在一定时间内限于一定范围人知悉的事项。第3条规定，任何组织或者个人都有义务保守国家秘密。《刑法》第398条规定了严重泄密行为的刑罚。

③ 根据1993年《反不正当竞争法》第10条第3款规定，商业秘密是指不为公众所知悉，能为权利人带来经济利益、具有实用性并经权利人采取保密措施的技术信息和经营信息。

④ 1993年《律师职业道德和执业纪律规范》（司法部1993年12月27日发布）第14条规定了这种情形。学理上对此存在争议，没有形成通说。

C. 时间。一般认为，需要保守的秘密应当限于从事职业活动期间知悉的事项；除非法律另有规定，律师的保密义务在职业关系终止之后始终存在。

D. 滥用权利禁止。律师利用拒绝作证权从事与职业不相关或者违反职业道德的活动。例如，帮助当事人从事违法犯罪行为，妨害公安司法机关执行公务，构成滥用权利，应当承担法律责任。

E. 法律责任。从中外法律规定来看，律师泄密或者滥用拒绝作证权的，将受到如下方面的制裁；第一，行政处罚，包括罚款、吊销执业执照等。第二，刑罚，包括罚金、自由刑。①

（2）医师的拒绝作证权。这是指对医生在执行职务时被信赖告知或者所知悉的他人秘密事项，医生有权拒绝作证。该特权的理论基础是个人隐私保护、医生的职业群体利益和有效治疗。按照主体的不同，可以分为基于一般的医生患者关系产生的拒绝作证权和基于精神医生与患者之间关系产生的拒绝作证权。

A. 主体。对拒绝作证权而言，患者在医患关系中是权利主体，医生在针对公安司法机关时是权利主体。经患者准许，医生可就所知悉的事项作证。

B. 客体。限于出于治疗或者护理目的而进行的必要交流事项，出于诉讼中的医学检查、逃避犯罪等目的的交流事项，不属于保密和拒绝作证权的范畴。

C. 责任。从实在法来看，主要是行政处罚和排除妨害诉讼的强制措施。②

（3）宗教人士的拒绝作证权。牧师等神职人员、宗教人士对他人基于信赖关系而被告知的个人隐私事项，有权拒绝作证。该特权的理论基础是信赖关系、宗教信仰自由、隐私权保护、宗教团体

---

① 例如，我国台湾地区“刑法”第 316 条。

② 例如，2009 年《执业医师法》第 37 条规定的警告、责令停业 6 个月、吊销执业证书。

的纪律性。

A. 主体。该特权的主体是进行交流的人和神职人员，即使交流人放弃秘密权，神职人员也有权拒绝作证。[①]

B. 客体。具体包括宗教忏悔事项、婚姻咨询以及其他个人隐私的事项。

C. 责任。由宗教团体的纪律规定，并且实施处罚。

2. 反自证其罪规则

这是指基于反对自证其罪的原则，对可能导致自己受到刑事追诉的事项，证人有权拒绝作证，禁止使用证人证言对该证人进行刑事追诉。该权利的理论基础是“任何人无义务控告自己”“任何人都不得被强迫作反对自己的证人”以及社会治安方面的利益权衡。

（1）确认程序。证人必须接受询问；在被询问的过程中，证人必须积极主张该权利。确认的根据是被询问的问题，确认的主体是主持程序的执法机关。

（2）效果。反对自证其罪规则实际上分为两种情形，一是证人的拒绝作证权，二是证人豁免权，即禁止使用证人证言对证人提起刑事追诉，性质上属于使用豁免，但并不因此免除证人的刑事责任（罪行豁免）。

（3）例外。证人作伪证、虚假陈述时，其证言可以用来对其提起刑事追诉。

3. 亲属关系保护规则

这是指对为了保护婚姻家庭和亲属关系，针对婚姻家庭关系存续期间的交流事项以及对亲属不利的事项，证人有权拒绝作证。该权利的理论基础是保护作为婚姻家庭基础的信任与和谐、夫妻隐私权保护、夫妻在法律上为一人、司法的人性化等。

（1）基于婚姻关系的拒绝作证权。这是亲属关系特权的主要方面，其中的问题有：

---

① 美国《加利福尼亚州证据法》第1033条、第1034条。

A. 主体。经合法确认或者事实婚姻关系的任何一方均享有拒绝作证权，另一方有权要求对方拒绝作证。我国台湾地区“刑事诉讼法”第180条规定存在婚约关系的双方也享有拒绝作证权。

B. 客体。对此，大体上也有两种做法：一种是限于可能导致对方被刑事追诉的事项①；另一种是对夫妻之间交流的任何事项，任何一方都有权拒绝作证，其中包括对另一方不利的证言，除非夫妻交流时有能够理解其内容的第三人在场。夫妻之间的交流通常被视为隐私，但有第三人在场时说明夫妻并不打算将其交流内容作为隐私，因此不受拒绝作证权的保护。②

C. 存续期间。这里有两种做法。一种是限于夫妻关系存续期间，夫妻关系解除之后，任何一方不再享有拒绝作证权。③ 另一种做法是凡是婚姻关系存续期间交流的事项，无论该关系是否解除，任何一方都享有拒绝作证权。④

D. 例外。从中外实在法的规定来看，例外情形有；

第一，在夫妻各为一方当事人的刑事自诉或者民事诉讼中；

第二，在夫妻一方被指控对对方、子女实施侵权或者犯罪行为的程序中；

第三，夫妻就共同犯罪进行的交流事项。

E. 程序。当事人应当积极主张基于婚姻关系的拒绝作证权。公安司法人员可以根据案件的具体情况裁量，认为证人作证对婚姻家庭关系的伤害超过证人作证的效果的，决定准许证人不作证。

（2）基于其他亲属关系的拒绝作证权。其中涉及的特殊问题是：

A. 主体。大陆法系国家大多限制为“近亲属”关系的任何一方，而英美法系通常限于父母子女。

① 例如，我国台湾地区“刑事诉讼法”第181条。

② 例如，《美国统一证据规则》第504条b款。

③ 例如，《澳大利亚证据法》第18条，《加拿大证据法》第4条。

④ 例如，《美国统一证据规则》第504条b款。

B. 客体。这里分为两类：一是双方交流的隐私事项，即没有明确表示可以公开的秘密事项；二是可能使近亲属遭受刑事追诉的事项。

4. 公共利益豁免规则

这是指为了协调发现案件真相与维护公共安全和秩序等方面的不同公共利益之间的冲突，对经依法确认为属于国家秘密或者职务秘密的事项，知晓人有权拒绝作证。在保密的范围方面，公共利益豁免规则与政府信息公开法存在一致性。

(1) 主体。知晓有关国家秘密或者职务秘密的人通常是国家官员和其他公务人员。

(2) 范围。经依法确认的：

A. 国防、外交等涉及国家安全的秘密。这是为了防止重大国家利益遭受损害。

B. 政府机关的讨论记录和高级政府机关的内部交流材料。这主要是为了保证政府决策时讨论充分，不受外界因素干扰。

C. 警务秘密文件。主要是公开会妨害侦查活动或者对警察、证人的人身安全造成危险的事项，以及有关警方情报人员身份的情况。

D. 与司法或者准司法活动有关的秘密事项。具体包括评议的内容和记录，司法人员的思想过程的事项，但与收买司法人员、妨害司法犯罪行为有关的情况除外。

E. 为了公共利益需要保密的事项。这是指被依法确认公务秘密的任何事项。

(3) 程序。法院应当告知有关公共利益豁免的规则，被要求作证的公务人员应当积极主张该权利。

(4) 确认。这里不同国家和地区存在不同的做法。《意大利刑事诉讼法典》第 201 条和第 202 条将职务秘密的确认权赋予法官，将国家秘密的确认权赋予内阁总理涉及国家秘密的事项。《加拿大证据法》第 38 条将国家秘密的确认权赋予联邦最高法院。在日本和我国台湾地区，涉及职务秘密的事项，公务人员拒绝作证时，应当将主张的秘密事项交主管行政机关确认和准许。无论是哪一种情形，法院都享有最后的审查决定权。法官在作出决定时应当综合考虑有关因素①。

(5) 效果。证人主张公共利益豁免而拒绝作证的，法院可以作出如下认定：

A. 确认有关证人证言没有证据资格，予以排除；

B. 撤销有关的决定或者裁判。

（七）宣誓作证

证人宣誓具有唤起证人良心、加强证人作证行为的严肃性、保证证人证言的可靠性、为追究伪证责任成就事实要件等多方面的法律意义。从历史发展来看，证人宣誓制度经过了确认证言真实性即证实性宣誓、作为证人资格要件即证人资格性宣誓、证言真实性保证的宣誓三个阶段。从表现形式来看，有原始的书面或者口头宣誓以及派生的郑重陈述、具结、证人保证等形式。

1. 宣誓的合法性要求

宣誓（oath）是基于宗教信仰来保证证言真实性的制度。这里涉及的问题是：

(1) 主体。宣誓手续只适用于可以理解宣誓严肃性的人员，没有行为能力的人（如未成年人）、没有特定宗教信仰的人不采用宣誓；对享有拒绝作证权的人，也不得命令其宣誓。

(2) 内容。宣誓的内容也多种多样，其内容与特定宗教有关，同时需要明确如实陈述和相关的法律责任。

(3) 后果。② 拒绝宣誓的，依法予以制裁。从性质上来说，这种制裁属于排除妨害诉讼的强制措施。

---

① 参见《澳大利亚证据法》第 130 条第 5 款。

② 《日本刑事诉讼法》第 161 条规定，没有正当理由拒绝宣誓的，可以处以 10 万日元以下的罚金或者拘留。

2. 宣誓的郑重性保障

宣誓陈述必须采取郑重其事的方式，因为宣誓的手续不仅决定着证言成为定案证据的资格，而且加强了证言的证明力。

（1）郑重陈述。对没有宗教信仰的人或者因宗教信仰问题不能宣誓的人，美国和澳大利亚的证据法规定了郑重陈述制度（affirmation）。郑重陈述是证人对自己如实陈述作出的严肃保证，具有与宣誓同等的效力。

（2）具结保证。这是我国台湾地区的做法。根据有关规定[①]，具结采取证人朗读或者司法人员朗读具结书的形式，证人应当签名、盖章或者按指印。具结一般在询问之前进行，但对是否具结有疑义的，可以在陈述之后进行。具结的内容主要是如实陈述和法律责任等事项。具结是追究伪证罪的一个事实要件。

（3）作证保证书。这是我国实务界采取的做法。[②]

（4）法官主持。法官应当向证人说明宣誓的法律意义。具体形式多种多样，一般是在法院的主持下，以证人朗读或者书记人员朗读宣誓书的方式进行。

（八）*名誉保护*

这是指为了使作证行为不损害证人的名誉，公安司法人员审查证人证言可靠性时原则上不得涉及有关证人品格和名誉的事项。从中外实在法的规定来看，主要问题是：

1. 审查根据

原则上限于证人的观察、记忆或者表达能力等有关证言可信性的事项，以及证人的利害关系、偏见、推测等有关证言可信性的事项。[③]

---

① 台湾地区“刑事诉讼法”第186~189条、第202条和第211条。

② 1998年《刑诉法解释》第142条创立了该项制度。但对主体、内容、程序和方式、内容以及拒绝保证的后果等没有明确。

③ 《日本刑事诉讼法》第199条的规定最为典型，《德国刑事诉讼法典》第68a条，《澳大利亚证据法》第102条、第103条第1款也作了这种规定。

2. 不得反对本方证人的可信性

这是传统普通法上的一个证据规则，但现在已经被放弃。例如，《美国联邦证据规则》第607条规定，包括传唤方在内的任何一方都可以反驳证人的可信性。

3. 禁止使用无关事实

禁止采用案外事实、其他证人证言或者证据质疑证人的品格和名誉，除非给该证人提供反驳机会。有的学者称之为旁系事实规则（the collateral rule）。

4. 例外

在证人的品格或者可信性受到攻击，成为系争事实时，有关证人可信性的证据具有可采性，例如：

（1）证人存在偏见、贿赂之虞；

（2）证人因叛国、重罪或者涉及伪证、妨害司法的轻罪而遭受过刑事处罚；

（3）存在有关证人品性或者名誉的专家意见。

（九）意见证据

证人证言可以分为体验性陈述和意见性陈述两种。前者的内容是证人自己亲身感受的事实，而后者的内容是证人对感受事实的意见和推测。这两种证人陈述的可采性不同。由于判断不是一般证人的职能，证人意见原则没有可采性，即没有作为证据的适格性。只有专司判断职能的专家证人，才能提供判断性的意见。

1. 理论基础

排除一般证人意见的证据资格的主要原因是①：

（1）作证职能和事实裁判职能的分离。学理上认为，对事实的判断职能由事实裁判者履行，一般证人只具有提供证据的职能。一般证人陈述判断性意见的，无异于证人代行裁判官职能。

（2）妨碍真实之发现。一般证人缺乏判断的经验，作出判断

① 陈朴生：《刑事证据法》，台北三民书局1979年版，第297页。

的根据往往缺乏规范性，由证人提供意见会导致证明的紊乱。

2. 证据资格

各个国家和地区实在法有两种做法：

(1) 没有可采性。我国台湾地区“刑事诉讼法”第160条完全否定证人意见的可采性，没有规定例外。这也是我国学界[1]和实务界[2]的通说。

(2) 限制可采性。即不完全排斥证人意见的可采性，但严格限制其条件，即证人意见以其亲身感受的事实为根据，不能与事实感受分开，或者有助于澄清对证人证言内容的理解或者确定争议事实。[3] 我国学界也有人采取这种观点，[4] 因为证人感受案件事实时必然包含经验性的判断，将感受与判断截然分开是不可能的。

(十) 庭外陈述

西方国家均实行审判中心主义，证人在法庭上所作的陈述是证言（Testimony），在法庭之外所作的陈述仅仅是陈述（Statement）。在我国，刑事诉讼的审判中心主义结构还没有形成，侦查机关和公诉机关在开庭之前要询问证人；在行政诉讼中，行政机关在行政程序中询问证人。这就提出了证人庭外陈述的证据资格问题。

根据英美法系的传闻证据规则和大陆法系的直接言词原则，证人的庭外陈述原则上没有证据资格。但是，如下情形例外：

1. 因存在必要性而采纳

例如：

---

① 例如，陈一云主编：《证据学》，中国人民大学出版社2001年版，第286页；何家弘主编：《新编证据法学》，法律出版社2000年版，第165页。

② 例如，2001年《民诉证据规定》第57条规定：“出庭作证的证人应当客观陈述其亲身感知的事实……证人作证时，不得使用猜测、推断或者评论性的语言。”2002年《行诉证据规定》第46条规定：“证人应当陈述其亲历的具体事实。证人根据其经历所作的判断、推测或者评论，不能作为定案的依据。”

③ 《美国联邦证据规则》第701条、《日本刑事诉讼法》第156条，以及我国《澳门刑事诉讼法典》第117条均采取这种做法。

④ 江伟主编：《证据法学》，法律出版社1999年版，第367~368页。

(1) 证人因死亡、疾病、不可抗力等客观原因不可能出庭;

(2) 无法通知证人;

(3) 路途遥远,证人出庭的成本与证言的价值不相称。

2. 因存在可信性保证而采纳

例如:

(1) 法官主持询问时获得的证人证言;

(2) 庭前询问程序符合法庭作证的程序要求,例如,行政机关主持听证程序中的证人证言;

(3) 濒临死亡前的陈述;

(4) 证人作出的对自己不利的陈述;

(5) 证人关于自己历史和家族史的陈述。

3. 因当事人同意而采用

例如,《德国刑事诉讼法典》第 251 条规定,在检察官、辩护人和被告人同意的情况下,可以宣读证人证言。

4. 用于程序目的

在为决定是否传唤、询问某人做准备时,可以宣读证人证言。[①] 在证人出庭的情况下,庭外陈述的作用是:

(1) 帮助证人唤起记忆。为此,经审判长准许,可以采取查阅、宣读等方式。

(2) 比对法庭内外陈述的异同。庭外陈述与当庭陈述不一致的,可以用来反驳证人的可信性,而不得直接用来证明本案事实,但反驳方必须明确指出庭外陈述的时间、地点、询问人等必要事项。

(十一) 证明力

从现行实在法的规定来看,该规则的内容是:

---

① 关于上述情形,参见王进喜:《刑事证人证言论》,中国人民公安大学出版社 2002 年版,第 336~342 页。

1. 审查根据

主要是:[①]

(1) 证人的可靠性。有关证人可靠性的因素,包括证人的利害关系、偏见、预断、贿赂可能性以及品行等。

(2) 证人的可信度。有关证言可信性的因素,包括是否出庭、前后叙述的一致性、证人的观察能力、辨别是非的能力、表达能力等。

2. 证人证言与其他证据证明力的比较

一般而言,证人证言的证明力低于鉴定结论、笔录、物证等。[②]

3. 不同证人证言证明力的比较[③]

一般规则是:

(1) 其他证人证言优于与当事人有亲属关系或者其他密切关系的证人提供的对该当事人有利的证言。这是利害关系影响证人可靠性的情形。

(2) 出庭作证的证人证言优于未出庭作证的证人证言。这是程序保障影响证言可信性的情形。

4. 证人证言的证明力补强[④]

即在特定情况下,只有结合其他证据,证言才能成为定案根据;在没有其他证据补强的情况下,证言将因没有证据资格而被排除。具体情形是:

(1) 未成年人所作的与其年龄和智力状况不相适应的证言。

(2) 与一方当事人有亲属关系或者其他密切关系的证人所作

---

① 参见《日本刑事诉讼法》第199条;2001年《民诉证据规定》第78条。

② 2002年《行诉证据规定》第63条第2项。

③ 参见2002年《行诉证据规定》第63条第7~8项;2001年《民诉证据规定》第77条第2项。

④ 参见2002年《行诉证据规定》第71条第1~3项;2001年《民诉证据规定》第69条第1~2项、第77条第5项。

的对该当事人有利的证言，或者与一方当事人有不利关系的证人所作的对该当事人不利的证言。

（3）应当出庭作证而无正当理由不出庭作证的证人证言。

二、当事人陈述

当事人陈述是指当事人对感知、了解或者认识的事实向执法机关所作的口头、书面或者其他方式的陈述。

从来源和证据的形成过程来看，当事人陈述与证人证言没有实质性的差异。在英美法系国家，当事人陈述被视为证人证言的一种，有关证人证言的规则，如传闻证据排除规则、拒绝作证权规则、出庭义务、作证资格等，也适用于当事人陈述。本部分只介绍当事人陈述的特殊性问题。

（一）范围

当事人陈述可以分为有关诉讼请求的陈述、有关案件法律适用、有关事实认定意见的陈述以及有关案件事实感知、了解和认识的陈述四类。证据法上的当事人陈述限于第四类。

当事人陈述是证据的一种法定形态，但这并不意味着所有的当事人陈述或者当事人陈述的所有内容都可以成为证据。即使是可以成为证据的事实描述内容，也需要应用证据法上的规范语言和法律思维的逻辑进行筛选和整理。为此应当从如下三个方面着手：

1. 当事人陈述中直接感知的内容和道听途说的传闻内容的甄别

当事人就从他人处了解到的事实所作的陈述实际上属于传闻证据材料，是否可以作为证据，取决于对传闻来源审查的可能性和传闻证据本身的可靠性。也就是说，当事人陈述应当适用传闻证据规则。因此，并非所有当事人陈述都可以作为证据。

2. 当事人陈述中事实描述内容、事实主张内容和事实判断意见内容的甄别

对耳闻目见、亲身经历的案件事实进行直观的描述是当事人陈

述的主要内容。但是，实践中当事人陈述的内容是鱼龙混杂、泥沙俱下的，需要筛选和甄别。当事人在法庭上所作的陈述并非都是证据，有的是当事人的事实主张，应当作为一种诉讼主张而予以认定，不是证据。有的是当事人对所了解到的案件事实所作的推测、推断等[①]，性质上属于意见证据材料，是否可以作为证据，取决于当事人的是否具备相应的判断能力。如果当事人具备有关的特长或者专业知识，则其意见实际上发挥着专家证言的功能，可以作为定案的根据。

3. 当事人陈述中的视角、立场、思维和语言的特点甄别

同样的案件事实过程摆在眼前，因视角和立场不同，感知的内容就不同，大相径庭也是有可能的。至于思维方式和语言风格，不同的当事人会带有鲜明的地方风俗文化特征和个人的主观能动性因素，需要公安司法人员从中提炼出具有法律规范意义事实的陈述内容，作为定案证据。

（二）承认

这是当事人陈述相对于其他言词证据的一个最特殊的问题，是指一方当事人对他方当事人所提出的不利事实陈述表示认同或者不加争执，又称为自认。

1. 对事实的承认和对诉讼请求的承认

两者的根本区别在于诉讼原则基础不同。事实承认的原则基础是辩论原则，诉讼请求的承认的原则基础是处分原则、自治原则。两者都具有免除对方当事人举证责任的效果，而且都对法院具有约束力，除非出现损害他人权益或者公共利益的情况，应当予以确认。

证据法上当事人承认的构成要素有：

（1）时间要素。承认必须在执法过程中作出。即在立案之后、

① 江伟主编：《证据法学》，法律出版社1999年版，第465页（对案件事实的“认识”）。

生效裁判作出之前。

(2) 主体要素。承认必须针对本案执法人员。当事人向代理律师、不承办本案的审判人员所作的承认，不属于证据法上的当事人承认。

(3) 客体要素。承认针对不利于自己的案件事实。

(4) 主张要素。承认以对方当事人提出了特定的事实主张为前提。承认是对对方当事人事实主张的承认。

(5) 意思表示要素。承认必须在对方当事人在场的情况下直接向法院以口头或者书面方式作出。消极的沉默一般不构成承认，[1] 但经执法人员充分说明并且询问之后仍然不作表示的，视为承认。[2]

(6) 自愿要素。承认必须基于当事人的真实自愿，以强迫、威胁、利诱或者其他误导性方式使对方当事人认可的，不构成承认。[3]

2. 无效确认

只有全部具备上述构成要件，承认才能成立。学界通常所说的“撤销”[4]，实际上是指承认不成立因而自始无效的情形。“撤销”的本意是成立之后使之归于无效，将“撤销”与“不成立”联系起来是不准确的，因为在承认不成立的情况下，没有可供撤销的客体。在程序方面，执法机关经审查承认不成立的，应当作出无效确认的裁定或者决定。

根据上述分析，笔者认为应当用“无效确认”取代“撤销”，将“不成立”或者“无效”作为无效确认的条件。

---

① 关于以上6个要素，参见江伟主编：《证据法学》，法律出版社1999年版，第470~472页。

② 2001年《民诉证据规定》第8条第2款。

③ 2002年《行诉证据规定》第67条；2001年《民诉证据规定》第8条第4款。

④ 江伟主编：《证据法学》，法律出版社1999年版，第477页（不区分撤销和撤回）。

3. 撤回

对已经成立的承认，当事人在特定条件下可以“撤回”。所谓特定条件，是指：

（1）在听审程序结束之前提出撤回请求；

（2）经对方当事人同意；

（3）经执法机关审查确认。

承认一经撤回，视为没有承认，当事人的举证责任分配和事实认定应当像没有承认那样进行。

（三）认可

认可是指一方当事人接受对方当事人提出的证据和事实主张。认可的客体有证据和事实主张两类，无论是否对自己不利。接受的方式有明示和默示两种。明示是指向执法人员作出明确的意思表示，默示是指经反复询问仍然不作反对或者肯定的意思表示，单纯的沉默不构成认可。从性质上而言，认可属于当事人质证行为的一种方式，认可意味着对方当事人举证责任的完成。

认可的构成要素与承认相通，但不能将二者简单等同：

（1）范围。承认限于对方提出的不利事实主张，而认可没有这种限制。

（2）性质。承认属于当事人的处分行为，而认可属于当事人的质证行为（证明行为）。因此，在涉及公共利益的公法领域，承认的适用受严格的限制。

（3）效果。承认的效果是免除对方当事人举证责任，未经对方当事人同意不得撤回；而认可的效果是对方当事人举证责任完成，在法庭结束之前可以随时撤回。

（4）约束力。承认对执法机关具有当然的约束力，除非出现侵害公共利益或者他人合法权益的情形，应当按照承认的事实定案。认可对执法机关没有当然的约束力，认可的事实是否得到认定，取决于全案事实的综合审查判断。

（四）规定

我国现行法有关当事人陈述的规定有：

1. 陈述权的排除效力

执法机关非法剥夺当事人陈述权、质证权的，有关的证据材料不能作为支持裁判的定案根据。①

2. 当事人陈述的补强

当事人只提出主张，没有提供证据证明的，不能认定主张的事实，但对方当事人认可的除外。②

3. 承认

承认原则上采取明示方式，但经执法人员反复询问并且说明仍然不作否认或者肯定的，视为承认；代理人的承认原则上视为当事人的承认，但是对事实的承认直接导致承认对方诉讼请求的除外；当事人在场时对其代理人的承认不作否认表示的，视为当事人的承认；经对方当事人同意，可以在法庭辩论之前撤回承认。③

4. 认可

在执法程序中，一方当事人明确认可对方当事人及其代理人有关案件事实的陈述，可以认定该案件事实，但有相反证据足以推翻的除外④；一方当事人明确认可对方当事人及其代理人的举证，可以认定有关证据的证明力。⑤

5. 调解中的认可和承认

在调解协议中，当事人基于达成协议或者和解的目的对事实的认可和承认不得在其他诉讼中作为对该方当事人不利的证据。⑥

---

① 2002年《行诉证据规定》第60条第2项。

② 2001年《民诉证据规定》第76条。

③ 2001年《民诉证据规定》第8条。

④ 2002年《行诉证据规定》第65条；2001年《民诉证据规定》第74条（对案件事实和证据的承认）。

⑤ 2002年《行诉证据规定》第67条；2001年《民诉证据规定》第72条第1款。

⑥ 2002年《行诉证据规定》第66条；2001年《民诉证据规定》第67条。

三、鉴定意见

鉴定意见是一个具有复合属性的特殊证据类型。就形成的方法而言，鉴定意见属于科学证据的范畴，应当遵循科学证据的法则。就审查的方式而言，鉴定意见属于专家证言，应当遵循专家证言的规则。就存在的形态而言，鉴定意见的实体内容是专家的意见，受意见证据规则的约束。鉴定意见就是科学证据的来源、意见证据的内容和专家证言的方式的有机统一。

（一）概念

鉴定意见是指专家凭借专门知识来检测、分析、鉴别待证事实，以书面或者口头方式作出的判断性意见，又称为专家证言。鉴定意见有主体（专家）、客体（专门问题）、内容（判断意见）、形式（方式）和效力五个构成要素。

1. 专家

专家是指拥有专长的自然人。所谓专长，包括专业知识、特长、技能、经验、训练或者教育等。[①] 专业知识是以学科为划分标准的，有什么样的学科，就有什么样的专业知识。除此之外，专长还包括普通人没有的技能或者能力，如特殊的听觉能力、视觉能力、嗅觉能力等。

经执法机关审查资格之后，专家接受指派或者聘入法律程序的，即成为鉴定人。关于鉴定人的法律地位，存在“法官助手说”、“专家证人说”、“独立诉讼参与人说”、“裁判参与人”等不同的观点，下文专门介绍。

2. 专门问题

需要借助专家鉴定的问题必须是涉及专长的事实问题，如医学、精神病学、物证技术、会计学、产品质量、建筑工程、知识产

① 参见《美国联邦证据规则》第702条。

权、资产评估、价格评估[①]等，其共同特点是复杂，借助普通生活经验不能解决。因此：

(1) 可以根据生活经验判断的问题，即使具有相当的技术性，也不属于鉴定的范围；

(2) 法律的解释和问题，不属于鉴定的范围。例如，交通事故责任认定其中包含了法律责任归属的认定，不属于鉴定的范畴。

3. 判断意见

判断是指借助技术设备，按照科学原理，针对专门问题，进行试验、检验、分析、推理、判断。鉴定意见与证人证言类似之处在于都是案外人对所知事实的陈述，不同之处在于是直观描述耳闻目睹的事实，还是根据已知事实对未知事实进行推断。下述情形值得注意：

(1) 文证审查意见。文证审查是指专家运用专门知识对案件中的技术性证据材料进行审查并且出具意见的活动。文证审查由办案部门决定，通常委托本级或上一级执法机关的鉴定机构进行，对象是拟作证据使用的鉴定书、检验报告、勘验检查记录、医疗病情资料、会计资料等技术性证据材料。一种观点认为“对不需要进行现场勘查或实体检验，且技术性证据材料真实充分，能做出正确判断的”，文证审查意见书“可以作为鉴定意见使用”。另一种观点认为文证审查意见不是证据，因为主观随意性大、性质上属于内部帮助法官的专业活动。[②]

笔者认为，典型意义上的文证审查是执法人员借助专家审查证据材料的一种方法，不是对未决的事实作出推断的活动，性质上属于证据材料的审查判断行为，而不司法鉴定行为。文证审查意见书

---

① 孙业群：《司法鉴定制度改革研究》，法律出版社 2002 年版，第 45 页（价格评估不属于鉴定，因为不需要借助技术设备进行试验和检验）。

② 江一山：《司法鉴定的证据属性和效能》，载何家弘主编：《证据学论坛》（第一卷），中国检察出版社 2000 年版；孙业群：《司法鉴定制度改革研究》，法律出版社 2002 年版，第 47 页。两位作者的立场相同。

性质上属于一种专家证言，而不是鉴定意见。

（2）专业证据材料的说明意见不属于鉴定意见。[①] 执法人员聘请专家到庭说明或者解释专业证据材料所作的陈述，性质上属于证人证言，因为这种意见不是按照严格的鉴定程序进行，没有进行试验和检验，不是对未决的事实问题作出推断，仅仅是一种单纯的说明或者解释，性质上属于普通的证人证言，而不是鉴定意见。

（3）证人提出的判断性意见，即使享有证据资格，仍然属于证人证言，不是鉴定意见。[②]

4. 方式

鉴定人可以书面方式提供专家意见，也可以采取口头方式。有关鉴定意见的形式要求通常针对的是书面方式，具体包括格式、签名或者盖章等。采取书面方式的，又有鉴定书、分析意见书等[③]。方式是鉴定制度标准化的一项内容。

5. 效力

鉴定意见作为独立证据种类的证据资格已经得到立法实务界和学界的普遍认可。存在争议的是：

（1）证明力的优先性。对此，立法实务界和学界的观点存在明显的分歧。实务界对此普遍持肯定态度，认为鉴定意见的证明力原则上具有优先性，这不仅表现在相对于其他证据种类方面，而且

---

① 2002 年《行诉证据规定》第 48 条（专业人员的说明和对质）。

② 《美国联邦证据规则》第 701 条（一般证人的意见证词）。

③ 1998 年 12 月 12 日《黑龙江省司法鉴定管理条例》第 71 条规定："鉴定文书是鉴定过程和鉴定结果的书面表现形式，包括鉴定书（检验报告）、分析意见书和文证审查意见书。鉴定后能够作出明确结论的，应形成鉴定书。由于送鉴材料不够完整或因其它原因无法作出明确结论的，可形成分析意见书。文证审查意见书包括鉴定性结论和对原鉴定结论的审查意见。"

表现在不同地区、级别的鉴定机构方面。[1] 学界认为，鉴定意见的证明力与其他证据平等，它没有当然地优于其他证据种类的证明力。这是因为：一方面，三大诉讼法只确认了鉴定意见与其他证据种类的平等证据资格地位，没有对其证明力作出优先的规定；另一方面，鉴定意见与其他证据材料一样都存在真假的可能性，证明力的大小都取决于客观性、合法性和关联性，鉴定结论并不当然享有优先的证明力和可采性。[2]

笔者认为，学界和实务界的分歧并不在于鉴定意见的证明力是否具有优先性，而是在于优先性是否具有原则性的意义。以法律形式确认鉴定意见证明力的优先性原则是机械主义、形式主义的表现，不符合自由心证的证据制度历史发展趋势，也超越了我国鉴定体制的现实水平。我们赞成学界通说，反对法律确认鉴定意见证明力优先的原则，主张根据鉴定意见的具体情况认定其证明力大小。

（2）证明力的终局性。鉴定意见是否具有终局的证明力？对此，相关立法的立场不稳定[3]，学界对此普遍反对，认为鉴定意见具有认识能力、鉴定材料、鉴定程序和手段的科学性程度等多方面

---

① 2002年《行诉证据规定》第63条第2~3项（鉴定结论优于书证、视听资料和证人证言，法定鉴定部门的鉴定优于其他部门的鉴定）。《黑龙江省司法鉴定管理条例》第74条规定：“对同一案件事实的鉴定结论不一致时，依据下列原则确认其证明力：（一）鉴定机构（组织）或鉴定人的资质条件、鉴定能力高的优于资质条件、鉴定能力低的；（二）上级鉴定机构（组织）的鉴定，优于下级鉴定机构（组织）的鉴定；（三）本省区域内，省司法鉴定委员会的鉴定优于其它鉴定；（四）国家级鉴定机构（组织）的鉴定优于省内的鉴定。但是，司法机关办案部门有足够的证据或理由可以确定鉴定结论证明力的，不受上述原则限制。”

② 参见江一山：《司法鉴定的证据属性与效能》，载何家弘主编：《证据学论坛》（第一卷），中国检察出版社2000年版，第31页；陈桂明、刘田玉：《司法鉴定的性质与鉴定人的司法责任》，载何家弘主编：《证据学论坛》（第四卷），中国检察出版社2002年版，第354~355页。

③ 2002年9月1日实施的《医疗事故处理条例》，取消了1987年《医疗事故处理办法》第13条有关省级医疗事故鉴定委员会最终鉴定的规定。

的局限性，不可能当然具有定案的终局效力。①

（3）作为立案条件的效力。鉴定意见是否可以成为部分案件立案的先决条件？有司法解释规定刑事自诉、工伤事故赔偿等案件中，必须有鉴定意见才能受理。笔者认为，这种做法不仅混淆受理和审理两个阶段的不同任务和功能，将实质性的事实问题放在受理阶段审查；而且将证据问题与诉权问题不当联系起来，既违反了不当联结禁止原则，也违反了利益衡量原则。②

（4）鉴定意见的效力与裁判的既判力。裁判包含了事实认定和法律适用认定两方面的内容，具有事实和法律两个方面的双重效力。另外，裁判的既判力是国家意思表示的权威性、公正性和效率性权衡协调的法治国家要求之一，其价值高于鉴定意见的稳定性效力。因此，鉴定意见的效力不得与裁判的既判力冲突。

从着眼点来看，有必要限制鉴定的次数，以维护鉴定意见的效力。有人认为，鉴定原则上以一次为主，最多两次。③ 笔者赞成这种观点，认为鉴定意见没有终局的证明效力，并不意味着鉴定可以反复进行，因为鉴定意见的效力必须受裁判既判力的约束。

（二）种类

结合我国学界和立法实务界的成果，可以对鉴定意见作如下归类：

1. 法定鉴定和非法定鉴定

以鉴定机构是否为法定鉴定机构为标准。在证据法上，前者的证明力优于后者。④ 这里的关键是法定与非法定鉴定机构的区分。

---

① 包建明：《“司法鉴定”杂谈》，载何家弘主编：《证据学论坛》（第四卷），中国检察出版社 2002 年版，第 348~349 页。

② 余树东、邵山：《关于鉴定制度改革的思考》，载何家弘主编：《证据学论坛》（第四卷），中国检察出版社 2002 年版，第 375 页（鉴定应当在诉讼中进行）。

③ 叶峰、叶自强：《反复鉴定问题研究》，载何家弘主编：《证据学论坛》（第一卷），中国检察出版社 2000 年版，第 64 页。

④ 2002 年《行诉证据规定》第 63 条第 5 项。

从鉴定的行业管理和行政管理来看，所谓“法定”，应当指经依法办理了批准、登记、认证、年检等手续而成立的任何鉴定机构，包括执法机关设置的鉴定机构和社会专业鉴定机构。

2. 指定鉴定和聘请鉴定

前者指执法机关依法指派本系统内部的法定鉴定机构进行的鉴定，鉴定性质上属于执行职务的公务行为，鉴定人与鉴定机构、鉴定机构与执法机关之间是内部的职务协助关系。后者是指执法机关聘请经认证和登记的本系统外的社会鉴定机构或者专家进行的鉴定，鉴定性质上属于外部的劳务合同关系。因此，前者又称为内部鉴定，后者称为对外鉴定或者外部鉴定。

3. 依职权鉴定和应申请鉴定

以鉴定程序启动主动权主体为标准。承担举证责任的当事人应当申请鉴定而不及时申请，造成事实无法查清的，承担举证不能的后果。①

4. 初始鉴定、重新鉴定和补充鉴定

以鉴定的次数为标准。重新鉴定适用于初始鉴定有重大瑕疵导致鉴定意见丧失证据资格的情形；补充鉴定适用于初始鉴定有其他瑕疵的情形。②

5. 正式鉴定和普通鉴定

以鉴定的程序方式和格式为标准。前者是典型意义上的鉴定，是鉴定法规范的重点；后者是指执法机关依职权或者应申请通知有关的专家对有关的证明问题作出说明和解释，即普通的专家证言。③ 普通专家证言的性质和地位需要进一步探讨。

除此之外，按照专业领域分为法医学鉴定、物证技术鉴定、法

---

① 2002 年《行诉证据规定》第 31 条。

② 2002 年《行诉证据规定》第 30 条、第 32 条（重新鉴定和补充鉴定）。

③ 2001 年《民诉证据规定》第 61 条；2002 年《行诉证据规定》第 48 条（辅助专家证言）。

精神病学鉴定、法会计学鉴定、法工程技术学鉴定、法商品学鉴定等。[①]

（三）性质

鉴定的属性是鉴定行为内在规律的集中表达，是界定鉴定意见的范围、确立鉴定意见规则、建立科学的鉴定管理体制的理论基础。

关于鉴定的属性，学理上提出了科学性、独立性、中立性、法律性、多样性[②]、公开性、被动性、亲历性、广泛性[③]、法律服务性、主观性与客观性间杂[④]等。其中，得到学界普遍认可的是：

1. 科学性

科学性表现在专家应用专业知识，借助技术手段，应用科学原理，针对专门问题，进行检测、检验、试验、分析、推测、推断等。科学性的实质是鉴定的客观性。进行鉴定的专家应当遵循不以人的意志为转移、独立于人的意识的客观规律。鉴定意见的科学性最终表现为是否符合被鉴定对象的内在规律和属性，因此，鉴定科学性的前提是客观性决定主观性，结果是主观性与客观性的统一。

2. 独立性

独立是指鉴定人进行鉴定活动不受任何外来的影响，包括委托、请求、指示、命令、引诱、威胁等。独立性的实质是鉴定法律关系主体之间的平等性，具体而言：

（1）鉴定人与委托人、指定机关之间关系的平等性，鉴定人

---

① 徐立根：《论鉴定》，载何家弘主编：《证据学论坛》（第一卷），中国检察出版社2000年版，第21~24页。

② 徐立根：《论鉴定》，载何家弘主编：《证据学论坛》（第一卷），中国检察出版社2000年版，第18页；陈桂明、刘田玉：《司法鉴定的性质和鉴定人的司法责任》，载何家弘主编：《证据学论坛》（第四卷），中国检察出版社2002年版，第353~354页。

③ 包建明：《“司法鉴定”杂谈》，载《证据学论坛》（第四卷），中国检察出版社2002年版，第345~346页。

④ 孙业群：《司法鉴定制度改革研究》，法律出版社2002年版，第53~59页。

进行鉴定，只遵循科学规律，不受委托人和指定机关的影响。即使是执法机关系统内部的鉴定，也不存在行政上的命令服从关系。

（2）鉴定人与鉴定人之间的关系的平等性，鉴定人有权表达独立意见，并且将自己的意见在鉴定结论中单独陈述，不存在少数服从多数，也不存在所谓的过半数通过。[①]

（3）独立性表现为鉴定机构与鉴定机构之间关系的平等性。不同地方、不同行业的鉴定机构之间没有级别的高低，所谓的省级、上级、下级的说法是不准确的。

3. 中立性

中立是指鉴定人进行鉴定没有任何预先确定的方向和结论，除了遵循科学的规则和程序之外，不受委托人和指派机关意见的约束，更不为支持或者反对特定主张而进行鉴定。中立性的实质是鉴定的非目的倾向性和非利益驱动性，是鉴定人内在的主观独立性。

（1）鉴定只能由与本案没有利害关系的专家进行；

（2）鉴定机构应当中立化，实行自成体系、独立的、自律性的行业管理，执法机关本系统内部的所谓的“自审自鉴”应当逐步退出鉴定领域。

（3）鉴定不能按照司法、行政等进行部门划分。[②] 所谓的“司法”、“检察”、“行政”等划分包含了部门利益驱动的因素。换句话说，鉴定就是鉴定，将“司法”加在“鉴定”之前，是对鉴定本质属性的扭曲。反复鉴定问题的出现，根本不是当事人选任权的结果，而是部门利益作怪的结果。

4. 法律性

法律是指鉴定人进行鉴定应当遵循法律有关主体、客体、程序、费用、效力等方面的规定，鉴定管理体制应当法制化。制定统

---

① 《医疗事故处理条例》第 31 条第 1 款（专家鉴定组过半数通过医疗事故技术鉴定结论）。

② 徐立根：《论鉴定》，载何家弘主编：《证据学论坛》（第一卷），中国检察出版社 2000 年版，第 19 页。

一的《司法鉴定法》是鉴定法律性的要求，鉴定的法律性是鉴定意见合法性的基础。

鉴定的法律性实际上是对鉴定的外在形式要求。科学性、中立性、独立性等内在属性是基础，法律性是保障。

鉴定的法律性是反映鉴定与法律之间关系的本质。不能因此将鉴定视为法律适用的一种手段，更不能将鉴定司法化或者行政化，将鉴定视为行政权或者审判权的组成部分。[①] 所谓“司法”，仅仅是指鉴定可以针对法律适用中专门问题，并非鉴定的内在属性。[②]

（四）角色

学界存在分歧，代表性的观点有：

“独立诉讼参与人说”是我国学界早期的主流观点，认为鉴定人是具有独立诉讼地位的参与人。[③] 1996 年《刑事诉讼法》第 82 条第 4 项也采取相同立场。

“专家证人说”是英美法系证据法的基本立场，理由是鉴定人与一般证人的区别仅仅在于知识不同，其陈述在逻辑学、心理学、法学上没有本质的差异。我国有学者赞成这种观点，认为鉴定属于作证的一种方式，鉴定人属于特殊证人，鉴定人证人化是历史的进步。[④]

“法官助手说”是大陆法系的基本立场，明确区分鉴定人和证人，鉴定人由执法机关聘任，鉴定人的地位高于证人，主要根据是

---

① 余树东、邵山：《关于鉴定制度改革的思考》，载何家弘主编：《证据学论坛》（第四卷），中国检察出版社 2002 年版，第 370 页（鉴定权是审判权的组成部分）。

② 江一山：《司法鉴定的证据属性与效能》，载何家弘主编：《证据学论坛》（第一卷），中国检察出版社 2000 年版，第 29 页（反对将鉴定视为国家行使司法专属权的行为）。

③ 江伟主编：《证据法学》，法律出版社 1999 年版，第 483 页；徐丽：《论鉴定制度改革》，载何家弘主编：《证据学论坛》（第一卷），中国检察出版社 2000 年版，第 109~110 页；孙业群：《司法鉴定制度改革研究》，法律出版社 2002 年版，第 75 页。

④ 宫万路：《鉴定人制度比较研究》，载何家弘主编：《证据学论坛》（第一卷），中国检察出版社 2000 年版，第 70~71、88 页。

鉴定人与证人在裁判作用、知识、是否可替代、取证权、接触案件事实的时间、陈述的内容、与司法机关是否存在委托关系等方面不同。鉴定人又被称为“科学法官”、“法官的科学助手”。

“裁判参与人说”认为，应当吸收两大法系的合理因素，考虑我国鉴定人存在职权型、法律服务型和行政型等类别的实际，考虑鉴定本身的科学实证性，鉴定人应当是独立并且中立地为裁判提供技术服务的裁判参与人。①

笔者赞成“独立诉讼参与人说”，因为：

第一，该说既符合鉴定作为一种科学实证行为而具有科学性、独立性和中立性等内在实质属性，又符合鉴定作为一种法律证明行为的外在形式属性。

第二，该说有助于厘清鉴定人与执法人员、当事人、证人之间的关系，突出鉴定人的特殊性，为形成特殊的鉴定人规则奠定良好的学理基础。

（五）地位

具体表现为鉴定人的权利、义务和责任。

1. 鉴定人的权利

作为独立的程序参与人，鉴定人享有如下权利：

（1）知情。为了了解鉴定对象，鉴定人可以采取查阅笔录、勘验现场等方法，有权要求提供鉴定的必需材料；有权向委托鉴定机关了解鉴定之后的处理情况。

（2）询问。根据鉴定需要，经执法人员许可，鉴定人可以询问当事人、证人、被害人等。

（3）独立意见。鉴定人有权发表独立的见解。在出现多个鉴定人的意见不一致的情况下，鉴定人可以单独书写自己的鉴定意见。

（4）拒绝鉴定。在委托违法或者无法进行鉴定时，鉴定人可

① 孙业群：《司法鉴定制度改革研究》，法律出版社 2002 年版，第 357 页。

以拒绝鉴定。

（5）报酬请求。鉴定人有权获得必要的劳务报酬和费用补偿。

（6）其他有关权利。例如，精神病司法鉴定人有权要求委托决定机关将被鉴定人送至收治精神病人的医院住院检查和鉴定。

2. 鉴定人的义务

鉴定人承担如下义务：

（1）客观。妥善保管鉴定材料，不从事影响鉴定客观性的行为。

（2）鉴定。按照法定的期限、程序、格式、方式提出鉴定意见。

（3）回避。在具备法定回避事由时，鉴定人应当主动或者应申请回避。

（4）出庭。按时出庭，接受询问。鉴定人应当出庭接受询问已经成为我国立法实务界和学界的通说。这里的关键问题是如何设置相应的保障机制。笔者认为，不能采取与一般证人出庭作证制度相同的保护办法，也就是说，不宜在《证人（保护）法》中规定；而是应当针对鉴定人作为专家的特殊性，采取有针对性的保护措施，在《司法鉴定法》中统一规定。

（5）保密。鉴定事项涉及国家机密、商业秘密或者个人隐私的，应当保密。

（6）年检。已经列入名册的鉴定人应当接受聘请机关的年检。①

3. 责任

建立鉴定人责任追究制度已经成为我国实务界和学界的共识。学界主张并且得到实务界确认的鉴定人责任包括伪证罪、拒绝出庭和宣誓的责任、民事赔偿、行政处罚和行政处分等。这里问题

① 最高人民法院《关于人民法院对外委托司法鉴定管理规定》（法释〔2002〕8号，2002年2月2日最高人民法院审判委员会第1214次会议通过）第9条。

在于：

（1）鉴定人的中立性和责任追究之间的协调。笔者主张采取重过错原则，即鉴定人只有在故意作虚假鉴定、违法接受委托或者收费，或者存在重大过失造成错误鉴定、鉴定材料毁损的情况下，才能追究其法律责任。①

（2）各种责任之间的协调。在多种责任形式中，应当采取以民事侵权责任为主，其他责任为辅助的原则。② 多种责任形式可以并用，但应当优先适用民事侵权责任。

（六）资格

鉴定人必须是具备法定资格，接受指派或者聘请从事鉴定活动的专家。

对此，英美法系国家通常采取“不固定资格制”，法律也对专家证人资格作形式上的规定，主管行政机关或者行业协会颁发专家资格证书、许可证或者执业证对当事人没有当然的约束力，当事人根据其对专家的能力的认识进行自主选择。大陆法系国家通常采取“固定资格制”，只有依法通过入选鉴定名单、认证鉴定资格等方式获得法定资格的机构或者专家才可以作鉴定人，但具体做法多种多样。

经过近年来的改革，我国在社会鉴定服务方面确立了“固定资格制”，只有依法经过考试、考核或者年检，取得鉴定人资格证书、执业证书或者入选专家名册的人才可以作为鉴定人。但是，对执法机关设置的本系统鉴定机构工作人员的鉴定人资格，由执法机关自行确认，尚未建立其统一、规范的资格认证制度。这种与德国实行的固定资格制和不固定资格制相结合的做法类似，只是缺乏规范性。

---

① 参见陈桂明、刘田玉：《司法鉴定的性质和鉴定人的司法责任》，载何家弘主编：《证据学论坛》（第四卷），中国检察出版社 2002 年版，第 361 页。

② 参见孙业群：《司法鉴定制度改革研究》，法律出版社 2002 年版，第 136～138 页。

学界和实务界的分歧不在于是否建立鉴定人资格认证制度，而是如何设计和实施的问题。例如，对社会鉴定机构实行所谓的“单一制”（一次性行业准入）还是“复合制”（双重行业准入）。①

从我国学界通说和现行立法来看，鉴定人的一般资格要件有：

1. 具有专门知识

鉴定人通常是拥有专业知识的专家，如科学家、教授，但具有特长的普通人也可以作鉴定人。所谓专业知识，包括专业学识、工作经验、专业能力、特长等。是否具有专门知识，通常由主管机关或者行会以颁发资格证书、公布专家名单的方式确认，具体的考虑因素有执业年限、职称、经验、年检等。②

2. 与案件没有利害关系

所谓利害关系，是指一切可能影响客观鉴定的情形。例如，是本案当事人的近亲属，鉴定人的近亲属与本案有利害关系，曾经是本案的代理人、证人、保护人等。本案鉴定人在与本案有利害关系时应当回避；当事人有权申请有利害关系的鉴定人回避。鉴定人应当回避而没有回避的，导致鉴定结论形式不合法，没有证据资格，这是重新鉴定的理由之一。③

3. 丧失鉴定人执业资格的情况

例如，丧失行为能力、犯罪或者因违法鉴定而遭受行政处罚等情况。

关于鉴定人的资格审查，英美法系主要采取当事人审查即己方审查和对方审查相结合的方式，大陆法系则采取鉴定机构自行审

---

① 孙业群：《司法鉴定制度改革研究》，法律出版社2002年版，第89~90页（《司法鉴定人管理办法》采取复合制）。

② 例如，1989年《精神病司法鉴定暂行规定》（最高人民法院、最高人民检察院、公安部、司法部、卫生部1989年7月11日发布，卫医字〔1989〕第17号）第13条（职称、年限）。

③ 2016年《司法鉴定程序通则》（2016年3月2日司法部第132号部令发布）第5条（独立、客观、中立的原则）、第20条（回避）。

查、以授予鉴定权方式事前审查、执法人员事后审查等不同做法。我国现行实在法对此没有作出任何规定，学界有人认为应当综合采取两大法系的做法。[①]

（七）选任

选任采取指定和委托两种方式，前者适用于执法机关本系统内鉴定机构的专家，后者适用于聘请本系统之外的社会鉴定机构。

当事人是否享有选任权是焦点问题。英美法系的做法比较灵活，当事人和执法机关都享有选任权，执法机关选任专家的，通常需要尊重当事人的意见。[②] 大陆法系通常只规定执法机关享有选任权，当事人只能提出申请，具体做法有所不同。[③]

我国的立法实务界做法不一致，主要有三种：

（1）由执法机关依职权或者应申请选任，当事人不能自行选任，而是应当向执法机关提出申请书和相关的材料。[④] 这是我国实务界的通常做法。

（2）执法机关和当事人都可以选任。[⑤]

（3）初次鉴定由双方当事人委托，再次鉴定由当事人申请执法机关选任。[⑥]

---

① 宫万路：《鉴定人制度比较研究》，载何家弘主编：《证据学论坛》（第一卷），中国检察出版社 2000 年版，第 79~80 页。

② 例如：《美国联邦证据规则》第 706 条（法庭指定专家）；《加拿大证据法》第 73 条。

③ 《法国刑事诉讼法典》第 156 条，《法国民事诉讼法典》第 264 条，《德国刑事诉讼法典》第 73 条，《澳门民事诉讼法典》第 490 条。

④ 2002 年《人民法院对外委托司法鉴定管理规定》第 4 条；2002 年《行诉证据规定》第 29 条（原告或者第三人申请重新鉴定被告采纳的鉴定结论）、第 30 条（申请人民法院指定或者委托鉴定结论的重新鉴定）、第 31 条（当事人不申请鉴定的举证不能后果）；1998 年《刑诉法解释》第 59~60 条、第 205 条；1999 年《检察院刑诉规则》第 199~208 条；1998 年《公安刑事程序规定》第 233~244 条。

⑤ 2007 年《司法鉴定程序通则》第 14 条；1994 年《仲裁法》第 44 条第 2 款。

⑥ 2002 年《医疗事故处理条例》第 20 条（双方当事人共同委托），第 22 条（再次鉴定向卫生行政部门申请）。

学界的多数派观点赞成由法院统一行使选任权，具体表述不一致。一种观点认为，有人主张由法院统一行使选任权，以避免反复鉴定、鉴定不中立的弊端。① 一种类似的观点认为，应当吸收两大法系的经验，采取“法官选任为主、当事人选任为辅”的相互制约方式，选任或者委托均通过法官，但法官应当受当事人意见的限制。② 另一种类似的观点认为，应当采取“职权主义为主、当事人主义为例外”的模式。③

笔者认为，应当赋予当事人选任权，采取执法机关选任和当事人选任并行的“双轨制”。这是因为：当事人的选任权是制约执法机关选任权的一种有效方式，选任权由执法机关垄断不符合审判方式改革的当事人主义化趋势，更不利于鉴定机构的民间化、中立化改革；遏制反复鉴定的有效方式不是选任权垄断，而是鉴定行为本身的科学性和权威性。

（八）规定

鉴定意见是我国证据法实务界的一个热点和难点，除了三大诉

---

① 叶峰、叶自强：《反复鉴定问题研究》，载何家弘主编：《证据学论坛》（第一卷），中国检察出版社 2000 年版，第 67 页。

② 孙业群：《司法鉴定制度改革研究》，法律出版社 2002 年版，第 114 页。

③ 余树东、邵山：《关于鉴定制度改革的思考》，载何家弘主编：《证据学论坛》（第四卷），中国检察出版社 2002 年版，第 375~376 页。

讼法[①]及其相关司法解释[②]之外，一系列专门的鉴定立法[③]出台。三大诉讼法及其司法解释主要从诉讼证明的角度规定，而专门的鉴定立法主要从鉴定的行业管理和国家管理的角度规定。对证据法而言，其中具有重要普遍性意义的是：

1. 鉴定意见的形式要求

无论是当事人提供还是执法机关委托的鉴定意见都应当

① 1996年《刑事诉讼法》第120条第2款（人体伤害鉴定、精神病鉴定）；1991年《民事诉讼法》第72条第1款（法定鉴定和指定鉴定）；1989年《行政诉讼法》第35条（与《民事诉讼法》相同）。

② 1998年《刑诉法解释》第59~60条（补充鉴定和重新鉴定）；2001年《民诉证据规定》第25~26条（当事人申请鉴定）、第27条（人民法院委托鉴定的重新鉴定）、第28条（当事人委托鉴定的重新鉴定）、第29条（鉴定结论的审查）、第59~60条（鉴定人出庭接受询问）；2002年《行诉证据规定》第14条（提供鉴定结论的手续要求）、第30条（人民法院委托鉴定的重新鉴定）、第31条（当事人导致鉴定不能）、第32条（鉴定结论的审查标准）、第47条（鉴定人出庭）、第48条（专业人员说明）、第62条（被告采纳鉴定结论的排除）、第63条第2项（鉴定结论证明力的优先性）。

③ 主要是：国务院发布2002年9月1日起施行的《医疗事故处理条例》；《人民法院司法鉴定工作暂行规定》（最高人民法院2001年11月16日发布，本章简称为《法院鉴定规定》）；《人民法院对外委托司法鉴定管理规定》（最高人民法院2002年2月22日发布，本章简称为《法院委托鉴定规定》）；《精神病司法鉴定暂行规定》（最高人民法院、最高人民检察院、公安部、司法部、卫生部1989年7月11日联合发布，本章简称为《精神病鉴定规定》）；《人体重伤鉴定标准》（司法部、最高人民法院、最高人民检察院、公安部1990年3月29日颁布，1990年7月1日实施，本章简称为《重伤鉴定标准》）；《人体轻伤鉴定标准（试行）》（司法部、最高人民法院、最高人民检察院、公安部1990年6月20日颁布，1990年7月1日实施，本章简称为《轻伤鉴定标准》）；《司法鉴定执业分类规定（试行）》（司法部发布，2000年1月1日起实施，本章简称为《鉴定执业分类规定》）；《司法鉴定人登记管理规定》（司法部发布，2000年10月1日实施，本章简称为《鉴定人登记规定》）；《司法鉴定机构登记管理办法》（司法部发布，2002年8月14日实施，本章简称为《鉴定机构登记办法》）；《司法鉴定程序通则》（司法部发布，2002年8月31日实施，本章简称为《鉴定程序通则》）；《重庆市司法鉴定条例》（2000年1月1日实施，本章简称为《重庆市鉴定条例》）；《黑龙江省司法鉴定管理条例》（1999年2月1日起实施，本章简称为《黑龙江省鉴定条例》）。

载明：[1]

（1）主体，即委托人、鉴定人和鉴定机构的资格、是否与本案有利害关系等事项；

（2）客体，即鉴定材料、依据、科学技术手段等鉴定事项；

（3）内容，即鉴定的过程和结论；

（4）签名，鉴定人签名和鉴定机构盖章。

2. 重新鉴定

适用于鉴定意见有重大瑕疵，导致鉴定意见没有证据资格的情形。例如：[2]

（1）鉴定主体没有资格；

（2）鉴定程序严重违法；

（3）鉴定意见依据明显不足，或者与其他证据有矛盾；

（4）鉴定材料虚假；

（5）应当回避而没有回避，并且其鉴定意见存在争议；等等。

违反上述规定，导致鉴定意见没有证据资格，[3] 因此需要重新鉴定。

3. 一般瑕疵的处理

鉴定意见没有重大瑕疵的，可以通过补充鉴定、重新质证、补充质证等方式解决。[4]

4. 举证不能

根据鉴定事项与举证责任分配一致的原则，鉴定事项属于举证责任内事项，而当事人不及时提出申请、不交纳鉴定费等，致使鉴定不能进行，导致有关事实不能查清的，承担举证责任的一方当事

① 参见2002年《行诉证据规定》第14条。

② 参见2002年《行诉证据规定》第29条、第30条、第32条；《法院鉴定规定》第14条。

③ 2002年《行诉证据规定》第62条。

④ 2002年《行诉证据规定》第30条第2款。

人承担举证不能的后果。①

5. 鉴定人出庭接受询问

具体规则与证人相同。②

6. 专业说明

法庭可以依职权或者应申请通知有关的专业人员出庭说明专业问题。③ 就其性质而言，专业说明属于普通的专家证言。

7. 证明力优先规则

具体而言：④

（1）鉴定意见的证明力优于书证、视听资料和证人证言；

（2）法定鉴定部门的鉴定优于其他鉴定部门的鉴定。

（九）改革

鉴定制度是指鉴定的组织和管理制度。鉴定制度改革是近年来的一个热点，现在仍然问题重重，其中的问题主要是：

1. 鉴定资格的授予

学理上称之为“鉴定权的授予”。笔者认为，“鉴定权”是一个含糊的概念，有选任权、鉴定资格授予权等多种含义，主张用“鉴定资格授予”。

在迈向法制化的历史转型时期，我国逐步形成了以行业部门划分为基础、公共鉴定机构和社会鉴定机构并举、专家个人鉴定与机构法人鉴定相结合的多元化格局。一种观点认为，鉴定资格的多元化格局损害鉴定的中立性，是造成行政权挤压司法权、反复鉴定、鉴定公信力低的原因，主张采取法院统一行使选任权的方式克服鉴定资格多元化的群龙无首弊端。⑤ 另一种观点认为，多元化格局是

① 2002年《行诉证据规定》第31条。

② 2001年《民诉证据规定》第59条；2002年《行诉证据规定》第47条。

③ 2002年《行诉证据规定》第48条。

④ 2002年《行诉证据规定》第63条第2~3项。

⑤ 叶峰、叶自强：《反复鉴定问题研究》，载何家弘主编：《证据学论坛》（第一卷），中国检察出版社2000年版，第47、63页。

历史现实，具有一定的合理性和优点，问题不是鉴定资格主体的多元化，而鉴定资格授予和管理的制度化、规范化和法制化。①

2. 鉴定管理体制

我国目前已经形成公共鉴定机构的系统内部管理②与社会鉴定机构的行政管理③并举的体制。有人认为，应当建立全国统一的独立司法鉴定委员会，按照对应的级别“收编”所有的公共鉴定机构。同时，建立司法鉴定协会，进行行业化的自律管理，鉴定人协会承担执业道德维护、培训、仲裁、参与立法等方面职能。④

笔者同意这种观点，认为应当准确界定不同管理方式之间的范围。系统内部管理限于人事任免、考核以及设备购置、经费、工资发放等日常具体事务，国家行政管理针对资格授予、认证、年检等法律事务，而行业管理主要针对执业道德事务。⑤

3. 统一司法鉴定法的制定

鉴定意见属于证据法的调整范围，而鉴定制度则是一个自成体系的法律领域，涉及诉讼法、证据法、民法、刑法、行政法等部门。鉴于鉴定制度本身的复杂性和特殊性，以及部门和地方分散立

---

① 徐立根：《论鉴定》，载何家弘主编：《证据学论坛》（第一卷），中国检察出版社2000年版，第25~26页。

② 如《法院鉴定规定》、《法院委托鉴定规定》。

③ 如《鉴定执业分类规定》、《鉴定人登记规定》、《鉴定机构登记办法》、《鉴定程序通则》、《黑龙江省鉴定条例》、《重庆市鉴定条例》。

④ 徐丽：《论鉴定制度改革》，载何家弘主编：《证据学论坛》（第一卷），中国检察出版社2000年版，第103~105页。

⑤ 赵小鲁：《司法鉴定制度改革刍议》，载何家弘主编：《证据学论坛》（第四卷），中国检察出版社2002年版，第367页（微观的行业管理为主、行政管理应当转向宏观层面）。

法的弊端，越来越多的学者主张制定统一的司法鉴定法，[①] 系统规定如下问题：

（1）鉴定的范围、原则和效力；

（2）鉴定的执业分类标准、技术标准；

（3）鉴定机构的成立、登记、年检；

（4）鉴定人的资格认证、选任、权利义务；

（5）鉴定管理体制，包括系统内部管理、国家行政管理、行业自律管理的机构、职权、程序、监督和救济；

（6）鉴定人和鉴定意见的法律责任、追究和救济等。

笔者赞成制定统一的《司法鉴定法》，认为《司法鉴定法》是一个独立的法律部门，不是诉讼法的组成部分，更不是证据法的组成部分，而是着眼于问题的一个独立的新兴法律部门。这里的关键是如何处理如下方面的关系：

（1）与其他法律部门。关于鉴定意见的证据资格和证明力，应当由证据法调整；关于伪证罪的构成要件及其责任，由刑法规定；关于鉴定侵权的民事责任，由民法规定。关于鉴定意见的举证、质证和认证等程序事项，由诉讼法规定。对上述事项，《司法鉴定法》只能作援引性或者提示性规定。《司法鉴定法》规定的重点是鉴定管理体制。

（2）与地方立法和部门立法。实际上是原则性与灵活性之间的协调，统一的《司法鉴定法》应当规定需要建立全国统一制度的重大事项，对具体的格式标准、技术标准、执业分类标准、认证和年检的程序等，只规定原则，由地方立法或者部门立法作具体规定。

---

① 徐丽：《论鉴定制度改革》，载何家弘主编：《证据学论坛》（第一卷），中国检察出版社2000年版，第106页（鉴定法）；陈桂明、刘田玉：《司法鉴定的性质和鉴定人的司法责任》，载何家弘主编：《证据学论坛》（第四卷），中国检察出版社2002年版，第362页（鉴定法）；孙业群：《司法鉴定制度改革研究》，法律出版社2002年版，第303~310页（司法鉴定法）。

第六节　笔录证据

在证据归类上，笔录是一个长久没有得到解决的特殊问题，这里单独研究。

一、概念和性质

笔录是指执法人员按照法定格式制作的，用于描述和证明执法过程中发生的具有法律意义的事实状况的书面记录。

（一）笔录的概念

笔录的概念要素：

1. 主体

笔录的制作主体必须是承办案件的执法人员。一般的公民、法人或者其他组织制作的描述其行为过程或者状态的记录属于书证。

2. 客体

笔录的客体是执法过程发生的具有法律意义的事实。这里有两个限制：

（1）“执法过程”。这是指依法执行公务的内部或者外部过程。执法人员是否在执行公务，其行为是否属于公务行为，需要结合时间、地点、目的、名义、公务标志、手段、法律适用等因素综合认定。只要执法人员的行为与其职务客观上密不可分，就属于公务行为。这种过程可以是针对公民或者社会的外部行为，如调查、宣判；也可以是只在机关内部进行的活动，如合议、讨论等。

执法人员不是针对执法过程制作的记录不属于笔录的范畴，如阅卷笔录、审结报告等。在证据法上，这些文件属于公文书证。

（2）“具有法律意义的事实”。这是指对查明案件事实真相、正确适用法律具有影响的事实。什么样的事实具有法律意义，既取决于所适用的法律规范，也取决于案件的具体情况。

3. 形式

笔录均采取书面形式，即以纸张等可供书写的物质为载体，以文字、图片、图像、标记等可以表达思想内容的符号为手段的记录。

(1) 笔录与笔记、记录、纪要、备忘录的区别不在于名称，而在于目的、内容和格式。只有出于证明的目的，并且按照法定格式，针对法定事项制作的笔记、记录、纪要等才属于笔录，否则属于书证。

(2) 执法人员在制作记录过程中使用录音、录像、拍照等辅助手段的，录音、录像和拍照资料属于笔录的组成部分。如果执法人员只录音、录像，没有制作任何书面记录，则属于视听资料。没有书面的形式，就没有笔录。

4. 法律

制作笔录是实在法普遍规定的有关执法程序合法性的一个要求。执法人员不制作笔录的，构成程序违法。因此，笔录必须按照法定的程序和格式制作，并且用于法定证明目的。否则，只属于记录性材料，没有证据资格，不是证据法上的证据。

只有具备上述四个要素的记录性材料才属于证据法上的笔录。

(二) 笔录的性质

这里涉及如下两个问题：

1. 笔录是一种具有独立法律地位的证据种类

这是因为，笔录有自己独特的形式和内容特征，有自己独特的证据能力规则和证明力规则。笔录的表现形式多种多样，但存在共性的规律。这是形成独立的有关笔录的证据法规则的基础。

为此，统一证据法典应当以列举和概括相结合的方式规定确认笔录的独立证据种类地位，并且设立专门的条文规定笔录作为证据的一般规则，以构筑分散法律有关不同笔录特殊规则的统一性基础。三大诉讼法和有关法律应当做相应的配套规定。[①]

2. 笔录性质上属于言词证据，而不属于实物证据[②]

这是因为，笔录实际上是执法人员对其感受的案件事实所作的书面陈述，在制作笔录时，执法人员发挥着证人的功能，笔录不过是其感受的记录。笔录的形成过程与书面证人证言的形成过程是完全一致的，差异仅仅在于证据来源的主体身份。我国现行法已经确认了执法人员对其执行职务过程中感受的案件事实作证的证人资格[③]。这说明，执法人员对其执行职务知悉的事实作为证人具有实践合理性。当然，这并不是说，执法人员在制作笔录时是证人，而是说，笔录的形成过程性质上与书面证人证言的相同。执法人员在制作笔录时，公务人员的身份并不改变，但这不是将勘验等笔录纳入实物证据的理由，因为执法人员的身份与言词证据和实物证据的分类之间没有合理的关系。

学界通说将勘验笔录、检查笔录纳入实物证据。笔者对此表示反对，因为勘验笔录和检查笔录属于公安司法人员以自己的语言和视角对现场实物所作的主观描述，不是现场的实物本身。

二、现行规定

我国三大诉讼法只确立了勘验笔录、检查笔录和现场笔录的证据地位，对其他笔录的证据地位没有明确具体的规定，如调查笔

① 1993年行政立法研究组：《中华人民共和国行政程序法（试拟稿）》第56条第7项（“勘验笔录、检查笔录、现场笔录和法律、法规规定的其他笔录”）。

② 蒋丽华：《论勘验、检查笔录》，载何家弘主编：《证据学论坛》（第六卷），中国检察出版社2003年版，第364~373页（勘验、检查笔录属于言词证据）。

③ 2002年《行诉证据规定》第44条（行政执法人员作证）。

录[1]、询问笔录[2]、庭审笔录[3]、评议笔录[4]、宣判笔录[5]、听证笔录[6]、搜查笔录[7]、辨认笔录和侦查实验笔录[8]、扣押笔录等。制定统一的笔录证据规则是完善我国证据法体系的一个不可忽视的内容。

（一）内容梳理

有关笔录的实在法规范虽然分散，但仍然可以从中总结出若干一般性的规则：

1. 必要性

笔录是执法程序合法性的要求之一，在执法过程中，执法人员必须制作笔录。[9] 执法人员不制作笔录描述其执法过程的，构成程序违法。但下列情况例外：

（1）情况紧急，不可能制作笔录；

（2）采取了录音、录像或者视频传输手段，没有必要制作笔录。

2. 同步

笔录应当在执法过程中制作，原则上不得事后补做。这意

---

① 1991年《民事诉讼法》第117条第2款（法官调查制作“调查笔录”）。

② 1996年《北京市实施行政处罚程序若干规定》第10条（行政执法人员调查时制作“询问笔录”）。

③ 2012年《刑事诉讼法》第201条（法庭笔录）；最高人民法院1993年2月22日发布“上海螺钉厂诉上海群英机械厂技术转让合同纠纷案”判例（“庭审笔录”为证）。

④ 1979年《刑事诉讼法》第106条（评议笔录）。

⑤ 1993年最高人民法院《关于人民法院相互办理委托事项的规定》第10条第2款（委托宣判的“宣判笔录”）。

⑥ 1996年《林业行政处罚程序规定》第37条（“林业行政处罚听证笔录”）。

⑦ 1992年《民诉法适用意见》第289条（执行中的搜查笔录）。

⑧ 1989年《公安部关于重新制定公安机关预审文书格式的通知》（〔1989〕公审字18号，1989年2月16日发布，1990年1月1日起施行）第6条。

⑨ 例如，1996年《刑事诉讼法》第94条（讯问聋哑人的笔录）、第106条（勘验、检查笔录）。

味着：

（1）笔录的制作时间是执法程序开始之后、结束之前。

（2）笔录的制作地点应当是实施执法行为的地点。

（3）笔录的制作应当在执法过程结束之前完成，也就是说，执法过程结束的时间就是笔录形成的截止时间。

（4）事后补正笔录，必须告知当事人，经当事人认可，并且说明情况，否则补正无效。

3. 内容

笔录应当记明与执法过程有关的一切具有法律意义的事实，主要是：[①]

（1）笔录制作时的现场基本情况，包括参加人的姓名、时间、地点等；

（2）现场发现的证据事实或者案件事实。

4. 核对补正

当事人或者在场证人有权核对笔录，认为笔录存在误记、遗漏等缺陷的，有权提出异议，经执法人员许可，可以更正。[②]

5. 签名

笔录制作人、在场当事人或者证人应当签字或者盖章。[③] 当事人或者证人拒绝签字或者盖章的，注明情况。[④]

6. 证明力优先

在证明同一案件事实时，司法人员制作笔录的证明力优于其他执法人员制作的笔录。[⑤]

需要注意，证明力优先规则中的“优于”，通常具有“大于”

---

① 2002 年《行诉证据规定》第 34 条第 1 款、第 2 款（勘验笔录）。

② 1996 年《刑事诉讼法》第 95 条（讯问笔录的核对和补正）。

③ 1991 年《民事诉讼法》第 73 条第 3 款（勘验笔录的签名）。

④ 1996 年《刑事诉讼法》第 113 条（搜查笔录）；2002 年《行诉证据规定》第 10 条第 4 项（行政执法过程中笔录的签名）。

⑤ 2002 年《行诉证据规定》第 63 条第 5 项（法庭主持的勘验笔录）。

和“优先采纳”两种含义。这意味着，在司法人员和其他执法人员制作的笔录具有同样的证明力时，优先采纳司法人员制作的笔录。

7. 补强笔录

执法人员调取书证、物证、视听资料的复制件或者摘录，应当在调查笔录中注明取证情况。①

需要注意的是，“补强”的要旨是增强复制件的证明力，而不补正复制件的证据资格。

8. 作证

当事人一方对笔录的合法性、真实性存在合理争议的，可以要求法庭通知制作笔录的执法人员出庭作证。②

关于执法人员是否可以就其知悉的本案事实在本案程序中作证，学理上存在争议。大陆法系国家普遍持否定态度，而英美法系国家普遍持肯定态度。我国学界和实务界的传统观点认为，执法人员履行事实认定职能，不可能同时履行作证职能，否则就会产生角色冲突和职能冲突。这种理由也适用于代理人、辩护人、鉴定人。③

笔者认为，执法人员是否可以作为证人，应当根据不同案件、不同程序而定。在同一案件的同一程序阶段中，本案执法人员是裁判者，不能作为证人。这是大陆法系和英美法系的共同之处。④ 但是，在不同案件或者同一个案件的不同程序阶段中，本案执法人员不再履行裁判职能，完全可以作为证人出庭作证，除非出现拒绝作

---

① 2001 年《民诉证据规定》第 20 条（书证复制件的笔录补强）、第 21 条（物证复制件的笔录补强）、第 23 条（视听资料复制件的笔录补强）、第 31 条（摘录的笔录补强）。

② 2002 年《行诉证据规定》第 44 条（行政执法人员作证）。

③ 江伟主编:《证据法学》，法律出版社 1999 年版，第 373 页。

④ 参见《美国联邦证据规则》第 605 条（法官不能担当本案证人）、第 606 条（陪审员不能担当本案证人）。

证权的情形。例如，行政执法人员在行政处理程序中是裁判者，到了行政诉讼阶段，执法人员不再履行裁判职能，出庭作证不会引起职能冲突问题。另外，执法人员出庭作证是对其实行监督和制约的一种有效方法，有利于加强责任感，促进执法程序的规范化。①

就笔录而言，传统观点的缺陷在于：第一，没有正确认识其形成过程，将其当作实物证据；第二，以对执法人员的想当然信任为基础；第三，不符合证据审查方式从书面转向言词方式的改革趋势。② 由执法人员对其笔录的真实性和合法性作证则可以消除上述缺陷。

（二）问题反思

这方面存在的主要问题是：

一是单行法与诉讼法的衔接。没有经诉讼法确认的笔录，在单行法中具有证据地位，在诉讼法上却没有证据地位。

二是立法与实践的衔接。没有经诉讼法确认的笔录在实践中发挥着证据的作用，诉讼法与实践之间存在断裂问题。

三是法律规定分散，缺乏一致性，随意性较大。如“调查询问笔录”③、“谈话笔录”、“汇报笔录”、“阅卷笔录”④、“复查复验笔录”⑤ 等。

四是没有形成有关笔录的一般性证据法规范。诉讼法和单行法都采取了分散规定模式，关于笔录的范围、证据能力、证明力，以及制作、质证和认证等，没有形成系统的、一般性的规则。

五是学理研究的薄弱。在学理上，只有少数学者明确将笔录作

---

① 甘文：《行政诉讼证据司法解释之评论》，中国法制出版社 2003 年版，第 98 页。

② 蒋丽华：《论勘验、检查笔录》，载何家弘主编：《证据学论坛》（第 6 卷），中国检察出版社 2003 年版，第 364～373 页。

③ 1996 年黑龙江省人民政府《黑龙江省行政赔偿案件审理程序规定》第 13 条（调查询问笔录）。

④ 1985 年国家工商局《经济合同仲裁委员会办案规则》第 43 条。

⑤ 1989 年《公安部关于重新制定公安机关预审文书格式的通知》第 6 条。

为单独证据种类研究，而且也采取了迁就诉讼法规定的态度，一个明显的例子是将笔录区分为证据笔录和非证据笔录。[①] 这种划分一方面将笔录的范围界定得过宽，将笔录与记录混同，把一些不属于笔录的单纯记录或者笔记纳入笔录的范围，如阅卷笔录；另一方面脱离实际，把一些本来可以作为证据的笔录排除在外，如调查笔录。

六是笔录的归类不明确。按照学界通说，勘验、检查、现场笔录属于实物证据，除此之外的其他笔录如何归类，尚未有研究成果。立法上对此也没有任何规定。归类问题与地位问题是联系在一起的，只要笔录的证据地位得不到法律的一般性确认，其归类问题就无法解决。

三、笔录的类型

限于篇幅，主要介绍如下两种笔录：

(一) 勘验笔录

勘验笔录是执法人员对勘查现场的情况和结果所制作的记录。现行法有关勘验笔录的规定是：

1. 制作勘验笔录的义务

执法人员进行勘验活动，必须制作笔录。[②]

---

① 江伟主编：《证据法学》，法律出版社 1999 年版，第 496~512 页。证据笔录有勘验笔录、检查笔录、庭审笔录、现场笔录、听证笔录；非证据笔录有报案笔录、控告笔录、检举笔录、接待来访笔录、自首笔录、调查笔录、搜查笔录、扣押笔录、阅卷笔录、讨论案件笔录、宣布笔录、辨认笔录、出庭笔录。

② 1996 年《刑事诉讼法》第 106 条（勘验、检查笔录）、第 113 条（搜查笔录）；1991 年《民事诉讼法》第 73 条第 3 款；2001 年《民诉证据规定》第 30 条；2002 年《行诉证据规定》第 34 条第 1 款。

2. 勘验笔录的内容

勘验笔录应当记明勘验的情况和结果。① 具体而言：②

（1）勘验的时间、地点、勘验人、在场人；

（2）勘验的经过、结果；

（3）绘制的现场图应当注明绘制的时间、方位、测绘人姓名、身份等内容。

3. 签名或者盖章

勘验人员、当事人、在场证人应当签字或者盖章。③

4. 对勘验结果的异议

当事人对勘验结论有异议的，可以申请重新勘验。④

5. 当庭宣读

勘验笔录应当当庭宣读，接受当事人质证。⑤

6. 入卷

勘验笔录是执法案卷的不可或缺的组成部分。⑥

（二）检查笔录

这是指执法人员检查有关的人身、物品或者场所时制作的记录。在三大诉讼法中，只有1996年《刑事诉讼法》规定了检查笔录。但是，从单行法律法规的分散规定来看，在行政执法领域中也存在检查笔录⑦。检查笔录在民事诉讼中是否存在，尚有待实践检验。⑧

---

① 1991年《民事诉讼法》第73条第3款。

② 2001年《民诉证据规定》第30条；2002年《行诉证据规定》第34条第1~2款。

③ 1991年《民事诉讼法》第73条第3款；2001年《民诉证据规定》第30条。

④ 2002年《行诉证据规定》第34条第3款。

⑤ 1996年《刑事诉讼法》第157条。

⑥ 1992年《福建省行政执法程序规定》第52条第1款第5项。

⑦ 1996年《林业行政处罚程序规定》第29条第2款（勘验、检查笔录）。

⑧ 刘金友主编：《证据法学》，中国政法大学出版社2001年版，第185页（检查笔录是刑事诉讼的特有证据）。

现行法有关检查笔录的规定有：①

1. 制作检查笔录的义务

执法人员对实施的检查，必须制作笔录。

2. 核对签名

执法人员应当签名，在场证人、被调查人或者其代理人阅核后，应当签名或者盖章。②

3. 笔录内容

检查笔录应当载明检查的时间、地点、对象、内容、结果。

第七节　电子证据

电子证据是现代信息技术生成的一种崭新证据形态，其定义、范围、归类和规则成为证据法学的一个热点课题。面对电子证据对传统证据法提出的挑战，有学者称人类的证明方法经历了神证时代、人证时代和物证时代，也许即将进入电子证据时代。③

一、定义

根据学界和实务界的权威观点，电子证据是指以电子形式表现出来的，能够证明案件事实的材料。④

（一）电子形式

电子是指技术上具有光、电、磁、数字、电磁、无线电或者类似性能的介质。电子形式的要义有两点：一是以电子介质或者具有类似功能的物质为载体。“类似功能”是指以无纸方式生成、发送、接收和存续信息的功能。在实务界和学理上，类似功能被称为

① 参见1992年《福建省行政执法程序规定》第24条。

② 1996年《刑事诉讼法》第106条（检查笔录的签名）。

③ 何家弘主编：《电子证据法研究》，法律出版社2002年版，第4~5页。

④ 《中国电子商务法（示范法）》草稿电子证据部分第1条第1项（“能够”）；《中国电子商务法（示范法）》第一次正式稿第6章“电子证据”第1项（“用以”）。

“功能等同”说。二是借助现代信息技术设备，即具有生成、输出、接收和存储的数字电子信号或者模拟电子信号的一切有形机械手段，最为常见的是计算机及其外围设备。设备是电子介质存在的系统环境。

介质是隐性的、虚拟的，设备是显性、实在的，它们在性质上都属于客观物质。通过技术设备，电子介质记载的信息可以转化为可见的图形、符号、文本，这些派生物可能采取传统的物质形式，但性质上仍然属于电子证据的范畴。

无纸、快速、量大、易复制、易流失是信息技术的特点，也是电子证据的特点。

（二）信息内容

任何证据必须具有事实内容，仅有电子形式尚不足以成为证据。电子证据的内容表现为对案件事实具有证明意义的信息，这些信息可能是人类的主观思想，也可能仅仅是自然生成的图形、痕迹，只要对证明案件事实具有意义。

根据上述分析，典型意义上的电子证据有两类：一是应用计算机技术产生的证据，如数据图片、文档，黑匣子记录、智能交通信息卡、电子货币；二是应用网络技术产生的证据，如电子邮件、BBS 记录、电子聊天记录、电子数据交换、电子报关单等。另外，应用现代通信技术产生的证据，如电报、电话、电文、传真；应用模拟电子技术产生的音像材料，如录音带、录像带、VCD 等也属于电子证据。

（三）相关概念

为了明确电子证据的范围，需要注意区别如下概念：

1. 计算机证据

两者之间是交叉关系，以计算机[①]本身物质属性或者特征为证据的，属于计算机物证；以计算机生成、接收、传输、发送或者存储的电子信息为证据的，属于计算机电子证据。

2. 数字证据

信息技术分为模拟电子信息技术和数字电子信息技术，前者如有线电话、电报等，后者如计算机、数码相机、数字电视等。数字证据是以数码为介质的证据，属于电子证据的一种。学界有人据此区分为狭义的电子证据（即数字证据）和广义的电子证据（不限于数字证据）。笔者认为，数字证据是电子证据的核心领域，典型意义上的电子证据就是数字证据。

3. 科学证据

科学证据是指需要借助专门知识才能生成、识别、调取和审查应用的一切材料，一般是指需要鉴定的物证和鉴定意见。电子证据的技术含量比较高，但并非一定需要专门知识才能识别和应用，如数码图形。只有在需要鉴定才能识别时，属于科学证据。原则上，两者之间是并行关系，科学证据是对证据进行归类的一种方法，而电子证据是证据的一种类别和表现形式。

4. 视听资料

电子证据与视听资料的关系最敏感、最重要。笔者认为，两者之间存在交叉的关系，其中胶片资料是视听资料的专属领域，数字证据是电子证据的专属核心领域，而电子音像资料是两者的共同领域。从电子技术的角度来看，借助模拟电子技术及其设备生成的录音录像材料既是视听资料，也是电子证据，而借助数字电子技术及其设备生成的其他材料属于电子证据。交叉性说明两者的联系密

---

① 根据 1993 年《南非计算机证据法》第 1 条第 3 款规定，以电子、电子机械、机械或者其他方式接受、传输、存储数据指令，遵循数学或者逻辑规则处理数据指令，借此产生信息的设备和装置都是计算机。

切，但不是将视听资料或者电子证据简单纳入其中一方或者合并的理由。在证据立法方面，笔者主张维护现状，即电子证据法应当重点规定数字证据，而电子音像资料应当放在传统的视听资料规则中规定。实际上，这也是我国证据立法实务界的立场。①

二、分类

电子证据还没有成为一个实在法概念，在证据法上的地位和归类至今尚未形成一致的意见。学理上先后出现了“视听资料说”②

① 2002 年《行诉证据规定》第 64 条（电子数据资料的原件和复制件效力同等），该规定实际上将电子证据限于数字证据，与有关视听资料（传统的电子音像资料）的规定并列。

② 广电部 1992 年 1 月 12 日颁布的《关于广播电影电视行政复议若干规定》第 25 条第 4 款（声音、录像材料和计算机存储的资料）；交通部 1999 年发布的《公路路政管理规定（试行）》第 20 条第 2 款（照片、录音带、录像带、电影胶片、传真资料）；北京市高级人民法院《关于办理各类案件有关证据问题的规定》第 3 条（录音录像资料、电子数据交换、电子邮件、电子数据、电脑存储资料）。

"书证说"①、"物证说"②、"独立证据说"③、"四分法说"④、"七分法说"⑤ 等。

(一) 归类

笔者赞成"独立证据说"，认为电子证据是一种独立的证据种类，这是因为：

1. 电子证据具有独特的表现形式

内容、形式、规则等是现行实在法区分证据种类的根据。其中，内容是次要的，因为不同的证据种类可能具有相同的事实内容，可以用以证明相同的案件事实。形式差异是实在法区分证据种类的主要根据，规则的差别是形式差异在证据法上的反映。从证据法有关证据种类的规定来看，形式规则占绝大多数，这也是证据合法性的要点所在。电子证据内在的电子介质和外在的信息技术设备是其他任何证据种类没有的表现形式，而正是这种特殊的表现形式构成了电子证据特殊规则的主要根据。

---

① 李学军：《电子数据与证据》，载何家弘主编：《证据学论坛》(第二卷)，中国检察出版社 2001 年版，第 445 页 (在法律归类出现之前，赞成将电子数据"看作"书证)。

② 汪建成、刘广三：《刑事证据学》，群众出版社 2000 年版，第 204 页 (电子证据属于广义的物证)；Eoghan Casey, Digital Evidence and Computer Crime, Acadamic Press, p.4. (电子证据属于物证的一种)。另请参见何家弘主编：《电子证据法研究》，法律出版社 2002 年版，第 23 页。

③ 韩波：《电子商务亟需电子证据规范》，载王利明主编：《电子商务法研究》，中国法制出版社 2003 年版，第 419 页 (我国接受了大陆法系的传统，解决电子证据可采性的当务之急是确立电子证据的新证据种类地位)。

④ 蒋平：《计算机犯罪问题研究》，商务印书馆 2000 年版，第 253~254 页 (电子证据分为书证、视听资料、勘验检查笔录、鉴定结论)。

⑤ 何家弘主编：《电子证据法研究》，法律出版社 2002 年版，第 16~30 页；刘品新：《中国电子证据立法研究》，中国人民大学 2003 年博士学位论文，第 19 页。各种观点分别揭示了电子证据的某个方面的特征，但都存在片面性；电子证据不是独立的证据种类，因为它没有带来新的证明机制，与其他证据的区别主要是表现形式，可以分别纳入传统的证据种类之中，如电子书证、电子物证、电子视听资料、电子笔录等。

2. 电子证据具有自成体系的证据规则

鉴于虚拟、快速、便捷、易消逝或者篡改等特点，电子证据的收集、调取、提供、举证和质证具有不同于其他证据种类的规则，只有将其确立为独立的证据种类，才能形成系统的电子证据规则，发挥电子证据作为一种特殊证明手段的作用。不少国家制定单独的《电子证据法》[①] 或者在有关立法中设立单独的章节规定电子证据[②]，是充分的证明。

3. 电子证据不可能纳入任何一种传统的证据种类之中

其他观点的一致之处在于电子证据不是一种独立的证据种类，而是可以分别纳入传统的证据种类之中。笔者认为，这些观点及其理由恰恰说明了电子证据是独立的证据种类，电子证据的特殊性、复杂性和优越性正在于集成了传统证据种类，是传统证据种类与现代信息技术结合的新生儿。如同笔者不能因子女像父母而否认其独立的法律地位那样，笔者也不能因电子证据类似传统证据种类的某个特征，而将其纳入某个证据种类或者将其肢解后分别纳入传统的证据种类之中。只有将电子证据确立为独立的证据种类，才能一揽子解决有关的证据法问题。

在证据分类方面，电子证据属于实物证据，因为作为电子证据典型标志的载体是电子介质，而电子介质是物质存在的一种形式。

（二）类型

根据权威观点，[③] 对电子证据可以做如下分类：

---

① 如1983年《南非计算机证据法》、《菲律宾电子证据规则》、1998年《加拿大统一电子证据法》。

② 例如，南澳大利亚地区1929年《证据法》第6编“电报讯息”和第6A编“计算机证据”；加拿大魁北克《民法典》第七编“证据”、第二副编“证明”、第一章第六节“计算机证据”。

③ 何家弘主编：《电子证据法研究》，法律出版社2002年版，第30~48页。

1. 模拟电子证据和数字电子证据

区分的根据是电子技术分为模拟和数字两种。

2. 数据电文证据、附属信息证据和系统环境证据

数据电文证据是主要证据，用于证明案件事实；附属信息证据用于证明前者生成过程的完整性和连贯性；系统环境证据用于在鉴定或者庭审时使数据电文逼真再现。

3. 封闭系统生成、开放系统生成和双系统生成的电子证据

区分标注是电子证据生成的计算机和网络环境，对明确调查取证的思路和方法具有重要参考价值。

4. 原始电子证据和派生电子证据

前者成为原件，后者成为复制件。

三、规则

从域外的经验来看，电子证据的规则主要有：

（一）最佳证据规则

按照最佳证据规则，在证明同一事实时，原件的证明力优于复制件。但是，在系统状态正常得到证明的情况下，电子证据复制件具有证据资格，并且与原件具有同等的证明力，没有所谓的“大小”或者“优于”之分。①

形成这种特殊规则的主要原因是：

---

① 2002年《行诉证据规定》第64条；《美国联邦证据规则》第1001条第3项（如果数据存储在电脑或者类似设备中，任何从电脑中打印或者输出的能够准确反映有关数据的可读物均为“原件”）。我国《电子商务法（示范法）》草稿“电子证据部分”第1条第3项规定：“电子证据的原件是指电子纪录本身，或者制作者或发行者意图使其具有同等效力的文本；它不局限于首先固定所在媒介物，而是对当事人而言具有法律效力的、最终的文件。对于任何直接源于该电子纪录的打印输出或者其他可感知物，只要能够准确地反映该纪录内容，均可视为‘原件’。”根据该项规定，最终完整性、法律效力是区分原件和复制件的一般标准，而“准确性”是“视为原件”即“效力等同”的认定标准。

1. 电子证据的原件和复制件之间没有截然的界限

例如，一方当事人将双方签署并且鉴证的电子合同文本通过网络传输到另一方计算机系统之中，被对方接受确认，这里就存在两份电子合同。哪一份是原件（正本）？哪一份是复制件（副本）？很难区分。又如，软件的母盘和复制盘在制作商和销售商来说都是正品原件。这里既有技术（技术的复制保真程度）的原因，也有人为（目的和效力的约定或者设定）的原因。

2. 只要遵循系统安全规定和其他技术规则，复制件与原件完全相同，不会有任何遗漏

传统最佳证据规则的主要根据是复制件存在信息流失的可能性，而电子证据的复制件不会流失原件的任何信息。当然，如果出现了技术缺陷或者系统状态不稳定的情况，复制件没有证明力。

准确性是复制件“等同”原件的前提。从学理研究和实在法规定来看，确保复制件准确性的措施有：

（1）鉴证证明。这是指专家或者鉴证机构对产生电子证据的打印输出或者其他输出物的计算机程序或者系统加以描述和辨别，并且对其结果是否正确予以确认的过程。进行鉴证的方式有专职的专业技术人员监控、商业日志中具结或者专门的鉴定机构鉴定。

（2）公证确认。即电子数据交换、电子邮件等电子证据的生成和复制过程由公证机关进行跟踪、监督，予以公证保全或者公证证明。[①] 这里的典型例子是所谓的“网络公证”，是指公证机构利用计算机和互联网技术，对互联网上的身份、交易行为、数据文件等予以提取或者复制，并且证明其真实性的行为。网络公证不同于公证上网。

（3）鉴定。主要针对复制件生成的介质品质（硬件）、系统环境（软件）是否可靠、稳定等，以确定复制件的逼真程度。

---

① 北京市高级人民法院《关于办理各类案件有关证据问题的规定（试行）》第5条（电子证据的复制件经公证和对方当事人确认之后效力等同原件）。

(4) 对方当事人认可。

(二) 传闻证据规则

电子证据在这方面的特殊问题有：

1. 替代出庭作证

电子证据是解决证人出庭的一个有效手段，它具有替代性功能，证人可以通过双向视频传输手段作证，以电子作证替代出庭作证。这样，证人虽然没有出庭，但可以口头的言词方式作证，其证言因此不再属于传闻证据。[①]

2. 虚拟原物展示和原过程再现

按照传闻证据规则，描述原物或者原场景的模型、照片或者笔录，原物或者原场景不在庭展示，或者笔录制作人不到庭接受询问和质证的，属于传闻证据。电子证据可以作为替代性的手段，以数字录像、图像演示等手段逼真、生动地再现原物、原场景，再现虚拟的事实过程，如事故的发生过程。数字模拟技术使一切在法庭上不可能展示或者再现的原物、原件或者场景，可以逼真地再现。这使模型、照片或者笔录不再成为传闻证据。

3. 例外情况

经制作人、保管人证明，以借助电子技术制作的备忘录、报告、记录或者数据汇编等属于传闻证据的例外，具有证据资格。[②]

(三) 可采性规则

根据平等原则（非歧视原则）[③]，在证据资格方面，应当将电子证据与其他证据种类同等对待。与其他证据一样，客观性、相关性和合法性也是电子证据的证据资格要件。电子证据本身的形式特殊性不是认定其是否有证据资格的根据，而是确立特殊证据规则的根据。

---

① 2001年《民诉证据规定》第56条第2款。

② 《菲律宾电子证据规则》第8条。

③ 联合国国际法贸易委员会《电子商业示范法》第5条（效力和可执行性同等）。

（1）合法性。通过窃录、非法搜查和扣押、未经专门机构鉴证的程序、非法软件程序获得的电子证据材料不合法，原则上不得采纳。

（2）客观性。各方当事人认可、由对自己不利的一方保存或者提供[①]、适格证人具结证明、有证据证明计算机系统处于正常状态、经鉴定未经修改、惯常业务程序生成[②]的电子证据材料具有真实性；附有电子签名和其他安全保障程序的电子证据材料，推定具有真实性。[③]

（3）连贯性。电子证据的连贯性的实质是记录的完整性[④]，即没有被篡改、毁灭、隐匿，电子证据材料原件自生成起，经过存储、传输、调取、提供等环节没有变化。为此，必须采取拷贝、鉴证、公证、作证、记录等方式证明。

（四）证明力规则[⑤]

对此，权威观点认为应当遵循：

（1）平等。传统证据种类和电子证据都没有先定的证明力，都存在真假、强弱之分，应当一视同仁。

（2）自由认定为主、参照标准为辅。有关证明力的规范只具有参照意义，不构成对法官心证自由的绝对限制。在理由充分的情况下，法官可以不遵循法定证明力规则。

（3）综合认定。对电子证据的证明力，应当根据全案证据材料综合认定。

---

① 1995年《加拿大计算机证据法》第5条第1款；《菲律宾电子证据规则》规则7第2条第3款。

② 1995年《加拿大计算机证据法》第5条第3款。

③ 参见1998年《加拿大统一电子证据法》第4条第1款（系统可靠性）、第5条第1款（系统可靠性推定）；联合国国际法贸易委员会《电子签名示范法》第6条第3款；另请参见上文介绍的电子证据复制件真实性的保障措施。

④ 联合国国际法贸易委员会《电子签名示范法》第8条注67；《菲律宾电子证据规则》规则7第2条第1款。

⑤ 何家弘主编：《电子证据法研究》，法律出版社2002年版，第133~163页。

根据实在法和学理研究成果：

（1）补强规则。经过鉴证、具结、口头证言等方式补强，电子证据材料可以作为定案根据。[①] 这是电子证据的客观性、连贯性的要求。

（2）经公证的电子证据证明力优于未经公证的电子证据。

（3）在正常业务活动中制作的电子证据证明力优于为诉讼目的而制作的电子证据。

（4）由对己不利方保存的电子证据证明力优于中立第三方保存的电子证据，后者优于对己有利方保存的电子证据。

四、立法

这是指有关电子证据特殊规则的法律规范，主要是：（1）有关电子证据证据资格和证明力的规范；（2）有关电子证据的调取、提供、质证和认证的法律规范。

证据法是一个发展迅速、极不稳定的法律部门，传统的规则不断被修正，新的分支领域不断产生，如司法鉴定法、证人法和电子证据法。在证据法体系中，电子证据法是一个相对独立的分支领域。对于电子证据法的这个地位，既不能从传统的证据种类理论理解，也不能局限于证据法总则、刑事证据法、民事证据法和行政证据法四分法的传统框架。电子证据法是一个问题法部门，即以问题为核心，综合采取所有法律方法的领域。这种特殊性决定了不能简单地将电子证据法纳入任何传统的分类框架中，而只能承认其相对独立的分支地位。

关于电子证据法的立法模式，学理上提出了“多层次一体化”

---

① 参见1983年《南非计算机证据法》第4条第2款。

模式[①]、单独立法模式[②]、统一证据法典中规定模式[③]等。笔者赞成单独立法模式，这是因为：

1. 只有单独立法才能系统规定电子证据的特殊性问题

电子证据法不仅要规定证据资格和证明力，而且要规定调取、保全、提供、质证、认证规则。这些事项，统一证据法典、三大诉讼法或者电子商务法都不可能单独完成调整任务。如果分散立法，则会造成重复、冲突等法律漏洞，给理解、适用和研究造成困难。

2. 其他国家的单独立法经验

加拿大、菲律宾、南非等采取单独立法模式。美国、英国、德国、法国等采取分散立法模式。相比较之下，分散立法存在旧瓶装新酒的难题，而单独立法则可回避这个难题。

单独立法并不意味着其他法律对电子证据不做任何规定，而是只规定电子证据在本法领域中的特殊规则。单独的《电子证据法》是一个统一的平台，而不是封闭的堡垒。其他法律可以在《电子证据法》的基础上作补充或者修正。

本章提要

本章的研究表明，证据是一个跨越性、过渡性、媒介性、开放性、多维度的法律概念。作为人们从事实的此岸迈向真实的彼岸的桥梁和中介，一方面，证据要在时间上把过去、现在和未来联系起

---

① 刘品新：《中国电子证据立法研究》，中国人民大学2003年博士学位论文，第109~112页。讲求主次、以点带面，以国家统一立法为主，地方立法为辅助；在国家立法中，应当以证据法为核心，以电子商务法（或者电子签章法）和三大诉讼法为骨干，再辅之以其他法律规范的配套性解释为补充。

② 韩波：《电子商务亟需电子证据规范》，载王利明主编：《电子商务法研究》，中国法制出版社2003年版，第419页。

③ 《中华人民共和国民事证据法》（专家建议稿第4稿）第4条（电子证据为独立证据种类），2003年1月18日广州民事证据法研讨会材料。

来，使案件事实的过去发生过程、现在调查审理过程，以及未来的执行过程合理地联系起来，成为一个完完整整的人类社会生活的事实过程；另一方面，证据（的概念和规则）要保持自身的开放性和多维度，也就是说，要对各种角度、立场、方法保持相当的开放性和包容性。这是因为同样的案件事实过程，从不同的立场和角度出发，感知到和体验到的内容可能存在很大的差异。因此，从单向度、封闭性的古典证据观走向开放性、多维度的现代证据观，成为统一证据法典制定时必须首先在观念上努力实现的一个转变，而这也预示着中国未来制定的统一证据法典将是世界上最为先进的证据法典。

有关证据的定义，在不同观点的碰撞中，“统一说”作为学界和实务界的通说逐步确立起来。按照统一说的观点，证据是指公安司法人员按照法定程序调查收集和审查判断，能够用来定案的一切事实材料。在把握证据的定义时，必须注意证据事实内容和载体形式之间的辩证依存关系，注意甄别案外的事实材料和入卷的证据材料、一般证据和定案证据之间的区别。

客观性、相关性与合法性是学界和实务界公认的三大证据属性。就客观性而言，我国证据法近年来的发展出现了从敬畏客观物质世界的第一位属性向尊重和发挥人类的主观能动性转变的趋势，人文主义的因素越来越多地体现在证据规则的制定和实施之中，客观性的内涵、尺度和视角都在不断地发生变化，因此在学理文献和立法规定中“客观性”一词越来越多地被“真实性”一词所取代。就相关性而言，随着社会结构的细化和人类活动范围的扩展，相关性广度和维度都呈现出大幅度扩展的趋势，证据法上的相关性规则必须积极回应人类社会日新月异的进步，适当地拓宽相关性的广度和维度，因此在学理文献和立法规定中抽象的相关性要求被越来越具体明确的合理相关性标准所取代。合法性是指只有采取法定形式，具有法定来源，由法定主体以正当的程序与合法手段取得的证据材料才具有证据的资格，非法证据排除规则是证据合法性原理的集中体现。在这一点上我国的证据法规定从未停止进取的步伐，2017年6月颁布实施的《非法证据排除规定》就是在中央深改组的英明领导下，学界和实务界共同努力的标志性成果，其中有关非法证据认定和排除的程序规定具有开拓性的意义。不过，该规定并未全面地吸收世界各国的先进经验，因此还有很大的完善空间。

关于证据的类型，本章在简要梳理了直接证据和间接证据、言词证据和实物证据、原始证据和传来证据之后，重点介绍了言词证据、实物证据、电子证据、笔录证据四个类型。从中可以发现，我国现行规定显得分散，急需通过一部统一的证据法典进行集中系统的归纳整理，以避免重复、冲突和漏洞。

本章最后认为，我国证据法学界的研究成果为统一证据法典的制定奠定了一个比较清晰的类型化框架，亦即统一的证据法典和单行的证据类型立法相结合，后者主要是证人保护法、司法鉴定法、电子证据法等。之所以要对这三种类型的证据采取单独立法，是因为它们不仅涉及公安司法机关，而且涉及多个政府执法部门，在机构、经费、责任、职权等方面需要统一的协调，这超出了统一证据法典的调整能力。也就意味着，制定统一证据法典时必须考虑到相关的配套立法，注意相互之间的内容衔接。而这同时也意味着，在统一的证据法典制定工作完成之后，证据法的相关配套立法工作仍然任重道远。

第四章　证　　明

证明是根据已知事实探究未知事实的一种特殊认识活动。与日常生活中的经验证明和科学研究中的科学证明不同，证据法上的证明是法律人从已知的事实情况（证据事实和案件事实）出发，去追求预期的真实目标（案件事实真相）的规范适用和秩序建构活动，不仅要面向过去，以纯粹客观的态度去发现已经发生的案件事实情况，而且要面向未来的生活安排，进行价值的权衡、利益的平衡和权利义务的公平配置。利益判断、价值判断和情感判断的因素交织在证明过程中，日常生活中的经验证明和科学研究中的专业证明作为知识的来源交汇在案件真实真相的认定之中。无论公安司法人员是否具有足够的自觉，作为最终决断的所谓事实认定结论实际上都是多种因素综合而成的结果，都或多或少地带有主观能动性和创造性的烙印。一言以蔽之，证据法上的证明本质上是一种规范证明，是在经验证明（常识证明）和科学证明基础之上进行的一种规范化的事实决断。本章试图通过对现有学术文献和规范文献的梳理，探寻法律证明的主要原理。

第一节　证明的概念

证据法上的证明具有特定的含义。近年来学界对此作了比较充分的研究，下文从定义、特征、边界、类型等角度解析。

一、证明的定义

明确区分证据和证明，将其作为构筑证据法学体系的两大基石，是我国学界的通说①，也是我国证据法学的一个特色②。但是，关于证明的定义，学界存在广狭义说③、主观思维说④、法律目的说⑤、诉讼活动说⑥等，尚未形成一致的观点。笔者认为，法律证明是证明主体按照的程序、方式和标准，运用已知事实，查明、阐明和认定未知事实或者争议事实的法律活动。

（一）证明的构成

证据法上的证明由如下六个要素构成：⑦

1. 主体

主体是指依法享有证明权利、履行证明义务、承担法律责任的公民、法人或者其他组织，包括公安司法人员、行政执法人员、仲裁人员、公证人员、律师、当事人等，他们在证明过程中所扮演的

---

① 明确以证据和证明的区分作为构筑证据法学体系基础的首推江伟主编：《证据法学》，法律出版社 1999 年版。采取相同体系安排模式的是：何家弘主编：《新编证据法学》，法律出版社 2000 年版；卞建林主编：《证据法学》，中国政法大学出版社 2007 年版；刘金友主编：《证据法学》，中国政法大学出版社 2001 年版。

② 英美法系的证据法学不严格区分证据和证明。例如，Black Law Dictionary，5th ed.，p.1092。证明是指“一切导致内心确认或者否定某种状态的事实或者情况”。

③ 陈光中主编：《中华法学大词典·诉讼法学卷》，中国检察出版社 1995 年版，第 761 页。狭义的证明是指“司法机关和当事人依法运用证据对案情中未知的或者有争议的事实查明的诉讼活动”，而广义的证明“包括：证明过程、证明程序、证明对象、证明责任、证明标准。证明过程是发现、收集、固定、审查判断证据，认定案情的活动方式”。

④ 江伟主编：《证据法学》，法律出版社 1999 年版，第 49 页。证明“在近现代的诉讼制度中，指证明主体在证明责任的作用和支配下，运用证据这个证明方法求证或探知证明客体的抽象思维活动和具体诉讼行为，简单地说，证明就是认知案件事实的理念运动和具体过程的统一”。

⑤ 刘金友主编：《证据理论与实务》，法律出版社 1992 年版，第 117 页。具有法律意义的证明“是指在法律程序中特定的机关、组织和人员，本着查明案件真实情况的目的，依法运用证据确定和阐明未知案件事实的活动”。

⑥ 巫宇甦主编：《证据学》，群众出版社 1983 年版，第 77 页。证明“是诉讼活动的重要组成部分。诉讼中的证明具有自己的特点，它是指司法机关或当事人依法运用证据阐明或者确定案件事实的诉讼活动”。

⑦ 参见樊崇义主编：《证据法学》，法律出版社 2001 年版，第 178~179 页。

角色和所起的作用不同。

行政机关、司法机关、仲裁机构、公证机构等有关机构中的行政执法人员、审判人员、检察人员、公安人员、仲裁人员、公证人员等代表所在的机关或者机构履行取证、查证、认证等证明职责，以履行证明职责的方式进行证明。为了行文简便，本章将他们统称为“执法人员”。

当事人以行使举证权利、履行举证责任的方式进行证明。证明既是当事人的权利，也是义务。举证责任是当事人作为证明主体的专门法律制度。

从现行实在法规定①来看，律师的证明主体资格主要体现在自行取证权和申请取证权。

2. 客体

客体即证明对象，是指为了正确适用法律而必须查明的事实。证明对象分为普遍和特殊两个层面。前者指法定事实要件，即实体法和程序法规定的要件事实，后者指根据案件具体情况（如当事人主张或者争议的事实）需要查明的事实。

需要指出的是，通常所说的“案件事实”具有证据事实、案情事实、要件事实等多种含义。直接证据的事实内容就是案情事实。案情事实是指执法人员通过调查取证、当事人举证等各种途径

---

① 1996年《律师法》第31条规定：“律师承办法律事务，经有关单位或者个人同意，可以向他们调查情况。”2012年《律师法》第35条第2款规定：“律师自行调查取证的，凭律师执业证书和律师事务所证明，可以向有关单位或者个人调查与承办法律事务有关的情况。”1989年《行政诉讼法》第30条第1款规定：“代理诉讼的律师，可以依照规定查阅本案有关材料，可以向有关组织和公民调查，收集证据……”最高人民法院、最高人民检察院、公安部、国家安全部、司法部、全国人大常委会法制工作委员会《关于刑事诉讼法实施中若干问题的规定》（以下简称1998年《刑诉法实施规定》）第13条规定：“……辩护律师还可以依照刑事诉讼法第三十七条的规定向证人或者其他有关单位和个人收集与本案有关的材料，申请人民检察院、人民法院收集、调取证据，申请人民法院通知证人出庭作证。辩护律师经人民检察院、人民法院许可，并且经被害人或者其近亲属、被害人提供的证人同意，可以向他们收集与本案有关的材料。”

了解到的与本案有关的一切事实，即本案发生过程的事实。要件事实是案情事实中为法律规定必须查明的要件事实，是案情事实中的精华。就法律的适用而言，要件事实是必须明确的，是证明的直接目的。

3. 标准

标准即证明的标准。证明的直接目的是查明案件事实，为正确适用法律、保护公民合法权益奠定事实基础。问题是：事实调查到何种程度才算“查明”？换句话说，证据的质量达到何种程度才算“充分”？证明标准则是衡量查明和证据质量的具体尺度。

对执法人员来说，对案件事实的认定没有达到证明标准的，视为违法；对当事人来说，对案件事实的证明没有达到证明标准的，视为举证不能，应当承担败诉后果。

这里需要注意证明标准、证明要求、证明任务、证明程度等术语之间的关系。一种观点认为，“证明任务，又称为证明要求，是指诉讼中对案件事实的证明所要达到的程度或者标准”。① 根据这种观点，证明标准、证明要求、证明任务、证明程度是同一概念，只是措辞不同而已。另一种观点认为，应当区别证明要求和证明标准。所谓证明要求是法律要求证明案件事实所要达到的程度，而证明标准是衡量是否符合法律规定的证明要求的具体尺度。例如，在刑事诉讼中认定被告人有罪必须做到“犯罪事实清楚、证据确实充分”。②

笔者认为第二种观点细致入微，切实可行，值得赞赏。

4. 方法

证明的方法包括证据、当事人承认或者认可、司法认知、推定、逻辑、经验等。关于证据、司法认知、推定等，本书在其他章

① 陈一云主编：《证据学》，中国人民大学出版社 2001 年版，第 114 页。

② 樊崇义主编：《刑事诉讼法学研究综述与评价》，中国政法大学出版社 1991 年版，第 165 页。

节专门研究。

5. 程序

程序即证明的程序。通常在诉讼法和单行法律法规中规定。诉讼过程就是证明过程，证明程序就是诉讼程序。这是证据法与诉讼法密切联系的一个表现。证明程序本质上属于诉讼法的调整范围。

6. 效果

效果是指证明行为依法产生的法律后果。事实主张被法官认定成立是最为常见的积极后果，而事实主张被法官认定为不成立是最为常见的消极后果。除此之外，当事人、参与人或者代理人违法证据法的规定调查收集证据材料的，不仅导致所收集的证据材料违法而被排除，而且还有可能被追究其他方面的法律责任。

（二）证明的特征

作为一类特殊的法律行为，证明具有如下特征：

1. 规范性

证明是一种法律活动，必须按照法定的范围、程序和标准进行，这是证明的形式特征。在一般意义上，证明是人类认识世界、揭示客观真理的过程，在自然科学、社会科学和日常生活中广泛存在。法律证明是其中的一种。证明规范性的表现是：

（1）证明的构成要素都由法律规定，包括举证责任的主体分配①、证明对象②、证明标准③、证明方法④、证明程序等。

（2）证明的后果由法律规定。案件事实没有查明的，构成违

---

① 例如，1991年《民事诉讼法》第64条第1款，2001年《民诉证据规定》第一部分“当事人举证”；1989年《行政诉讼法》第32条，2002年《行诉证据规定》第一部分“举证责任分配和举证期限”。

② 例如，1998年《刑诉法解释》第52条（需要运用证据证明的案件事实）。

③ 例如，1998年《刑诉法解释》第176条（有罪判决和无罪判决的标准）。

④ 2001年《民诉证据规定》第9条（无须当事人举证证明的事实）、第64条（逻辑和日常生活经验）；2002年《行诉证据规定》第68条（法庭可以直接认定的事实）、第54条（逻辑和生活经验）。

法，导致裁判被撤销、变更[①]；当事人举证不能的，承担败诉后果。[②]

(3) 妨害证明进行的，依法追究刑事责任或者司法责任。[③]

2. 主观性

证明是主观思维活动和客观法律行为的统一，取证、举证、质证和认证等外在证明行为受证明主体主观能动性的支配。证明的主观性表现在：

(1) 心证过程。外在的证明过程表现为取证、举证、质证和认证的行为，而内在的证明过程是在法律人的大脑中借助语言的方式进行的心证行为。外在的证明行为与内在的心证行为之间是交织互动的关系，但后者起决定性作用。

(2) 主观能动性。证明主体的主观能动性因素始终介入在证明的过程之中，以不同方式和程度影响案件事实认定的结果。诸如经验实证、逻辑推理、推定和认知等方法的应用都是运用已知的案件事实阐明或者查明未知案件事实的活动，都需要充分发挥证明主体的主观能动性。

证明主观性的实质是法律人和当事人在证明中的主体地位和能动作用，并不改变主客观之间的辩证关系规律。

3. 相对性

受自然条件、经济条件和科学技术等客观因素和人的主观能动性、认识水平等主观因素的限制，证明的结果总是与案件的事实真相存在差距，也就是说，证明的案件事实与实际上发生的事实不可能完全吻合。这就是证明的相对性，其理论根据是：

---

① 1996年《刑事诉讼法》第189条第3项（事实不清、证据不足）；1989年《行政诉讼法》第54条第2款第1项（“主要证据不足”的判决撤销）。

② 2001年《民诉证据规定》第2条第2款。

③ 例如，1991年《民事诉讼法》第102条和2001年《民诉证据规定》第80条第2款（排除妨害诉讼行为的强制措施）；1989年《行政诉讼法》第49条第1款第3、5~6项和2002年《行诉证据规定》第77条（排除妨害诉讼行为的强制措施）。

（1）在证明主体和案件事实真相之间存在妨碍认识准确性的客观制约因素，包括证明主体的认识能力、偏见，以及法律资源的有限性等。证明的相对性是一种客观事实造成的客观状态，本身就是规律。法律证明的对象是已经发生的过去事实，受各种主客观因素的影响，过去事实的再现通常是不全面的。①

（2）法律价值的冲突和协调造成了证明的相对性。执法、司法活动以秩序、效率、公正等多元化的价值为其内在的目标，对案件事实的真理性认识，固然与其理念相结合，但若因此而以牺牲其他的价值目标如效率为代价，则物极而必反，因为迟来的正义非正义。执法程序各种价值之间的冲突及其协调也造成了证明的相对性。也就是说，绝对真理的证明观后退一步，以相对真理的形式表达出来。

证明的相对性原理对证明制度的影响表现在：

（1）举证时效制度。当事人必须在制定的期限内提供全部证据材料或者提出证据调查或者保全申请，除非有正当理由，逾期举证或者申请的，视为放弃举证权利，有关证据材料无效，构成举证不能。②

（2）举证不能的败诉后果。当事人不能提供充分证据，导致案件事实真伪不明的，执法机关按照举证责任分配规则进行裁判③，负有说服责任的当事人承担不利后果④。

---

① 罗玉珍主编：《民事证明制度与理论》，法律出版社2003年版，第66页。

② 例如：2001年《民诉证据规定》第3条（合理期限完成举证）、第23条（保全证据申请应当在举证期限届满前7日提出）、第33条（举证通知书的期限告诫）、第34条（逾期视为放弃举证权利）、第36条（举证期限延长申请）；2002年《行诉证据规定》第1条（被告逾期举证视为具体行政行为没有相应证据）、第7条第2款（原告逾期举证视为放弃举证权利，在第一审中应当提出而没有提出的证据在第二审程序中无效）、第24条（证据调查申请应当在举证期限内提出）、第29条（重新鉴定申请应当在举证期限内提出）、第57条第4项（逾期举证的排除）。

③ 2001年《民诉证据规定》第73条第2款。

④ 2001年《民诉证据规定》第2条第2款。

（3）证明标准的层次性。排除合理怀疑、优势证据、合理可能性等不同程度的证明标准适用不同的情形。例如，在民事诉讼中，当事人针对同一案件事实提出本证和反证的，根据证明力大小认定案件事实，这是优势证据标准。①

（三）证明的边界

证据法上的证明本质是法律证明，更准确地说是规范证明。对其边界可以从如下几个方面认识：

1. 法律证明与生活证明的区别与联系

证据法上的证明是严格约束下的规范证明，是当事人、代理人和执法人员为了正确地适用法律规定，应用法律规定的调查收集和审查判断的方法，查明相关的证据事实、要件事实、情节事实和背景事实。从证明的对象范围到证明的方法和标准都有严格的规定，否则，证明行为不仅不会产生预期的效果，而且还有可能产生法律责任。

相对而言，日常生活中证明主要产生于个人的兴趣和需要，凭借日常生活中获得的点滴分散的经验所进行的粗浅初步的事实判断。在范围限定、方法应用、标准设定等方面，生活证明缺乏相当的条理性和逻辑性，严格的规范性要求更是无从谈起。

在法律证明与生活证明之间存在一个中间地带，那就是“常识证明”。个别分散的生活经验经过长期的积累、分享和验证，会逐步沉淀为一种带有集体记忆性质的公共常识。这是法律人进行专业判断的一个很有用处的知识来源。一般而言，专业判断是建立在常识判断的基础之上的，明显违反常识的专业判断必须有更加充分的试验根据或者其他方面的根据。

2. 法律证明与科学证明之间的区别与联系

典型意义上的科学证明是自然科学界的专业人员为了验证特定的理论假设或者设计方案是否符合客观规律、切实可行，以纯粹客

---

① 2001年《民诉证据规定》第73条第1款。

观中立的态度，应用精密的技术设备和特殊的方法而进行的试验或者检验活动，是一种直接面对事实、探究事实的研究活动。地位的独立性、态度的客观性、立场的中立性、方法的专业性、未知的开拓性是科学证明的显著特征。

相对而言，法律证明具有浓厚的主观色彩，因为法律证明的目的是在查明案件事实的基础上正确地适用法律规定，在当事人之间公平地配置权利义务，进而进行社会正义秩序的维护、矫正和建构。价值判断、利益权衡与事实发现在理论上是可分的，但在实践的层面上是不可分的。法律上（最终）有效的所谓事实认定结论，是事实判断、价值判断、利益判断和情感判断相互交织、相互协调，达成内外表里有机统一的产物，本质上是一种带有鲜明主观色彩的规范判断。内容的主观性、方法的逻辑性、格式的规范性、目标的公平性是法律证明的鲜明特征。

随着法律的科学化运动逐渐深入，法律人与科学家之间的关系日渐走近，法学与科学之间的界限越来越模糊。法律人与科学家之间的职业共同点越来越多。诸如地位的独立性、态度的客观性、立场的中立性、方法的专业性等一般职业要求，既是科学家职业共同体的起码要求，也是法律人职业共同体的基本要求。法律证明的严肃性与科学证明的严谨性不仅相通，而且相互依赖。

3. 法律证明的三个层面及其相互关系

证据法上的证明可以分为宏观、中观和微观三个层面。宏观层面的证明指证明制度，微观层面的证明是指证明行为，处于两者之间的中观层次是证据规则。宏观层面的证明制度是一个国家在特定的历史条件下形成的、由具体的证据规则按照特定的文化观念和结构模式组成的制度体系，通过日常具体的证明行为活生生地表现出来。证据制度构成了证明行为的场域，而证明行为是证据制度的表现。在任何一个微观具体的证明行为中，大都可以或多或少地看到宏观证明制度模式的因素和烙印。证据法规则是证明行为和证据制度之间的媒介。

二、证明的种类

按照不同的标准，可以对证明进行多种分类，主要有：

（一）刑事诉讼证明、民事诉讼证明和行政诉讼证明

这是以诉讼程序为标准所作的分类，三种证明的区别表现在：

1. 证明主体不同

在刑事诉讼中，证明犯罪嫌疑人、被告人犯罪以及刑责轻重的责任由审判机关、检察机关、侦查机关承担，犯罪嫌疑人、被告人不承担证明自己无罪的责任。民事诉讼中的证明责任则不以诉讼地位决定证明责任承担的主体，而是根据当事人的主张，分别由当事人承担相应的证明责任。行政诉讼中的举证责任原则上由作为被告的行政机关承担，原告不承担证明具体行政行为违法的责任，仅仅在行政许可案件、行政不作为案件和行政赔偿案件中承担部分事实的举证责任。

2. 证明手段不同

书证、物证、视听资料、鉴定意见、勘验笔录、证人证言等，是三大诉讼共同的证据种类；检查笔录，被害人陈述，犯罪嫌疑人、被告人的供述和辩解是刑事证据的特有证据种类；现场笔录是行政证据的特有证据种类。

3. 证明标准不同

我国三大诉讼法使用的术语不同。1996 年《刑事诉讼法》第 162 条规定“案件事实清楚，证据确实、充分”。只有“案件事实清楚，证据确实、充分，依据法律认定被告人有罪的”，才能对被告人“作出有罪判决”。1991 年《民事诉讼法》第 153 条规定“事实清楚”，与 1996 年《刑事诉讼法》相比，少了“证据确实、充分”的要求。1989 年《行政诉讼法》第 54 条规定的是“证据确凿”，与刑事诉讼法相比，不仅没有“事实清楚”的要求，而且也没有“证据充分”的要求。总体而言，刑事证明标准最高，行政证明标准居中，民事证明标准最低。

4. 证明对象不同

刑事证明对象主要是有关犯罪行为构成要件和情节的事实；民事证明对象主要是民事纠纷发生和民事法律关系构成要素的事实；行政证明对象主要是与被诉行政行为合法性有关的事实。

（二）严格证明和自由证明

严格证明是法律严格规定其范围、方法、标准、程序和方式的证明，刑事诉讼中有罪裁判的要件事实和情节事实的证明，民事诉讼中有关当事人实体法请求是否成立的要件事实证明，行政诉讼中有关被诉行政行为合法性主张的要件事实证明都属于严格证明的范畴，只有在遵守或者符合法定的范围、方式、标准和程序的情况下，证明行为才能产生预期的法律后果，如作出有罪判决或者胜诉。

自由证明是法律不严格规定其范围、标准、程序和方式，由执法人员根据案件的具体情况裁量确定的证明类型。主要针对如下情况：一是诉讼审理过程中的程序事实证明，如关于期间、回避、时效等的事实证明；二是临时紧急情况的事实证明，如有关诉前保全和诉中保全、临时给付等措施的事实证明。如果这两种情况涉及重大根本的实体法权益争议并且存在不能回转的情况，则不能采用自由证明的方式，仍然需要采用严格证明。

严格证明和自由证明之间的主要区别是标准和范围。在证明标准上，严格证明适用证据确实充分、排除合理怀疑和优势盖然性的标准，而自由证明则适用合理可能性的标准。在范围上，严格证明主要适用于具有重大实质性争议的实体法事实，而自由证明主要适用于没有实质性意义的程序法事实。

这种分类的启发意义在于：对证据规则的制定者而言，证明的标准、程序和方法应当根据事实争议的性质、类型和重要性进行区别设计。对证据规则的实施者而言，证明的法定标准是严格统一的，但具体尺度的把握则是灵活多样的。

（三）积极证明和消极证明

这是以证明行为的预期目标指向为标准所作的分类。积极证明是指从正面的角度、以肯定的方式证明主张的事实成立，如证明权利成立的事实要件已经具备；而消极证明则是从反面的角度、以否定的方式证明主张的事实不成立，如证明权利限制或者消灭的事实条件具备。

积极证明的范围大于消极证明。积极证明需要针对一项权利或者义务成立的全部事实要件，而消极证明只需要针对一项权利或者义务不成立的一个事实要件即可。

积极证明的标准一般情况下也高于消极证明。积极证明对全部要件事实的证明必须达到“确实充分”的程度，从而排除合理怀疑或者达到优势盖然性标准。消极证明只要起到动摇或者减损积极证明的效果即可。

积极证明在逻辑本质上不同于消极证明。积极证明的逻辑是肯定式命题（是什么）的证明逻辑，而消极证明是否定式命题（不是什么）的证明逻辑。

这种分类的意义在于明确当事人提出事实主张的正确表述方式。当事人在提出一种肯定性的事实主张时，应当采取肯定式的命题表述方式，采用正向积极证明的方法。反之，当事人如果提出了否定性的事实主张，就应当相应地采取否定式的命题表述方式，采取反向消极的证明方法。简言之，主张、语言、思维和方法必须保持一致性；否则，就会出现事实主张不明确、自相矛盾，甚至混乱的情况。对公安司法人员而言，应当注意根据当事人主张或者陈述的要旨，以法律语言和逻辑思维予以规范化、类型化的整理，从而将当事人不规范的事实主张或者陈述内容纳入法律规范的轨道上，使之在法律的框架内产生意义。

第二节　证明对象

证明对象是证明行为的目标指向，主要是具有合理争议的案件事实。对公安司法人员而言，只有正确地限定了证明的对象，才能排除没有实质意义的事实主张扰乱审理过程，以便集中优先的司法资源，使案件的审理程序朝着明确的目标有条不紊地进行。对当事人而言，正确限定证明对象的意义在于使自己明确到底该主张什么、证明什么，为此应当如何提供证据、提供哪些证据。证明对象一方面决定了审理程序的范围，另一方面决定了相关性规则的适用范围。

一、证明对象的概念

抽象静态意义上的证明对象的内容和范围取决于正确适用法律规定的需要。案件事实的定性、当事人的诉讼主张，尤其是诉讼争议的焦点（争点）、举证责任的分配从不同的角度限定着证明对象的范围，这是动态具体意义上的证明对象。证明对象的范围是决定证据材料相关性取舍的第一把尺度，因此是相关性规则的首要问题。

（一）观点

关于证明对象的定义，学界存在狭义说、广义说和折中说三种代表性观点。狭义说认为，证明对象是指“由实体法律规范所确定的、对诉辩请求产生法律意义的、应当由当事人提供证据加以证明的事实”。这种观点强调证明对象限于实体法事实，不包括程序法事实和证据事实。①

① 李浩：《民事举证责任研究》，中国政法大学出版社 1993 年版，第 58 页。另请参见 1998 年《刑诉法解释》第 52 条“需要运用证据证明的案件事实”是“与定罪量刑有关的事实”。

广义说认为，“广义上的证明对象，包括对解决案件的实质问题或者个别程序问题具有法律意义的一切情况”。[①] 证明对象是“需要用证据予以证明的待证事实”，而“待证事实包括实体法事实、程序法事实和证据事实”。[②] 按此程序法事实和证据事实都属于证明对象的范围，这是有关证明对象的最为宽泛的观点。

折中说认为，“证明对象是调查人员办理案件必须运用证据予以证明的案件事实……主要是由实体法所规定的行为人的行为是否构成犯罪，以及民事争议、行政争议所涉及的事实。此外，在诉讼中对解决诉讼程序具有法律意义的事实……与正确处理案件密切相关，也是在调查中应当予以证明的事实”。[③] 这种观点认为程序法事实是证明对象，而将证据事实排除在证明对象的范围之外。

笔者赞成广义说，认为证明对象是对本案法律适用具有重要意义并且存在合理争议的案件事实。所谓“对本案法律适用具有重要意义”，是指直接影响案件的定性、法律依据选择和解释的事实。所谓“存在合理争议”，是指因当事人提出了质疑的主张而在事实的认定上出现了合理的疑点。所谓“案件事实”，是指与本案的审理有关的一切事实，包括有关案件发生过程的事实（狭义的案件事实）和用来证明案件事实发生过程的证据事实。

（二）分歧

程序法事实和证据事实是前述不同观点的主要分歧所在。

1. 程序法事实

程序法事实是指有关程序进展的事实，如有关回避、管辖、耽误诉讼期限是否有不可抗力、采取强制措施、申请财产保全和先予执行的事实等。关于程序法事实是否是证明对象，学理上有肯定

① 陈一云主编：《证据学》，中国人民大学出版社 2001 年版，第 138 页。

② 陈光中主编：《中华法学大辞典 · 诉讼法学卷》，中国检察出版社 1995 年版，第 763 页。

③ 何家弘主编：《证据调查》，法律出版社 1997 年版，第 47 页。

说、否定说和折中说三种观点。[①] 笔者赞成肯定说，理由是：[②]

（1）实在法根据。我国现行诉讼法均明确规定程序违法是撤销第一审判决并且发回重审的理由[③]，1989 年《行政诉讼法》第 54 条第 2 款第 3 项将程序违法作为撤销具体行政行为的理由。这就明确地将程序法事实纳入证明对象的范围。

（2）程序独立地位。程序法并非只是实体法的实施手段，而是具有独立的价值和地位。程序法事实也独立于实体法事实，对裁判的合法性、公正性具有独立的意义，应当成为证明对象。

（3）监督功能。将程序法事实纳入证明对象的范畴有利于督促证明主体遵守法定程序。

2. 证据事实

证据事实是指证据材料所记载和反映的事实。对此，学理上同样存在肯定说、否定说和折中说三种观点。[④] 笔者赞成肯定说，因为：

（1）证据不能自己证明。事实需要事实来证明，证据事实同样需要证据事实来证明。

（2）证据事实可能成为系争事实。在当事人对证据的真实性、合法性或者相关性存在争议时，证据事实就成为需要证明的对象。

根据上述分析，关于证明对象的界定，笔者赞成广义说，认为证明对象是指执法人员作出裁决的法定要件事实，具体包括实体法事实、程序法事实和证据事实。

---

① 何家弘主编：《新编证据法学》，法律出版社 2000 年版，第 283~284 页。

② 樊崇义主编：《刑事诉讼法学研究综述与评价》，中国政法大学出版社 1991 年版，第 256~257 页。

③ 1996 年《刑事诉讼法》第 191 条；1991 年《民事诉讼法》第 153 条第 1 款第 4 项；1989 年《行政诉讼法》第 61 条第 3 项。

④ 何家弘主编：《新编证据法学》，法律出版社 2000 年版，第 285~286 页。折中说认为间接证据是证明对象，直接证据与案件事实重合，没有必要单独列出。

（三）意义

证明对象规则是我国证据规则体系的一个薄弱点，是制定统一证据法典时应当注意重点弥补的一个问题，设立专门的一节集中规定是必要的，证明对象规则的重要性表现在：

首先是划定案件事实的外部边界，引导证明过程有的放矢、目标明确地进行。无论是公安司法人员调查认定案件事实，还是律师和当事人收集和提供证据材料，都必须有明确的目标指向、目的指向和意义指向，漫无边际、简单重复会造成无谓的资源浪费。

其次是划定案件事实的内部结构，为证据材料的审查判断和案件事实的认定提供框架。要素分析法和类型分析法是最为常用的，前者重在揭示案件事实的构成要素，如主体、时间、地点、过程、手段、结果、动机、目的等；后者重在显示不同类型案件事实的特殊性，如要件事实、情节事实与背景事实对法律规范的正确适用有不同的意义，要件事实是必不可少的，情节事实用于具体尺度的拿捏，背景事实则用于原因的发现、意义的解读等。

最后是为证据相关性的认定提供基本的尺度。证据的相关性认定起始于证明对象的划定。划定了证明对象的范围，即意味着划定了调查收集和审查判断证据材料的范围，进一步决定了认定案件事实的范围。从这个意义上可以说证明对象规则是证据相关性规则的一个组成部分。

二、证明对象的范围

什么样的事实可以成为证明对象？对此，不同学者采取不同的认识方法。英国学者摩菲以系争事实为核心，认为证明对象包括系争事实、情况事实、证据事实和参照事实。[①] 德国学者则将证明的必要性、正当性和合法性作为界定证明对象范围的一般标准。[②] 我国学界通常分别研究刑事诉讼、民事诉讼和行政诉讼的证明对象，尚未形成有关证明对象的一般范围限定标准。笔者认为，证明对象的界定取决于如下因素：

（一）法律规定

完整的法律规范由假定、行为和后果三个部分组成。需要证明的要件事实通常在假定中。这里分为四种情况：

（1）法律明确规定为适用本规范而必须查明的要件事实。这是一般情况，例如，1996 年《刑事诉讼法》第 60 条第 1 款有关“犯罪”、“社会危险性”和“有逮捕必要”三项事实是实施逮捕的要件事实；第 2 款规定对应当逮捕的犯罪嫌疑人、被告人，存在“患有严重疾病”或者“怀孕、哺乳自己婴儿的妇女”等情况，是采取监视居住和取保候审的要件事实。

（2）法律没有明确规定，但根据法律解释可以推导出为适用本规范而需要查明的要件事实。例如，1996 年《刑事诉讼法》第 134 条规定，对直接受理的案件，人民检察院“认为需要逮捕的”，应当在对人犯实施拘留的 10 日内作出决定。“认为需要逮捕”必须以经证据证明的事实为根据（证明对象）。根据系统解释的方法，1996 年《刑事诉讼法》第 60 条规定的逮捕要件事实必须查明，否则，人民检察院的“认为”就没有事实根据。

（3）对某类案件的证明对象作肯定的列举式规定。例如，

① Peter Murphy, A Practical Approach to Evidence, 4th ed., Blackstone Press Ltd., 1992, pp.8-13. 系争事实（facts in issue）指当事人的事实主张，情况事实是有关系争事实发生情况的事实（res gestae），包括时间、地点、环境等。证据事实指证明系争事实存在的事实。参照事实（standards of comparison）是指可以作为本案参照标准的其他情况，如人们的日常行为习惯、商业惯例等。

② 何家弘主编：《外国证据法》，法律出版社 2003 年版，第 430~435 页。

1998年《刑诉法解释》第52条[①]。

（4）法律明确规定无须当事人举证证明的事实。例如，2001年《民诉证据规定》第9条第1款、2002年《行诉证据规定》第68条第1款。

需补充指出：

第一，法律规定当事人无须证明，并不意味着当事人不需要提出主张，无须举证证明的事实与本案有关的，当事人仍然需要提出主张，并且申请执法机关认定。

第二，法律规定无须证明仅针对当事人举证，是对当事人举证证明对象的初步排除。对执法机关来说，还需要按照法定程序认定。

第三，无须证明是相对的，只要一方当事人提出确有理由的反证，形成系争事实的，仍然需要另一方当事人举证证明或者执法机关查明。[②]

（二）当事人主张

分为两种情况：

（1）肯定性主张。指当事人肯定某一事实的真实性和相关性。当事人作肯定主张的，通常承担说服性的举证责任。当事人不能在法定期限提供达到证明标准的充分证据的。视为举证不能，承担不利后果。[③]

（2）否定性主张。后者指当事人否认某一事实的客观性和相

---

① 该条规定："需要运用证据证明的案件事实包括：（一）被告人的身份；（二）被指控的犯罪行为是否存在；（三）被指控的行为是否为被告人所实施；（四）被告人有无罪过，行为的动机、目的；（五）实施行为的时间、地点、手段、后果以及其他情节；（六）被告人的责任以及与其他同案人的关系；（七）被告人的行为是否构成犯罪，有无法定或者酌定从重、从轻、减轻处罚以及免除处罚的情节；（八）其他与定罪量刑有关的事实。"

② 2001年《民诉证据规定》第9条第2款；2002年《行诉证据规定》第68条第2款。

③ 例如，2001年《民诉证据规定》第2条第2款。

关性。当事人作否认主张的，通常承担推进性的举证责任。一方当事人作肯定主张，另一方当事人予以否定的，则形成争议事实。

（三）证明的意义

只有具有证明的必要性的事实才可以纳入证明对象。证明的必要性取决于如下因素：①

（1）关联性。与本案有关并且对法律的正确适用具有意义的事实才需要证明，这需要结合待适用的法律规范和案件定性具体认定。

（2）显而易见。对众所周知或者执法人员专业领域内专家普遍熟知的事实，执法机关可以直接认定，没有证明的必要性。

（3）可证明性。客观上不可能证明的事实，不需要证明。

（4）需证明性。已经得到证明的事实，不需要重复或者反复证明。

（5）利益衡量。经公正、效率等法律价值之间的权衡，以及经法律价值与社会、文化、经济等价值的权衡，非经不合理的重大支出不能查明的事实，放弃证明。

（6）证明妨害的排除。执法机关有充分证据认定，当事人提出系争事实旨在拖延诉讼，构成滥用证据调查申请权的，驳回申请。

（四）裁量决定

在法律规定不明确时，执法人员可以裁量决定哪些事实需要证明，这是执法人员事实裁量权的一种。例如，根据1998年《刑诉法解释》第52条第8项有关“其他与定罪量刑有关的事实”的规定，公安司法机关在什么样的其他事实需要证明方面享有裁量权。

在确定证明对象范围时，存在一个诠释学上的循环论规律。一方面，执法人员需要根据已经掌握的案件事实寻找合适的法律规范；另一方面，哪些事实需要查明又来自法律规范规定的事实要

① 何家弘主编：《外国证据法》，法律出版社2003年版，第430~435页。

件。执法人员凭借其职业经验和专业知识，在执法过程的开始就可以初步确定证明对象的范围，但是，在执法过程中，证明对象的范围可能出现反复，直到作出裁决，范围才会最终明确。

三、证明对象的分类

按照不同的标准进行不同分类有助于深入认识证明对象的内容结构。通过下述五种分类，可以发现证明对象的结构和范围不是一成不变的，而是随着人类活动范围的扩展、认识能力的提高和资源条件的改善而逐步拓宽、深化和细化。不仅仅越来越多的事实进入了法律证明的领地，而且事实内容的维度和认定标准也越来越复杂精密。可以说，在现代大型复杂的工业化、信息化和全球化的社会中，单一维度和结构的简单事实已经不复存在，取而代之的是多维度、开放性的复杂事实。这是现代证据法必须完成的一个转变，也是制定统一证据法典时必须注意的一个问题。

（一）刑事诉讼证明对象、民事诉讼证明对象和行政诉讼证明对象

这是以诉讼类型为标准所作的分类，古老而又古典，是学界和实务界长期共同采用的基准分类。因此，有关刑事诉讼证明对象的基本原理和一般规定适用于所有的刑事证明领域，如强制措施、刑罚执行等。有关民事诉讼证明对象的基本原理和一般规定适用于所有的民事证明领域，如仲裁、公证、生效文书的执行等。有关行政诉讼证明对象的基本原理和一般规定既适用于行政案件的审判和执行，也适用于行政程序中的调查收集和审查判断过程。

刑事诉讼的证明对象以被指控的犯罪事实要件为中心，包括犯罪行为实施的主体、时间、地点、过程、手段和后果的事实。从证明的作用指向来看，既包括证明犯罪指控成立的有罪事实，也包括证明犯罪指控不成立的无罪事实；如果指控的犯罪事实成立，还包括此罪与彼罪的区别事实、罪轻或者罪重、从轻或者减轻的事实。

民事诉讼的证明对象以当事人的实体法事实主张为中心，包括

民事权利义务发生或者成立的要件事实、民事权利义务限制或者妨害的要件事实、民事权利义务消灭或者失效的要件事实。从法律关系的角度来看，以上三个方面的事实是法律关系内容的事实，除此之外还包括法律关系的主体事实，法律关系产生、变更和消灭的事实。

行政诉讼的证明对象以被诉行政行为的合法性和行政争议的实质性解决为中心。与被诉行政行为合法性有关的案件事实包括行政机关享有法定职权、遵循了法定程序、正确选择和适用了法律依据的事实，而与行政争议实质性解决有关的案件事实包括了政策事实、背景事实、历史事实等。

（二）实体法事实、程序法事实和证据法事实

这是以案件适用的法律依据为标准所作的分类。

实体法事实是指影响实体法规范的选择、理解、援引的事实，指向实体法上的权利义务如何配置或者法律责任是否成立。

程序法事实是指影响程序法规范的选择、理解和援引的事实，指向程序法上的权利义务配置后果或者责任追究，如回避事实、期间事实、时效事实等。

证据法事实是指具有证据法上的规范适用意义的事实，主要是案件发生过程的事实和用于证明的证据事实；除此之外，还包括非法取证的事实、侵害证人合法权益的事实、违反规定保存证据材料的事实等。

（三）要件事实、情节事实、参照事实和背景事实

这是以事实对法律适用的意义为标准所作的分类。

要件事实是指影响案件的定性和法律规定如何选择和适用的必要事实。要件事实通常分为主体（资格）、行为（过程）、客体（对象）、结果（后果）等方面，缺一不可，否则，相关的诉讼主张不能成立。

情节事实是反映案件的具体发生过程、影响已经选择的法律规范如何理解的细节事实。情节事实不影响案件的性质认定和法律规

范选择，但影响具体内容的理解和具体尺度的把握。

参照事实是指先例事实，也就是说执法人员在处理案件时，应当作为先例予以考虑的事实。参照事实虽然不是本案事实，但却是与本案直接相关的案外事实。按照遵循先例或者惯例的原则，除非具备充分合理的理由，否则不得违反先例。应当参照先例事实而不参照的，构成认定事实错误。

背景事实是作为本案案件事实发生的相关社会背景的事实。任何案件事实都是在特定的社会背景中发生的，相同的案件事实内容在不同的社会背景下，人们看待的角度、发现的内涵和理解的意义也就不同。背景事实属于与本案直接相关的案外事实，应当考虑背景事实而没有考虑的，会导致认定事实错误。

（四）经验事实、科学事实、价值事实和逻辑事实

这是以事实的来源途径和证明方法为标准所作的分类。

经验事实是指以耳闻目睹、切实体验的方式获知的事实。科学事实是指专业人员通过专门的技术设备、研究或者实验的方法获得的事实。价值事实是指为了作出正确的价值判断而作为根据或者条件的事实。逻辑事实是指为了进行正确的逻辑推理而作为条件或者根据的事实。

相对而言，经验事实是表象的事实，科学事实是本质的事实，而价值事实是彰显主观偏好、体现个人立场的事实，逻辑事实则是纯粹抽象普遍的事实，它们的来源方式不同，证明的方法也大相径庭。

值得注意的是，这些不同的事实类型在法律证明中都存在，现代证据法的总体发展趋势是逐渐放弃模糊肤浅的经验判断方法，能动自觉地应用理性的价值判断和逻辑判断方法，逐步走向精确化、直观化和具体化的科学专业判断，最终形成将各种判断方法综合协调起来的综合性、规范化的事实判断。

（五）过去的事实、现在的事实和未来事实

这是以案件事实发生的时间阶段为标准所作的分类。

所谓过去的事实，是指在公安司法机关决定立案之前发生的案件事实，如被掌控的犯罪行为事实。所谓现在的事实，是指从公安司法机关决定立案时起到最终生效裁判作出之前发生的案件事实，如需要采取临时救济、先予给付、诉讼保全等措施的事实。所谓未来的事实，是指生效裁判作出之后到执行完毕之前可能发生的案件事实。例如，涉及安全、投资等方面的风险评估的事实，涉及侵害行为损害后果持续发生情况的定损评估事实。

公安司法机关的立案决定、最终生效裁判和执行结案决定是确定过去、现在和未来三个事实阶段的临界点。这三个时间临界点是合理界定证明对象范围的时间标准。在三个时间临界点之外出现或者发生的与本案有关的事实原则上应当作为另案事实对待，不属于本案事实的范围。

这种分类的理论意义在于提出了如何从时间的角度合理地限定案件事实的范围。从哲学的角度来看，从上追溯起源，从下追问其最终结果，案件事实的发生过程是一个无限持续的过程；但是，从法律的角度来看，只有直接涉及当事人权利义务的公平安排、社会公共秩序的维护——也就是说，具有直接规范调整的意义——的部分事实，才属于案件事实。

这种分类的实践意义在于有助于拓展公安司法人员认定案件事实的范围。将决定立案之前案件事实已经发生的情况、立案后审理过程中出现或者持续发生的情况以及生效裁判作出后执行完毕之前出现或者持续发生的情况作为一个连续的、完整的案件事实过程来看待，有助于更加全面地认定案件事实，从而将认定案件事实的正确性建立在更加扎实的全面性基础之上。

第三节 查明责任

查明责任是指执法人员依法承担的调查收集和审查判断案件事实的职责。近年来，推行的所谓“以审判为中心”的审判方式改革朝着逐渐彰显当事人的诉讼主体地位、保护当事人的诉讼权利的方向发展，当事人提出事实主张并且提供证据材料的举证责任逐渐加重，而法官依职权查明案件事实的查明责任随之逐渐弱化。从实践效果来看公安司法人员作为程序的主导者、指挥者和裁判者，查明案件事实的证明职责是法定的，是不能弱化的；否则，必然导致执法人员程序主导权和最终决断权威的弱化。在弱化法官的事实查明责任的同时提高法官最终裁判的公信力，这显然是司法改革中存在的一个悖论。笔者认为，当事人的举证责任与执法人员的查明责任之间不是此消彼长的对立关系，而是相辅相成的依存关系，当事人举证责任的加重意味着执法人员查明责任的加强，而不是相反。

一、查明责任的概念

证明责任有两大基本类型：一是公权力机关承担的查明案件事实的责任，二是当事人承担的证明案件事实的责任。前者宜称为查明责任，后者宜称为举证责任。两者并行不悖、关联互动，构成了证据法上证明责任的完整内容。梳理两个概念之间的关系，是把握证明责任概念的关键所在。

查明责任是执法机关依法承担的查明案件事实的职权职责。英美法系国家实行当事人主义模式，证明责任与举证责任是一个词，即 burden of proof。受英美法系的影响，关于举证责任与证明责任之间的关系，我国学理上出现了同一说①、包容说②和并列说③等观点。有学者用“证明职责”取代“证明责任”一词。④ 从实质精

① 樊崇义主编：《刑事诉讼法学研究综述与评价》，中国政法大学出版社 1991 年版，第 263 页；张子培主编：《刑事诉讼法教程》，群众出版社 1989 年版，第 211 页；江伟主编：《证据法学》，法律出版社 1999 年版，第 77 页；卞建林主编：《证据法学》，中国政法大学出版社 2007 年版，第 325 页。

② 陈一云主编：《证据学》，中国人民大学出版社 2001 年版，第 149 页（证明责任包括了举证责任）。

③ 陈光中等：《刑事诉讼证明责任问题新探》，载《法学研究》1991 年第 2 期。

④ 刘金友主编：《证据法学》，中国政法大学出版社 2001 年版，第 261~272 页。

神来看，主张严格区分执法机关证明职责和当事人举证责任的并列说是学界和实务界通说。

笔者赞成并列说，认为为了避免无谓的误解，在术语使用方面应当明确地将当事人的举证责任与执法人员的查明责任区别开来。举证责任是指当事人承担的事实证明义务，而查明责任是执法机关承担的查明案件事实的法定职责。

（一）查明责任与举证责任的区别

两者的区别主要是：

1. 性质不同

查明责任是执法人员查明事实的法定职责，是执法人员针对国家而承担之勤务义务和忠诚义务的一种具体落实方式；而举证责任是当事人证明事实的义务，是当事人为了实现自己权利请求而对公安司法人员承担的展示、说服义务。因此，当事人不履行举证义务的，承担败诉的后果；而执法人员不履行查明案件事实职责的，将被依法追究纪律责任、错案责任和渎职犯罪的刑事责任。

2. 程序不同

执法人员的查明责任贯穿在全案的处理和审理过程之中，从立案审查到侦查、调查、起诉、审理到裁判和执行，在程序的各个阶段，执法人员都承担全面收集和准确认定案件事实的职责。与此不同，当事人履行举证责任主要在受理程序、证据调查申请程序、交换程序、举证程序和质证程序等阶段，并且以各方当事人对抗的方式。

执法人员承担的查明责任既然是执法人员面向国家承担的勤务忠诚义务，那么，就不（能）受当事人是否履行举证责任的影响，也不能采取所谓的两造对抗方式，而是采取各司其职、分工协作、制约制衡、监督审查的方式。

3. 方法不同

执法机关可以综合采取取证、举证、质证、认证、推定、司法认知、形式逻辑、实证经验等方法履行证明职责；而当事人只能依靠调查申请、举证、质证、自认等方式履行举证责任。

4. 效力不同

当事人履行举证责任的效果最终由执法机关认定。

从以上区别可以看出，无论采取当事人主义的两造对抗模式还是采取职权主义的纠问式模式，执法人员履行证明职责的刑侦、内容、标准和效力都是始终（坚定）如一的，差异仅仅是履行查明责任的程序和方式不同而已。忽视了这一点，任何司法改革都难免遭受挫折甚至走向失败。如何保障执法人员切实有效地履行查明的职责是证明制度改革的关键环节所在，也是我国制定统一证据法典的根本立足点所在。

（二）查明责任与举证责任的联系

举证责任与证明职责之间的联系取决于程序的结构模式。在当事人主义模式的程序中，当事人协助举证责任主导着程序的进行，执法机关的证明职责是配角；在职权主义模式的程序中，执法机关依法主导证据调查过程，当事人的举证责任是协助执法机关查明事实的一种手段。我国近年来实行审判方式改革，当事人主义的因素得到加强，执法机关的职权作用虽然较以前弱化，但相对于当事人的举证责任来说，仍然起主导作用。从我国现行实在法规定来看，查明职责主导举证责任，具体而言，两者的联系表现在：

1. 查明职责决定举证责任的分配

在法律没有明确规定分配的标准和范围时，执法机关依职权裁量决定举证责任的分配。[①]

2. 查明职责取代举证责任

在法律明确的情形下，执法机关可以依职权或者应申请直接认定事实，当事人无须举证。[②]

---

① 2001 年《民诉证据规定》第 7 条。

② 2001 年《民诉证据规定》第 9 条第 1 款；2002 年《行诉证据规定》第 68 条第 1 款。

3. 查明职责弥补举证责任

在当事人提供证据线索但没有能力举证时，执法机关可以应申请取证[1]或者保全证据[2]。

4. 查明职责决定举证不能的后果

在当事人没有切实履行举证责任构成举证不能时，当事人承担败诉后果。[3]

二、查明责任的内容

执法人员承担的查明责任具有如下三个层次的内容：

（一）伦理责任

这是指执法人员在查明案件事实的过程中承担的基本道德义务，主要是：

1. 面向国家的勤务忠诚义务

执法人员是国家的"臂膀"，在本职工作上积极追求国家的法律政策目标的实现，是执法人员勤务忠诚义务的主要内容。依法治国、保障人权是宪法确立的国家法律政策目标，具体的法律政策目标体现在有关建设法治政府、推行司法改革的文件之中。就证据法而言，执法人员的勤务忠诚义务具体地表现为"忠于案件事实真相"的义务。

2. 针对当事人的开诚布公义务

就案件事实真相的查明而言，执法人员对当事人承担的伦理责任是开诚布公，将所有的定案证据摆在法庭上，不隐瞒认定案件事实的任何证据和理由，不向当事人隐瞒各种实际上考虑的因素，不搞实际上的"暗箱操作"和"秘密审判"。在证据法上，这种开诚布公的伦理义务表现为切实有效地保障当事人的知情权、阅卷权、

① 2001 年《民诉证据规定》第 17 条；2002 年《行诉证据规定》第 22 条、第 23 条。

② 2001 年《民诉证据规定》第 23 条；2002 年《行诉证据规定》第 27 条。

③ 例如，2002 年《行诉证据规定》第 25 条（申请鉴定中的举证不能）。

举证权、辩论权和处分权等。

（二）程序责任

为了确保证明程序的正常进行，执法机关承担的证明职责主要有：

（1）依职权或者应申请实施取证、证据保全、鉴定。①

（2）按照法定程序组织质证，按照法定的程序和证据规则进行认证。

（3）在法律没有规定时，裁量决定说服责任的分配。②

（4）对涉及公共利益或者他人合法权益的事实，责令当事人提供证据。③

（5）接受当事人提交证据材料时需要办理有关证明手续。④

（6）告知当事人举证责任的分配、期限、规则及其后果。⑤

（7）说明理由。对证据是否采纳应当说明理由。⑥

（8）制作笔录。

（9）采取证明保障措施，包括保护证人、鉴定人的措施，排除妨害诉讼的强制措施等。⑦

（三）违法责任

执法人员不履行查明责任的，可能产生如下三个方面的责任：

1. 纪律责任

这是指公安司法人员不切实履行查明责任的行为触犯了《公

---

① 2001年《民诉证据规定》第15条（依职权取证）、第16条（应申请取证）、第23条（应申请证据保全）；2002年《行诉证据规定》第22条（依职权取证）、第23条（应申请取证）、第27条（证据保全）。

② 2001年《民诉证据规定》第7条。

③ 2001年《民诉证据规定》第13条。

④ 2001年《民诉证据规定》第14条第2款；2002年《行诉证据规定》第20条。

⑤ 2001年《民诉证据规定》第3条第1款；2002年《行诉证据规定》第8条。

⑥ 2001年《民诉证据规定》第79条。

⑦ 2001年《民诉证据规定》第80条；2002年《行诉证据规定》第74条、第76~78条。

务员法》、《人民警察法》、《检察官法》、《法官法》的有关规定而承担的职业纪律处分责任。根据2015年最高人民法院《关于完善人民法院司法责任制的若干意见》（以下简称2015年《完善法院司法责任制意见》）的有关规定，纪律责任另外追究，不属于错案责任的范畴。①

2. 错案责任

这是指公安司法人员不切实履行查明责任，严重违反证据规则，致使作出的裁判被撤销、案件被发回重审或者所在机关承担了国家赔偿责任，公安司法人员按照有关的错案追究规定承担的法律责任。②

从2015年《完善法院司法责任制意见》第26条的规定来看，查明责任上的错案责任主要是第3项和第4项规定的情形：

（1）故意损毁、涂改、偷换、伪造证据材料的；

（2）因重大过失导致主要的证据材料丢失或者损毁的；

（3）向合议庭、审判委员会汇报案情时隐瞒主要证据、重要情节或者提供虚假材料的；

（4）因重大过失遗漏主要证据、重要情节并导致严重后果的；

（5）其他违反法定程序和证据规则导致裁判结果错误并造成严重后果的。

根据2015年《完善法院司法责任制意见》第28条的规定，再审后改判的如下情形不构成错案责任：

（1）能够合理说明理由的法律解释分歧；

（2）根据证据规则能够合理说明理由的事实认定争议或者疑问；

（3）因当事人放弃权利或者主张导致事实认定错误的；

---

① 例如，2015年《完善法院司法责任制意见》第25条第3款（法官违反职业纪律责任依法单独追究，不属于错案责任）。

② 例如，2015年《完善法院司法责任制意见》第25条第2款（法官故意违反法律法规或者因重大过失导致裁判错误，依法追究违法审判的责任）。

（4）因当事人主观过错导致案件事实发生变化的；

（5）因客观原因造成案件事实发生变化的；

（6）因出现新的证据而改变裁判的。

从上述规定可以看出，证明意义上的错案责任条件是：

A. 主体要件：负有承办案件或者监督职责的公安司法人员；

B. 主观要件：主观上具有可归责的过错，亦即故意或者重大过失；

C. 行为要件：实施了违反证据规则或者法定程序的行为；

D. 结果要件：造成裁判错误，并且产生了严重后果。

3. 渎职责任

这是指公安司法人员不切实履行查明责任的行为十分严重，触犯了《刑法》有关伪证罪或者渎职罪的规定而承担的刑事法律责任。[①]

三、查明责任的履行：证据调查

客观、全面、及时、合法、有效地收集证据，是执法机关履行查明责任的第一步。

（一）证据调查的概念和特点

1. 证据调查的概念

（1）性质。执法机关取证具有职权性、强制性，可以依法采取扣押、查封、保全甚至处罚等措施保障取证。

（2）方法。在遵循法定界限的情况下，执法机关可以采取一切必要的取证方法，如检查、搜查、辨认、卧底、CRS 测谎等，而律师和当事人的取证方法有限，如阅卷、询问、复制等。

（3）范围。为了查明案件事实，执法机关可以依法调取一切有关的证据材料，其中包括涉及国家秘密、商业秘密和个人隐私的

① 《刑法》第 305 条（伪证罪）、第 397 条（滥用职权罪、玩忽职守罪）、第 399 条（民事、行政枉法裁判罪）。

证据材料。[1]。

（4）依据。执法机关取证受到法律严格约束，现行法从程序、范围、方法、后果等方面做了比较细致的规定。

根据有关司法解释[2]，县（市辖区）直属以上的机关、团体、企业、事业单位的保卫部门，对于在本单位发生的刑事案件，可以在公安机关指导下，依照法定程序进行现场勘查、询问证人和被害人、讯问被告人、追缴赃款赃物。保卫部门在查破案件过程中通过上述工作所获取的证据材料，报送县以上公安机关审核认可后，可以在刑事诉讼中作为证据使用。县（市辖区）以上机关、团体、企事业单位的保卫处（科）可以收集证据，但这种收集证据的活动须在公安机关的指导下进行，因为它们不是独立的取证主体。

2. 证据调查的特点

对此，可以从证据的调查收集与审查判断之间的关系进行认识。两者的区别表现在：

（1）目的不同。调查收集的目的是获取证据材料，而审查判断的目的是甄别证据材料的证据资格和证明力，根据定案证据认定案件事实。

（2）程序不同。取证的典型程序是侦查，而审查判断证据的典型程序是法庭质证和认证。前者可以反复进行，后者实行一次开庭审理的原则。

（3）效力不同。按照传闻证据排除规则和直接言词原则，非经法庭质证和认证，调查收集的证据材料，不能作为定案根据。因

---

① 在涉及国家秘密、商业秘密和个人隐私时，当事人可以申请人民法院取证。参见 2001 年《民诉证据规定》第 17 条第 2 项，2002 年《行诉证据规定》第 23 条第 1 款第 2 项。

② 1982 年 7 月 6 日发布的最高人民法院、最高人民检察院、公安部《关于机关团体和企业事业单位保卫处科在查破案件时收集的证据材料可以在刑事诉讼中使用的通知》；1993 年 6 月 17 日公安部《关于机关、团体、企业、事业单位保卫处、科在查处治安案件时收集的证据材料可以在行政诉讼中使用的批复》（公复字〔1993〕6 号）。

此，调查收集行为的结果只能是证据材料，需要经审查判断之后，才可能作为证据（定案根据）。

鉴于上述区别，现行证据法规定均明确区分证据的调查收集和审查判断。

两者的联系表现在：取证需要以审查判断为指引，而审查判断证据则需要取证辅助。执法人员在取证过程中，需要对已经获得的证据材料做初步的审查判断；可能发现新的问题、疑点或者证据线索，为补充调查确定范围和方向。反之，为了排除审查判断证据中的疑点，需要进行补充调查。

（二）调查取证的一般要求

主要表现如下几个方面：

1. 范围限制

证明案件事实的一切材料都在执法机关的收集范围之内。从事实与法律的证明关联性来看，需要区分事实材料、证据材料和证据三个概念。一个客观存在的事实材料在没有被证明主体发现、收集之前，是游离在法律之外的纯粹的事实材料。一旦被证明主体发现并且调取，则成为证据材料。经质证和认证，被采纳和采信之后，则成为定案的事实根据即证据。[①]

对取证而言，这一区分的意义在于要求证明主体应当全面细致，不遗漏任何可能对本案具有意义的事实材料。证据和证据材料

---

① 参见樊崇义、锁正杰、牛学理、吴宏耀、苏凌：《刑事证据法原理与适用》，中国人民公安大学出版社2003年版，第22~23页。学理上与此有关的区分是：（1）自然事实、法律事实和证据事实。自然事实是纯粹的客观存在，尚未与法律发生联系，没有受到法律的规范和调整。法律事实是指受到法律调整和规范的事实，也就是一切具有法律意义的事实。证据事实是指用于证明目的的事实。在逻辑关系上，证据事实来自法律事实，法律事实来自自然事实。（2）案件事实、要件事实和证据事实。案件事实是指案件发生过程的情况事实。要件事实是指执法机关为适用法律、作出裁判而必须查明的必不可少的事实。证据事实是用来证明案件事实的事实。（3）客观事实、主观事实和法律事实。客观事实是实际上发生或者存在的事实，主观事实是被证明主体发现和应用的事实，法律事实是通过法定证明程序最终认定的事实。

在审查判断时应当严格区分，但在调查时则应当全面细致，以避免事前排除本来可以作为定案证据的事实材料。全面获取证据材料是调查收集阶段的任务，区分证据和证据材料是审查判断阶段的任务。

2. 方法限制

这是指证明主体取证的手段。方法与证据的特征一致，有什么样的证据，就有什么样的调查方法，通用的取证方法是不存在的。法律规定的取证方法有询问、讯问、辨认、勘验、检查、搜查、侦查实验、鉴定等。

这方面的一个热点问题是所谓的“陷阱取证”。亦即侦查机关实施的诱惑性侦查，这种取证方法引起了客观真实的证据法原则与诚信原则的冲突，在实务界和学界都引起了争议。

诱惑性侦查不仅是侦查的一种艺术或者谋略，而且涉及许多法律问题。在证据法上，主要问题是是否构成非法取证。笔者认为，作为打击犯罪、调取证据的一种手段，可以采取诱惑性侦查。问题的关键不是是否可以采取诱惑性侦查，而是必须掌握适当的“度”，即综合考虑犯罪的性质和特点、打击犯罪的难度等因素，权衡各种公民合法权益保护、司法效率等利益，必须是迫不得已的最后手段。否则，即构成非法取证，应当排除。

3. 依据限制

证明主体取证材料必须按照法定的范围、程序和方法进行。否则，证据材料就会在质证和认证时被排除。我国现行法律有关规定可以分为如下方面：

（1）主体。例如，讯问犯罪嫌疑人必须由两个以上的侦查人员进行；检查妇女的身体，必须由女性工作人员或者医师进行。①

（2）范围。取证限于与本案有关的问题。例如，侦查人员讯

① 1996年《刑事诉讼法》第96条、第112条。

问犯罪嫌疑人限于与本案有关的问题，否则，犯罪嫌疑人有权拒绝回答。[①]

（3）方法。例如，侦查人员询问证人应当个别进行，应当告知如实提供证言的义务以及有意作伪证或者隐匿证据的法律责任。严禁采取侵害公民合法权益的方法调取证据。[②]

（4）程序。例如，执法机关实施勘验，应当邀请当地基层组织或者当事人所在单位的代表参加，并且制作笔录，由勘验人、当事人和被邀请参加人签名或者盖章。[③]

（5）违法取证的后果。主要是非法证据材料的排除[④]、追究有关人员的法律责任[⑤]和国家赔偿责任。

（三）人民法院的调查取证

这是指人民法院依职权或者应申请，向案外人调取证据材料。人民法院要求当事人提供或者补充提供证据材料属于当事人履行举证责任的一种方式，属于举证责任规则调整的范围。

1. 人民法院调查取证的必要性

作为审判方式改革的一项重要内容，人民法院的调查职能受到越来越多的限制，由原先的积极全面的原则逐步转变为消极补充的原则。这种转变的理论根据是：

（1）司法公正和效率的平衡。司法公正的要件之一是裁判者的中立性。作为裁判机关，人民法院不能偏袒任何一方当事人。如果人民法院积极主动调取对一方当事人有利或者不利的证据材料，客观上会造成厚此薄彼的印象，损害其中立性，其裁决的公正性因

---

① 1996年《刑事诉讼法》第93条。

② 1996年《刑事诉讼法》第97~98、43条。

③ 1991年《民事诉讼法》第73条。

④ 最高人民法院《关于审理刑事案件程序的具体规定》（1994年3月21日发布）第45条；2001年《民诉证据规定》第68条；2002年《行诉证据规定》第57条第1~3项、第58条。

⑤ 例如，《刑法》第247条（刑讯逼供罪）。

此会受到当事人的怀疑。而且，积极的取证会损耗有限的司法资源，使司法机关不堪重负，妨害司法效率。另外，如果人民法院完全不取证，致使本来可以查明的案件事实不能查明，会造成错案，司法的公正性也就无从谈起。司法公正和效率权衡的结果是：人民法院只能在特定条件下进行必要的[①]、补充性的取证，其范围和方法都存在一定的“度”。

从现行法律规定来看，这个“度”的关键在于当事人举证是否有可能或者有效。人民法院应当遵循的先后顺序是：第一，告知当事人举证；第二，责令当事人提供或者补充证据；第三，应申请取证；第四，依职权调取证据。

1996年《刑事诉讼法》没有对人民法院取证作出明确的限制性规定，但从审判方式改革的一般法理来看，只有在人民检察院、辩护人、被告人举证不能排除疑点，或者涉及程序法事项时，才有必要取证。

（2）审判职能的合理定位。在刑事诉讼中，侦查、起诉、辩护、审判和执行等职能之间存在配合制约的平衡关系，取证是诉讼主体履行其职能的必要组成部分，当然也需要按照其特点和优势建立相应的分工制约平衡关系。取证应当主要由侦查机关、起诉机关和辩护人负责，人民法院的主要任务是组织质证和认证，审查判断其他证明主体提供的证据材料。只有这样，才能避免无谓的重复，在确保查明事实真相的基础上，及时公正地作出裁判。

2. 人民法院依职权取证的范围

人民法院依职权主动取证的范围限于如下情形：[②]

（1）涉及公共利益或者他人合法权益保护的事实。当事人举证的主要目的是保护个人权益，在个人权益与公共利益或者他人权

---

① 1991年《民事诉讼法》第116条（人民法院调查收集必要的证据）。

② 1991年《民事诉讼法》第64条和2001年《民诉证据规定》第15～16条；1989年《行政诉讼法》第34条第2款和2002年《行诉证据规定》第22条。

益发生冲突时尤其如此。在这种情况下，当事人举证的局限性会妨害人民法院公正审判，依职权的取证成为必要。不过，在开始调查之前，人民法院可以首先要求当事人提供或者补充证据。①

（2）涉及诉讼程序事项的事实。诉讼程序由人民法院主导进行，为了保障诉讼程序的效率和公正，人民法院应当发挥其作为主导者的作用，其中之一是取证。对程序事项的查明而言，当事人申请并不是必要的条件。

（3）情况紧急，需要依职权进行证据保全的事项。

3. 应申请取证的范围和程序

除上述情形之外，人民法院只能应申请取证。这方面的证明规则有：

（1）证据调查申请的告知。人民法院应当在受理案件通知书、应诉通知书或者举证通知书中告知与证据调查申请有关的申请。②

（2）当事人提出申请的条件。凡是当事人客观上不能收集的证据材料，都可以申请人民法院调取。③ 所谓“客观上不能”，主要指如下情形：④

一是由国家机关保管并且只能由人民法院调取的档案材料。我国尚未制定统一的《政府信息公开法》，政府档案材料的公开原则和制度尚未确立起来。公民个人取证面临制度性困难，并非当事人主观上有过错。

二是涉及国家秘密、商业秘密或者个人隐私的证据材料。即使在制定了《政府信息公开法》的国家或者地区，这种材料也不向

---

① 2002 年《行诉证据规定》第 9 条第 2 款。

② 2002 年《行诉证据规定》第 8 条（举证告知）；2001 年《民诉证据规定》第 3 条第 1 款（举证告知）。这些规定没有明确规定证据调查申请的告知。根据一般法理，人民法院的告知应当遵循全面、及时和正确的原则，证据调查申请应当是举证告知的必要内容。

③ 2001 年《民诉证据规定》第 3 条第 2 款。

④ 2001 年《民诉证据规定》第 17 条、第 25～27 条（鉴定）、第 23 条（证据保全）。

社会组织和公民公开。只有人民法院才有权调取这种材料。

三是涉及专门知识需要鉴定的事项。针对有争议的涉及专门知识的事项，当事人申请鉴定，但对鉴定人或者鉴定机构不能达成一致的，由人民法院指定。人民法院委托鉴定严重违法，不能通过补充鉴定或者质证解决的，当事人可以申请重新鉴定。

四是涉及证据保全的事项。当事人提出证据保全申请时，人民法院可以要求提供担保。

（3）当事人提出申请的期限和方式。当事人应当在举证期限届满前的7日内提出书面申请，申请书中应当说明取证材料的基本情况、理由及其证明目的。①

（4）人民法院驳回申请的复议。人民法院驳回证据调查申请的，当事人可以在收到驳回通知书之日起3日内提出复议申请，由人民法院进行书面复议，在5日内作出答复。

第二审人民法院发现第一审人民法院错误驳回证据调查申请的，可以接受当事人提出的新证据。②

4. 人民法院调查取证的有关证据规则

人民法院依职权或者应申请取证，应当遵循如下证明规则：

（1）最佳证据规则。人民法院应当收集物证、书证和电子证据的原件。否则，应当在调查笔录中说明复制品的来源、制作经过和取证情况。③

（2）制作笔录。如调查笔录、勘验笔录等。

（3）委托鉴定。当事人不能就鉴定机构或者鉴定人协商一致的，人民法院委托鉴定。委托鉴定费用由一方当事人预交，由败诉的当事人最终承担。当事人不在法定期限内提交鉴定费，致使案件事实不能查明的，承担举证责任的一方当事人应当承担举证不能的

---

① 2001年《民诉证据规定》第18条、第19条第1款。

② 2001年《民诉证据规定》第42条第2款。

③ 2001年《民诉证据规定》第20~22条。

法律后果。

（4）勘验。人民法院勘验现场，应当邀请基层组织或者当事人所在单位的代表参加，并且应当制作笔录，记明勘验的参加人、时间、地点、过程、结果。对绘制的现场图应当注明测绘人的身份、时间和地点等必要事项。

（5）向有关单位和个人调取。人民法院有权向有关单位和个人调取证据，调取证据的过程应当制作调查笔录。

（6）制作摘录。摘录材料应当注明出处，加盖制作单位或者保管单位的印章，摘录人和其他调查人员应当签名。①

（四）证据保全

证据保全是一种特殊的取证方法。这是指在证据可能灭失或者以后难以取得的情况下，有关机构应申请或依职权采取措施加以固定。

1. 证据保全的概念

（1）主体。实施证据保全的主体通常是行政机关和公安司法机关。对此，现行法律作了明确规定。② 这里值得注意的一个问题是：公证机构是否是实施证据保全的主体？1982 年《公证暂行条例》第 4 条第 11 项明确规定保全证据是一种公证业务。有关证据法规定，经公证的书证的证明力优于或者大于其他书证。③ 通过这

① 2001 年《民诉证据规定》第 30 条。

② 1991 年《民事诉讼法》第 74 条规定："在证据可能灭失或者以后难以取得的情况下，诉讼参加人可以向人民法院申请保全证据，人民法院也可以主动采取保全措施。" 1989 年《行政诉讼法》第 36 条规定："在证据可能灭失或者以后难以取得的情况下，诉讼参加人可以向人民法院申请保全证据，人民法院也可以主动采取保全措施。"《行政处罚法》第 37 条第 2 款规定："行政机关在收集证据时，可以采取抽样取证的方法；在证据可能灭失或者以后难以取得的情况下，经行政机关负责人批准，可以先行登记保存，并应当在七日内及时作出处理决定，在此期间，当事人或者有关人员不得销毁或者转移证据。"

③ 2001 年《民诉证据规定》第 77 条第 2 项（"大于"）；2002 年《行诉证据规定》第 63 条第 2 项（"优于"）。

些规定可以看出，公证是证据保全的一种有效方式，公证机构是实施证据保全的主体之一，而且，经公正保全的证据具有证明力方面的优先性。

（2）条件。证据保全以证据可能灭失或者以后难以取得为前提。只有在证据可能灭失或者以后难以取得的情况下，行政机关或者司法机关才能采取证据保全措施。具体来说，采取证据保全，必须具备下列条件之一：一是证据有灭失的可能性。这是指证据有灭失的客观可能性，如了解案情的人因老年、疾病有可能死亡，如不及时询问，将无法取得其证言；具有证明作用的物品即将变质、腐烂或消失等。二是证据有难以取得的情况。这是指不立即提取，以后就不可能或者难以调查收集相应的证据。例如，了解案情的人即将出国，证明案情的物品因将要转让而以后难以取得等。

（3）程序。证据保全可以依职权或者应申请采取。在认为必要时，行政机关和司法机关可以依职权采取证据保全；当事人提出保全申请的，由行政机关或者司法机关审查决定。

2. 分类

以时间为标准，证据保全可以分为诉讼前的证据保全和诉讼过程中的证据保全。这种分类得到了现行证据法的确认。①

（1）诉讼前的证据保全。诉讼前的证据保全包括行政机关采取的证据保全、公证机关采取的证据保全和人民法院应申请采取的证据保全。当事人可以委托公证机构，以公证的方式预先固定证据材料。人民法院对于经公证保全的证据，除有相反证据足以将其推翻外，应当确认其证明力。②

关于人民法院能否采取诉讼前证据保全措施，法律没有明确规定，学术界认识也不一致。有人认为，当事人在起诉之前提出证据保全申请的，人民法院可以采取证据保全措施，但在采取证据保全

① 2001 年《民诉证据规定》第 23 条；2002 年《行诉证据规定》第 27 条。

② 1991 年《民事诉讼法》第 67 条。

措施之后应当通知申请人在一定期限内提起诉讼。[①] 也有人认为，诉讼前需要保全证据，既然可由公证机关进行，人民法院就没有必要承担这一工作。这既有利于明确两者的职权，又可减少法院的工作量，利于其做好审判工作。[②]

笔者认为，采取证据保全是为了确保以后诉讼的顺利进行，在诉讼开始以前，人民法院采取证据保全措施，如果当事人事后不起诉，可能陷入被动的局面，因此人民法院不宜采取诉前证据保全措施。当事人认为需要在诉讼以前采取证据保全措施的，可以申请公证机关采取，没有必要向人民法院提出申请。

（2）诉讼中的证据保全。诉讼中的证据保全包括刑事自诉中的证据保全、民事诉讼中的证据保全和行政诉讼中的证据保全。

3. 程序

公证机关采取证据保全，以当事人的委托为前提，不得直接采取保全措施。行政机关和人民法院采取证据保全措施，既可以根据当事人的申请，也可以依职权主动进行。

当事人应当在举证期限届满之前提出申请证据保全，向执法机关递交申请书。申请书应包括以下内容：（1）需要保全的证据的内容、种类和范围；（2）需要保全的证据与案件事实的关系；（3）需要采取保全措施的理由。[③]

执法机关接到申请之后，应当在48小时内作出决定。[④] 执法机关可以责令申请人提供担保。[⑤] 如果保全证据属于财产，申请人

---

① 常怡主编：《民事诉讼法学》，中国政法大学出版社1994年版，第170页。

② 陈一云主编：《证据学》，中国人民大学出版社2001年版，第245页。

③ 2001年《民诉证据规定》第23条第1款；2002年《行诉证据规定》第27条第1款。

④ 例如，1999年《海事诉讼特别程序法》（1999年12月25日通过，第28号主席令发布）第68条。

⑤ 2001年《民诉证据规定》第23条第2款；2002年《行诉证据规定》第27条第2款。

拒绝提供担保的，驳回申请。[1] 决定实施证据保全的，应当立即实施。

对驳回证据保全的决定或者裁定，当事人可以申请一次复议，复议期间不停止保全措施的执行。

利害关系人提出异议，执法机关经过审查认为异议的理由成立的，应当决定撤销证据保全措施，将保全的证据退还利害关系人。[2]

4. 措施

保全措施必须与证据的种类和特征一致，即特定证据种类只能采取特定的证据保全措施。对“证人证言”进行保全的，可以采取询问、录音、录像的方法。对物证采取保全措施，可以通过制作勘验笔录或者拍照、录像的方法，也可以提取原物。对书证，可以进行拍照、复制、制作、节录本等。[3]

当事人申请证据保全错误的，应当赔偿给利害关系人造成的损失。[4] 但是，执法机关违法实施保全措施的，应当承担国家赔偿责任。

四、查明责任的履行：证据审查

（一）审证

亦即审查判断证据，是执法人员按照法定程序和方法，甄别证据材料的证据能力和证明力，认定案件事实的证明活动。

1. 依据

审查判断证据必须依法进行，其中可能发生的违法行为是：

（1）违反法定程序。即违反法律有关听证、质证和认证的时

① 1991 年《民事诉讼法》第 92 条第 2 款。

② 1999 年《海事诉讼特别程序法》第 69 条。

③ 1999 年《海事诉讼特别程序法》第 70 条；2001 年《民诉证据规定》第 24 条；2002 年《行诉证据规定》第 28 条。

④ 1999 年《海事诉讼特别程序法》第 71 条。

间、顺序、手续、方式等方面的程序性规定，可能影响案件事实认定的。例如，审判人员在其他证人在场的情况下询问证人，应当公开质证而没有公开质证。①

（2）主要证据不足。执法人员采纳了不应当采纳的证据材料，或者相反，遗漏或者不采纳应当采纳的证据，构成主要证据不足。例如，违法采纳未经法庭质证的证据材料，② 违法采纳证人意见、未出庭的证人证言、未成年人的与其年龄不适应的证言、有利害关系证人的证言等。③

（3）案件事实不清。执法人员遗漏主要案件事实，或者违反经验法则、逻辑法则或者科学规律，导致认定事实错误的，属于心证违法，构成“案件事实不清”。

2. 审查判断证据的内容

查证的内容分为单个证据材料和全案证据材料的审查判断。前者针对证据材料的证据资格和证明力，为此需要考虑的一般因素是：④

（1）动机，指提供证据的目的，具有很强的个性和隐秘性。

（2）当事人或者证人本身的情况，包括是否受过专业训练、观察能力、记忆力或者表达能力等。

（3）客观环境，包括距离、光线、天气、地形、温度、湿度等，既是形成证据的客观条件，也是发现证据的影响因素。

---

① 2001年《民诉证据规定》第48条（公开质证），第58条（询问证人）。

② 1996年《刑事诉讼法》第42条第3款规定：“以上证据必须经过查证属实，才能作为定案的根据。”1989年《行政诉讼法》第31条第2款规定：“以上证据经法庭审查属实，才能作为定案的根据。”2001年《民诉证据规定》第47条第1款。2002年《行诉证据规定》第35条第1款。

③ 2001年《民诉证据规定》第57条（证人意见的排除），第69条第1项（未成年人证言），第77条第5项（利害关系证人证言）；2002年《行诉证据规定》第63条第8项（未出庭作证的证人证言）。

④ 2001年《民诉证据规定》第65条（单一证据材料的审查判断）；2002年《行诉证据规定》第55条（合法性）、第56条（真实性）。

（4）取证方法，执法人员取证方法可能不正确、不合法和不科学。

（5）证据的特性，不同证据种类在形成或来源方面有很强的个性。审查证据应当有针对性。

3. 审查判断证据的方法

执法人员审查证据通常会经历确定证明对象、确定证明标准、确定定案证据、全案事实认定等阶段。方法主要是：

（1）甄别法，是对证据逐一进行审查的方法。着眼于证据个体的真实性、相关性、合法性和证明力。

（2）同一认定法，是指对两个或两个以上具有可比性的证据进行对比分析，发现或者寻找其共同点和差异点，据此作出认定结论的方法。一般情况下，经过同一认定相符或一致的证据和案件事实，即具有较强的真实性；反之，如果其中出现矛盾或者不一致，则需要进一步取证。

根据不同标准，可以对同一认定作不同分类。从主体来看，同一认定可以分为鉴定型同一认定和非鉴定型同一认定。鉴定型同一认定是指具有专门知识的人利用其专门技术特长或者技术设备进行的鉴定，包括指纹同一认定、足迹同一认定、工具同一认定、枪弹痕迹同一认定、笔迹同一认定、遗传基因同一认定等。从客体来看，同一认定包括人身同一认定、物体同一认定、场所同一认定、事件同一认定等。从内容来看，同一认定可以分为形象特征同一认定、运动习惯同一认定、物质成分特征同一认定、时空位置同一认定和气味特征同一认定等。使用同一认定法以证据之间必须具有可比性为前提。用来进行比较印证的证据，产生于同一个人或事物，如果不具备这个条件，就不能使用比较印证法。另外，在对多项证据进行比较时，可能存在不同的层次。也就是说，在具体案件中，由于各个证据所证明的事实或多或少存在一定的差异，比较工作往往在不同层次、不同范围内展开。

（3）比较印证法，是指将若干证据所反映的事实联系起来进行考察，确定它们之间是否相互呼应、协调一致的方法。案件、纠纷或者争议发生后，往往会产生一系列的事实和证据，而且特定证据和特定案件事实，证据与证据相互之间以及案件事实与案件事实之间必然存在一定的联系。这些联系是审查判断证据应当考虑的因素。比较印证法与同一认定法相比，前者不要求证明客体的同一性和证明客体特征的稳定性，因而适用范围更为广泛。

（4）辨认法，是指执法人员组织安排有关人员对有关的物品、人身和场所进行识别的一种专门活动。为了查明某一个人是否与案件有关，或者有关的物品是否属于某一个人所有，或者某一个场所是否是案件现场，就需要采取辨认措施。辨认可以用于刑事、民事或行政案件。

根据不同标准，可以对辨认作不同分类。从主体来看，可以分为证人辨认、受害人辨认和被告人辨认。从客体来看，可以分为人身辨认、物体辨认和场所辨认。从方式来看，可以分为公开辨认和秘密辨认。“秘密辨认”的结果只能供执法人员参考，不能作为证据使用。从方法来看，可以分为直接辨认和间接辨认。直接辨认是指辨认人直接观察、感知辨认对象所作的辨认，间接辨认是指辨认人通过某种中介了解辨认对象的特征并以此为基础所作的辨认。从内容来看，辨认可以分为静态辨认和动态辨认。

组织辨认应当遵循的规则是：

第一，执法人员应当事先向辨认人详细询问被辨认对象的特征，并应记录在卷。

第二，除尸体和整容照片外，辨认前不能使辨认者见到被辨认的对象，以防止辨认者产生先入为主的偏差。

第三，对人或物进行辨认时，应采取混杂原则，即将需要辨认的人或物，混杂在若干人或若干类似的物品中，令其辨认。

第四，组织二人以上的人进行辨认时，必须分别单独进行，以免互相影响。

第五，执法人员在辨认过程中不得用任何方式向辨认人暗示，或诱使其按自己的意图进行辨认。

第六，辨认的过程与结果应详细记于笔录，并由参加辨认的人和主持签名。对于各个辨认人对辨认对象所发表的辨认意见，司法人员必须结合案情进一步分析研究。

(5) 实验法，是指侦查机关采取的侦查试验措施，是为了判断某一现象在一定的时间内或情况下能否发生，而依法将该现象发生过程重演或再现的一种方法。

(6) 质证法，是指执法人员按照法定程序组织和指挥了解该事实的两个或两个以上的人，就特定案件事实或者证据事实进行互相询问、反驳和辩论的方法。

(二) 质证

作为审判方式改革的成果，质证和认证作为证明制度必要环节和审查判断证据的一种主要方法的地位不仅得到了证据立法的确认①，而且得到了学界的普遍认可。质证和认证逐步成为一个稳定的证据法概念。

质证是指在执法人员主持下，参与人按照法定程序，针对证据材料的证据资格和证明力，进行展示、说明、质疑和反驳的证明行为。

1. 主体

在刑事诉讼中包括公诉人、被害人、被告人、辩护人、自诉人及其代理人；在民事诉讼、行政诉讼、行政程序和其他法律程序中，包括当事人、诉讼代理人、证人、专家辅助人。其中，当事人是最典型和重要的主体。

对当事人和其他参加人而言，质证是其程序权利，执法人员必须予以保障，否则，构成违反法定程序，并且可能导致主要证据不

① 首次以法律形式确认“质证”的是1991年《民事诉讼法》第66条（证据应当在法庭上出示，并由当事人互相质证），随后是1996年《刑事诉讼法》第47条（证人证言的质证）。此后，相关证据立法均采用了这个概念。

足或者案件事实不清；对证人、专家辅助人等参与人而言，质证则是执法人员根据具体情况为其裁量确定的程序义务，他们不享有质证的权利。

关于质证的主体范围，现行证据立法不明确，学界也存在争议，主要是：

（1）法官是否是质证的主体。肯定者认为，法官是质证的主导者，对质证的合法性负责，必要时也进行询问，因此是质证的主要主体。[①] 否定者认为，质证的实质是“质”，具有明显的对抗性，法官作为质证主体，损害其中立性和公正性，与其作为裁判者的职能冲突；法官进行必要的询问，并非质证，而是审查判断证据材料的另一种方法，并非具有对抗性的质证。折中说认为，法官是否是质证的主体，取决于诉讼模式和质证对象。在当事人主义的诉讼模式中，法官不是质证主体；在职权主义的模式中，法官是质证主体。[②] 在对法院取证质证时，法院是广义上的质证主体。[③]

笔者赞成否定说，这也是学界多数派的观点。理由是：质证具有权利性、对抗性和利益倾向性，与当事人履行举证责任存在密切联系，这与法官作为裁决者的角色和职能存在冲突。

（2）证人、专家辅助人等参与人是否是质证主体。现行法规定法官可以主持证人、专家辅助人对质[④]，这种不明确的规定引起了学界的争议。有人认为仅从举证责任的角度界定质证主体是狭隘的，[⑤] 质证的关键在于对证据材料的质疑和反驳，而不在于其中的

---

① 沈丙友：《质证规则研究》，载何家弘主编：《证据学论坛》（第三卷），中国检察出版社2001年版，第268~269页（“法官”是质证的主体）。

② 许永俊、黄京平：《刑事庭审质证问题论要》，载何家弘主编：《证据学论坛》（第六卷），中国检察出版社2003年版，第294页。

③ 何家弘主编：《新编证据法学》，法律出版社2000年版，第413~414页（法官是广义上的质证的主体）。

④ 2001年《民诉证据规定》第58条（证人对质）、第61条第3款（专家辅助人对质）；2002年《行诉证据规定》第48条第1款（专家辅助人对质）。

⑤ 何家弘主编：《新编证据法学》，法律出版社2000年版，第415页。

利益倾向，因此应当肯定证人、专家辅助人等参与人的质证主体资格。

笔者持肯定说，认为质证的方式多种多样，执法人员组织证人、专家辅助人对质是一种简便实用的质证方式；鉴于其辅助性和可选择性，这种质证方式不会动摇或者损害当事人质证的核心地位，质证的本质属性也不会因此改变。

2. 客体

质证的对象是本案所有证据材料的证据资格和证明力。这里的问题主要是：

（1）法定例外。我国证据立法在确立了定案证据必须经过质证原则①的基础上，也规定了若干例外，其中主要是：

A. 司法认知的事项。这里需要注意的是，现行法在确定司法认知范围的同时又提出了保留，即除了自然规律和定律之外，对当事人能够提出足够反驳证据的司法认知事项，仍然需要质证，执法人员不得直接认定。②

B. 当事人在证据交换程序中认可的事项。对此，法官应当在证据交换笔录中记明，并且在法庭予以说明。③

C. 因证据时效而被排除的证据材料。当事人因自己过错不在法定期限提供的证据材料丧失证据资格，法庭不予接受，不组织质证。但是，对方当事人同意质证的除外。④

D. 禁止重复质证。经过法庭质证的证据材料，除非确有必要，不再举行质证。⑤ 所谓“确有必要”，是指后来发现经质证的证据

---

① 1998年《刑诉法解释》第58条第1款；2001年《民诉证据规定》第47条第1款；2002年《行诉证据规定》第34条第1款。

② 2001年《民诉证据规定》第9条（当事人无须举证）；2002年《行诉证据规定》第68条（法庭可以直接认定）。

③ 2001年《民诉证据规定》第47条第2款；2002年《行诉证据规定》第34条第2款。

④ 2001年《民诉证据规定》第34条第2款。另请参见“证据失权排除规则”。

⑤ 2002年《行诉证据规定》第49条第3款。

材料仍然存在证据资格或者证明力的缺陷或者争议，因而需要重新质证的情形。

（2）实物证据的质证。现行法有关言词证据质证的规定比较多,[①] 因实物证据被视为哑巴证据，不切合质证的言词方式，因此曾经观点认为质证的对象限于言词证据，不包括实物证据。多数观点认为，我国现行法确立了定案证据必须经过质证的原则，并没有规定实物证据为例外，因此实物证据应当纳入质证的范围。

笔者同意多数派观点，认为实物证据的“哑巴”特点不是排除质证的充分理由，而只是确定质证方式特点的一个考虑因素；可以考虑通过展示、说明等方法，将实物证据转换为言词证据，即以言词的方式将实物证据的特点和作用表现出来，然后进行质证。

（3）新证据材料的质证。在后续程序（第二审程序）中发现的新证据材料，必须予以质证。[②] 所谓“新证据材料”，是指在举证期限届满之后，非因当事人的过错而发现和提供的证据材料，主要是在后续程序中发现的：[③]

A. 没有被依法准许延期举证的证据材料；

B. 执法机关错误驳回证据调查申请而没有调取的证据材料；

C. 非因当事人过错，在举证期限届满之后发现的证据材料；

D. 准许当事人补充提供的证据材料。

（4）证据材料的证据资格和证明力。具体包括合法性、相关性和真实性，以及证明力的有无、大小、优先等。[④] 这里需要注意的是：

A. 质证应当首先围绕证据资格进行，经质证确认证据材料违

---

① 1996 年《刑事诉讼法》第 47 条；1998 年《刑诉法解释》第 58 条第 2 款、第 140 条。

② 2002 年《行诉证据规定》第 51 条。

③ 2002 年《行诉证据规定》第 52 条、第 49 条第 2 款；2001 年《民诉证据规定》第 41 条、第 43 条第 2 款。

④ 2001 年《民诉证据规定》第 50 条；2002 年《行诉证据规定》第 39 条第 1 款。

法或者不相关的，应当排除，不再继续进行质证；之后再就证据材料的真实性及证明力问题进行质证。

B. 质证的作用是相对的，必须与认证联系起来考察。预先排除的证据材料可能在后来的质证程序中引起争议，有必要重新质证；而关于证明力的认定，主要属于执法人员自由心证的范畴，当事人的质证意见仅具有参考意义，没有先定的约束力。执法人员可以在裁决书中不予接受，但应当说明理由。

3. 程序

现行法有关质证程序的规定不明确、不系统，存在许多漏洞。这为司法实务界提供了探索的余地，也引发了学界的争议。

（1）法官的具体职能。法官是质证程序的主导者，这是实务界和学界的共识。问题是，法官如何发挥作为主导者的职能？对此，现行法没有明确系统的规定，这是未来立法修改应当完善的一个重要问题。笔者认为，在组织质证的过程中，法官应当履行如下职能：①

A. 阐明。即向当事人及时说明质证的范围、程序、规则等事项，总结争议焦点，为当事人展开有效的质证提供方向。

B. 安排。即根据案件的具体情况，确定案件事实及其相应证据材料进行归类，确定质证顺序；确定质证是否公开进行。

C. 指挥。即限制或者禁止重复质证、不相关质证、诱导性提问或者其他妨害质证有效进行的行为。

（2）质证程序的一般原则。对此，现行法的规定比较明确，但分散、缺乏系统性。笔者认为，在未来修改时应当作集中统一的规定。主要是：

A. 公开性。质证原则上应当公开进行，但涉及国家秘密、商

---

① 参见程春华：《论质证程序正当化与法官程序引导权的加强》，载何家弘主编：《证据学论坛》（第五卷），中国检察出版社2002年版，第75~76页。

业秘密或者个人隐私的事项，不得公开质证。①

B. 直接性。证据材料应当在法庭上出示，在法官、参与人能够接触的情况下接受质证。②

C. 言词性。质证原则上采取口头方式。书面证人证言应当经过宣读，接受各方当事人的质证；鉴定人确实无法出庭的，可以以书面方式答复当事人询问。③

D. 对抗性。在法官主持下，各方当事人对证据材料进行说明、质疑、反驳。当事人申请调查的证据材料，由当事人提出，接受质证；人民法院调取的证据材料，经人民法院说明之后，接受各方当事人质证。④

E. 灵活性。质证的具体步骤和顺序安排，需要根据案件具体情况和证据种类进行安排，由执法人员裁量决定，以简便有效为宗旨，不拘泥于一定的格式。笔者认为，现行法应当明确确立质证程序的简便灵活原则，明确赋予执法人员程序裁量权。

（3）质证的步骤。在刑事诉讼中，质证顺序遵循先控方后辩方、先刑事后民事的原则。⑤ 在民事诉讼中，遵循分别不同诉讼请求由原告、被告、第三人依次进行的原则。⑥ 关于行政诉讼质证的具体顺序，现行法没有明确规定。笔者认为，鉴于行政诉讼的司法审查性，可以由被告先宣读行政决定书，进行举证，接受质证；然后由原告、第三人陈述其诉讼理由，进行举证，接受质证。

实物证据的质证可以按照展示、说明、审核或者辨认、质疑、

---

① 1991 年《民事诉讼法》第 66 条；2001 年《民诉证据规定》第 48 条；2002 年《行诉证据规定》第 37 条。

② 2001 年《民诉证据规定》第 47 条第 1 款；2002 年《行诉证据规定》第 35 条第 1 款。

③ 2001 年《民诉证据规定》第 59 条第 2 款。

④ 2002 年《行诉证据规定》第 38 条（人民法院取证的“听取意见”）。

⑤ 参见 1998 年《刑诉法解释》第 130～162 条。

⑥ 2001 年《民诉证据规定》第 51 条。

反驳的顺序进行。[①] 言词证据的质证适用交叉询问程序，在执法人员的主持下，按照禁止诱导性提问规则、关联性规则和禁止重复规则，由各方当事人进行询问和反询问。在这方面，现行法规定的缺陷主要是缺乏对抗性，只分散地规定了询问证人和鉴定人的一些规则，交叉询问程序没有建立，至于其在质证程序中的核心地位更是没有得到体现。笔者认为，应当设置专门条款，系统整理有关交叉询问的规则，将交叉询问作为质证中的一个必要的环节规定下来。

质证原则上在法庭上进行，但是，现行法没有明确规定在证据交换过程中是否可以进行质证，这引起了学界的疑义。[②] 笔者认为，当事人可以在证据交换中表达意见，可以缩小质证的法律范围，但是，从程序、效力和功能等方面来看，证据交换只是质证的准备程序，不是质证程序本身。

4. 方法

质证的方法需要根据案件的具体情况，并且与认证结合起来应用，包括：

(1) 一证一质。即对单个证据材料的证据资格和证明力逐一质证。

(2) 分类质证。即按照诉讼请求、指控的犯罪事实的不同事实要件，对证据材料进行归类，然后逐类质证。

(3) 综合质证。即总结全案事实争议，明确焦点，进行质证。

5. 效果

质证的法律效果表现在如下方面：

(1) 认证的前置程序。只有经过依法质证的证据材料，才可以进入认证程序。除非法定例外，未经质证的证据材料，不得予以

---

① 参见程春华：《论质证程序正当化与法官程序引导权的加强》，载何家弘主编：《证据学论坛》（第五卷），中国检察出版社 2000 年版，第 76 页。

② 夏敏：《论质证在民事司法证明中的定位》，载何家弘主编：《证据学论坛》（第五卷），中国检察出版社 2002 年版，第 47 页。

认证，不能作为定案的根据。

（2）当事人参与权保障。质证是当事人程序参与权的组成部分，执法人员应当提供质证的便利。

（3）违法的后果。未经质证或者违反质证程序规定采纳证据的，构成违反法定程序。被采纳的证据材料应当被排除，导致案件事实不能认定的，构成证据不足、案件事实不清。

（三）认证

认证是指执法人员依法确认证据材料的证据资格和证明力，在此基础上作出案件事实认定结论的证明行为。

1. 主体

认证的主体是负责承办案件的执法人员，包括行政执法人员和审判人员。

关于认证的主体范围，现行法只有肯定性规定，而没有排除性规定。学界的少数派观点认为侦查人员、检察人员也是认证的主体①，因为在侦查、起诉阶段也有认证行为，侦查人员、检察人员要作出拘留、逮捕、不起诉的决定，必须进行认证，而且要遵循认证的一般规则。多数派观点认为，认证的主体是审判人员。理由是其他执法人员对证据的认定没有最终的法律效力，也没有认证的性质，他们确定证据资格和证明力的行为属于证据的审查判断。②

笔者基本上同意多数派观点，认为应当与举证、质证联系起来考察认证的主体。举证和质证是认证的前置程序，三者是连续进行的证明过程，没有举证和质证，就没有认证。但是，将认证的主体限定在审判人员，忽视了行政程序中存在举证、质证和认证的现

① 参见刘新魁：《也谈刑事诉讼中的认证问题》，载何家弘主编：《证据学论坛》（第四卷），中国检察出版社2002年版，第53~54页。

② 何家弘：《试论质证的概念、内容和方式》，载何家弘主编：《证据学论坛》（第四卷），中国检察出版社2002年版，第31~32页；何家弘主编：《新编证据法学》，法律出版社2000年版，第423页；卞建林主编：《证据法学》，中国政法大学出版社2007年版，第439页。

实。不少行政法律法规规定了听证程序，而听证程序的主要内容是对调查机关和当事人的举证进行质证，听证主持人的职责之一是认定证据和案件事实。因此，主持听证的行政执法人员也是认证的主体。

2. 客体

认证的对象是案件事实以及本案所有证据材料的证据资格和证明力。这里需要注意的是：

（1）司法认知和推定事实的认证。这是认证范围大于质证范围的一个方面。举证之后必然要质证，质证之后也必然要认证。经质证的事项必须予以认定，但认证的范围并不限于质证的事项。法律规定可以直接认定的情形，不需要质证，但需要认证。①

（2）法官取证的认证。学界有人认为，执法人员依职权取得的证据材料不纳入认证的范畴。笔者反对这种观点，认为执法人员依职权调取的证据材料并没有先定的证据资格和证明力，不但要经过质证，也要经过认证。

（3）当事人认可证据材料的认证。证据材料的真实性、合法性和相关性经当事人认可之后，执法人员可以直接确认其证明力，不需要质证。有学者认为，认证应当限于当事人有争议的证据材料，对当事人认可的证据材料，执法人员必须采纳，而不得作出相反的认定。笔者认为，当事人认可只是免除质证的条件，对认证没有强制性的约束力。经当事人认可的证据材料并非一定具有证据资格和证明力，执法人员仍然需要审查，在确有理由的情况下，完全可以作出不同的认定。这里的关键问题是处分权原则、辩论原则与自由心证原则、实体真实原则的之间的协调。当事人的认可对执法人员具有约束力，但这种约束力不是绝对的，不能绝对排除执法人员的心证自由和实体真实的证明目的。

（4）证据资格和证明力的认证。认证的内容包括证据资格和

---

① 2002 年《行诉证据规定》第 54 条（无须质证的证据材料也需要审查）。

证明力，这是学界和实务界的共识。问题是这两个问题是否都可以在法庭上解决？有学者认为，当庭认证只可能解决证据材料的证据资格问题，即哪些证据材料可以作为定案的根据。至于证明力的有无、大小和优先问题，在庭审的很短时间之内不可能作出认定结论。① 笔者认为，这里的关键不是证明力可否当庭认证，而是法官是否能够形成心证。对于案情简单、争议不大的案件，证明力认定并没有大的困难，法官完全可以当庭认证。与此同理，证据资格问题也并非必须当庭解决。防止法官认证错误的关键不是是否当庭认证，而是心证是否公开。

（5）全案事实的认定。执法人员在认定证据资格和证明力的同时，往往需要一并对案件事实作出认定结论，最终事实认定结论的作出是认证过程结束的标志，它表明当事人的举证是否达到了法定的证明标准。

3. 依据

认证主要是执法人员的心证过程，不可能预先设定具体的程序步骤。除了一般的证据规则之外，现行法主要确立了如下原则：

（1）证据裁判原则。即执法人员作出裁判，应当以经证据证明的案件事实为根据，② 不得考虑未经证据证明的事实以及不相关的事实。

（2）全面、客观、准确和公正的原则。即执法人员应当遵循职业道德，根据生活经验，应用逻辑推理，根据证据规则，对全案证据材料进行综合审查判断，准确认定案件事实。③

（3）心证公开原则。即执法人员作出认定结论的，必须说明理由。例如：

---

① 关于第（2）～（4）点，参见汪建成：《“认证”之议，应当慎行》，载何家弘主编：《证据学论坛》（第六卷），中国检察出版社 2003 年版，第 44～46 页。

② 2002 年《行诉证据规定》第 53 条。

③ 2002 年《行诉证据规定》第 54 条。

A. 在法庭质证过程中排除不相关证据材料；[①]

B. 在裁判文书中应当说明是否采纳证据的理由。[②] 但是，当事人没有异议的证据除外。

4. 方法

认证和质证的许多方法是相通的。可以按照不同标准，作如下分类：

（1）当庭认证和庭后认证。以认证的时空为标准。如果当庭认证错误，应当及时纠正，具体方法是：在庭审结束之前发现错误的，可以重新认证；庭审结束之后宣判之前发现错误的，可以再次开庭认证，也可以在裁判文书中说明更正的理由；有新的证据材料足以推翻原认定的，应当重新开庭认证。[③]

（2）单一认证和综合认证。以认证的证据多少为标准。前者是指对单个证据材料的审查认定，后者是指综合全案证据对案件事实的认定。[④]

（3）个人认证和合议认证。以认证主体数量的多少为标准。前者是指执法人员个人的认证，后者是指执法人员经合议之后的共同认证。

（4）口头认证和书面认证。这是以认证的形式为标准所作的分类。

（5）一步认证和两步认证。以认证与质证的联系为标准。质证和认证穿插进行，不明确划分阶段的，是一步认证；明确划分阶段的，是两步认定。

---

① 2002年《行诉证据规定》第49条第1款。

② 2002年《行诉证据规定》第72条第2款；2001年《民诉证据规定》第79条（当事人无争议的证据除外）。

③ 2002年《行诉证据规定》第73条。

④ 2001年《民诉证据规定》第65条（单一认证）和第66条（综合认证）。

五、查明责任的保障

从司法实践来看，查明责任的切实有效的履行有赖于如下条件：

（一）执法人员的权益保障

执法人员切实有效地履行查明责任是有条件的。一方面，执法人员应当保持高度的责任心，充分发挥个人的主观能动性，恪守对国家的勤务忠诚义务。另一方面，国家应当从制度建设和资源提供的角度进行保障，以便执法人员能够有效地排除外在因素的干扰，集中精力办案。

在这一方面，中办和国办发布的《保护司法人员依法履行法定职责规定》[①] 具有普遍一般的示范意义。执法人员的如下职务权益受到国家的依法保障：

（1）拒绝干涉权。执法人员依法履行办理案件的职责，不受行政机关、企业事业单位、社会团体和个人的干涉（第2条）。

（2）拒绝越职权。执法人员有权拒绝被分配或者指令从事与职务无关的、超越岗位职责范围的事务（第3条）。

（3）身份稳定权。除非法定事由，不得免职、撤职、辞退（第4条、第6条、第7条）。

（4）岗位坚守权。除非法定事由，不得调离现有岗位（第5条）。

（5）职务豁免权。不得因办案过程中发表意见而受追究（第12条），不承担非个人过错的错案责任（第11条）。

（6）人格尊严权。执法人员的名誉、隐私和人格尊严受法律保护，任何人都不得侵害（第17~19条）。

（7）申诉控告权。对直接责任人的非法干预或者侵害行为向主管部门提出控告（第23条）。

---

① 中共中央办公厅、国务院办公厅发布，2016年7月21日起实施。

（二）违法责任的严格追究

在这方面，最高人民法院于2015年9月21日发布的《完善法院司法责任制意见》具有普遍的示范意义。

1. 严格追究责任的原则

主要是：

（1）职权、职责、责任的一致性原则。只有突出法官的主体地位，“让审理者裁判，让裁判者负责”，权责明晰、权责一致，人民法院才能公正而又独立地行使审判权（第1条）。

（2）合法性与合理性统一的原则。追究司法人员的法律责任必须既符合现有的法律规定，又符合司法权运行的客观规律（第2条第3项）。法官独立发表意见，依法履行职责的行为不受干涉和追究（第3条）。

（3）主观过错与客观行为相结合的原则。严格追究司法人员的错案责任必须以司法人员具有违法的客观行为和可归责的主观过错为前提（第2条第6项）。

（4）严格的责任追究与切实的权益保障相结合的原则（第2条第6项）。为此，第38~44条专门规定了法官职务权益的保障措施。

2. 严格追究责任的条件和范围

严格追究司法人员的错案责任以明晰的职权职责配置和明确的责任范围为前提。

在人民法院的内部进行合理科学的职权职责配置，涉及院长、庭长、审判委员会、合议庭、主审法官、法官助理人员、技术辅助法官等不同角色和岗位的具体职权与职责的安排，但归根结底，应当以主审法官的职权职责的配置为核心展开。《完善法院司法责任制意见》第15~24条对前述角色的岗位职责作了具体细致的规定，但是整体来看，中心不明确，重心不突出，核心不准确。这就是说，虽然有了细致的规定，但却缺乏内在连贯一致的价值取向和精神追求。笔者认为，主审法官独立审判权明确而又明细的配置，才是关键所在。

关于追究错案责任的范围尺度有两个：一是客观尺度，即司法人员所实施的履职行为的违法性认定；二是主观尺度，即司法人员在履职过程中是否具有可归责的主观过错，即故意和重大过失。《完善法院司法责任制意见》第25~33条对此作了细致的规定。笔者认为，该部分值得肯定。

3. 严格追究责任的程序

《完善法院司法责任制意见》第34~36条对此作了简略的规定，其中最值得思考的问题是法官惩戒委员会的机构设置和地位保障。对法官的惩戒程序主要由人民法院下设的监察部门负责，实际上的决定权在法院院长的手中（第34条），法官惩戒委员会只享有建议的权利（第36条）。笔者认为，这种内部的职能分工明显不符合制衡制约的原则，法官惩戒委员会应当成为法官职业纪律裁判机构，扮演纪律法院（法官法院）的角色，行使追究法官的最终决定权。

（三）当事人的配合和有关单位的协助

执法人员切实有效履行查明责任，离不开当事人的积极配合和有关单位的积极协助因为执法人员的履职行为是在社会的大环境中进行的。只有在社会的整体环境有利于守法时，执法人员才能更好地履行执法的职责。笔者认为，有必要出台专门的司法解释，集中系统地规定当事人配合义务和单位协助意义的范围、条件、方式和后果。未来制定的统一证据法典中也应当设立专门的条文对此作出明确的规定。

第四节　举证责任

以法庭审判为中心，逐渐淡化超职权主义的色彩，增加当事人主义的因素，建构一种职权主义与当事人主义相反相成、良性互动的崭新诉讼模式是司法改革运动几十年来一以贯之的政策目标。[①]举证责任的分配是这场改革的一块小小的试金石。这块试金石虽然小，但其中浓缩了司法改革的所有关键因素。当事人在事实发现过程中的角色和地位安排，权利义务的配置，举证的程序和方式的设计，举证的范围、方法及其后果的选择等，是一个由不同规则组成的举证责任制度整体。要建构完善的举证责任规则体系，还必须照顾到当事人（的举证责任）与法官（的查明责任）在事实发现过程中的互动关系。

一、举证责任的概念

从相关规定来看[②]，举证责任是当事人为了实现自己的主张，按照法定的程序、范围和标准证明特定事实的权利和义务。

举证责任的性质是把握举证责任概念的关键所在，也是学理上一个争议较大的问题。民事证据法学理上出现了权利说、义务说、权利义务说、责任说、权利责任说、效果说、必要性说、败诉风险说和负担说，其中影响较大的是权利责任说、义务说、负担说和败

---

① 例如，最高人民法院、最高人民检察院、公安部、国家安全部、司法部 2016 年 10 月 11 日发布的《关于推进以审判为中心的刑事诉讼制度改革的意见》“八、进一步完善公诉机制，被告人有罪的举证责任，由人民检察院承担。对被告人不认罪的，人民检察院应当强化庭前准备和当庭讯问、举证、质证。”

② 1989 年《行政诉讼法》第 32 条使“举证责任”正式成为法律术语，此后的一系列司法解释开始使用举证责任的术语。例如，2001 年《民诉证据规定》第 2 条第 2 款（举证责任的败诉后果）、第 4 条（举证责任倒置）、第 5 条（合同纠纷案件的举证责任）、第 6 条（劳动争议案件的举证责任）、第 7 条（举证责任的分配因素）；2002 年《行诉证据规定》第一部分“举证责任分配和期限”。

诉风险说。[1] 行政证据法理论有权利说、义务说、权利义务说、风险义务说[2]、责任说、权利与责任说、负担说、责任负担说[3]、必

① 何家弘主编:《新编证据法学》,法律出版社 2000 年版,第 358~362 页;李浩:《民事举证责任研究》,中国政法大学出版社 1993 年版,第 34~42 页。权利责任说认为,举证责任首先具有权利的性质,因为提供证据是从当事人的诉权中派生出来的一项权利,但是当事人提供证据又是其要求人民法院确认或者肯定其诉讼主张所应当承担的一种责任。义务说认为,举证责任是伴随诉讼针对事实主张而生的诉讼义务,其原因不仅仅是举证责任与诉讼主张不可分割、当事人具有举证的客观条件,而且是因为这是法院查明案件事实、当事人履行其诚实性义务的必要条件。负担说认为,举证责任既不是权利,也不是义务,而是当事人为了使法院能够确认、肯定其诉讼主张,作出对自己有利的裁判,避免败诉风险而不得不承受的一种负担。败诉风险说又称为结果责任说,认为在举证责任所包含的两种含义即行为意义的举证责任和结果意义的举证责任当中,真正能够代表其本质的是结果责任。

② 罗豪才、应松年主编:《行政诉讼法学》,中国政法大学出版社 1990 年版,第 179 页(认为举证责任类似于诉讼义务,当事人必须承担,不得放弃,但是与一般的诉讼义务不同,当事人放弃一般的诉讼义务不一定会遭受不利的诉讼后果,而放弃举证责任则必然遭受不利的诉讼结果,“所以,举证责任是一种加重了的义务,也可称作‘风险’义务”)。

③ 以上 8 种观点见于许崇德、皮纯协主编:《新中国行政法学研究综述》,法律出版社 1991 年版,第 687~688 页。

要性说[1]、法律后果说[2]和法律假定说[3]。近年来有学者提出了“风险负担说”[4]。通说尚未形成，也没有得到普遍认可的多数派观点。[5]

笔者认为，权利义务说吸收了各种观点的合理因素，也是我国现行实在法的立场[6]，有助于全面认识举证责任的法律性质。

1. 举证责任是当事人的诉讼权利

这是从主体资格和程序参与权的角度得出的结论。首先，举证是当事人得到公正审判权、被听取意见权、陈述权和申辩权的组成部分。“当事人在离开法院时，应当能够感到他们已经说了所要说的，他们的情况已经以最好的方式进行了说明，而且他们将得到不

---

① 柴发邦主编：《当代行政诉讼基本问题》，中国人民公安大学出版社 1989 年版，第 120 页。该书认为，“举证责任是提供证据以证明案件事实的必要性。之所以要确立举证责任制度，旨在为法院认定事实提供依据……我们说，承担举证责任是当事人希望获得满意的法律后果的必要条件……举证责任既不是权利，又不是义务，也不是二者的统一，而是法律为了平息纠纷，解决争议而设置的一个条件”。

② 马原主编：《中国行政诉讼法讲义》，人民法院出版社 1990 年版，第 95 页（认为举证责任既不是权利，也不是义务；既不是责任，也不是负担，而是法律预先设定的一种法律后果，“它所要解决的问题是在一定事实是否存在难于查明而法院又不能以此为由拒绝裁判的情况下，应当由谁承担不利的法律后果的问题”）。

③ 熊先觉等：《中国行政诉讼教程》，中国政法大学出版社 1988 年版，第 120~121 页（“不同诉讼体制中的举证责任的含义大同小异。在法院作出终局裁决之前，一定事实是否存在难以确定的情况下，如一定行政处理的要件是否充足的事实不明，是假定有关事实存在而承认处理决定的效力呢，还是假定有关事实不存在，否定处理决定的效力？是对原告作出不利判决，还是对被告行政机关作出不利判决？对于这些问题法律必须预先作出规定，否则，法院将无从作出判决。这种由法律预先规定，在事实的真假虚实难以确定的情况下，由一方当事人承担风险及不利后果的法律假定叫作举证责任”）。

④ 卞建林主编：《证据法学》，中国政法大学出版社 2007 年版，第 329 页。

⑤ 参见何家弘主编：《新编证据法学》，法律出版社 2000 年版，第 363 页（负担说是多数派观点）。

⑥ 例如，2001 年《民诉证据规定》第 34 条第 1 款（逾期“视为放弃举证权利”）；2002 年《行诉证据规定》第 7 条第 1 款（逾期举证视为“放弃举证权利”）。

偏不倚的法官的裁判。”① 其次，举证是以当事人的程序主体资格为前提，谁有权在审判中展示证据，即谁应当享受展示证据的充分机会，享有举证权利是当事人承担举证责任的基础。②

2. 举证责任是当事人的诉讼义务

这是从诉讼后果角度得出的结论，不利裁判是不履行举证责任的法律后果。反驳义务说的论点是，履行义务是为了实现他人即权利人的权利，而举证责任则是为了自己的权利；义务必须履行，但是举证责任不以国家强制力为后盾，不一定非履行不可。

笔者认为，法律义务的形态多种多样：有公法义务，也有私法义务；有实体法义务，也有程序法义务；有由强制力保证履行的强制性义务，也有以特定法律后果保障的可选择的义务；有直接与对方权利对应的义务，也有不以特定权利为对象的义务。根据这种多维的视角，举证责任是一种以胜诉或者败诉的诉讼后果为后盾的，当事人可以选择履行的范围和方式的程序法上的权利义务。

二、举证责任的结构

举证责任的内部结构是中外证据法学界共同长期关注的一个课题，百家争鸣，莫衷一是，迄今为止仍然没有形成一个普遍接受的通说。

（一）两层次说

这种观点是学界的多数观点，共同之处是将举证责任分为两个层次，但具体划分方法各不相同。英美法系国家采取说服责任和推进责任的两分法模式，大陆法系的国家采取主观责任和客观责任的两分法模式，我国也有学者持这种观点。下文分别进行简要的介

---

① Ronald Jeseph Delisle, Evidence: Principles and Problems, 2th ed., Carswell Company Ltd., 1989, p.4.

② Peter Murphy, A Practical Approach to Evidence, 4th ed., Blackstone Press Ltd., 1992, p.85.

绍，然后进行比较分析。

1. 英美法系：推进责任与说服责任

将举证责任分为推进责任和说服责任是英美两国学界和实务界的通说。

推进责任（duty of going forward），是指当事人举证证明其主张已经形成法律争议，执法机关有必要继续审理的举证责任，其全称是利用证据推进诉讼进行的责任（burden of going forward with evidence），又称为证据责任（evidential burden）、战术责任（tactical burden）、次要责任（minor burden）、派生责任（secondary burden）等。特点是：①

（1）可以在当事人之间转移。即可以由一方当事人传递（pass）或者推卸（discharge）到另一方当事人。②

（2）与败诉后果没有必然联系，但是完全有可能造成这种后果。如果对方当事人不提出相反的证据，就会扩大法院作出有利于

---

① Abhor v. North Eastern Railway Company（1883），11 Q.B. 440（C.A.），Affirmed（1886），11 App. Cas. 247（H.L.）. 在本案中，法官 Bowen 认为诉讼由当事人造成，因此应当由当事人推进。原告是开始诉讼的人，如果无所作为，就要败诉；如果原告提供了初步证据，被告对此没有任何回应，也要败诉。“（法官）不妨问自己：如果没有提供证据或者没有就有关的争议问题提供更多的证据，哪一方当事人将胜诉？很明显，作为进行诉讼的对立的双方当事人，证明责任一直都在不停地转移，直到裁判机关必须说‘到此为止’，争议才得以特殊的方式得到裁判……一旦一方当事人提供证据推翻了所反驳的证据，除非再得到反驳，（天平的）指针就倒向另一方当事人，直到其提出更有利的证据，指针才会偏回对方当事人。这说明举证责任是一个确定推进诉讼义务由希望胜诉的一方当事人遵守的规则，而不是由陪审团判断冲突证据的证明力的规则。一旦证据之间矛盾产生，就不再是证据责任问题了。”

② Phipson and Elliot, Manual of The Law of Evidence, 11th ed., Sweet & Maxwell 1980, p.62.

裁判自己的可能性。①

（3）证明标准较低，只需要能够形成合理疑点的初步证据。②

说服责任（persuasive burden），是指当事人举证说服执法人员确信其主张成立的义务，否则将遭受不利裁判，又称为法定负担（legal burden）、最终负担（ultimate burden）、主要负担（major burden）、第一位的负担（primary burden）等。特点是：③

（1）不可转移。说服责任由一方当事人稳定承担，不可转移，也不可由代理人或者代表人分担。④

（2）分配通常由实体法作明确规定。说服责任如同电源开关，出于各种考虑，法律规定事先将开关置于打开或者关闭的一端，而这就意味着为一方当事人设定了说服责任，该方当事人要胜诉，就必须提出足够的证据将开关推向另一端。

（3）证明标准比较高，主要是优势盖然性标准和排除合理怀疑标准。

---

① R v. Burdeff（1820）4B&Atd. 95. p. 161. 在本案中，Abbof首席法官指出，“任何人都没有必要去解释或反驳什么，直到在没有反驳或者解释的情况下不利于自己的合理的和正当的结论得到了充分证明。但是，一旦出现了这样的证明，而且案件的性质又容许解释和反驳，即使结论倾向于不真实，但是，由于被告不提供任何解释或反驳，人类的理智除了认定证明所倾向的案件事实之外还能做什么呢？”

② Abhor v. North Eastern Railway Company（1883），11 Q.B. 440（C.A.），Affirmed（1886），11 App. Cas. 247（H.L.）. 大法官Bowen认为：“如果原告提供了表面情况（pima facie case），而被告不作任何反应，被告就要败诉……它不是一个从头到尾都停留在一方当事人身上的负担，而是一方当事人一旦展示了表面证据反驳对其不利的证据，就要转移的负担，一直到出现新的符合这一要求（表面证据）的证据。”

③ Pual F. Rothstein，Evidence：State and Federal Rule，West Pub. Co. 1981，p. 107. “电源开关（系争事实）有两端，由于某种固定力开始停留在其中的一端，除非和直到有足够的力量（占优势的盖然性、优势证据或者排除合理怀疑的证据证明）将开关推到了另一端。开关不移到另一端就要失败的一方当事人承担‘说服责任’，而所需要的力度（占优势或排除合理怀疑）就是这一责任的证明标准……电源开关最初时所在的一端（当然具有两种可能性）确定了反对这一端的当事人的说服责任。”

④ Thayer，A Preliminary Treatise on Evidence of Common Law（1898），p.355.

2. 大陆法系：主观责任与客观责任

德国学界的通说将举证责任分为客观的举证责任（objektive Beweislastung）和主观的举证责任（subjektive Beweislastung）。前者是由议会法律规定的案件事实处于真伪不明状态时确定一方当事人败诉的举证责任，后者是由法官在个案中具体裁量分配的当事人反驳对方主张的举证义务。①

罗森贝克在《证明责任论》一书中，提出了确认责任和证明责任、形式的证明责任和实体的证明责任区分，并且不反对奥地利学界提出的主观的证明责任和客观的证明责任。他认为，主观的举证责任只有在以辩论原则为基础的诉讼中才能发挥作用，而客观的举证责任在调查原则或者辩论原则主导的程序中都可以发挥作用。②

3. 我国学界：行为责任和结果责任③

李浩教授的观点是这方面的代表，认为举证责任可以分为行为意义和结果意义两个层面。前者是指当事人根据程序法规定和案件审理情况而各自承担的提供证据的义务，而后者是指法官根据当事人举证的整体情况而认定的事实主张。

作出这种分类的理由在于如下三点差异：（1）根据不同。前者的根据是查明事实的必要性和谁主张谁举证，后者的根据是案件事实真伪不明时的诉讼后果承担问题。（2）时间不同。前者从起诉一直到法庭辩论终结前的任何阶段都有可能承担，而结果意义的举证责任发生在法庭评议阶段。（3）能否代为履行不同。前者可以由诉讼代理人或者诉讼代表人单独承担，可以与当事人可以分离，而后者只能由当事人承担。

4. 比较分析

从中外具有代表性的理论观点来看，举证责任是一个多层次复

① 何家弘主编：《外国证据法》，法律出版社 2003 年版，第 429 页。

② ［德］莱奥·罗森贝克：《证明责任论》，庄敬华译，中国法制出版社 2002 年版，第 16~18、25 页。

③ 李浩：《民事举证责任研究》，中国政法大学出版社 1993 年版，第 20~30 页。

合组成的制度结构，不存在单一结构的举证责任制度和举证责任规则体系。

举证责任的层次划分既受法学理论背景——亦即理论视角——的影响，也受诉讼制度模式——亦即实践需要——的影响。因此，德国证据法上的所谓主观责任与客观责任的划分与德国法理学的主观法与客观法的分类是相对应的，而英美证据法上的所谓推进责任与说服责任的分类是当事人主义的诉讼模式相一致的。

不同法系和不同国别的理论角度和实践出发点的差异反映在两层次划分的不同观点之间的分歧上。例如，德国法上的客观举证责任是指立法者以议会法律的形式对举证责任的分配所作的原则性规定，主观的举证责任是指在具体诉讼案件中根据当事人的诉讼主张而由法官依法裁量决定分配的举证责任。在个案的审判过程中，客观的举证责任不存在分配问题，因为“分配”的问题已经由议会立法时解决了；法官裁量分配的只能是主观的举证责任，亦即当事人为了让法官支持自己的诉讼请求，依法向法庭承担的，提供什么样的、提供多少证据材料的举证责任。主观的举证责任既具有推动诉讼程序进行——所谓推进责任——的效果，也具有获得实体法上胜诉——所谓说服责任——的效果。

但是，不同观点之间还是具有诸多相通之处。揭开术语的迷雾，探究内在精神实质，可以发现，英美法上的推进责任与德国法上主观的举证责任是大致对应一致的，说服责任与客观的举证责任是大体对应一致的。推进责任或者举证责任都属于个案审判中由法官裁量决定分配的主观举证责任，而说服责任指向实体法上的权利义务配置，则是由实体法预先规定的、直接导致胜诉或者败诉后果的客观举证责任。李浩教授所称的行为意义上的举证责任指向程序法的权利义务配置，亦即诉讼程序是否进行下去以及如何进行，与英美法上的推进责任、德国法上的主观举证责任存在一致之处；结果意义上的举证责任指向最终的事实认定结论，与英美法上的说服责任和德国法上的客观举证责任也具有相通之处。

(二) 四层次说

关于举证责任的结构，我国学理上一种有代表性的观点是“四层次说”认为证明责任是由主张责任、推进责任、说服责任和不利后果负担责任四个层面构成的统一体，不能分割；四个层面在诉讼过程中是层层递进、相辅相成的关系。①

笔者赞成四层次说的观点，认为四层次的划分模式显得更加细致深入，既吸收了两层次说的合理之处，也考虑了我国审判的实际需要，更契合以审判为中心的审判方式改革目标。具体而言：

1. 四个层次的内容

(1) 主张的责任。这是指当事人有义务以法定的术语、规范的语言和正式的表述格式，向法官明确地提出自己的事实主张，表明自己对案件事实认定的立场，从而使法官得以顺利地确定案件的事实争点、划定案件审理的范围、拟定法庭调查提纲。主张责任的宗旨在于要求当事人在向人民法院起诉时，必须明白自己到底该需要什么、能需要什么以及应该以何种方式表达和实现自己的需要。这就要求当事人郑重地对待司法救济途径，学会以法律的语言和法律的思维，平和而又理性地审视自己经历的案件事实，按照法律规定的诉讼类型、程序方式、文书格式和术语规范，有条理地提出自己的诉讼主张，其中包括事实主张。

(2) 推进的责任。这是指在案件受理或者登记的过程中，当事人依据诉讼法和证据法的有关规定，按照法官提示或者指示的范围、内容、标准、方式和格式，提供证据材料、表达事实意见、申明事实主张的义务。推进责任是一个动态的集合名称，具体地表现为一个个具体可见的履行举证义务的诉讼行为。

(3) 说服的责任。这是指当事人不仅要提供证据材料，而且在举证的质和量等方面应当足以促使法官产生有利于本方的内心确信，从而使法官作出有利于奔放的事实认定结论。如果说主张责任

① 卞建林主编:《证据法学》，中国政法大学出版社2007年版，第325~327页。

是对当事人履行举证义务的目标指向要求，推进责任是对当事人举证行为的方式和格式的要求，那么，说服责任实际上是对当事人履行举证义务的质和量的两个方面的标准要求。

（4）结果的责任。这是指法官根据当事人举证、质证的整体情况进行综合认定，各方当事人根据自己履行举证义务的整体情况而承担相应的事实认定后果。这里区分为两种情况：

A. 事实真相查明。如果通过当事人的举证和法院的补充调查，法官认为案件事实真相已经查明，按照查明的事实真相依法作出事实认定结论。

B. 事实真相不明。如果通过当事人的举证和法院的补充调查，在法定的诉讼期限内仍然无法查明案件的事实真相，那么，应当按照法律有关举证责任分配的一般规定，确定由承担举证责任的一方当事人承担败诉的责任。

这里需要特别注意的是，在案件事实真相已经得到查明时，法定的举证责任分配机制不再影响诉讼裁判的后果，这是因为法官应当根据查明的案件事实——实事求是地——作出判决，而不是根据当事人举证的情况作出裁判。只有在案件事实的真相不能——在法定诉讼期限内——查明时，法官才需要根据实体法有关举证责任分配的规定，确定由承担举证责任的一方当事人承担不利的诉讼后果。

2. 四个层次之间的逻辑关系

主张责任、推进责任、说服责任和结果责任之间的逻辑关系是：

（1）主张责任是决定举证责任分配的起点和前提。这是因为，按照“谁主张，谁举证”的原则，明确而又合理的事实主张是正确分配举证责任的前提，不明确或者不合理的诉讼主张不能产生举证责任分配的效果。当事人要展开后续的举证行为，必须首先明确自己的事实主张，按照法律规定的语言、内容和格式履行主张的责任，然后才能根据事实主张的内容进行具体的举证行为。

（2）推进责任和说服责任都是行为意义上的举证责任，但指向不同。说服责任指向执法人员的内心确信，目的在于说服执法人员形成有利于自己的内心确信；而推进责任指向执法人员的心证过程，目的是从不同的方式、从不同的角度逐渐地加强或者动摇法官的确信。

（3）当事人在履行主张责任、推进责任和说服责任之后，应当根据履行责任的情况承担的最终的结果，这就是结果责任。如果说主张责任主要是当事人在受理阶段承担的举证责任，推进责任和说服责任是当事人在案件审理过程中承担的举证责任，那么，结果责任就是当事人在最终事实认定阶段承担的责任。

（4）证明标准的程度递进关系。主张责任、推进责任和说服责任都存在证明的标准问题。主张责任的证明标准是合理的可能性。例如，在立案登记阶段的材料审查，只要当事人的事实主张明确、有基本的证据裁量支持，即应当受理其诉讼主张，予以立案。在案件的审理过程中，推进责任应当达到优势盖然性的证明标准，也就是说，相对于对方当事人而言，本方当事人的举证应当处于优势的地位。说服责任的证明标准由法律规定，主要有排除合理怀疑和优势盖然性两个层级。

（三）启发意义

前述中外学界具有代表性的理论观点对统一证据法典的制定的启发意义是：

1. 举证责任的分配存在不同的层次

在考察举证责任的分配问题时，应当首先注意区分立法层面的举证责任分配规范和个案裁判中的举证责任分配规则。两者都具有分配举证责任的效果，但着眼点和立足点是不同的。议会在制定分配举证责任的法律规定时，着眼于抽象普遍的社会正义，立足于——公平配置实体法权利义务的——实体正义。与此不同，法官在个案审判中着重考虑的则是具体个别的个案正义，致力于审理程序的正当性保障，亦即程序正义。对法官而言，在确定举证责任分配标准和方案时，应当努力追求社会正义与个案正义、实体正义与程序正义的统一。

2. 以法官心证形成过程的指引为中心

立法机关在制定举证责任的分配原则时，不仅要从当事人实施举证行为的角度，更要从法官认定案件事实的角度进行关联互动的一体化考虑。以审判为中心实际上意味着以法官为中心。以法官为中心建构——包括举证责任分配规则在内的——证据法则体系，这是世界各国证据法的共同之处。举证责任规则表面上的中心主角是当事人，而实际上真正的中心主角是法官，因为当事人举证责任如何分配以及当事人履行举证责任的效果，都是由法官来认定。通过举证责任的分配来激发当事人举证的积极性，使案件事实得到全面的展示，归根结底是为法官全面准确地认定案件事实奠定良好的证据材料基础。就此而言，以法官为中心设计举证责任的分配规则，乃至建构整个证据规则体系，是制定统一证据法典时应当采取的核心的、根本的立足点。

3. 以法官裁量权的约束为重点

立法机关应当以法官裁量权的指引和约束为重心制定举证责任分配规则。个案中举证责任的具体分配几乎完全有赖于法官的裁量，因此，举证责任的分配规则既要有调整当事人举证行为的内容，更要有约束法官裁量行为的内容。法官在裁量决定举证责任的分配时，应当奉行意见独立、心证自由和内心确信的原则，首先结合案件的具体情况对有关举证责任分配的普遍抽象的法律规定——客观举证责任的分配规则——作出正确的解释，以此为出发点，再考虑当事人的诉讼主张、当事人的举证能力等因素，灵活掌握——主观责任和说服责任意义上——举证责任分配的尺度。

三、举证责任的分配

从实在法的有关规定①来看，举证责任的分配分为如下三种情况：

（一）主张分配

除非法律另有明确规定，当事人对有利于自己的权利和事实，承担主张、推进和说服的责任，这是所谓的“谁主张，谁举证”的原则。值得注意的问题是：

1. 主张责任的分配

主张责任按照“有利”的原则进行分配，也就是说，当事人对有利于自己的权利或者事实承担主张的责任，应当以规范的语言、内容和格式向法官申明自己的权利主张和事实主张。

2. 推进责任的分配

推进责任按照“主张”的原则进行分配，提出权利主张或者事实主张的一方当事人承担推进责任，无论其权利主张或者事实主张的内容和性质。

3. 说服责任的分配

说服责任按照“积极主张”的原则进行分配，以积极主动的方式提出肯定性权利主张和事实主张的一方当事人，承担相应的说服责任；消极主张者只承担推进责任，而不承担说服责任。即使对方当事人没有提出任何证据，法院也要根据当事人履行说服责任的

---

① 例如，1991年《民事诉讼法》第64条第1款和2001年《民诉证据规定》第2条第2款（谁主张，谁举证）；2001年《民诉证据规定》第4条（举证责任倒置）、第5条（合同关系案件中举证责任的分配）、第6条（劳动争议案件举证责任的分配）、第7条（法律没有明确规定时举证责任的分配）；1989年《行政诉讼法》第32条（被告承担举证责任）；最高人民法院《关于贯彻执行〈中华人民共和国行政诉讼法〉若干问题的解释》（以下简称2000年《行诉法执行解释》）第26条第1款（被告的举证责任）、第27条（原告的举证责任）；2002年《行诉证据规定》第4条（不作为案件的举证责任）和第5条（行政赔偿案件中的举证责任）；1997年4月29日最高人民法院《关于审理行政赔偿案件若干问题的规定》（原告对自己的主张承担举证责任）。

情况作出裁判。①

之所以存在这种微妙的差异，是因为：

(1) 主张责任、推进责任与说服责任对法官内心确信的形成起着不同的作用。主张责任的主要作用是引导当事人以规范的语言和文本格式，条理清晰地梳理自己的权利主张和事实主张的内容，从而限定法官展开心证、形成内心确信的方向和范围；推进责任针对的是个别案件事实或者证据材料的甄别与筛选，其作用是不断加强或者动摇法官内心确信的形成；而说服责任针对的则是全案事实和证据材料的审查判断，其作用在于使法官最终确立有利于自己的内心确信，得出有利于自己的案件事实的认定结论。

(2) 法官展开心证的过程，尤其是内心确信的形成客观上受当事人提出诉讼主张的内容和方式的影响。一般而言，“谁主张，谁举证”是一个正向证明——而不是反向证明——的举证责任分配原则，该原则引导法官的心证过程指向积极的、肯定性的权利主张或者事实主张，也就是说，引导法官从正面、积极、肯定的角度思考问题。

(二) 倒置分配

这是指当事人依法以反向证明的方式对否定性的事实主张所承担的举证责任。

1. 倒置分配的特点

对此可以从与主张分配区别的角度进行理解，主要表现在如下方面：

(1) 依据不同。倒置分配作为一种例外情况，必须具有明确

① Dunn v. Dunn (1949), p.98, at 103. 在本案中丈夫以离弃为由请求法院判离婚。丹宁勋爵认为，“在本案中证明被妻子离弃的法定负担始终在原告一方，为了解除这个负担，原告举证证明他要求妻子与其共同生活，但遭到拒绝……一旦他证明了遭受拒绝的事实，她就要证明拒绝有正当理由，以反驳离弃的推断。尽管她这样做较为理智，但不承担法定责任。即使她未能肯定地证明拒绝的正当理由，法院仍然要在审判的最后阶段问自己：法定负担得到了切实履行吗？”

的法律、法规或者司法解释的依据。在法律规定不明确时，举证责任的分配应当按照“谁主张，谁举证”的原则进行。

（2）对象不同。主张分配的举证责任针对的是积极肯定性的权利主张或者事实主张，如争议的合同合法有效的事实、依法享有争议财产的所有权等。与此不同，倒置分配的举证责任针对的是消极否定性的事实，如不存在因果关系的事实、不存在过错的事实、没有实施加害行为的事实等。

（3）方法不同。主张分配的举证责任主要采取从正面的角度证明权利主张或者事实主张成立的正向证明方法，如演绎推理的方法、归纳推理的方法。与此不同，倒置分配的举证责任主要采取某项权利主张或者事实主张不成立的反向证明方法，如排除推理的方法。

（4）思维不同。主张分配的举证责任采取建设性、促成性的思维，而倒置分配的举证责任主要采取批判性、否定性的思维。

2. 倒置分配的范围

举证责任倒置分配限于说服责任，主张责任和推进责任不存在倒置分配的问题。

3. 倒置分配的情形

举证责任倒置分配主要存在于侵权法领域，与归责原则存在对应一致的关系：

（1）因过错推定原则而倒置举证责任的情形。对适用过错推定原则的侵权案件，如产品质量侵权、医疗侵权、动物侵权、设施侵权、事故侵权等案件中，实施侵权行为的被告应当对自己不存在过错——如采取了必要的管理措施、防护措施——的事实承担说服责任倒置。[①]

---

① 2009年《侵权责任法》第58条（医疗损害责任，推定过错）、第42条第2款（产品质量侵权，推定过错）、第78~84条（动物侵权）、第85~91条（设施侵权责任）。

（2）因无过错原则而倒置举证责任的情形。对适用无过错原则的案件，受害人只需要证明遭受损害的事实，加害人对自己没有过程的事实、没有因果关系的事实或者存在免责的事实承担说服责任。①

（三）裁量分配

主张责任、推进责任和说服责任都存在裁量分配的问题，法官可以依职权裁量决定当事人履行这三种责任的范围、内容和方式。但从实践的角度来看，说服责任是焦点所在。这是因为，说服责任的分配直接影响裁判的后果，是在案件事实真伪不明时，法官作出最终事实认定的法律依据。这就意味着，法官裁量分配说服责任的决定实际上意味着最终的实体法裁判结果。从有关的学理研究②和实在法规定③来看，法官在裁量决定说服责任分配时，需要考虑如下因素：

1. 公平原则

即由哪一方当事人承担说服责任有利于实现当事人的平等原则，排除当事人出身、职业、财产等自然实力对诉讼造成不利影响，以实现诉讼当事人之间的地位平等。④ 这里需要重点考虑：

（1）防止权利滥用。事实是实现权利的基础，而权利与义务对应，履行举证责任是实现权利的前提。否则，任何人都可以随意主张权利，将相关义务转嫁给对方当事人或者执法机关。

（2）防止不公平竞争。即防止一方当事人利用举证责任不合

① 2009年《侵权责任法》第66条（环境污染侵权）、第69~77条（高度危险作业侵权）；2013年《国家赔偿法》第15条（人身自由强制侵权）、第26条（刑事羁押侵权）。

② 罗玉珍主编：《民事证明制度与理论》，法律出版社2003年版，第217~224页（美国举证责任分配理论）；何家弘主编：《新编证据法学》，法律出版社2000年版，第378~379页；卞建林主编：《证据法学》，中国政法大学出版社2007年版，第339~340页。

③ 2001年《民诉证据规定》第7条。

④ 高家伟：《论平等原则的程序化》，载《法制日报》2003年6月19日。

理得到对方的证据材料，窃取对方的劳动成果。[1]

2. 诚信原则

诚实信用既是当事人履行举证责任的一个要求[2]，也是分配举证责任的一个重要考虑因素。[3] 当事人对自己知道的情况，有如实陈述的义务。执法机关有根据认为一方当事人知晓事实，可以裁定其承担说服责任。

3. 举证能力

在举证方面享有优势的一方当事人承担说服责任。作为一种平衡杠杆，应当承担说服责任。在认定当事人举证优势时，需要考虑如下因素：[4]

（1）掌握能力。即哪一方当事人在专业知识、财力或者其他方面具有获得或者掌握相应证据材料的优势。

（2）时空就近。即哪一方当事人具有获得或者掌握证据材料的时空便利条件。

（3）成本最低。即哪一方当事人获得或者提供证据材料的成本最低。

4. 诉讼效率

即由哪一方当事人承担说服责任最有利于激发当事人举证的积极性，最有利于提高协助执法机关查明案件事实的效率。[5]

5. 公共政策

即由哪一方当事人承担说服责任最有利于政治稳定、市场行为的规范化和公共道德的培养。

---

① 杨宇冠：《非法证据排除规则研究》，中国人民公安大学出版社 2002 年版，第 116~117 页。

② 2001 年《民诉证据规定》第 3 条第 1 款。

③ 2001 年《民诉证据规定》第 7 条。

④ 高家伟：《行政诉讼证据的理论与实践》，工商出版社 1998 年版，第 82~83 页。

⑤ 高家伟：《行政诉讼证据的理论与实践》，工商出版社 1998 年版，第 85 页。

四、举证责任的履行

(一) 履行原则

当事人履行举证责任的行为只有符合如下要求，才能产生预期的法律效果：

1. 完整性

当事人应当向法庭如实而又完整地提交自己掌握的证据材料。维护个人权益与实事求是的态度并不矛盾，恰恰相反，以心平气和、冷静客观、直面事实的态度积极配合法庭审理，向法庭客观全面地提交自己掌握的证据材料，有助于减少诉讼成本，加快诉讼进程，促使法官作出正确的判断。隐瞒证据可以一时而不可能长久，尤其是主要证据不但隐瞒不住，反而可能导致证明妨害的法律责任。

2. 客观性

法庭是客观全面、冷静平和地说理的地方，不是撒谎的地方，更不是撒野的地方。任何一位有法治教养的合格公民，都不会在法庭作具有明显误导性的虚假陈述，不会向法庭提供篡改、伪造、变造的证据材料。因虚假陈述、误导法庭而造成严重后果的，可能构成证明妨害行为，应当承担相应法律制裁。

3. 规范性

正规的格式要求、烦琐的手续要求、严格的期限要求和庄严的程序过程是司法证明过程——区别于日常生活中证明——的本质特点所在。无论是证据的调查收集程序和交换程序，还是提交和质证的程序，都有比较严格的期限要求和形式要求。只有符合要求的举证行为才能产生法律上的效力。因此，当事人应当严格遵循法庭审判的程序要求，按照法官的提示和要求，提供内容和形式合格的证据材料，避免造成无谓的拖延、重复和筛选成本。逾期提供证据材料将导致证据材料失效的后果，不合乎规范要求的证据材料则会被排除。

当事人应当按照规定的内容和格式要求对证据材料进行归纳、整理、编排、复制和说明。① 当事人必须对证据材料进行分类、编号，简要说明证据材料的来源、证明对象和内容，签名或者盖章，注明提交日期，按照对方当事人的人数提交副本。② 在证据涉及国家机密、商业秘密和个人隐私时，应当说明。③

（二）律师收集证据

调查收集有关的证据材料是履行举证责任的前提，主要有律师取证和当事人自行取证两个途径。现行法律有关律师取证的规定有：

1. 取证权

代理律师的取证权得到法律的明确规定④，这不仅是学界的共识，而且是实务界普遍采取的立场。

这里值得探讨的一个问题是：侦查过程中的代理律师是否可以收集证据？笔者认为，不宜赋予代理律师在侦查阶段的取证权，这是因为：⑤

（1）律师取证可能破坏证据材料的原始状态；

（2）律师取证可能形成“双线调查”甚至“以调查反侦查”的局面；

（3）如果律师调取到对犯罪嫌疑人不利的证据，很难处理。

2. 方法

律师在办理法律业务过程中可以采取如下方法收集证据材料：

（1）询问。在刑事诉讼过程中，犯罪嫌疑人自被第一次讯问

---

① 2001 年《民诉证据规定》第 10～12 条；2002 年《行诉证据规定》第 10～17 条。

② 2001 年《民诉证据规定》第 14 条；2002 年《行诉证据规定》第 19 条。

③ 2002 年《行诉证据规定》第 18 条。

④ 具有普遍意义的规定是 1996 年《律师法》第 31 条规定：“律师承办法律事务，经有关单位或者个人同意，可以向他们调查情况。”另外是 1989 年《行政诉讼法》第 30 条第 1 款；1996 年《刑事诉讼法》第 37 条。

⑤ 高家伟：《律师在侦查阶段不能调查取证》，载《人民公安》1996 年第 21 期。

或者采取强制措施之日起，可以委托律师代理。代理律师经看守机关批准，可以会见犯罪嫌疑人，了解有关情况。[1] 公诉案件自移送审查起诉之日起有权委托辩护人，辩护人可以会见和询问被告人。

辩护律师询问被害人及其近亲属，应当争得被询问人的同意，并且经人民检察院和人民法院许可。[2]

在行政诉讼中，被告的代理律师向原告和证人取证的，应当经人民法院许可。否则，有关的证据材料不能作为认定被诉行政行为合法的根据。[3]

（2）查阅和复制司法机关的案卷材料。在民事和行政诉讼过程中，代理律师可以查阅司法机关的案卷材料。[4] 在刑事诉讼过程中，自人民检察院审查起诉之日起，可以查阅、摘抄或者复制本案诉讼文书和技术性鉴定材料；自人民法院受理案件之日起，可以查阅、摘抄、复制本案指控的犯罪事实材料。[5]

（3）调取实物证据。经有关单位和个人同意，律师可以调取实物证据材料。

（4）申请取证。申请人民法院、人民检察院收集、调取证据，申请人民法院通知证人出庭作证。人民法院和人民检察院不得签发调查决定书，由律师本人取证。[6]

（5）制作视听资料或者电子数据资料。对此，现行法律没有明确规定。但从证据法的有关规定来看，在不侵害他人合法权益或者妨害公共利益的情况下，律师完全可以制作视听资料或者电子数据资料。

---

① 1996年《刑事诉讼法》第96条。

② 1996年《刑事诉讼法》第37条第2款；1998年《刑诉法实施规定》第13条。

③ 1989年《行政诉讼法》第33条；2002年《行诉证据规定》第3条；2000年《行诉法执行解释》第30条第1项。

④ 1991年《民事诉讼法》第61条；1989年《行政诉讼法》第30条第1款。

⑤ 1996年《刑事诉讼法》第36条。

⑥ 1996年《刑事诉讼法》第37条第1款；1998年《刑诉法实施规定》第15条。

（6）制作勘验、检查笔录。对此，法律没有明确的排除规定。笔者认为，经主管机关同意，律师可以参加勘验、检查，并且制作笔录。这是律师到场权的一种表现。

（7）委托鉴定。鉴定委托通常由当事人提出，代理律师是否享有独立的委托鉴定权，法律没有明确规定。笔者认为，律师在承办非讼法律业务时享有独立的委托鉴定权。

3. 原则

辩护律师取证具有特殊性和典型性。笔者认为，辩护律师取证应当遵循如下原则：

（1）有利于当事人。与公安司法机关应当全面调取对被告人有利或者不利于的证据材料不同，辩护律师取证应当遵循有利于被告人的原则。否则，就会与辩护职能冲突。

不得调取不利于被告人的证据材料，并不意味着不可以了解这类证据材料。律师可以区别情况，作如下处理：如果有利证据单独存在或者能够与不利证据分开，只调取有利的证据；如果有利证据与不利证据不能分开，而公安司法机关只注意到不利证据的，可以将有利证据连同不利证据一并收集并向法庭提交；如果有利证据和不利证据不能分开，且公安司法机关均未收集，辩护律师不能自行收集。

（2）保守职业秘密。辩护律师在取证时得知不利于被告人的情况，原则上应当保密，但危害国家的重大犯罪预谋除外。①

---

① 学理上关于律师保守职务秘密问题大体有三种观点。第一种观点认为，可以分两步走，在诉讼阶段保密，待案件审结后再揭发。第二种观点认为，辩护律师应当首先动员被告人向司法机关如实交代自己的罪行，争取宽大处理；被告人拒绝坦白的，可以拒绝辩护，但不得揭发。第三种观点认为，应当区别情况，分别对待。对已经发生的一般罪行情况，辩护律师应当保密。对重大的犯罪或犯罪预谋，则应当及时揭发，以避免国家和社会利益因此遭受重大损失。参见高家伟：《论辩护律师的调查取证权》，载《北京律师》1996 年第 6 期。

(三) 公民收集证据

有关司法解释没有明确规定当事人的调查取证权，但也没有否定，为数甚少的规定集中在了两个问题上：一是非法证据排除，公民个人严重侵害他人合法权益收集的证据应当排除[①]，作出这种规定的主要原因是公民个人取证出现了侵害他人隐私权的弊端[②]；二是申请执法机关取证。[③] 除此之外，当事人取证权的问题在学界和实务界都没有引起重视。

近年来的司法改革朝着逐渐加重当事人举证责任的方向发展，问题是：如果不赋予当事人的取证权，当事人如何有效履行举证责任呢？笔者认为，这是现行证据立法的一个漏洞，既不符合公民权利意识迅速觉醒的大趋势，也不符合司法证明的一般规律。举证责任的切实履行以调查取证的权利为前提，没有取证权就无法履行举证责任。申请法院取证存在取证时机滞后、损害法院中立性、成本高昂等弊端，不能取代当事人自行取证。笔者因此主张统一证据法典明确赋予当事人取证权，这不仅因为取证权是举证责任制度的配套措施，而且因为取证权是公民知情权的保障，任何公民都有权利了解与自己有关的信息。

统一证据法典在确认公民取证权的同时需要注意如下制度配套问题：

1. 政府信息公开制度

WTO 确立的透明度原则为我国政府提出了建立和完善政府信息公开制度的义务，一些地方政府率先制定了政府信息公开规章，

---

① 2001 年《民诉证据规定》第 68 条、2002 年《行诉证据规定》第 58 条；1995 年 3 月 6 日最高人民法院《关于未经对方当事人同意私自录制其谈话取得的资料不能作为证据使用的批复》。

② 张晓东、胡强：《欲抓丈夫婚外情　婆婆等人误中招——妻子偷拍被判侵权》，载《法制日报》2003 年 10 月 13 日。

③ 2001 年《民诉证据规定》第 17～19 条；2002 年《行诉证据规定》第 23～25 条。

确立了政府信息公开的原则。公民需要的证据材料属于政府信息公开范围的，可以自费制作复制件。这为公民向行政机关调取证据提供了有效的制度性保障。

2. 私人侦探制度

在西方国家实行了近两个世纪的私人侦探制度在我国萌芽，受到了媒体的关注，[①] 但学界和立法实务界还没有作出反应。根据统计，我国注册成立的调查公司已经有2万多家，如此庞大的数字说明私人侦探已经形成了一个行业。问题已经不是要不要该行业，而是如何规范该行业了。私人侦探业的经营范围从原先的婚外恋调查扩展到家庭财产转移、清债、失踪、反不正当竞争、雇员资信、商业欺诈等，商业化、行业化的趋势越来越明显。这说明社会存在对这种行业的客观需要，正确的做法不是“一刀切”地禁止，而是疏导、规范。笔者主张制定专门的“私人侦探法”，系统规定私人调查公司的许可和监督、私人侦探的资格认证、雇佣关系、私人侦探协会等行业管理问题。

在证据法上，私人侦探涉及的问题主要是：

（1）权利来源。从雇佣关系来看，私人侦探的取证权是公民取证权的延伸，性质上属于私权利。只要公民享有取证权，就可以将该权利委托他人行使。鉴于公民取证权的私法性质，私人侦探不得采取任何强制性的措施取证。

（2）非法证据排除。私人侦探业法律化的最大障碍是公民隐私权保护。一旦这个行业发展起来，任何公民都有可能处于私人侦探的秘密跟踪监视之下。消除这个担心的办法不是不回避私人侦探业，而是尽快立法，有效规范该行业，对私人侦探的活动范围作出

① 2004年1月6日中央电视台“央史论坛”栏目邀请王敏远研究员、何家弘教授对我国的私人侦探业发表看法。某制药厂为追讨债务而雇佣的侦探被人打死，这个案例引起媒体对私人侦探业的关注。这里统计数据和案例均来自该节目。另请参见：《“商务调查员”神秘死亡》，载《北京青年报》2003年12月30日；王巍、华克涧、张涛：《私人侦探：生活在别人背后》，载《南方日报》2004年1月17日。

明确的限制。一旦有行业标准，任何违反行业标准的私人侦探的行为都是违法的，因此得到的证据也成为非法证据。就此而言，非法证据排除是保护公民隐私权的一个有效措施。

（四）妨害行为的排除

证明妨害是指当事人出于恶意或者重大过失妨害证明依法进行的违法行为。[①] 就其性质而言，证明妨害属于当事人严重违反举证义务的违法行为。所谓排除，是指公安司法机关为了排除当事人的妨害行为，确保证明程序的正常进行而采取的强制措施和制裁措施。

1. 证明妨害的要件

（1）主体。证明妨害行为的主体是当事人。当事人之外的其他人实施妨害证明行为的，只属于妨害诉讼的违法行为。

（2）主观方面。当事人必须具有主观上的故意或者重大过失。所谓重大过失，是指当事人没有达到一般公民的认识水准，没有履行最低限度的注意义务。

（3）客观方面。当事人以积极参与或者消极放任的方式实施违法行为，导致证明不能顺利进行。例如，案件事实不能查明，或者非经不合理的重大支出不能查明。

其中，后两个构成要件是证明妨害与举证不能的区别所在。

2. 证明妨害的情形

证明妨害的具体情形主要是：（1）故意隐匿、毁灭证据；（2）因重大过失，导致证据灭失；（3）提交虚假证据、作虚伪或者不全面陈述；（4）制造或者携带计算机病毒；（5）利用非法手段收集证据或者妨害证据调查；（6）滥用举证权利，拖延或者扰乱证明程序，如反复举证、拖延举证等。

---

① 参见何家弘主编：《新编证据法学》，法律出版社 2000 年版，第 380 页（导致案件事实不能查明是构成要件）；何家弘主编：《外国证据法》，法律出版社 2003 年版，第 443 页（主体是参加人）。

3. 证明妨害的排除措施

主要有：

（1）通过采取强制措施而排除。当事人的证明妨害行为同时构成妨害诉讼行为的，人民法院依法采取强制措施。①

（2）通过设定不利证明后果而排除。因证明一方当事人事实妨害行为导致案件事实不能或者难以查明的，执法机关可以：

A. 根据能够得到最佳证据材料作出认定；②

B. 推定对方当事人的主张成立；③

C. 排除有关证据材料的效力。④

第五节 证明标准

证明标准是衡量客观事实与主观真实之间一致性程度的标尺，它设定和应用取决于一个国家法律制度所奉行的事实观和真理观。按照客观决定主观、主观符合客观的辩证唯物主义真理观，证明标准的设定应当从不以人们的意志为转移的客观事实出发，引导人们的主观认识尽可能地接近客观事实的原貌。在证据法上，辩证唯物主义的真理观要求法官的心证的展开和内心确信的形成必须建立在确实充分的证据材料的基础之上，避免无关的个人情感因素和价值

---

① 2001 年《民诉证据规定》第 88 条第 2 款；2002 年《行诉证据规定》第 77 条。

② 2002 年《反补贴问卷调查暂行规则》第 25 条规定："应诉公司应保证提供的电子数据载体不携带病毒。如果携带病毒，可被视为阻碍调查，外经贸部可依据可获得的事实和现有最佳材料做出裁定。"《反倾销条例》第 21 条规定："商务部进行调查时，利害关系方应当如实反映情况，提供有关资料。利害关系方不如实反映情况、提供有关资料的，或者没有在合理时间内提供必要信息的，或者以其他方式严重妨碍调查的，商务部可以根据已经获得的事实和可获得的最佳信息作出裁定。"

③ 2002 年《行诉证据规定》第 69 条（被告拒绝举证，推定原告主张成立）。

④ 2001 年《民诉证据规定》第 68 条（非法证据排除）；2002 年《行诉证据规定》第 57 条第 1~3 项（非法证据），第 58 条（非法证据），第 59 条（原告无正当理由在行政程序中拒绝举证，在行政诉讼中不予采纳）。

偏好因素干扰案件事实的发现过程，尤其要避免没有证据支持的主观臆断。证明标准就是从法律规范的角度为此而设定的具体尺度。

证明标准是指为了准确查明案件事实，规范和约束法官的心证自由，引导法官形成正确的内心确信而设立的认定案件事实真相的具体尺度。为了把握证明标准的概念，需要注意如下几方面的问题。

一、证明标准的理论基础

理论基础意味着实践出发点的选择。从不同理论基础出发，理论的视角不同，实践的路径也就随之不同。就证明标准的选择和设计而言，如下基础理论至关重要。

（一）真实性原理

真实观是哲学上事实观和真理观的基本原理在证据法领域中的具体体现，直接影响证明标准的设计和应用。近年来，我国刑事证据学界就此展开了较为激烈的争论，出现了客观真实说、实质真实说和法律真实说等代表性的观点，对我国证据法的发展产生了较大的影响。

客观真实论认为，证明目的是客观真实，即公安司法人员在诉讼中根据证据所认定案件事实符合客观存在的案件事实。这是因为：第一，客观真实的证明价值追求符合辩证唯物主义认识论原理，真理的客观性决定了真实的客观性，以辩证唯物主义认识论指导诉讼证明便形成了客观真实论。第二，客观真实是我国现行实在法采取的基本立场。①

实质真实论主张正确理解客观真实与绝对真实、相对真实之间的关系。根据辩证唯物主义的绝对真理和相对真理理论，刑事诉讼中的绝对真实是指“任何真理都包含着不以人们的意志为转移的

① 陈光中、魏晓娜：《刑事证据制度与认识论》，载《中国法学》2001年第1期。该文中认为“客观真实”与“实质真实”含义相同。

客观内容”，是指公安司法人员应用证据准确无误地认定案件客观事实的内容，即某人是否实施了犯罪行为。刑事诉讼中的相对真实表现为证明的有限性，如不能及时破案、疑案等。就客观真实的价值追求而言，“所有证据在总体上已足以对所证明的犯罪事实得出确定无疑的结论，即排除其他一切可能性而得出的唯一结论”是最关键的要求，也是“案件事实清楚、证据确实充分”的本义。①

相对真实论认为，进入诉讼中证据是主观与客观统一的产物，与纯粹自然的自然物不同。刑事证据事实是经验事实，即办案人员的一种判断。客观是经验事实的模型、根基和土壤，而经验事实是以诉讼方法对客观事实形成的认识结论。不能用一个深不可测的“客观真实”做口号，而应当用实际而又实用的标准指导证明活动。从马列主义有关真理绝对性和相对性关系的原理，刑事案件的证明标准只能接近客观真实，所谓“必须”或者“一定”达到客观真实是不可能因而有害的。因此，法律真实是刑事证明的任务和要求，而所谓法律真实是指公安司法机关对案件事实的认定符合刑事实体法和程序法规定，应当达到“从法律的角度认为是真实的程度”。②

折中论者③认为，在哲学层面，客观真实论与法律真实论之间只是一场可能性与现实性、应然与实然的争论。在实务层面，客观真实论也承认真理的相对性、司法资源的有限性和公安司法人员认识能力的局限性，不要求案件事实的细枝末节也要调查到水落石出的程度，因此，两种论点不存在本质区别。就实质而言，“客观真

---

① 1996年《刑事诉讼法》第2条（准确及时查明犯罪事实）、第44条（公安司法人员“忠于事实真相”的义务）。

② 樊崇义：《客观真实管见》，载《中国法学》2001年第1期。从该文的要旨来看，相对真实与法律真实未必是同一概念，但作为学说，“相对真实论”与“法律真实论”一致。

③ 郭载宇：《客观真实与法律真实争论中的几个问题》，载吴家友主编：《法官论证据》，法律出版社2002年版，第50~59页。

实”是证明的价值取向，而不是证明标准。

笔者赞成折中论的观点，认为客观真实论和法律真实论之间的分歧在于证明的价值取向，而不是证明标准的设定。就证明的价值取向而言，前者偏重于证明的内容和实体公正，而后者偏重于证明的形式和形式公正。但是，就“真实”和“公正”的价值追求及其相互关系的处理而言，两者是一致的，都主张实体公正与形式公正、客观真实与相对真实、主观与客观、内容与形式的协调统一。就证明标准的确立而言，法律真实论是对客观真实论的修正和完善，而不是否定。

（二）相对性原理

与证明价值观一致，有关证明标准哲学基础研究的另一个重要方面是“证明的相对性”原理。[①] 这是指因执法人员认识能力、司法资源和法律程序本身的局限性，以及出于法律价值权衡的考虑，对案件事实的证明应当保持适当的弹性和灵活性，不可能也没有必要对所有的案件和所有的案件事实都证明到绝对真实的程度。笔者赞成证明的相对性观点，并且称之为“证明相对论”，要点是：

1. 人类认识能力的局限性

客观方面的局限性包括法律资源的有限性，经验、逻辑、推定等证明方法的片面性，证明内容和过程的不确定性，以及过去事实不可能完全再现的特性等；主观方面的局限性是执法人员认识能力的局限性。这些局限性决定了案件事实的证明不可能达到百分之百、一丝不差的程度。既然已经发生的事实不可能完全再现，绝对的证明也是不可能的。

2. 证明过程中的价值权衡困境

在利益多元化的时代，任何法律的制定和实施过程都是一个各种利益的发现、协调和最大化实现的过程，唯一正确的决定在这里只是善意的谎言。资源的有限性决定了各种利益冲突的客观实在

① 参见江伟主编：《证据法学》，法律出版社1999年版，第50~51页。

性，而利益的多元性决定了争议解决方案的可选择性和合意性，利益的发现、衡量、协调和最大化因此成为现代法律的一个基本原则，即利益衡量原则。证明中的利益冲突有：

（1）公正和效率等法律价值的冲突。例如，举证时限和证据失权制度——为了效率在一定条件下放弃公正。

（2）公正、效率等法律价值与其他社会价值之间的冲突。例如，证人、律师、医生、税务代理人等拒绝作证权——为了保护家庭关系、特定职业的法律利益，在一定范围内放弃公正（客观真实）。

（3）诉讼内各种法律利益的冲突。例如，非法证据排除——为了维护程序的合法性和保护公民个人权益，在一定范围内放弃打击犯罪、维护管理秩序等方面的公共利益；又如，承认——因尊重当事人的处分权而放弃客观真实。

（4）诉讼外各种利益的冲突。例如，国家利益和地方利益、部门利益之间的冲突。

就证据法而言，利益衡量原则决定了立法机关和执法人员必须在客观真实和诉讼效率之间作出“抓大放小”的选择，并且权衡不同利益的轻重，将其放在合适的位置。任何一种利益或者价值取向都没有绝对的和永恒的地位，任何证明标准都不是绝对的、无条件的，而是具有一定的相对性和灵活性。客观真实的目标追求在特定情况下必须让位于人格尊严维护、婚姻家庭保护等更高价值的目标追求。这正是证据法之所以存在，并且构成一个相对独立的部门法的根本原因所在，也是法律上的证明与日常生活、科研、逻辑等证明的根本区别所在。

（三）多样性原理

我国以前三大诉讼法对证明标准的规定简单划一，传统学理观点也只提出了“案件事实清楚、证据确实充分”的单一证明标准。[①] 受证明真实观讨论和证明相对性原理的影响，近年来有学者提出了证明标准的多元化的观点[②]；还有学者进一步提出证明标准“体系的重构”，认为应当从客观真实模式转向法律真实模式，区分刑事、民事、行政诉讼设置不同的证明标准；并且刑事诉讼不同的阶段实行不同的证明标准中，立案阶段是“怀疑”，侦查和起诉阶段是“确实足够的证据”，审判阶段是“排除合理怀疑”。[③]

1. 域外做法比较

从两大法系的情况来看，不同诉讼类型和不同案件适用不同的证明标准是通行的做法。大陆证据法实行自由心证的内心确信制度，法律对内心确信的程度没有明确、硬性的规定，由法官根据案件的具体情况进行裁量，证明标准具有很大的弹性。实践中的通行做法是区分证明和疏明，前者适用于实体法要件事实的证明，后者适用于程序（法）事实（要件）的证明。在证明真实观方面，大陆法系证据法在实行职权原则的刑事、行政诉讼中实行实体真实的原则，而在当事人处分原则和辩论原则主导的民事诉讼中实行形式真实的原则。[④] 学理上严格证明和自由证明的区分，其中一个重要因素是证明标准的高低。

英美法系证据法则从盖然性的角度区分证明标准的类型和等级。关于类型，刑事诉讼以排除合理性怀疑标准为原则，而民事诉讼、行政诉讼以“优势盖然性”标准为原则。关于证明标准的等级，美国证据法分为以下九种等级：（1）绝对确定，根本无法实现，法律不能提出此要求；（2）排除合理怀疑，适用于有罪裁决，是最高证明标准；（3）清楚、明确和令人信服的证据——适用于

---

① 陈一云主编：《证据学》，中国人民大学出版社 2001 年版，第 118、122～126 页。

② 江伟主编：《证据法学》，法律出版社 1999 年版，第 117 页。

③ 胡锡庆主编：《诉讼证明学》，中国法制出版社 2002 年版，第 219～245 页。

④ 何家弘主编：《外国证据法》，法律出版社 2003 年版，第 390～392 页。

拒绝保释和部分民事判决；（4）优势证据，适用于民事判决及刑事辩护；（5）合理根据，适用于签发令状，无证逮捕、搜查和扣押，提起大陪审团起诉书和检察官起诉书，撤销缓刑和假释，以及公民扭送等情况；（6）有理由的确信，适用于拦截和搜身；（7）有理由的怀疑，用于无罪宣告；（8）怀疑，据此可以开始侦查；（9）无线索，不足以采取任何法律行为。[①]

2. 我国学界的努力

我国的证据法学界一直存在将证明标准进一步具体化的努力。一种典型的做法先是将证明标准刻度化，如“六刻度”观点[②]；另一种典型的做法是对不同等级的证明标准进行归类，如“三等级说”[③]、“四等级说”[④]、“六等级说”[⑤] 等。

3. 笔者的立场

笔者认为，学界各种观点的一致之处在于证明标准的多元化，即都主张证明标准应当因下列因素灵活调整：

---

① 参见杨宇冠：《非法证据排除规则研究》，中国人民公安大学出版社 2002 年版，第 42 页；杨荣馨主编：《民事诉讼原理》，法律出版社 2003 年版，第 283 页。

② ［德］汉斯·普维庭：《现代证明责任问题》，吴越译，法律出版社 2000 年版，第 283 页（0%绝对不可能；1%～24%非常不可能；26%～49%不太可能；51%～74%大致可能；75%～99%非常可能；100%绝对肯定）。

③ ［美］迈克尔·D. 贝斯勒：《法律的原则——一个规范的分析》，张文显等译，中国大百科全书出版社 1996 年版，第 67 页（较为可靠、确凿可信、毋庸置疑）；薛波主编：《元照英美法词典》，法律出版社 2003 年版，第 1097 页（Probable Cause 词条：确切无误、极有可能确实、怀疑）；《牛津现代法律用语词典》，法律出版社 2003 年版，第 693～694 页（strong possible，likely，weak probable）；杨荣馨主编：《民事诉讼原理》，法律出版社 2003 年版，第 286 页（排除合理性怀疑、清楚并且令人信服、盖然性优势）；高家伟：《行政诉讼证据的理论与实践》，工商出版社 1998 年版，第 178、216～217 页（“案件事实清楚、证据确实充分”、“占优势的盖然性”、“合理可能性”）。

④ 杨荣馨主编：《民事诉讼原理》，法律出版社 2003 年版，第 284 页（日本学者中岛弘道提出心证强度分为微弱、盖然、盖然的确信、必然的确信）。

⑤ ［德］汉斯·普维庭：《现代证明责任问题》，吴越译，法律出版社 2000 年版，第 110～111 页（高度盖然性；大盖然性；理性人不怀疑的安全的盖然性；有说服力的盖然性；一般生活需要对真相确信度的盖然性）。

（1）不同诉讼种类。刑事、行政和民事诉讼的证明标准不同。就实体法要件事实的证明而言，刑事诉讼有罪判决的证明标准最高，民事诉讼判决的证明标准最低，而行政诉讼判决的证明标准处于中间地带。

（2）不同案件类型。一般而言，正式程序的证明标准高于简易程序；有罪判决的证明标准比无罪判决的证明标准高，死刑案件的证明标准高于其他任何刑事案件；重大案件判决的证明标准比一般或者轻微案件的证明标准高。

（3）不同案件事实。一般而言，程序法要件事实的证明适用自由证明的疏明标准，而实体法要件事实的证明适用严格证明的证明标准。

（4）不同诉讼阶段。立案、侦查、审查起诉和审判等不同诉讼阶段，证明标准依次升高。

（5）举证责任不同类型。说服责任的证明标准高于推进责任。

（6）不同公权力措施。在刑事诉讼中，逮捕的证明标准高于拘留，拘留的证明标准高于对财产和物品的查封、扣押措施；在其他诉讼中，紧急措施的证明标准低于一般措施。

出于以上考虑，笔者认为，从现行实在法规定和学理研究成果来看，“四等级”的划分简便可行，也就是说，证明标准宜分为“案件事实清楚、证据确实充分”、“排除合理怀疑”、“优势证据”、“合理可能性”。下文专门论述。

（四）盖然性原理

盖然性（probability，likely，possible）的一般含义是指掺杂不确定因素的事物发生的可能性①，是指事物发生的相对可能性的程度。② 在证据法上，盖然性是指根据情理或者经验的一致性，或者

---

① 薛波主编：《元照英美法词典》，法律出版社 2003 年版，第 1097 页。

② Bryan A. Garner：《牛津现代法律用语词典》（A Dictionary of Modern Legal Usage），second Edition，法律出版社 2003 年版，第 693 页。

以现有最好证据或者理由所作出的推断或者推测的真实可能性；是指证明特定事实成立的本证多于反证所产生的状态。[①] 根据上述定义，证据法上的盖然性是指由特定证据证明的案件事实成立的可能性程度。所谓盖然性规则，是调整盖然性的法律意义及其应用的证据法规范，其调整对象是证明标准。

1. 盖然性的含义

盖然性具有形式和实质的两层含义。典型意义上的举证责任产生于对抗式的裁判程序。衡量当事人是否切实履行举证责任的标准分为形式和实质两个层面。就形式层面而言，只要承担举证责任的一方当事人提出的本证优于对方当事人提出的反证，就视为履行举证责任完毕，法院也就可以判决该方当事人胜诉。就实质层面而言，无论对方当事人提出多少反证，只要本证能够证明所主张案件事实成立的可能性大于不成立的可能性，就视为本方当事人履行举证责任完毕，法院就可以判决该方当事人胜诉。

盖然性的这两层含义可能一致，也可能不一致。前者是常态，即本方当事人提出的本证不但优于对方当事人提出的反证，而且本证能够证明主张事实成立的可能性也大于其他可能性，法官应当判决本方当事人胜诉。后者虽然不是常态，却也可能出现，例如，对方当事人没有提出充分的反证，而本方当事人也没有提出充分的本证，但是，本证整体的质量仍然优于反证。在这种情况下，法官判决本方当事人胜诉还是败诉？这个非常态的情况正是检验实体真实和形式真实这两个不同价值观的一个试金石。按照形式真实的价值观，只要本证优于反证，就应当判决本方当事人胜诉，无论本证本身的证明力如何；按照实质真实的价值观，本证不但要优于反证，而且要对案件事实构成优势盖然性的证明，法院才能判决本方当事人胜诉。

从法官心证的角度来看，笔者赞成后一种理解。盖然性规则不

---

① Black's Law Dictionary, 5th, 1979, p.1081.

仅约束当事人，更重要的是约束法官的心证。只有实质意义上的盖然性理解才能将当事人履行举证责任和法官形成心证统一起来。

在术语方面，笔者主张区分“优势证据”和“优势盖然性”这两个术语，因为“优势证据”对案件事实的证明未必能够达到“优势盖然性”，换句话说，“优势证据”仅仅是“优势盖然性”证明的前提。

2. 盖然性的等级

盖然性是一个不确定的法律概念，具有相当大的弹性。盖然性可以分为不同等级；在同一个等级之内，也存在高低不同的刻度。因此，法律规定的证明标准通常是法官形成心证的最低盖然性，法官实际形成的心证确信程度多样或多或少高于法定的证明标准。

3. 盖然性的根据

证据法上的盖然性认定必须以确实充分的证据为基础，这是证据裁判原则的要求。在没有证据支持的情况下，单纯凭借生活或者职业经验、形式逻辑等证明方法产生的可能性仅仅是猜测或者推理，不是证据法上的盖然性。

二、证明标准的程度等级

笔者认为证明标准可以分为如下四个等级：

（一）证据确实充分

这是我国三大诉讼法规定[①]的证明标准，其特点是不区分案件的类型和事实的性质，都实行相同的要求。

---

① 1996年《刑事诉讼法》第137条（提起公诉的证明标准）、第162条（刑事裁判的证明标准）、第189条（一审裁判的证明标准）；1991年《民事诉讼法》第67条（人民法院全面客观取证的职责）、第139条（先行判决的证明标准）、第153条（一审裁判的证明标准）；1989年《行政诉讼法》第54条（具体行政行为证据确凿、主要证据不足）、第61条（一审裁判的证明标准）。

关于该标准的具体内涵，学理上有“三标准说”[①]、“四标准说”[②] 和“六标准说”[③] 等观点。其中，“四标准说”已经成为学界的通说，具体含义是：

（1）定案证据具备合法性、相关性和客观性；

（2）所有的要件事实得到证明；

（3）证据之间、案件事实、证据与案件事实之间的矛盾得到合理的排除；

（4）全案事实认定结论是唯一的。

在这四个标准中，第 4 点是关键。有人认为，三大诉讼法借此给执法机关设定了追求客观真实的义务，它们的事实认定“必须与客观上实际发生的事实完全符合，确实无疑”。[④]

根据学理通说，“案件事实清楚、证据确实充分”的核心是执法人员的事实认定“完全符合”实际情况。这显然是证明的巅峰，仅可能成为对死刑、无期徒刑等特别重大案件裁判的硬性要求。

（二）排除合理怀疑

排除合理怀疑（beyond reasonable doubt）是英美法系国家一致公认的有罪判决证明标准，是证据法上具有标志性意义的制度文明创造。

---

① 高家伟：《行政诉讼证据的理论与实践》，工商出版社 1998 年版，第 180~181 页（1. 定案证据具备合法性、相关性、客观性；2. 全案证据能够证明是成立；3. 审判人员形成排他的内心确信）。

② 陈一云主编：《证据学》，中国人民大学出版社 2001 年版，第 118~119 页；江伟主编：《证据法学》，法律出版社 1999 年版，第 113 页。

③ 崔敏、张文清主编：《刑事证据的理论与实践》，中国人民公安大学出版社 1992 年版，第 90 页 [“1. 每一个证据材料均经过查证属实，准确无误，完全符合客观事实。2. 证据与案件之间，存在着客观内在联系性，不是单摆浮搁、牵强附会的联系。3. 证据与证据之间、证据与案情之间的矛盾，都得到合理的排除。4. 结案时认定的事实和情节，都有相应的证据予以证明。5. 据以定案的全部证据应形成一个体系（锁链），一环扣一环，无懈可击。6. 形成的证据体系所得出的结论是唯一的、排他的，不可能再有其他的可能性”]。

④ 巫宇甦主编：《证据学》，群众出版社 1983 年版，第 78 页。

1. 起源

起源于19世纪初。1824年英国有学者主张刑事诉讼证明标准应当“具有道德上的确定性，以至于排除所有的合理怀疑”。① 在1865年的一个案件②中，法院采纳了上述观点，但只限于死刑案件。随着时代的发展，排除合理怀疑标准逐渐扩展到其他刑事案件。

在1947年的一个案件③中，英国丹宁勋爵对排除合理怀疑标准作了权威性的解释：

“在判决被告人有罪以前案件事实应当达到的真实性程度……该真实性程度必不一定要达到完全肯定性的程度，但是必须具有高度的可能性。排除合理怀疑的证明并不意味着排除怀疑的幻影。如果允许幻想的可能性妨碍司法的过程，法律就不能有效地保护社会。如果证据如此强而有力，以至于某人的利益只有遥远的可能性，‘当然这是可能的，但是却是丝毫不能证明的’，就应当予以驳回，因为案件事实已得到了排除合理怀疑的证明。当然，任何缺乏这种程度的证明都是不充分的。”

美国布莱克认为，所谓排除合理怀疑是指全面的证实、完全的确信或者相信一种道德上的确定性。④

“‘排除合理怀疑’的证明并不排除轻微可能的或者想象的怀

---

① J.D.Heydon, Cases and Materials on Evidence, London Butterworth 1975, p.32; 9 Wigmore, Evidence(Chad. Rev.), § 2497, p.405.

② R v. Winson(1865), 4F.& F.363.

③ Miller v. Minister of Pention (1947) 2 AII ER 3721. 本案的主要案情是：原告的丈夫自1914年到1945年死亡一直在军队服役。1940年到1944年在中东服役期间，他的嗓子哑了，而且吃饭困难。他向上级报告了自己身体的情况，后经诊断患有咽喉癌，一个月之后去世。根据有关的法律规定，军人在服役期间死亡的，其遗孀有权得到补偿金。原告是死者的遗孀，要求得到更高的补偿金，遭到补偿金部长的拒绝。原告提出上诉，诉称部长没有适当履行其证明责任。

④ Black's Law Dictionary, 5th ed., p.147.

疑，而是排除每一个合理的假设，除非这种假设已经有根据。‘排除合理怀疑’的证明是‘达到道德上的确定性’的证明，是符合陪审团的判断和确信的证明。作为理性的人，陪审团成员在根据有关指控犯罪是由被告人实施的证据进行推理时，如此确信以至于不可能作出其他合理的结论。”①

2. 含义

不难看出，“怀疑”“合理怀疑”及“道德上的确定性”是说明排除合理怀疑标准的关键所在。而对此，布莱克逐一作了详细的解释。

（1）怀疑。布莱克认为，所谓“怀疑”是一种两可或者多可的意识状态，具有正常理智的、一般人在选择一种行为方式时，不能排除其他行为方式的可能性和可行性。怀疑是“一种认识的不确定性状态，指没有现成的意见或信念；是一种在接受或相信一种主张、理论或陈述时的认识态度，由于没有形成肯定的判断，另一种判断也是可能的”。②

（2）合理怀疑。关于“合理怀疑”，布莱克认为，“作为无罪释放判决根据的怀疑，是具有理由的怀疑，是产生于证据或缺乏证据的怀疑。合理怀疑是理性的男人或女人可以接受的怀疑，而不是一种妄想的怀疑或者想象的怀疑，也不是陪审团可以请求回避不愉快的任务或义务的怀疑。合理怀疑是这样一种怀疑，可以使冷静的人在针对重要的事务采取行动之前产生犹豫”。

因此，合理的怀疑“是这样一种怀疑，能够使理智的和谨慎的人在遇到比较严肃的和重要的生活事务时，对指控事件的真实性停止或犹豫采取行动。但是，合理怀疑并不是无罪的单纯可能性，也不是在证据或证据缺乏的情况中产生的有关无罪的反常性、幻影、想象”。

---

① Black's Law Dictionary, 5th ed., p.447.

② Black's Law Dictionary, 5th ed., p.441.

总之，

“合理怀疑并不是一种仅仅具有可能性的怀疑，因为每一个与人类活动有关的并且以道德证据为根据的事务都具有某种可能的或者可以想象的怀疑。合理怀疑是指这样一种情况，即经过对全部证据进行全面的比较和考虑，陪审团的认识仍然处于认为对指控事实道德上的确定性不能形成持久确信的状态。如果证明之后仍然具有合理的怀疑，被告人就有权得到因此而产生的利益即无罪释放。仅仅确立一种机会原理上的很强的可能性，即指控的事实比反面的事实更有可能是不够的，证据证明（案件）事实的真实性必须达到合理的和道德上的确定性。这种确定性能够指导和确信某种认识，证实有义务据之谨慎地活动的人的推理和判断。这就是排除合理怀疑的证明，由于绝大多数法律都是以道德上的考虑为基础的，如果法律走得更远，要求绝对的确定性，所有的情况证据都会被排除(而这实际上是不可能的)。”①

（3）道德上的确定性。布莱克认为，“道德上的确定性”是一种高度的可能性，尽管这种确定并不排除其他遥远的可能性，但是除了根据对这种确定性的认识和信念采取行动之外，没有其他的选择余地。道德上的确定性是指

“促使理智的人毫不犹豫地根据作出的结论采取行动的信念；是一种有关事实真实性的高度的认识，虽然缺少绝对的肯定性，但足以证实一个有罪判决，即使是判处死刑的案件。这种确定性显示了一种据之采取正确行动的足够强大的可能性；是一种高度的可能性，即使不可论证，这个术语用于形容得到排除合理怀疑证明的认定结论。”②

（4）百分比测度。罗特斯坦因和摩菲从另一个角度对“合理

① Black's Law Dictionary, 5th ed., pp.441-412,1138.

② Black's Law Dictionary, 5th ed., p.909.

怀疑”作了解释。罗特斯坦因认为，如果将怀疑的事实存在的可能性大小用百分比来表示，可以认为怀疑的事实存在的可能性低于5%的，这种怀疑就不是合理的怀疑，因为这种可能性太小和太遥远；怀疑的事实存在的可能性高于25%的，这种怀疑也不是合理的怀疑，因为这种可能性太大和太明显，已经足以支持另一种判断，公诉人不能在具有如此明显怀疑的情况下起诉；相应地，在5%~25%的怀疑则是合理的。① 摩菲认为，百分比表不能精确地证明排除合理怀疑标准，所以，可说的是百分比表必须实质性地偏向公诉人一方，如果百分比表没有超过占优势的盖然性或者居于中间位置，被告人有权得到无罪判决。②

3. 要旨

从上述介绍可以看出排除合理怀疑标准的要旨有如下四点：

（1）合理怀疑的质。就其实质而言，“合理”（reasonable）与“根据”（basic）的含义相同，合理是“有理由的，受理由影响的，与理由一致的”。③ 在证据法上，根据就是证据，因此合理怀疑是指有证据支持的怀疑，没有证据支持的怀疑即是不合理的怀疑。④

---

① Paul F. Rothstein, Evidence:State and Federal Rule, West Pub. Co. 1981, p.110.

② Peter Murphy, A Practical Approach to Evidence, 4th ed., p.105.

③ Black's Law Dictionary, 5th ed., p.1138.

④ R v. Torrie (1967) 2 O.R 8(C.A.). 本案的主要案情是：被告人Torrie因酒后驾驶机动车辆造成撞车事故，因此被指控犯有过失罪行。由于在事故发生时没有证人在场，公诉人提供的所有证据都是间接证据。事故发生时，路面有积水，但是没有结冰；路面有雾气，但是在合理的距离之内仍然具有较高的清晰度；被告人在事故发生之后口中仍然含有酒精的气味；被告人驾驶的机动车辆的前左轮胎爆破。轮胎爆破的时间是本案争议的焦点。公诉人提供的专家证人证明轮胎是因为撞车才爆破的。但是在交叉询问时，该专家证人又说撞车发生之前极短的时间之内轮胎因为路面的突出物体也可能发生爆破。但是，没有证据证明事故附近的路面上有任何突出物体或者发生其他交通事故。陪审团认定被告人无罪。但是，上诉法院作出了有罪判决。Evens法官认为，“应当以事实即经证据证明的事实为根据作出决定，有关被告人罪行的其他认定结论必须是以从查证属实证据中推断出的合理的结论。没有证据支持的结论都不是合理的结论，这种结论无非是猜测、想象的结论，而不是合理的结论”。

（2）合理怀疑的量。有证据支持的5%～25%的其他可能性都可以构成合理怀疑，低于5%的可能性是一种主观的臆想，而高于25%的可能性足以动摇法官的内心确信，因此，都是不合理的怀疑。

（3）排除合理怀疑是审判人员对指控的犯罪事实形成内心确信、深信不疑的状态。在这种信念支配下，除了作出有罪判决之外，审判人员别无选择。因此，排除合理性怀疑不仅仅是一般的“说服”，而且必须是高度的“确信”。①

（4）排除合理怀疑的盖然性。就盖然性而言，排除合理怀疑所形成的盖然性证明应当达到75%以上。这个盖然性程度低于“案件事实清楚、证据确实充分”，应当是有罪判决的一般证明标准，以及重大民事、行政案件的证明标准。

（三）优势盖然性

优势盖然性是英美证据法一致公认的民事证明标准。所谓优势盖然性（preponderance of probability），形式上是指本方当事人的举

① R v. Hepworth and Fearnley（1955），2 QB 600. 在本案中，原审法官在向陪审团解释排除合理怀疑标准时使用了“说服”（satisfied）一词。被告人提出上诉，认为法官指导错误，因为“说服”的标准太低。刑事上诉法院首席法官Godard勋爵认为，在有些案件（如在民事案件）中，“说服”一词是足够的，可以认为（民事）陪审团必须被说服，“说服”的证明标准与民事案件的证明标准相同。但是，在刑事案件中，使用其他术语会好一些。例如，如果陪审团肯定（feel sure）被告人有罪，他们只能作出有罪判决。虽然法官在指示陪审团时可以说：“你们必须被排除合理怀疑地说服”，也可以说：“你们，陪审团，必须被彻底地说服”，但是相比较之下，说“你们必须确信被告人有罪”会更好一些。为了避免“误解”，Godard勋爵在本案中又指出：“重要的不是特殊的公式，而是总结的效果。如果法官能够使陪审团明白他们必须被说服，除非确信不得作出有罪判决，举证责任始终在公诉人一方而不是被告人一方，这就足够了。如果认为这些案件都应当使用特定的公式、术语或措辞，我就深感歉意了。关键问题是：应当首先指示陪审团举证责任始终由公诉人承担，其次告知陪审团在作出有罪判决之前必须确信被告人有罪。如果法官这样做，也就足够了。”

证比对方当事人的反驳举证更有力，其诉讼理由更为充分①；实质上是指本方当事人举证证明的案件事实成立的可能性大于不成立的可能性②。

1. 含义

布莱克对“优势盖然性”所作的解释具有典范意义，包含了盖然性、优越性和灵活性三个关键要素。

（1）盖然性。是指“是一种诉讼主张或者设想成为真实的可能性，或者来自于与理性或者经验的一致性，或者来源于更强的证据或理由；是在支持一个诉讼主张的证据比反对该诉讼主张的证据更多时产生的一种状况（condition）或者状态（state）。”

（2）优越性。“优势”一词不是证据的分量（weight）问题，而是超重多少的问题。“在出现争议时，每一方的证据都有分量，但是陪审团不能因此仅仅根据证据的分量作出有利于承担举证责任一方当事人的认定，除非该方当事人的证据在一定的程度上超过了对方当事人证据的分量……证据的优势不能仅仅以证人的数量认定，而应当根据所有的证据中更有分量的证据认定。这并不必然意味着证人的数量更多。了解的机会，拥有的信息，作证时的言行举止都是认定证人证言分量的根据。”③

（3）灵活性。优势盖然性是灵活的标准，“在民事诉讼中，案件事实可以得到优势盖然性的证明，但是在这一个标准之内又存在着不同的盖然性程度，这取决于诉讼客体。民事法院在审理欺诈案件时，法院要求适用的证明标准当然要比在过失案件适用的标准

---

① Peter Murphy, A Practical Approach to Evidence, p.105. 摩菲认为，如果将证据的证明力比喻为砝码，当事人举证是否占据优势要看各自添加了多少砝码。如果原告的证据分量是51%，而被告的证据分量是49%，原告胜诉。

② Bater v. Bater(1950), 2All E.R 458 at 459［丹宁勋爵：“这更有可能”（more probable than not）］.

③ Black’s Law Dictionary, p.1604.

高”。[①]

2. 启发

受布莱克观点的启发，笔者认为：

（1）优势盖然性是一个形式真实与实质真实相统一的证明标准。“优势”必须具有一定的幅度，足以使法官形成有利于本方当事人的确信。一方当事人的举证仅仅优于对方当事人的反证，并不足以促使法官形成有利于本方的内心确信。

（2）优势盖然性标准中具有很大的伸缩弹性空间。优势不是对盖然性进行机械比较的结果，因案件的性质和诉讼结果而异，案件性质越严重，“优势”的要求就越大。诉讼主张的性质、案件事实发生的可能性及作出某种认定可能产生的后果都是确定优势程度的考虑因素。用刻度表示，优势盖然性的证明度最低是51%，最高是75%。

美国证据法上的“清楚明确并且令人信服”标准是比较高的优势盖然性。从判例[②]来看，该标准的要点是：定案证据确实；事实认定明确；证据与事实认定之间的证明关系清楚；事实认定结论可信，虽然从相同证据中得出的结论不止一个。

（3）优势盖然性标准应当成为民事、行政案件的基准证明标准。“案件事实清楚、证据确实充分”标准并没有绝对的合理性。证明的过程不仅是查明案件事实真相的过程，而且是一个价值协调和利益平衡的过程，公正、效率等法律价值和婚姻家庭保护、职业保护、青少年保护等的社会价值之间的冲突需要协调，公共利益之间、个人权益之间、公共利益与个人权益之间需要平衡，因此，任何证明标准都不可能绝对化，只能在特定的条件下和范围内适用。将优势盖然性标准作为民事行政案件的一般证明标准是法律价值协

---

① Bater v. Bater(1950) 2 All ER 458.

② Woodby v. INS,385 U.S. 276 (1966);Collins Secunity Corp.v. SEC, 562 F.2d820,(CD. C. Cir 1977);Vance v. Terrazas, 444 U.S.252(1980).

调和利益衡量的理性选择。

（四）合理可能性

合理可能性是有一定证据支持的、低于50%高于25%的可能性，是指有一定的根据并且达到一定程度的可能性。这是最低程度的证明标准，适用于采取紧急措施案件的事实认定和程序法事实的认定。

1. 表面证据标准

又称为表见证明标准。布莱克认为，表面证据是指“表面看起来良好的、充分的证据。在依据法律作出判决时，该证据足以证明构成当事人主张的一个、一组或者一系列的事实。表面证据是这样的证据，即如果未经解释或者反驳，足以据之作出有利于一方当事人诉讼主张的判断，但是仍然可能受到其他证据的反驳……表面证据是这样一种证据，除非其效果被其他证据超过，足以证明系争事实。‘表面理由’是这样一种诉讼理由，如果对方当事人不提出反证，将使本方当事人赢得诉讼……直到遭到反驳或者被超过之前，表面证据是证明某一个特定的事实成立的充分的证据。如果独立存在或者未经解释，表面证据能够支持一项诉讼主张，使其指向的认定结论有根有据。表面证据是一种法律假定或者推断，在未经证明时或者直到有证明推翻该推断之前，肯定或者否定某一个事实”。① 布莱克的解释是表面证据的经典定义，囊括了表面证据的各个要素。

（1）表面证据是表面看起来成立的证据。表面证据必须具有适当的外观形式，具有可采性，唯有此才能形成表面的证明效果。如果出现反证，表面证据即告不成立，这正是“表面”的含义所在，“表面”（prima facie）是指“第一眼、第一印象、外观、从其第一次出现时即可作出判断、假设……除非有证据证明相反的情

① Black's Law Dictionary, p.1071.

况”。[①]

（2）表面证据是一种假定性的证据（presumptive evidence）。所谓“假定性”，是指“表面证据是非终局性的、允许解释的反驳的证据。除非和直到遭到其他证据的反驳，表面证据是必须接受并且认为真实和充分的证据，例如法律规定从某种证据可以推定出另一个事实存在”。[②] 在民事诉讼中，如果本方当事人提出了表面证据，而对方当事人没有提出任何有证明力的证据，法官可以认定本方当事人的诉讼主张成立。

（3）表面证据的作用是形成表面理由（prima facie case）。所谓“表面理由”是指“除非与其他证据相冲突或者被超过，就可以成立的理由……如果不考虑反证，某一个理由已经走到了充分证明从而可以支持认定结论的阶段……法院在两种含义上应用‘表面理由’：一是原告应当提供充分的证据，以支持作出有利于其诉讼主张的合理的认定结论。也就是说，原告的证据足以使其诉讼主张交由陪审团裁决。二是法院使用‘表面’一词时，不仅仅意味着原告的证据可以合理地支持其主张的认定结论，而且也意味着如果被告不提出证据反驳，原告的证据就强制（法官或者陪审团）作出该种认定结论。”[③]

2. 疏明的标准

大陆法系证据法上的疏明概念从法官心证的角度解释了合理可能性的含义。

在日本，诉讼中的证明以其程度不同被分为证明和疏明两种。所谓证明是指法官对案件事实形成高度的内心确信，认为除此之外没有其他合理的选择。所谓疏明，又称为稀明，是指“当事人对自己所主张的事实虽然没有达到证明的程度，但是足以促使法官推

---

① Black's Law Dictionary, p.1071.

② Black's Law Dictionary, p.1068.

③ Black's Law Dictionary, p.1071.

测大体上确实程度的证据就可以。法律承认疏明的目的是迅速地处理问题，因而疏明时所使用的证据方法也只限于能够立即进行调查的证据方法”。证明用于解决实体问题，疏明用于解决程序问题。在民事诉讼中，当事人为了胜诉，必须提供使法官形成内心确信的证据；而为了主张某一个程序权利，只要提出一定的证据证明有这种必要性或者可能性就可以了。“在终局性地确定实体权利关系的判决之前，暂且作出的保全处分或在诉讼程序进行中提出的其他事情是否许可的决定，在法律上往往只需要稀明（疏明）就可以。”①

日本的做法来自于德国。在德国民事诉讼中，法官的心证分为两种情况：一是充分的心证，即对于实体问题法官必须形成肯定的内心确信。二是不充分的心证，即在处理程序问题时，特别是应当事人申请以中间裁决采取保全措施时，法官无须形成充分的心证，只要申请人提供的证据证明某种情况的“大概性很大”（glau be-hahftmachung）就足够了。“如果原告证明了一些事实，而根据一般经验得出以下结论，即在正常的情况下，原告试图依赖的事实是真实的，初步证据（Ansheinsbeweis）就告成立，法院不再要求原告进一步提出证据，改为转向被告要求后者反驳原告的证据。”②

可以看出，疏明是法官对某一个案件事实或者诉讼主张形成较大盖然性而又不完全肯定的心证标准。

第六节　证明方法

逻辑、经验、推定和认知是常用的证明方法，下面分述之。

---

① ［日］兼子一、竹下守夫：《民事诉讼法》，白绿铉译，法律出版社 1995 年版，第 101 页。

② 沈达明编著：《比较民事诉讼法初论》（上册），中信出版社 1991 年版，第 322 页。

一、经验的方法

丰富的办案经历和职业阅历是法律人的宝贵财富，而其中蕴含的成熟经验则是财富中的财富。在法律人的经验中，不仅蕴含着实用而又精专的知识，蕴含着朴素的法律正义观念，而且蕴含着丰富的职业情感和职业理想追求。法律人的职业经验就是人生阅历、专业知识、正义观念、情感体验和理想追求的混合物。

（一）经验的概念

经验（Experience）的一般含义是“由实践得来的知识或者技能”。[①] 经验有动词和名词两重意义，前者指接触和认识客观事物的过程，后者指人们总结感性经验获得的认识。哲学上的经验指后者，是指感性经验，即人们在同客观事物接触过程中通过感觉器官获得关于客观事物的现象和外部联系的认识。哲学上的经验论（Empiricism）是一种认识论学说，分为唯物主义和唯心主义两个派别，唯物主义经验论的代表者 J. 洛克将经验分为反映客观事物的外部经验（感觉）和反映心灵自身活动的内部经验（反省）。辩证唯物主义的经验论认为，经验是实践过程中获得有关客观事物的初级认识，具有社会性、历史性和局限性，应当上升到系统的、反映规律的理论。经验主义的缺陷在于片面夸大经验的作用，认为经验是认识和观念的唯一来源，片面强调感性认识的重要性，贬低理性认识的作用，因而往往陷入主观主义。[②]

诉讼证明中的经验分为生活经验和职业经验。生活经验是执法人员作为自然人和公民通过生活实践获得的知识和技能，而职业经验是执法人员通过职业实践获得的知识和技能。

（二）经验的特点

作为证明方法的经验具有如下特点：

---

① 周宏主编：《辞海》，光明日报出版社 2003 年版，第 619 页。

② 《中国大百科全书》光盘 1.1 版，“经验”、“经验论”、“经验主义”、“主观主义”等词条。

1. 个别性

经验的获得和积累受执法人员个人感知能力、专业训练、生活和职业阅历、个性特征、客观环境等多种不确定因素的影响，具有很强的个别性。所谓的共同经验，正是学界和实物界在无数的个别经验中总结出来的得到普遍认可的知识和技能。这种共同经验一旦演变为稳定的司法实践，就成为经验法则，构成事实推定的基础。

2. 案外性

相对于本案的证明而言，经验都是在他案中形成的，同类案件的对比是经验应用的一般方法。另一方面，经验的应用很难用语言表达，往往在执法人员的大脑中神秘地进行，不能在案卷中全面、准确地反映出来。如何监督经验的应用成为证据法的一个难题。

3. 相对性

真理的相对性、认识水平的阶段性和局限性决定了经验的相对性。执法人员在审查证据时既要依赖经验，又不能墨守成规。相对证据法确立的规则而言，经验只具有辅助的作用。换句话说，除非具有明显的反证，执法人员应当按照法定的证明力规则认定证据。

4. 指引性

经验在诉讼证明和法律推理中都可以应用。在法律推理中，经验是执法人员形成对案件性质和法律适用的直觉或者前理解（Vorstaendnis）的基础；在诉讼证明过程中，经验是执法人员形成对初步事实认定的基础。诉讼证明和法律推理方向的形成首先依靠经验指引。

（三）证明的方法

司法实践中常用的经验证明方法有：

1. 常识判断法

证据法上的常识分为两个层次：一是众所周知的日常生活常识，二是职业共同体的专业常识。前者适用于一般生活事实的判断，而后者适用于专业事实的判断。

日常生活的常识是经过长期的历史积淀而遗留在地方居民中的

集体记忆，具体表现为地方的风俗习惯、传说故事、文物古迹、古训箴言等。在媒体资讯发达的信息化时代，在网络上广泛流传的科普知识、生活窍门、品牌信息等也可能成为证据法上的常识。

职业共同体的常识是具有专业知识的业内人士所共同分享的知识，表现为公认的科学定律、职业操作规程、职业习惯或者惯例等。

2. 直觉判断法

这是执法人员凭借作为一般理性的人所具有的本能的正义感冲动和多年积淀下来的职业潜意识来判断案件事实的方法。直觉判断的方法贯穿在案件事实认定过程中的始终，但真正起决定性作用的是决疑的时刻，也就是说在案件事实处于真伪不明的状态时，直觉判断对案件事实认定结论的最终作出往往起着决定性的作用。直觉的敏锐性和正确性受多种因素的影响，其中人生阅历的丰富、专业知识的积累、职业经验的提炼、法律思维方法的训练等是主要的因素。所谓的直觉，主要是这些因素长期调和而成的一种特殊知识能力。

3. 情景判断法

这是指执法人员设身处地进入案件事实的场景之中，在其中扮演一个角色，如加害人的角色、受害人的角色、案外证人的角色，通过场景的预设和角色的扮演来洞察案件事实的真相。对情景判断方法的正确应用而言，最为重要的要求是“进得去、出得来”，既要以设身处地的方式真正地走进案件事实发生过程中去，又要保持清醒的法官主体意识，随时能够从自己预设的案件事实场景之中走出来，从裁判的角度考虑问题。

（四）经验法则

鉴于经验的重要性，经验法则在证据法中产生，主要规定有：

1. 经验是合法的证据方法

执法人员可以应用其职业经验和生活经验，作为认证的根据。①

2. 特殊经验事实的严格证明

凡依靠专门知识或者特殊经验获得的事实，适用严格证明。根据这种规则，执法人员应用自己的特殊经验认定证据的，应当在法庭上说明，接受当事人的质证。这是当事人知情权保护和心证公开原则的要求。

3. 一般经验事实的自由证明

用于判断证据证明力的具有普遍性的经验规则，仅经过自由证明，即可以成为认证的根据。② 根据该规则，仅证据法确认的具有普遍意义的事实，无须质证，可以直接成为认证的根据，除非出现明显的反证。

4. 不得仅以经验为认证的根据

按照证据裁判原则，在没有证据支持的情况下，执法人员不得仅以经验作为认定事实的根据。

5. 经验服从证据

在执法人员依据经验的认定与证据本身能够形成的事实认定冲突时，经验认定应当服从证据认定。③

二、逻辑的方法

逻辑是以推理形式作为主要研究对象的科学，而推理是以一个或者若干个命题为根据得出一个命题的思维过程。推理可以分为演

---

① 2001 年《民诉证据规定》第 64 条（日常生活经验）；2002 年《行诉证据规定》第 54 条（生活经验）。

② 关于 2 和 3，参见沈德咏主编：《刑事证据制度与理论》，法律出版社 2002 年版，第 695 页。

③ 关于 4 和 5，参见叶自强：《民事证据研究》，法律出版社 1999 年版，第 40~41 页。

绎推理和归纳推理，而逻辑推理也就相应地分为演绎逻辑和归纳逻辑。通常所说的形式逻辑，是以演绎逻辑及其规律为研究对象的科学。遵循逻辑方法和规则的主要意义是确保推理的有效性和正确性。①

诉讼证明一方面是外在的取证、质证和认证行为，另一方面是执法人员的内在思辨过程。精神世界比物质世界丰富多彩，证明思维比证明行为复杂。经验、逻辑、情感、意识、知识等精神因素在执法人员的思辨过程中相互交织发生作用，如何确保这些主观因素发挥积极作用，使事实认定做到客观性和公正性的统一，是证据法学中的一个重要课题。

在法学领域中，逻辑是法律解释的方法之一，概念法学派则以逻辑的应用为主要特征。法学与逻辑学交融的结果是法律逻辑学，以法律推理为主要研究对象。在诉讼中证明逻辑是法律逻辑学的一个实例。在证据法上，逻辑推理是执法人员认证的法定根据之一。②

（一）应用逻辑方法的条件

执法人员在审查证据中正确应用逻辑，应首先确立如下条件。

1. 概念的内涵和外延明晰

概念是人类反映客观现象特有属性的基本思维形式。不同事物都具有各自的特有属性，人们据此区分不同的事物，概念正是客观事物特殊属性的集中表述。明确概念可以从内涵和外延两个角度进行。内涵是指概念所反映的特定种类事物的共同属性，是衡量某个事物是否为概念所指对象的标准。外延是概念的适用范围，是概念所指事物的具体种类和表现形式。明确的概念使人们知道事物的主

---

① 《中国大百科全书光盘》1.1版，“逻辑”、“形式逻辑”等词条。形式逻辑经历了传统逻辑和现代数理逻辑（符号逻辑）等发展阶段。另请参见王洪主编：《法律逻辑学案例教程》，知识产权出版社2003年版，第1页。

② 2001年《民诉证据规定》第64条；2002年《行诉证据规定》第54条（逻辑推理）。

要特征和具体种类，从而为归纳和演绎、反证和排除提供必要的前提。

2. 推理的逻辑原理依据明确

逻辑的基本规律包括同一律、矛盾律和排中律。同一律是指在同一思维过程中，概念和判断必须具有确定性和前后一致性，不能模棱两可、前后矛盾或偷换概念。矛盾律是指在同一思维过程中，人们的思想不能自相矛盾，也就是说，两个相互矛盾的判断不能同真，必有一假；两个相互对立的判断，不能同真，至少一假。排中律是指在同一思维过程中，不能同时否定两个相互矛盾的判断。也就是说，两个相互矛盾的判断不能同时虚假，其中必有一真。排中律和矛盾律的主要区别在于，矛盾律认定两个矛盾的判断不能同时真实，其中必有一假；而排中律则反其道而行之，认定两个矛盾判断不能同假，必有一真。

3. 推理基础的案件事实确实

正确应用逻辑，必须充分了解有关的案件事实，否则逻辑思维就是无米之炊。逻辑不能代替深入的调查取证，执法人员不能根据表面现象或者一星半点材料进行简单的推断，否则就会陷入机械主义或者形式主义的泥潭。只有把逻辑推理和调查取证结合起来，在充分调查收集证据的基础上进行推理，才能得出既合乎逻辑又合乎实际情况的判断。应用形式逻辑得出的结论不可能一蹴而就，必须接受事实的检验。遵守逻辑规律仅仅是作出正确认定结论的必要条件之一。

（二）常用的逻辑分析方法

经常应用于审查判断证据的逻辑方法有：

1. 归纳和演绎

归纳是从个别事实推出一般结论的思维方法。归纳的前提是关于个别事物或现象的判断，而结论都是关于该类事物或现象的普遍性判断。按照归纳法所概括的对象是否完全，把归纳分为完全归纳法和不完全归纳法两种：完全归纳法是根据某类对象中的每一个对象具有或不具有某种属性，进而推出这类对象的一般结论的方法。不完全归纳法是对某类事物中的部分对象作了考察研究之后，发现它们具有某种性质，从而概括出一般性结论的方法。具体体现是，执法人员经过现场勘查和调查访问，收集大量案情信息，然后对其进行分析研究，从中概括出一般性的结论。

演绎是从一般原理、原则引出个别结论的思维方法。演绎法的主要形式是三段论法。三段论法就是从两个判断（其中的一个一定是全称判断）得出第三个判断的一种推理方法。演绎法在调查思维中有重要作用，它是逻辑证明的重要工具，是由已知到未知，探索新知识的重要方法，是发展和核实调查假说的必要环节。在审查判断证据过程中，演绎法的具体体现是，执法人员应用归纳法所得到的调查案件的一般规律，再去分析同类案件中的某一具体案件，从而得出关于这一具体案件的个别结论。

归纳法和演绎法两者互为条件、相互渗透。一方面，作为演绎出发点的一般性知识往往是由归纳得到的，归纳为演绎准备了前提；另一方面，归纳离不开演绎的指导，如果没有演绎的一般性原理作指导，归纳就缺乏明确的目的，同时，演绎也为归纳提供了应当遵循的逻辑原则。另外，归纳和演绎在一定条件下互相转化，相互过渡。由归纳得出的结论，成为演绎的前提和出发点，归纳由此转化为演绎；而以一般性原理为指导，对大量事实材料进行归纳，从而得出一般性的结论，演绎又由此为归纳。执法人员正是在归纳与演绎的交替转化中，思维不断地得到深化和发展，不断获得对案件本质的认识。

2. 分析和综合

分析是指把对象的整体分解为各个部分、要素、环节、阶段，分别加以考察的思维方法。从表面上看，分析是把一个整体分解为各个部分，把一个复杂的事物分解为各个要素。分析的目的是要对事物的各部分、各要素进行比较和研究，据此分析它们在事物整体中处于何种地位、彼此间的关系，以便从各要素中找出主要要素，从偶然中发现必然，从现象中找出本质。

综合是指在思维中把对象的各个方面、要素、环节和阶段有机地结合成整体的思维方法。从形式上看，综合是把部分组合成整体，把局部组合为全局，把阶段联结成过程，但综合并不是把案件的各个部分、方面机械地凑合在一起，把分析的材料简单地相加，而是按照案件本身各部分之间固有的、内在的、必然的联系，将其综合为一个统一的整体，从而形成对这个案件的总体性认识。

分析与综合是一对相辅相成的思维方法。两者相互依存、相互渗透。分析是综合的基础，分析的结果是综合的出发点。综合是分析的发展，分析如不向综合发展，认识就不能统观全局，同时综合也是分析的指导。人们总是通过综合来检验分析得到的结论是否正确。执法人员审查判断证据的过程，都是分析过程中有综合，综合过程中有分析，不存在纯粹的分析和综合。另外，分析和综合可以相互转化。在审查判断证据中，执法人员对各种案情信息和事实材料分析到一定的程度，初步把握了案件各个方面的本质及其内在联系后，思维运动必然由分析转化为综合。通过综合从本质上把握了多样性统一的整体之后，又需要进行新的分析，这时思维运动就由综合转化成了分析。执法人员对案件事实的认识正是在这种“分析——综合——再分析——再综合”的循环往复中不断深化。

3. 反证和排除

反证法是指用通过否定反证事实来肯定与之相反的待证事实的证明方法。需要注意：作为判断根据的反证事实必须经过查证属实，反证事实必须与待证事实构成矛盾，非此即彼，否则不能通过反证事实确认待证事实的真实性或者虚假性。另外，反证法的适用范围有限，只能用来认定个别证据和案件事实。例如，在刑事诉讼中不能单独通过反证确认被告人有罪或罪重。

排除法是指把待证事实同其他可能的事实放在一起，通过证明其他可能事实的错误来确认待证事实成立的方法。在遇到案件事实存在多种可能性时，可以采取排除法，通过排除其他可能性使真相得到确认。需要注意：用以证明其他可能事实的证据必须真实，必须穷尽所有可能提出的判断，否则，排除法没有说服力。排除法的适用范围有限，在刑事诉讼中一般用于缩小侦查范围，而不能用于证明被告人有罪。

三、推定的方法

推定是法律预先设定两种事实之间常态因果关系的证明规则。根据该规则，执法机关一旦查明某一事实，即可直接认定另一事实；主张推定的一方当事人对基础事实的存在承担举证责任，而反驳推定的一方当事人对基础事实和推定事实的不存在都应当承担举证责任。作为一种特殊的证明规则，推定对举证责任的分配、法院调查和认定案件事实具有特殊作用。

（一）推定的范围

实在法中的“推定”并非都是证据法上的“推定”，有的实在法虽然没有使用“推定”一词，但也属于证据法上的推定。

关于推定的含义，学界众说纷纭。[①] 可以肯定的是：推定一般由基础事实和推定事实构成，是规定这两种事实之间常态联系的法定证明规则，是一种形式化的证明方式，具有法定证据制度的特

---

① Edwa Ullman-margrit, On Presumption, The Journal of Philosophy, Volume LXXX, No.3, March 1983. 乌尔曼系耶路撒冷希伯莱大学教授，其长篇大论《论推定》被收入有关证据法的国际研究综述《证据与证明》（Evidence and Proof, Aldershot, Hants: Darmouth 1992）一书中。他认为推定是“为了作出各种诉讼裁判（而预先设定的）理性要求”。Thayer, A Preliminary Treatise on Evidence of Common Law (1898), pp. 134-317. 泰勒认为推定是推理（reasoning）和论证（argumentation）的辅助手段，是出于特定调查目的而假定特定事实成立。“推定可能以一般经验为基础，也可能出于政策和效率……它确立的是允许对假定事实继续进行调查的规则或主张。初步假定（prima facie assumption）的范围和作用是给不利当事人在证明过程中施加推进（程序）的责任……推定、假定，想当然（taking for granted），只不过是在诉讼或程序中辅助或者便利调查和辩论不同名称而已……推定规则不仅意味着某种事实是可接受的正常推断，而且还意味着不存在相反情况时，一般应当作出这种推断。”

征。为了重大的公共利益，法律可以设立无基础事实的推定。对执法人员来说，推定预先设定了调查和认定案件事实方向，推定规则要求执法人员作出符合法定方向的认定结论。对当事人来说，推定影响举证责任的分配。当事人可以对推定进行反驳，但是必须对此承担举证责任。

涉及推定范围的主要问题是：

1. 不可反驳的推定

不可反驳的推定（irrebuttable presumption，preasumptiones Juris et de jure），又称为终局性推定（conclusive Presumption），与可反驳的推定（rebuttable presumption）相对。① 学界一般认为，不可反驳的推定是一种实体法规则，并非真正的推定，只不过是借用了“推定”一词。②

笔者认为，不可反驳的推定既然不允许当事人提出证据反驳，也不允许执法人员作出其他判断，实际上是一种必须执行的法律规定，本身不涉及基础事实和推定事实之类的推理，其性质是“设定”或者“规定”，而不是“假定”，与证据法学上的推定没有任何关系。

2. 事实推定

事实推定（presumption of fact）是指尚未得到法律确认但在实践中普遍运用的推定。如果两个事实之间的因果关系在实践中不断反复，逐步得到学界和实务界的认可，就会形成事实推定。③

英美法系学者一般认为事实推定属于推定，我国学界也有人采

---

① 如《加利福尼亚州刑法典》第 621 条规定：“妻子在与没有行为能力的丈夫共同居住期间所生的子女终局性地推定为婚生子女。”

② Phipson and Elliot, Manual of The Law of Evidence, 11th ed. , Sweet &Maxwell 1980, p.76；陈一云主编：《证据学》，中国人民大学出版社 1991 年版，第 164 页。

③ Phipson and Elliot, Manual of The Law of Evidence, p.89. 事实推定的典型例子是占有失窃物品视为具有偷窃故意，船舶出海后不久就沉没视为出航之前就不适航，一方当事人毁灭或者隐藏某些证据视为这些证据对其不利，正常人明知其行为的自然后果。

取这种立场。笔者认为，事实推定只是执法人员的一种稳定的推理经验，性质上属于经验法则，而不是推定。无论两个事实之间的联系具有多么大的稳定性和常态性，在法律确认之前，都只能是一般的经验，没有先定的约束力；经证据法确认之后，即形成经验法则。

3. 无基础事实的推定

无基础事实的推定是有基础事实的推定的对称。法律规定从基础事实中可以或者应当推断出推定事实是推定的常态规则。但是，并不是所有的推定都需要有基础事实。例如，无罪推定和平等推定则是无基础事实的推定，在没有相反事实的情况下，任何人都是无罪的，都应当得到平等的对待。有基础事实的推定通常着眼于个别案件，而无基础事实的推定适用范围比较广泛。例如，无罪推定不仅适用于刑事被告人，而且适用于任何公民，任何公民都应当被假定为无罪，无论其是否介入了刑事程序。

由此可见，基础事实并非推定的必备要素。“推定可以界定为一种没有相反证据时可以或者必须作出的结论。有时只有在基础事实得到证明的情况下才产生，而有时则无须任何基础事实。”①

(二) 推定的根据

推定的设立根据有：

1. 逻辑证明关系

两个事实之间的因果关系或者先后关系反复出现，以致人们习惯上认为这两种事实之间存在逻辑证明关系，经学理总结和立法实务界认可，推定规则便最终形成。

2. 法律价值考量

出于法律价值与社会价值之间的协调权衡，法律可以设立推定，而不考虑逻辑证明关系，如无罪推定。“基于公共政策的原因，法律人为地淡化了基础事实的逻辑证明价值，因为公共政策与

---

① Phipson and Elliot, Manual of the Law of Evidence, p.75.

逻辑并非总是一致。”[1] 因此，认为从基础事实必须得出推定事实的结论是不正确的，推定规则只是为从基础事实达到推定事实提供的一种合法的出路。[2] 而出于公正和效率的考虑，法律在设立推定的同时会准许当事人反驳。

（三）推定的作用

主要是：

1. 简化证明程序，提高诉讼效率

根据推定规则，执法人员一旦查明基础事实即可绕过其他证明方法，直接认定推定事实。在基础事实和推定事实之间的证明关系经实践反复证明的情况下，坚持要求调查基础事实是否真的能够推断出推定事实，实际上是浪费时间。适用推定规则可能出现错误，但允许当事人反驳，可以得到纠正和弥补。推定的首要作用在于使执法人员和审判人员顺利地处理其他各种事务，排除障碍，便利和加速诉讼程序。

2. 调整举证责任的分配

一旦基础事实得到证明，对推定事实承担举证责任的当事人即减轻或者免除该责任。这里值得探讨的问题是推定影响的是推进责任还是说服责任。

英国学者泰勒认为推定只影响推进责任。在一方当事人提出反证证明基础事实不成立，推定就成立，举证责任的分配如同没有推定那样进行。推定作用是“给推定对其不利的当事人在辩论或证明过程中施加针对有关问题的推进（程序）义务”。[3]

摩根认为推定影响说服责任，如果基础事实得到了证明，说服责任转移到对方当事人，其提供的证据必须达到一定标准，才能取

---

① Phipson and Elliot, Manual of the Law of Evidence, p.77.

② Edwa Ullman-margrit, On Presumption, The Journal of Philosophy, Volume LXXX, No.3, March 1983.

③ Thayer, A Preliminary Treatise on Evidence of Common Law (1898), pp.134-317.

消推定。当事人通过反证所取消的只是推定事实而不是推定规则，推定规则是自始至终存在的，当事人没有反驳的余地，只有立法者或者法官才能够取消或者创设推定规则。由于推定规则在诉讼过程中始终存在，所以只有足够的证据才能推翻推定事实。①

美国学者采取折中的立场，在明确区分推进责任与说服责任的基础上，分别研究推定对两种举证责任的影响，从中总结出影响推进责任的推定和影响说服责任的推定，证据法典也对此作了明确的规定。②

笔者持“说服性推定说”，认为推定影响说服责任的分配。因为法律推定不仅是稳定的司法实践，而且包含价值权衡，具有先定的约束力。只有给反驳的当事人施加说服责任——提出充分的反证说服执法人员，才能维护法律推定的严肃性。

四、认知的方法

司法认知（judicial notice）或者官方认知（official notice），是指执法机关在调查过程中以宣告的形式直接认定某一个事实，以提

① Peter Murphy, A Practical Approach to Evidence, 4th ed., Blackstone Press Ltd., 1992, p.89.

② 例如，美国《加利福尼亚州证据法》第604条规定：“影响提供证据责任（推进责任）的推定的效果是要求事实裁判者认定推定事实存在，除非（当事人）展示了作出相反认定的证据——如果出现这种情况，事实裁判者对推定事实存在或者不存在应当审查判断，无须考虑推定。本条规定不得用于阻止作出任何适当的推断。”第606条规定：“影响证明负担（说服责任）的推定的效果是给推定对其不利的一方当事人施加证明推定事实不存在的举证责任。”

高效率的一种证明方法。①

（一）范围

需要注意的问题是：

① Mcquaker v. Goddard（1940）I All E.R 47（C.A.）. 这是有关“认知”的一个典型案例（骆驼案）。案情是：原告在被告的公园中被骆驼踢伤。原告为求得赔偿，主张骆驼是野生动物，根据有关实体法规定，骆驼的主人（被告）如果不能证明对骆驼伤人的本性尽到了足够的注意，应当承担绝对的赔偿责任。双方当事人就骆驼是驯化动物还是野生动物产生了分歧，一审法院的法官对骆驼是驯化动物的事实采取了司法认知，认定骆驼是驯化了的动物，上诉法院肯定了原审法院的意见。大法官 Scott 的意见是，“我认为，被告的证人很明确地证实世界各地自从 1938 年以来就不再存在野生骆驼。没有野生骆驼可供捕捉和像大象那样被驯化。世界上尚存野生大象，在亚洲和非洲都有，而且数量巨大。尽管它们可以被驯化，可以被教养得非常聪明，就像 Burma 柚木森林和印度的大象那样。但是，保护野生大象还是有必要的，尽管在特定情况下它们会伤害人类。但是与大象不同，骆驼在世界各地不存在野生状态，它们是家畜，用于载运人或货物，或者用于其他应付干旱的目的。在本案中，上诉人强烈地辩称世界所存的骆驼与英国普通的骆驼属于不同的种类，因为，在英国骆驼还没有变成驯化的动物。我认为这种理由是荒谬的。如果某种动物在世界范围已不存在野生物种，它就不再是野生动物，无论是在英国还是在其他国家。骆驼是家畜，已被训练的专为人类所用，毫不夸张地说，骆驼已经习惯于与人类共同生活。因此上诉人的理由是失败的，有鉴于此还应记住下述问题：应当由法官而不是陪审团来决定某种动物是驯化的还是野生的”。Clauson 大法官认为，“我同意 Scott 大法官的意见。我要说的是我没有发现下级法院的判决有什么错误，但是，我乐于对有关骆驼自然本性事实的证据说上两句。该证据并非一般意义上的用于证明系争事实的证据，这一点必须弄明白。我认为，这是应当采取的正确的立场。法官可以采取司法认知。在本案中，对骆驼不同于其他动物的自然本性的事实可以采取司法认知。出示该证据的理由是它有助于法官对该事实的通常状况形成自己的意见，一般认为法官以对这种事实具有充足的知识……对此 Stephens 的《证据法纲要》（Digest of the Law of Evidence）第 60 页作了最好的解释：‘法院采取司法认知的事实无须由主张其存在的当事人提供，如果当事人要求采取司法认知，法官本人对此类事实不熟悉，可以向某人、某事或者某个文件求助，以形成自己的确信，也可以拒绝采取司法认知，除非或者直到请求采取司法认知的当事人提供了可供参考的文件或者书籍。’这些文件或书籍记载了熟知这些特殊的自然现象的人的知识。在本案中，由于一本参考书籍中有关系争事实的声明在某种程度上似乎存在严重的缺陷，法官认为允许对自然发展史具有专门知识的人向其提供口头证言是适当的和有必要的。一旦提供了这种证据并且与参考书籍的陈述相权衡，系争事实就变得非常简单了，法官可以毫不费力地对系争的被要求采取司法认知的自然现象作出正确的声明，我同意驳回上诉”。

1. 争议事实的认知

法院可以对明显的、不可争议的事实采取司法认知，这是各国证据法学者的共识，如日历、自然科学定律、官方统计数据、众所周知的事实等。

有学者认为，法院可以对当事人能够提出的合理争议的事实采取司法认知。[①]“采取司法认知并未使事件不可争议，司法认知不过是表面的承认（prima facie recognization）而已，对司法认知事实提出异议的大门仍然是敞开的……采取司法认知仅仅意味着假定或者假设某事件是真实的……法院可以对许多他们不能被要求熟知的事件采取司法认知。”[②]

笔者认为，法院认知没有合理争议的事实，这也是我国证据法的基本立场。[③] 这是因为，法院对争议事实采取司法认知客观上剥夺了当事人的质证权，会给指鹿为马、枉法裁判提供可乘之机。人民法院应当在采取认知之前消除争议，也就是说，在采取司法认知之前给当事人提供反驳机会。

人民法院在认知事实时应当作出口头或者书面裁定，简要说明理由。

2. 法律规范的认知

英美法系的一般立场是法院只可以认知本国法律。[④] 笔者认为，英美法系的做法将简单问题复杂化了，人民法院不得也没有必

---

① Kenneth Culp Davis, Administrative Law Treatise, V.II, Little, Brown and Company, 1994, p.144.

② Thayer, A Preliminary Treatise on Evidence of Common Law (1898), Note 203 at 308-309.

③ 1992 年《民诉法适用意见》第 75 条第 2 项、第 4 项和第 5 项；2001 年《民诉证据规定》第 9 条第 1~2、4~6 项（“当事人无须举证”证明“众所周知的事实”、“自然规律及定理”、经生效法律文书确认的事实）；2002 年《行诉证据规定》第 68 条第 1~2 项（“直接认定”、“众所周知的事实”、“自然规律及定理”）。

④ 《加拿大证据法》第 18 条规定：“即使没有请求，对加拿大议会颁布的所有法律都应当予以司法认知，无论是公法还是私法。”

要对法律采取司法认知。从维护司法主权的立场出发，外国法律对人民法院没有先定的约束力，外国法律是否存在是事实问题，是否有效由惯例和国际条约确认。对我国法律，人民法院没有必要采取司法认知。

（二）应用

应用司法认知时应当注意的问题是：

1. 严格掌握司法认知的范围

“众所周知”、“自然科学定理”是认知的主要对象。问题是：什么是“众所周知”，这需要法官根据案件的具体情况作出判断。一些事实在某个地区是众所周知的、明显的，但是在另一个地区却是需要调查的；法官认为众所周知的，但是当事人却认为存在合理争议。掌握司法认知的范围是诉讼证明中的一个难题。

英美法系学者一般认为认知范围由法院裁量决定。实践中法院往往倾向于扩大范围，经常出现失误。①

笔者认为，英美法系国家扩大司法认知适用范围的做法不足取，人民法院应当严格掌握司法认知的适用范围。凡是当事人能够提出合理争议的事实，人民法院不得采取司法认知。如果说“众所周知”是审判人员确定司法认知范围的裁量标准，那么，当事人是否能够提出合理争议是必须严格执行的硬性标准。

2. 在采取认知前消除争议

为此，法院应当给当事人质证机会，这一方面是为了保护当事人的知情权和质证权，另一方面有助于提高心证的透明度和裁判的

---

① Reqouille v. U.S.165 F.2d 152 (2d Cir. ,1947). 在本案中法官对“良好道德”采取了司法认知。公诉人提出上诉。法院是否可以对“良好道德”采取司法认知成为上诉审焦点。法官 Frank 认为：“良好道德”是一个抽象的标准，其具体内涵难以确定，法官本人的认识不一定反映了公众的认识，实际上关于什么是“良好道德”，上诉法院自己的意见也是“试验性”的。另外，法院在对这种抽象的标准采取司法认知时，通常不使用证据，这使司法认知的可靠性更加令人怀疑。“因此，‘司法认知’有时实际上意味着‘司法疏忽’(judicial ignorance)。”

可接受性。

本章提要

证据法上的证明本质上是法律证明，更准确地说是规范证明。证据法上的规范证明与日常生活中的经验证明、科学研究中的科学证明之间的区别是把握证明概念的关键所在。日常生活中的证明根据往往是粗浅分散的人生经验和朦胧的正义观念，证明的过程掺杂着诸如情感纠葛、利益纷争、道德偏见等干扰因素，尤其是缺乏思维的严谨性、内容的条理性、语言的规范性和格式的正式性等基本要求，与法律人的专业化、规范化证明相比，只能作为一种初级的知识来源。

科学证明是专业人士以客观严肃的态度，按照操作规程进行的高度专业化、客观化、系统化的规律发现活动。科学证明的全部要求都适合于法律上的规范证明，但后者的步伐走得更远。也就是说，证据法上的证明虽然直接地指向案件事实真相的查明，但根本的目的在于准确适用法律规范，实现程序正义和实体正义、普遍正义和个案正义的价值追求，公平配置当事人的权利义务，实质性地化解当事人之间的纠纷。因此，科学家可以只面对事实，而法律人不仅要面对事实，而且要面向正义。因此，自觉的价值判断、明确的利益权衡与朴实的法律情感和正义观念虽然掺杂在了案件事实的发现过程中，非但没有干扰法律人的判断，反而成为法律人不遗余力探究案件事实真相的指南和动力。这就是证据法上的规范证明的特殊复杂之处。

证明对象是洞察证据法所涉足事实领域大小的一个窗口。该部分的研究表明，法律证明的对象范围随着人类认识水平的提高和活动领域的扩展而不断扩大、深化。可以说，人类社会进步的步伐走到哪里，法律证明的步伐就跟随到哪里；人类整体认识水平提高到哪里，法律证明的程度就提高到哪里。随着全球化、信息化、网络化的大型工业社会的来临，人类社会的利益结构、分工结构、阶层结构、观念结构等日益细化，这就意味着法律证明可能涉足的事实的范围和维度会日趋扩展、细化。时空范围封闭、因果关系单一、社会关系维度明细单纯的案件事实已经不复存在，取而代之的是多向度、多维度、范围大幅度扩展的复杂事实，认定案件事实的正确性越来越依赖于范围的全面性与方法的精确性。对证明对象而言，除了要件事实、情节事实之外，先例事实、历史事实、背景事实、政策事实等，只要有助于本案法律规范的正确适用并且存在合理争议的事实，都应当纳入证明对象的范围。这对未来制定的统一证据法典提出了多维度开放、多向度包容、多方法综合的要求，也对未来法律人的理论视野、知识结构和思维能力提出了综合性、包容性和扩展性的要求。

证明标准是执法人员为了正确认定案件事实而形成内心确信的具体尺度，是哲学上事实观和真理观在证据法领域中的具体表现，背后蕴含着证明的真实性、相对性、盖然性和多样性四大原理的支撑，表现为证据确实充分、排除合理怀疑、清楚明确可信、合理可能性等不同程度等级。

本章的研究表明，完整意义上的证明责任（制度）由执法机关的查明责任和当事人的举明责任两个方面关联互动地构成。如果将两者割裂开来，尤其是对立起来，那么，其中任何一个方面都不足以支持案件事实真相的证明，而这正是近年来司法改革的一个失误所在。未来统一证据法典的制定必须注意平衡两者之间的关系，先分别制定查明责任的规则和举证责任的规则，然后将两者综合起来，作为一个完整的证明责任规则体系进行一体化、系统化的整合。

这就产生了一个古老而又古典的命题：在对两类证明责任的规则进行一体化整合的时候，是以当事人的举证责任规则为立足点还是以执法机关的证明责任规则为立足点呢？笔者认为，应当以后者为立足点，因为职权主义的传统（文化）根基不但不能丢弃，反而应当加强。为什么？这是司法改革的立足点之所在。司法改革可以不断增加当事人主义的因素，但要在当事人主义模式和职权主义模式之间寻找到一个理想的平衡点，前提是保持一个长期稳定而又明确肯定的立足点，这个立足点就是职权主义传统（中的优秀因素）。例如，执法人员忠于案件事实真相的伦理义务、客观全面调查收集和审查判断证据的法律义务等。

接下来的问题：如果选择以执法机关的查明责任作为证明责任规则体系建构的立足点，那么，着眼点应当放在哪里呢？笔者认为，鉴于法官在法律证明中的终局裁判者地位和司法证明的典型性，应当以从法官证明主体地位——亦即法官在查明案件事实真相中的作用——如实，考虑如何引导法官正确地展开心证的过程和形成内心确信。一言以蔽之，无论是当事人举证责任规则的设计还是执法机关证明责任规则的设计，都应当围绕着法官正确地展开心证和形成正确内心确信的过程，尽力避免干扰、误导或者妨害法官心证自由的取证和举证行为。

第五章 证 据 法

证据法是一个位于事实与规范之间，将事实的发现过程纳入法治的轨道，并使其产生法律意义的法律部门。事实是一种不以人的意志为转移的客观存在，但是，由什么样的人秉承什么样的目的，按照什么样的程序和方式，采取什么样的手段和方法，去发现什么样的事实；尤其是在发现了事实之后，如何理解所发现的事实，赋予其何种法律上的效果或者意义，却是一个充满了人类主观能动性的认识过程。相关的生活事实、历史事实、科学事实等由此成为具有法律意义的案件事实。思维的规律和语言的规律为这个认识过程预设了行进的轨道，而利益权衡、价值判断，乃至情感判断为这个认识过程预设了行进的方向，可供使用的时间、空间、人力、物力、财力资源限定了这个认识过程的行进速度和长度。因此，经当事人举证证明或者执法机关调查查明的所谓案件事实，是人类的主观能动性与事实的客观存在性之间激烈碰撞的结果。在这里，主观与客观可能达成一致，也可能背道而驰。为正确适用相关法律规范而需要查明的案件事实既可能得到全面、客观、及时的发现，也可能被歪曲、掩盖、肢解得面目全非。证据法就是试图协调人类认识的主观能动性与事实的客观存在性，将两者纳入法律调整的轨道上，使两者在法治的基础上达成一致的法律部门。

随着学界有关证据法的范畴、范围、原则、规则和方法等基础问题的研究日渐深入，司法实务界有关证据法的司法解释日趋系统完备，制定统一证据法典的条件日趋成熟，成为建构和完善我国证据法体系的关键所在。

第一节　证据法的理论基础

理论基础是反映证据法律制度的本质属性、主要矛盾和文化特色的基本理论，是学界和实务界长期共同关注的课题。

一、一元论、二元论与三元论的观点

在客观真实论与法律真实论的争鸣如火如荼时，一场有关证据法理论基础的论战也硝烟弥漫，先后出现了认识论、价值论、二元论、三元论等代表性观点。回头看，这是一场较高水平的论战，证据法学的流派由此初见端倪，但证据法的理论基础只得到了部分的揭示。从古典证据法向现代证据法迈进的历史趋势来看，未来需要深入挖掘的基础理论还有很多，因为现代证据法的理论基础是宽广而又厚实的。在这样一个崭新的历史起点上，我国通过制定统一证据法典而建构的证据法体系应当力求世界先进性和中国特色性的有机统一，所需要的理论基础应当更加宽广厚实。

（一）一元论的观点

一元论是有关证据法理论基础的早期观点，出现了认识论和价值论两个针锋相对的论调，认为证据法的理论基础只有一个，要么是哲学上的认识论，要么是法学上的价值论。

1. 认识论的主张

认识论主张将辩证唯物主义的认识论原理作为证据法体系建构的理论基础，认为我国证据法体系应当遵循辩证唯物主义的认识论原理，注重客观相对于主观的第一位和决定性作用，将客观的真实作为诉讼证明活动的最终目标。具体而言：[①]

（1）辩证唯物主义的认识论是我国法学理论的标志性特色。

① 参见陈光中、陈海光、魏晓娜：《刑事证据制度与认识论》，载《中国法学》2001 年第 1 期；何家弘主编：《新编证据法学》，法律出版社 2000 年版，第 22 页。

之所以要将辩证唯物主义的认识论原理作为我国证据法体系建构的理论基础，是因为辩证唯物主义的认识论是我国法学长期奉行的一个理论基础，已经成为我国法律制度的一个标志性的特色。

（2）辩证唯物主义的认识论符合执法人员的一般认识规律。执法人员发现案件事实的过程，是一个从客观的实际情况出发，发现案件事实的真相，亦即迈向主观认识的理想真实目标的进步过程。案件事实是独立的客观实在，执法人员只能反映和认识而不能改变。但是，通过反复的调查和证明，执法人员的认识会逐步地从分散点滴的感性经验水平上升到系统、全面、深入的理性认识水平，最终达到法律规定的真实标准。

（3）辩证唯物主义认识论正确地揭示了法律证明与科学证明之间的区别。科学证明是一种单纯的事实发现活动，可以采取价值无涉的客观立场，不考虑价值判断和规范判断的问题。与此不同，诉讼证明本质上是一种法律上的证明活动，受自由、公正、秩序、效率等法律价值取向的引导和烦琐复杂的证据规则的约束，但是其核心问题仍然是确保执法人员全面客观地发现案件事实，依法正确地认定案件事实，从而为法律规范的正确适用奠定合法的事实基础。辩证唯物主义的认识论一方面承认事实的客观实在性，另一方面也承认人类的主观能动性，正确地揭示了法律证明过程中的主客观关系难题。

2. 价值论的观点

价值论者旗帜鲜明地提出“从认识论走向价值论”，主要观点是：①

（1）案件事实不可能得到全面的发现。这是不可知论原理在诉讼证明领域中的体现。案件事实不是静态的，而是随着时间和环境的变化而不断变化的。执法人员的认识能力是有限的，司法资源

① 陈瑞华：《从认识论走向价值论》，载《法学》2001年第1期；何家弘主编：《新编证据法学》，法律出版社2000年版，第21~45页（证据法学的理论基础）。

也是有限的，因此案件事实真相的完全发现既不可能，也无必要。

（2）司法证明过程不同于哲学认识过程。认识与证明是两个不同的概念，前者是哲学概念，而后者是法律概念。哲学上的认识活动是单向度的主客体关系结构，而法律上的证明行为是多方主体对抗互动下的多向度关系结构，单向度的认识活动在法律证明的场域中具有指导意义，但不起决定性作用。证明的特殊性在于：它是在法律程序和证据规则的严格约束下解决争端的过程，裁判者不可能随意启动程序或者无限制地反复进行调查；这个过程还涉及一些价值的冲突及其协调，不仅要回答“是什么”的实然问题，而且要回答“为什么”的应然问题；是“向裁判者证明”和“证明给人看”。证明包含了认识，但绝不等同于认识。

（3）注重形式理性的约束和程序正义的追求是法律证明区别于科学证明的本质特征之所在，也是证据法作为一个独立的法律部门的本质特征之所在。注重形式理性的要旨是将证明行为纳入法治的轨道上，证明行为必须严格按照证据法规定的范围、程序和方式进行。程序正义论的要旨在于强调案件事实发现过程和手段的正当性，法律证明的过程不仅指向案件事实的真相和正确的事实认定结论，更要指向法律的正义价值，如尊严、生命、自由与平等。证据法就是为了确保证明过程的合法性、有效性、正确性和正当性，从规范证据资格、证据收集和审查程序以及司法证明活动等角度所建构的一个严密的法律规则体系。

（4）注重法律证明过程中的价值追求，有助于克服“重实体轻程序”、“重结果轻过程”的弊端，避免程序工具主义和虚无主义困境。将辩证唯物主义的认识论作为证据法的唯一理论基础，容易导致法定正当程序的工具主义和虚无主义，造成证人资格没有严格限制、沉默权难以得到确立和切实的保障、非法证据排除规则难以落实、客观真实的证明标准缺乏可操作性等实践困境。

因此，将辩证唯物主义的认识论作为以法律规范的公平适用为目标的证据法的理论基础是错误的。

（二）二元论的观点

有鉴于一元论的片面性，学界提出了所谓二元论的主张，有两个分支。

折中调和的二元论者认为证据法学不仅要研究查明案件事实的方法，而且要研究该方法是否符合法律和程序正义的要求，因此证据法的理论基础既包括辩证唯物主义的认识论，也包括现代法治意义上的程序正义论。①

正本清源的二元论者继承并且发扬了认识论者的观点，对价值论者观点展开了激烈的批判，认为价值论者的观点存在闭门造车（虚构程序工具主义的魔鬼风车）、因果关系混乱（将认识论与程序虚无主义挂钩）、自相矛盾（客观真实不可能发现，而排除合理怀疑标准正是要求发现客观真实的一种方法）、望文生义（误用形式理性的概念）、绝对化（将程序的内在独立价值推向极端）等缺陷。②

两种二元论的共同主张是：

（1）法律证明是一种特殊形式的认识过程，认识论的规律在证明中具有决定性的指导意义。诉讼中的认识活动是司法人员借助感觉和理智感知、判断和了解案件事实的内在思维过程，这个过程并不因侦查、公诉和审判阶段的划分而异，因为侦查机关、公诉机关和审判机关的决定都要以经证明的事实为基础。如同科学证明那样，认识论的基本原理在诉讼证明过程中同样具有根本性的指导意义。证明过程的目的就是认识案件事实，排除合理怀疑的证明标准正是建立在认识论原理基础之上的。

（2）客观实质真实是法律证明的理想目标。在少数例外情况下，由于不可能发现真实或者存在需要权衡考虑的因素，法律证明

---

① 卞建林主编：《证据法学》，中国政法大学出版社 2007 年版，第 7~13 页（证据法学的理论基础）。

② 张建伟：《证据法学的理论基础》，载《现代法学》2002 年第 2 期。

以形式真实为满足。但是，作为一般原则性的要求，裁判必须建立在客观的实质真实的基础上，诉讼证明的程序规则和证据规则是为发现客观实质的真实而设计的。例如，非法证据排除规则是为了防止刑讯逼供，自白任意性规则是为了防止被告人在刑讯逼供之下作虚假有罪陈述，传闻证据排除规则是为了切实有效地保护当事人的对质权。这些证据规则都是为了全面客观地发现案件事实的真相。

（3）形式理性是证明程序正当性的内核所在。形式理性不仅体现在证明程序和方法的选择上，而且体现在证明行为目的的选择和标准设定等各个环节之中。对法律证明而言，形式理性的意义在于为了追求客观实质真实的证明目标而确保证明程序的正当性与方法的科学性有机统一，以充分彰显程序正义的方式和方法来发现案件事实的真相。

因此，围绕客观实质真实的证明目标，执法人员应当力求认识论规律与价值论追求的有机统一。一方面既要遵循辩证唯物主义的认识论原理，使案件事实的发现过程符合认识论的客观规律；另一方面又要遵循程序正义的价值追求，以切实保障当事人、参与人合法权益的方式和方法来调查收集和审查判断证据材料。

（三）三元论的观点

三元论者认为证据法的理论基础包括认识论、价值论和效率论。[①] 主要观点是：

（1）客观真实是现代证据制度的追求目标，因此诉讼证明活动应当以辩证唯物主义的认识论为原理。神示证据制度追求神秘莫测的神示真实，形式证据制度追求严格规定的法律真实，而自由心证的现代证据制度则追求“以事实为根据”的客观真实。证据制度的演变过程就是一部从虚妄的主观真实不断走向实事求是证明的客观真实的历史，诉讼证明的过程首先是一个认识客观发生的案件

---

① 汪海燕、胡常龙：《刑事证据基本问题研究》，法律出版社 2002 年版，第 3～72 页（刑事证据法学的理论基础）。

事实真相的过程。

（2）证据法应当努力追求多元价值之间的平衡，因此应当遵循法律价值论的一般原理。诉讼证明活动既是一个发现客观发生的案件事实情况的认识过程，但同时也是一个自由、平等、民主、秩序、效率等多元法律价值的权衡过程，需要兼顾程序正义和实体正义两大目标。在特定情况下，价值权衡的重要性大于客观真相的发现。例如，为了保护亲情而允许近亲属作证，为了保护个人隐私和职业荣誉而允许律师、医师、牧师拒绝作证，为了保护犯罪嫌疑人和被告人的基本权利、防止刑讯逼供而保护其沉默权、排除非法证据等。

（3）正确认识效率价值的地位。这是三元论特别强调的观点，认为效率是司法资源投入与成果之比例，司法投入是有形的人力、物力、财力和时间，而产出却包括物质成果和精神成果。效率的衡量指标包括积极合理性和目的合理性，前者包括诉讼周期、程序繁简等，后者包括结案的数量和质量。效率的核心是通过主体、权利、程序、规则的设置优化司法资源的配置，促使诉讼主体采取合理行为，以有效利用司法资源。

法律证明过程应当兼顾效率与公正的统一。迟来的正义非正义，因此在效率与公正发生冲突时，在特定条件下，效率可能会得到优先的考虑，如庭前会议制度、证据展示和交换制度、认罪从宽制度、辩诉交易制度等，都是在程序公正追求的基础上考虑诉讼效率的制度。

二、信息论的观点

随着现代信息技术在法律领域中日渐深入的应用，从自动化办公到网络化协同办公，再到智慧法院和检察院的建设，信息论的基本原理也越来越广泛地应用到法律证明的过程中，有学者因此主张将信息论作为证据法的理论基础。[①]

一种相关的观点是概率论，主张用概率分析的方法测算认定事实的信念度、说服责任的确定性程度、优势证据的盖然性程度。[②]笔者认为，概率分析方法的应用有主观主义和客观主义两个角度。建立在信息论原理基础之上的概率分析方法属于客观主义的角度，与主观主义角度的概率分析方法是相互补充、相辅相成的。两个角度综合比较，有助于在一定程度上减少概率分析方法的局限性。

（一）信息的不确定性原理[③]

信息论的基本原理很多，与法律证明相关的主要是所谓的不确定性原理，下文简要介绍。

信息的一般含义是音信和消息。[④] 这里所说的信息是信息论上的信息，指反映事物的属性和特征，被人、生物或者智能机械等主体感知和处理，从而消除主体认知不确定性的存在。仅仅被主体感知而没有经过处理的信号或者符号是数据，主体应用信息形成有关事物规律的系统化认识是知识。信息位于数据和知识之间。

信息论是研究信息过程一般规律的科学，分为狭义和广义。狭义信息论是应用统计学原理研究通信系统中信息的处理和传递规律的理论，由美国贝尔电话研究所数学家和工程师申农（C. E. Shannon）1948 年率先提出，主要是借助概率信息的定量研究解决通信系统的可靠性和有效性问题。申农提出的概率信息公式具有普遍意义，被广泛应用于生物学、生理学、心理学、经济学等学科。20 世纪 70 年代之后，信息技术和社会信息化迅速发展，申

① 李林：《证据的信息内涵》，载何家弘主编：《证据学论坛》（第五卷），中国检察出版社 2002 年版，第 443~454 页。

② 张保生主编：《证据法学》，中国政法大学出版社 2009 年版，第 119~135 页。

③ 参见《中国大百科全书》光盘 1.1 版，“信息”、“信息论”词条；常绍舜编：《系统科学与管理》，中国政法大学出版社 1998 年版，第 130~204 页（信息论与管理）。

④ 中国社会科学院语言研究所词典编辑室编：《现代汉语词典》（第 3 版），商务印书馆 1996 年版，第 1404 页。

农的信息论被突破，从研究语法信息（单纯的信息符号）发展到研究语义信息（信息的思想内容）和语用信息（信息的使用）的学科群，形成了所谓的广义信息论。申农提出的信息论被冠之以“狭义”的限制。广义信息论又被称为信息科学，目前处于发展之中，尚不成熟。

不确定性是信息论的一条重要原理，在不同背景下具有不同的含义：

（1）主体的不确定性。不确定性有主体和客体之分。客体的不确定性是指认知客体具有多种可能性的状态，而主体的不确定性是指认知主体对客体的无知状态，信息论上的不确定性通常指后者。主体从客体得到信息是消除主体不确定性的有效途径，信息因此被定义为“不确定性的减少或者消除”、“可以用来消除不确定性的东西”。如果事情已经完全确定，则不存在信息，也不需要信息；不确定性越大，可能性越多，信息量就越大。

按照上述原理，证据是用来消除证明主体对案件事实无知状态（不确定性）的信息。不确定性越大，案件事实存在的可能性就越多，需要调查的证据（信息）就越多，而证明的过程，就是借助信息逐步消除证明主体不确定性的过程，证明之所以存在，正是因为不确定性的存在。不确定性有两个绝对确定的极端，即不可能发生的0，已经发生的1，在这种情况下，不需要任何（新的）证据，它们是证明的理想目标。

（2）信息过程的不确定性。所谓信息过程的不确定性，主要是指信息产生、转换和传递过程中信息量的增减变化。对此有两种解释：

狭义信息论认为信息过程是通信，将减少信源、编码、调制、信道、解调、处理、译码、换能和信宿等信息传递环节中的噪声干扰和不确定性作为核心课题，提出了提高信噪比定律、有噪声信道定律等。狭义信息论揭示的信息传递规律虽然着眼于数学和通信领域，但具有普遍性，被广义信息论逐步扩展到其他自然科学和社会科学领域。

广义信息论认为信息是以特定的质料为载体，以一定的能量为动力的运动过程，依次经过获取、存储、处理、传递、利用、反馈等阶段。与质料和能量遵循守恒规律不同，信息运动的规律是不守恒，可以从无到有、从有到多，也可以从有到无、从少到多。信息在产生、转换、传递过程中信息量会减值或者增值，这取决于主体的感知能力、主体和客体之间的互动关系，以及噪声干扰、信道或者载体损害、时空变化等环境因素。

（二）法律证明过程中的不确定性原理

将信息论上的不确定性原理应用到证据法领域，可以发现：

1. 证据材料的信息属性

信息理论认为信息是与质料、能量并列并且相互联系的第三种物质形态，是反映系统的内部作用或者一个系统反映另一个系统的标志。信息以质料为载体，借助于能量，并且反映质料和能量的存在和属性。按照这种认识，言词证据是人作为认知主体对作为认知客体的案件事实的反映标志，而实物证据是物作为一个系统（证据）反映另外一个系统（案件事实）的标志，而证据材料是反映案件事实的一切信息。不但如此，只要系统之间存在联系，信息就客观上存在，信息的相关性和客观性是证据客观性和相关性的本源所在。证据事实是否能够证明案件事实，关键在于它们之间是否存在耦合的信息联系。

2. 证明过程的信息属性

从信息理论角度来看，认识的过程是主体对客体的信息接收、存储、加工和处理的过程；反映阶段的信息量有缩减趋势，综合分析阶段的信息量有增加趋势，作为主体的能知系统和作为客体的所知系统因此存在同构异质的关系。按照上述理论，法律证明作为是一个信息化的认识过程，在查证（取证、举证、质证）阶段，证明主体感知的证据信息呈递减趋势，而在审查判断证据（认证）阶段，执法人员对案件事实的认定却呈增加趋势。这里的递增和递减规律表明，执法人员的事实认定存在失真是必然的，而失真程度取决于信息量增减的幅度。诉讼程序和证据规则设计的一个主要考虑因素是如何减少查证和认证过程中的信息量增减幅度，以降低认证的失真程度，即事实认定的不确定性程度。

根据上述分析，法律证明的过程中存在主体、内容、方法等多种不确定性因素的干扰，而且随着证明过程的进行，证据信息可能出现衰弱和减量的趋势，导致不确定性因素的进一步增加。从这个角度来看：

（1）有效保障法律证明过程的可预测性。从信息的不确定性原理来看，法律证明过程顺利进行的一个必要条件是有效地避免或者消除主体、内容、方式等方面的不确定性因素，从而使证明的范围、内容、方法，尤其是结果具有可预测性。

（2）在不确定性的因素中把握确定性的因素。作为认知客体的案件事实和证据事实本身存在不确定性，而作为认知主体的执法人员、当事人和参与人也存在无知的不确定性。如何从诸多充满不确定性因素的证据材料中寻找具有确定性的事实内容，关键在于信息分析方法的应用。

（三）概率分析方法在法律证明中的应用

一旦明确了证据材料的信息属性和证明过程的信息过程属性，接下来的问题是如何对证据材料和证明过程中所蕴含的不确定性因素进行确定性的把握。这就是设计概率分析方法的应用。

1. 申农的信息概率分析理论

对此，申农的信息理论具有典范意义。申农信息论的主要目的是揭示语法信息（单纯信息符号）通信传递的规律，解决在有限信道容量中准确传输最大量信息的问题。申农为此提出了信息量的概念，并且用热力学的“熵”和数学的“概率”概念作为分析方法。熵是系统的无序状态的量度，即系统的不确定性的量度。所谓信息量，即信息多少的物理量。申农采用概率分析方法，将事件发生的确定性程度即概率作为测量标准。根据申农提出的公式，信息量与概率之间存在相反关系，概率越大，信息量越小；概率越小，信息量越大；概率为 1 或者 0 时，表明事件一定或者根本不可能发生，没有信息量可言。这是因为，事件发生的概率越大，有关此事件是否发生的不确定性程度越小，越容易判断，信息排队越靠后，该事件包含的信息量也就越小，反之则大。①

熵和概率是两种相反相成的信息计量方法，前者针对不确定性因素的统计分析，后者针对在不确定性之中所蕴含的确定性因素的统计分析。申农主要采用了后一种方法，利用概率分析的方法研究在不确定性事件中所蕴含的确定性因素，通过专门的换算公式将其转换为可以精确把握的计算（机）信息程序。概率分析由此成为信息论的主要方法。

狭义信息论的一个重要创见是将信息量与（不）确定性、概率联系起来。这个创见对证据法的意义在于，概率分析方法完全可以用于证据和证明，尤其是证明标准的分析，因为证明是借助证据信息解决案件事实（不）确定性程度的过程，从而也就是有关证据事实或者案件事实的概率分析过程。证据法上盖然性概念，与概率理论的可能性、确定性等概念相通；而执法人员形成的内心确信程度，与信度理论中的信度相通。

2. 法律上的概率分析

法律上的概率（Probablitiy）是指“以统计频率为基石和起点的，以逻辑推理为过程和方法的，体现了个体主观判决的、个体对某一事物可能性大小的判断值”。② 具体表现为事物存在、发生、变化的确定性程度或者可能性大小。目前概率分析方法有频率主义、主观主义和逻辑主义三种，频率主义方法着眼于发生特定现象的次数在全部试验次数中所占的比例；主观主义方法着重个体偏好

---

① I= -log2 P（i）。I 代表信息量，P（i）代表某一随机事件发生的概率，Log 是数学中的对数符号，负号表示相反。

② 刘昊阳：《试论概率原理在刑事审判认证中的运用》，载何家弘主编：《证据学论坛》（第二卷），中国检察出版社 2001 年版，第 278 页。

和事件结果预测对统计频率的修正，该方法的代表是著名的贝叶斯定律，波斯纳很推崇这种方法[①]；逻辑主义方法着眼于从一个命题推导出另一个命题的数量。这三种方法互补，而非对立。

（1）证明是证明主体认识和验证案件事实内在规律的过程，而概率则是证明主体把握事物内在规律的一个科学方法。概率是事件发生、发展、变化规律的统计学表达，其基础是大量相同或者类似事件的结果关联性统计。在一定的条件下，事物的发展总是有规律的，也就是说，总是呈现出相同或者类似的特征，概率是以确定性为计量单位表达事物运动规律的特殊方法。执法人员可以借助概率总结办案经验，并且在不断的实践中进行反复验证和修正。概率一旦形成，执法人员对特定案件事实的规律性认识也就形成，在这种情况下，所谓证明，不过是执法人员验证其规律性认识即所掌握的概率的过程而已。

（2）证明主体可以借助概率分析证据事实、案件事实或者事实主张的确定性程度。证据的证明力一方面表现为证据本身真实性和相关性程度的表现，另一方面决定着所证明事实的确定性程度，这两个方面都是概率。

（3）概率是某些证据规则的直接依据，如推定、司法认知。

3. 频率主义的概率分析方法

学界和实务界常用百分比表示证明标准的刻度，这是最为常见的概率分析方法。其中蕴含的规律有：

（1）相同证明方向的证据增加概率，而相反证明方向的证据减损概率。补强、数量、剩余等证据规则是同向证据增加概率的证据规则。

（2）全案事实认定的确定性程度受证据质量和数量的影响，但取决于所有证据的逻辑整合。例如，根据概率的加法公式，两个

① ［美］理查德·A. 波斯纳：《证据法的经济分析》，徐昕、徐昀译，中国法制出版社 2001 年版，第 34、164 页。

同向的证明力概率为90%的证据所证明的特定案件事实的确定性程度为99%，而4个证明力概率为60%的证据所证明的特定案件事实的确定性程度为97.4%。

（3）执法人员形成内心确信的程度受其本人掌握的全部信息的影响。根据统计学中的信度理论，所谓信度是指某人根据所掌握的全部信息形成的对特定事物的确信程度。传统概率理论注重试验和逻辑分析，而信度理论注重人的判断。按照这种理论，执法人员在认证时形成心证的根据并不限于本案证据，而是依靠大量的背景信息（知识、经验等），而且在与证据载体（信源）接触过程中获得的认识，该认识很有可能未经法庭质证。关于执法人员掌握的背景信息和个人感知信息在证明中的作用，许多学者已经注意到，所谓的心证公开是一个有效的制约办法。

（四）法律证明过程的信息化

信息化是指信息对人类的重要性及信息活动在人类活动中所占比例不断增大的过程。法律证明过程信息化表现在：

（1）电子数据资料的证据资格。电子证据作为一种独立的证据种类产生，需要特殊的证据规则调整。我国有关证据的司法解释已经规定了数据资料的特殊规则。①

（2）证明过程的自动化。举证、质证和认证过程借助现代通信设备的范围越来越大，自动化的因素比例会越来越高。这方面的一个前瞻性的例子是2001年《民诉证据规定》第56条第2款有关以双向视频传输手段替代证人出庭的规定。

（3）事实认定过程的智能化。通过一套高度智能化的决策辅助系统（DSN），协助执法人员对案件事实进行预先的判断。这将会大大地减轻执法人员审查判断案件事实的负担，将有限的精力和资源用于具有实质性意义的事项。

---

① 2001年《民诉证据规定》第22条；2002年《行诉证据规定》第64条。

三、平衡论的观点

现代证据法的理论基础是无限宽广的，任何有助于揭示法律证明内在规律的科学理论都可以、也应当成为建构和完善我国证据法体系的理论基础。不同理论观点是相互补充的、相辅相成的，从不同的角度夯实着证据法的理论根基。出于这种开放性的考虑，笔者提出平衡论的主张，认为：

（一）事实发现过程与规范适用过程之间的平衡

完整意义上的法律证明是客观的事实发现与主观的规范适用的矛盾统一。证据法则的制定和实施应当谋求这两个方面的有机统一。

对客观事实的发现过程而言，辩证唯物主义的认识论吸收了以前各种认识论[①]的合理因素，有助于彰显法律证明过程中的现代科学主义因素，为建构一个先进的证据法体系提供了十分有益的理论指南。

就客观事实的发现而言，信息论的观点可以说是科学主义方法论的一个特例。从社会信息化原理的角度指出案件事实的发生及其证明呈现出信息化的趋势，证明越来越像是一个信息的收集、加工和处理的过程。波斯纳认为，证据法是“确定向法庭提供何种信息以及如何提供信息以解决争议的一整套规则”。从信息论的角度研究证据，将信息论作为证据法理论基础，不仅有助于开阔视野，从一个特殊的角度认识法律证明的规律，而且有助于认识法律证明

---

① 参见《中国大百科全书》光盘 1. 1 版，“认识论”词条。从该词条有关我国古代和西方认识论的介绍来看，认识论是一个错综复杂的理论体系。有学者进行归纳总结，认为认识论是有关认识的起源、本质和确定性的哲学学说。其中，有关认识起源的认识论有理性主义、经验主义和批判主义三个派别；有关认识本质的认识论有观念论、朴素实在论和现象论三个派别；有关认识确定性的认识论有独断论、怀疑论、批判论和实证论四个派别。为此参见张建伟：《证据法学的理论基础》，载《现代法学》2002 年第 2 期。

过程信息化的趋势。

对法律规范适用过程而言，价值论比较深刻地解释了法律证明区别于科学证明的特质，彰显了法律证明过程中的正义价值追求，有助于引导我国的证据法体系建构迈向实质公正与程序公正统一的理想目标。这里需要指出的是学界批判的“重实体轻程序”、“重结果轻过程”并非我国法制的历史传统。从《周礼》、《唐律》等高度系统化的法典中，可以分明感到实体和程序并重的观念；从《唐律》中有关“亲亲相隐”的规定和滥用刑讯的严格法律责任中可以看出利益衡量的精神。

对主观的法律规范适用过程而言，效率论观点从效率价值与其他法律价值之间互动关系的角度提出法律证明过程中的价值权衡问题。没有效率，其他法律价值也不能实现。在司法资源绝对匮乏而司法需要绝对多、司法改革任务绝对繁重的我国，效率是至关重要的价值。证据法必须尽可能统一客观真实价值与效率价值，在发生冲突时提供科学的权衡和协调规则。

笔者认为，认识论和信息论、价值论和效率论所解释的原理分别揭示了法律证明过程的不同层面，全面完整的法律证明过程应当谋求不同层面原理的统一。

(二) 不同法律价值之间的冲突协调

法律证明的过程不仅存在客观事实发现过程与主观的法律规范适用过程之间的矛盾，而且在主观的法律规范适用的层面，还存在不同法律价值之间冲突的平衡难题。

证据法中的价值冲突有三种情形：一是秩序、自由、公正、效率等法律价值与婚姻家庭保护、特定职业保护、特定社会制度促进等社会价值之间的冲突；二是公正与效率、程序正义与实质正义等法律价值之间的冲突；三是客观真实的目的与特定的法律价值或者社会价值之间的冲突。其中，第三种冲突是证据法的特殊问题和重心。

在平衡价值冲突时，不存在绝对的放弃或者牺牲；否则，所谓的平衡或者协调将无从谈起。协调价值冲突的方法有：

1. 原则加例外

前者指将主要价值确定为原则，将其他价值确定为例外。这种方法的缺陷是：在多个价值同等重要时，例外会越来越多，以致将原则空洞化，例外反而成为实际上的原则。

2. 替代性方案

为了一个价值而必须牺牲另外一个价值时，考虑被牺牲的价值是否通过替代性方法得到弥补。这种方法缺陷是错综复杂的循环替代，即替代性方案可能殃及其他价值，而其他价值也需要例外或者替代性方案，如此循环往复，以至无穷。

3. 分门别类、区别对待

即区别不同情况采取不同的价值取向，例如德国证据法在刑事诉讼、行政诉讼、财政诉讼、社会诉讼中实行客观真实原则，而在民事诉讼中实行形式真实原则。

(三) 不同法律利益之间的均衡

案件的审理和裁判过程是一个按照法治原则的基本要求和法律规范的具体规定平衡各种利益冲突的过程。当事人各方合法权益的全面考虑与平等保护是实体法层面的利益权衡主题，当事人程序权益的切实保护和司法效率之间的协调是程序法层面利益权衡的主题。在法律证明的过程中，全面客观发现案件事实真相的证明目标与当事人、关系人和参与人合法权益保护之间的冲突协调是利益权衡的主题。实体法、程序法和证据法三个维度的利益冲突交织在一起，内外表里，错综复杂，摆在执法人员的面前，平衡是唯一的解决之道。

1. 立场

以客观的、实事求是的态度，秉持不偏不倚的立场，全面考虑与本案争议处理有关的正当利益诉求，是进行利益权衡的前提。

2. 方法

为了寻求各方面利益的最大化均衡，经济分析是最为常用的科学方法，对话协商是最为常用的程序方法。

3. 标准

各方利益的最大化均衡是利益衡量的主要标准，其中蕴含着合法性、合理性、正确性的有机统一，亦即情理法的内外表里统一。

第二节 证据法的基本原则

基本原则是理论基础与具体规则之间的过渡地带。一方面，基本原则是理论基础中的价值取向观念向现实的证据制度转化的表现形式，是反映一个国家证据制度的文化特色和发展路径的风向标。另一方面，基本原则是可以适用于具体案件的裁判规则，用于基本价值取向的困境抉择或者重大利益权衡的决断，为具体证据规则的选择、解释和适用提供方向性的指导。

证据法的基本原则就是反映证据制度的基本价值取向和民族文化特色，解决价值取向或者利益权衡困境等基本问题的证据法规范。受学界有关研究成果①的启发，笔者认为在建构我国的证据法体系时应当确立如下基本原则。

一、证据裁判原则

证据裁判原则是指执法机关只能根据证据认定案件事实，没有证据则不能认定案件事实。该原则是“以事实为根据、以法律为准绳”的宪法原则在法律证明领域中的具体化，主要作用在于限定证明和查明案件事实证明的方法和手段。

（一）证据裁判原则的历史渊源

从证据制度的发展演变过程来看，证据裁判原则建立在四个否

---

① 主要参考文献：吴宏耀、魏晓娜：《诉讼证明原理》，法律出版社 2002 年版，第 95~126 页（证据裁判原则）；沈德咏主编：《刑事证据制度与理论》，法律出版社 2002 年版，第 3~98 页（证据制度的历史发展）、第 132~286 页（刑事证据法的基本原则）；樊崇义、锁正杰、牛学理、吴宏耀、苏凌：《刑事证据法原理与适用》，中国人民公安大学出版社 2003 年版，第 31~58 页（刑事证据法的原则）。

定之否定的基础之上：

1. 证据裁判方法对神明裁判方法的否定

在神明裁判方法盛行的时代，证据不是裁判的必要根据。在难以或者不能获取充分的证据材料时，执法人员按照特定仪式启示神灵意志来认定案件事实。在西方国家曾经出现的神明裁判方法有宣誓、决斗、水审、火审等①，我国的典型方式是"神羊断案"。②神明裁判反映了当时人类认识水平的局限性和司法资源的有限性。在力所不能及的情况下，人们只好求助神明意志证明其裁判的正当性。

2. 理性证据制度对非理性证据制度的否定

西方审判制度在否定了神明裁判之后分道扬镳，英美法系走向当事人对抗模式，而大陆法系走向执法人员职权纠问模式，代表中华法系的我国则始终保持执法机关的职权纠问模式。三个法系的审判方式不同，但在证据制度上却都存在片面形式主义的弊端。西方国家证据制度走向法律明确规定证据形式及其证明力等级（完全证据、半证据和不完全证据③）的极端，而我国则走向了"口供为

---

① 宣誓：《苏美尔法典》第7条（引诱自由民之女出走），《汉穆拉比法典》第126条（盗窃），《萨克利法典》第58条（杀人罚金）；水审：《汉穆拉比法典》第2条（巫蛊罪）、第132条（通奸案），日本的盟神探汤（把手放入热水看烫伤的痕迹）；火审：《麦玛威法》（盗窃死刑案）。为此参见陈一云主编：《证据学》，中国人民大学出版社2001年版，第21~25页。

② 许慎：《说文解字》，中华书局1963年版，第202页：灋，"刑也。平之如水，从水。廌所以触不直者去之，从去"；廌（zhi）："兽也。似山牛，一角。古者决讼，令触不直。"《后汉书·舆服志》：廌即獬豸，"獬豸，神羊，能别曲直，楚王尝获之，故以为冠。"王充：《论衡·是应》："皋陶治狱，其罪疑者，令羊触之，有罪则触，无罪则不触。"

③ 这方面的典型是法国1670年形式裁判王令。参见陈一云主编：《证据学》，中国人民大学出版社2001年版，第28页脚注。

证据之王”的极端[①]。这两个极端虽然是对神明裁判的否定，具有历史的进步性，但将相对真理绝对化、形式化，排除执法人员的主观能动性，执法人员犹如宣读法律的扬声机和按照自动程式运行的售货机。

3. 自由心证的证据制度对严格法定的形式证据制度的否定

作为对机械片面的形式证据制度的否定，自由心证证据制度得以确立。在继承了形式证据制度注重证据合法性的基础上，尊重执法人员作为案件事实判断者的主体地位，注重发挥执法人员主观能动性的发挥。从单纯追求客观真实到注重追求客观真实与有关法律价值和社会价值之间的协调兼顾，是证据裁判原则发展史上的第三次否定。

4. 从古典证据法向现代证据法的转向

亦即从时空范围封闭、单向度因果关系、追求必然确定性的古典证据制度向时空范围开放、多向度因果关系、追求概率确定性的现代证据制度的转向。以上三次否定不是证据法制度历史演变的终结。随着工业化、信息化、全球化的发展进程，人类的活动范围越来越广阔，人类社会的结构越来越细化，人们认识事实的广度和维度都大幅度扩张，面临的价值取向抉择或者利益权衡困境越来越多。案件事实的证明和查明也是如此，对开拓新的事实类型、尝试新的证明方法、全面综合考虑相关因素的要求越来越高。现代的法律证明不仅是一个查明案件事实真相的事实发现过程，也是一个讲求公正、效率、安全、秩序等法律价值的价值权衡过程，以及尊重公民自主权、维护道德风尚、保护婚姻家庭、行业经济、社会安定、国际关系等公共利益得到最大化实现的规范适用过程。查明事实是实现法律公正的基础，但将其绝对化，会损害有关社会价值，

---

① 刑讯合法化的典型是《唐律疏义·断狱》，对刑讯的条件、滥用刑讯后果作了详细的规定。参见法学教材编辑部：《中国法制史资料选编》，群众出版社 1988 年版，第 370~372 页。

法律正义也会因此失去。查明案件事实真相的需要与法律价值权衡、利益冲突的协调是现代证据制度演变发展的动力源泉。

(二) 证据裁判原则的要求

证据裁判原则的要求主要有：

1. 事实认定必须以证据为基础，没有证据不得认定事实

现代法治国家追求抽象普遍的规范正义与以看得见的方式在个案中落实的个案正义，过程的正当性与结果的正当性受到同样的重视。执法机关不仅要指出法律依据，以概括地证明权力来源的正当性，而且要依靠证据认定个案事实，以证明权力运用过程的正当性。司法的权威不再抽象、笼统，而是越来越具体化、个案化。证据的这种重要性使其与裁判紧密结合，以至于成为裁判的构成要素。证据裁判原则正是裁判的正当性对证据的依赖关系的集中反映。

证据裁判原则并不排斥推定、认知等证明方法，而是要求对这些直接证明方法进行严格的条件和程序限制。

2. 认定案件事实的证据材料必须具有证据资格

证据裁判原则不仅注重裁判对证据的依赖关系，而且注重对证据本身的资格要求。这不仅要求执法人员发挥理性，根据客观性、合法性、相关性等标准区分一般的事实材料和定案证据，准确认定案件事实，而且要求执法人员尊重当事人的处分权，保障当事人的质证权，综合考虑和协调各自法律价值和社会价值。证据资格因此成为一个极为复杂的规则体系，而这使证据裁判原则具有了现行实在法的基础。

同样的事实材料因实行不同证据资格规则而具有不同的意义。如果没有传闻证据排除规则，未出庭接受质证的目击证人证言可以成为定案证据；如果没有非法证据排除规则，刑讯逼供所得的口供也可以作为定案根据。与此同理，同样的事实材料对不同的诉讼主体而言，意义也不同。亲历事实的当事人会认为所提交证据能够证明案件事实，而执法人员则会认为当事人的举证是否可以用来定

案，还需要遵循法定的程序，按照法定的证据资格标准进行审查，按照法定的证明标准对全案事实进行综合全面的判断。

3. 案件事实的认定必须遵循法定的程序和标准

证据裁判原则不仅要求裁判要依靠具有法定资格的证据，而且要求案件事实认定结论的作出必须经过法定的举证、质证和认证程序。只有在各方当事人的参与权、举证权和知情权得到充分保障的情况下，执法人员才能“兼听则明”。

（三）证据裁判原则的落实

从域外的情况来看，贯彻落实证据裁判原则的证据法规定有：

（1）从证据法原则角度，认定事实必须根据证据，禁止以推测为定案根据。①

（2）从自由心证原则角度，执法人员形成心证必须有证据，并且针对证据和事实。②

（3）从调查原则角度，证据调查必须针对一切对裁判有意义的事实和证据，禁止先入为主。③

（4）从辩论原则角度，作为裁判根据的事实和证据必须经过法庭质证。④

① 例如，《日本刑事诉讼法》第317条规定：“认定事实应当根据证据。”我国台湾地区旧“刑事诉讼法”第268条的规定增加“不容以推测之词为判断材料”；“刑事诉讼法”第154条规定：“犯罪事实，应依证据认定之。无证据，不得推定其犯罪事实。”

② 例如，《日本民事诉讼法》第247条规定：“法官心证必须斟酌口头辩论的要旨和调查证据的结果。”《俄罗斯联邦民事诉讼法典》第56条第1款规定：“法官在公正、全面、充分地审查一切证据的基础上，根据内心信念对证据进行判断”。

③ 例如，《德国刑事诉讼法典》第244条第2款规定：“法院的依职权调查应当延伸到一切对裁判具有意义的事实和证据。”

④ 例如，《法国民事诉讼法典》第7条规定：“法官不得以在法庭辩论中未涉及的事实为裁判依据。”另请参见《法国刑事诉讼法典》第427条第2款、《意大利刑事诉讼法典》第526条（评议时不得采纳未经法庭调查的证据材料）。

（5）禁止根据嫌疑定案。[①]

（6）疑问有利于被告人，有罪证据不充分时，应当作出无罪判决。[②]

（7）重要诉讼文件灭失并且没有复制件的，应当重审。[③]

我国证据法的有关规定是：

（1）民事、行政裁判应当以证据能够证明的案件事实为根据；[④] 刑事裁判“要重证据，不轻信口供”[⑤]，公安司法人员作出决定必须忠于事实真相（《刑事诉讼法》第44条）。这些规定确立了证据裁判的原则性地位。

（2）证据是否确实充分是侦查机关移送案件的要件[⑥]，是人民检察院审查起诉的必要内容[⑦]。这意味着，证据不确实充分时，侦查机关不得移送起诉，人民检察院不得提起公诉。

（3）疑罪从无[⑧]。

（4）当事人不能提供充分证据证明其事实主张的，承担不利裁判后果。[⑨]

（5）证据调查是侦查的首要任务[⑩]，法庭质证是定案证据的程序要件[⑪]。

---

① 例如，《意大利刑事诉讼法典》第192条第2款规定：“不得根据嫌疑推断事实的存在，除非有关嫌疑是重大的、明确的和相互一致的。”

② 例如，《意大利刑事诉讼法典》第530条第2款。

③ 例如，《法国刑事诉讼法典》第650~651条。

④ 2001年《民诉证据规定》第63条；2002年《行诉证据规定》第53条。

⑤ 1996年《刑事诉讼法》第46条。

⑥ 1996年《刑事诉讼法》第129条。

⑦ 1996年《刑事诉讼法》第137条第1项。

⑧ 1996年《刑事诉讼法》第162条第3项。

⑨ 2001年《民诉证据规定》第2条第1款；1991年《民事诉讼法》第64条第1款。

⑩ 1996年《刑事诉讼法》第89条。

⑪ 1989年《行政诉讼法》第31条第2款。

(6) 证据不足是抗诉和再审的程序要件①，是法院撤销被诉行政行为的法定理由②。

(7) 任何人伪造、隐匿、毁灭证据的，依法追究法律责任。③

二、法律真实原则

实质真实是职权主义模式下执法机关查明和认定案件事实的目标定位，而形式真实是当事人主义诉讼模式下当事人证明案件事实和法官认定案件事实的目标定位。法律真实是实质真实与形式真实的有机统一，法律真实原则表现为如下三个层面：

(一) 实质真实原则

实质真实原则（Prinzip der materiallen Wahrheit）是指执法人员应当依职权全面客观地调查收集和审查判断证据，根据全案证据进行综合的判断，努力发现案件事实的原貌，不受当事人举证情况的限制。

从实在法有关规定来看，实质真实原则的要求是：

1. 调查原则

执法机关应当查明案件事实真相，依职权查明一切对本案有意义的事实，不受当事人申请或主张的限制。“依职权”是指执法机关决定调查的范围、方法、程序等事项，证据调查由职权机关主导进行。就此而言，调查原则是实质真实原则在证据法领域中的集中体现。调查原则的具体要求是：

(1) 全面客观。执法机关应当本着客观中立的立场，全面调查对当事人有利和不利的事实，不受当事人事实主张的限制。④

---

① 1991年《民事诉讼法》第179条第1~2项、第185条第1项；1996年《刑事诉讼法》第204条第1~2项。

② 1989年《行政诉讼法》第54条第2款第1项。

③ 1996年《刑事诉讼法》第45条第3款（任何人）、第38条（律师）；1991年《民事诉讼法》第102条第1~2项；1989年《行政诉讼法》第49条第2~3项。

④ 《德国刑事诉讼法典》第160条第2款、第163条。

（2）调查主导权。执法机关主导证据调查的范围、方法和程序，不受当事人申请的限制。[①]

（3）阐明权。必要时，执法人员有权也有义务总结案件事实，为当事人举证、质证和辩论提供建议。

2. 无罪推定原则

未经人民法院依法判决，对任何人都不得确定有罪[②]。实质真实原则是无罪推定原则的基础[③]，而无罪推定原则是实质真实原则的补充。无罪推定不是为了人权保障而放弃或者限制实质真实的证明任务，而是为了防止执法人员先入为主或者滥用调查权，损害案件事实查明程序的客观性、中立性和正当性，力求程序正义与实质正义的统一。

3. 执法人员忠于事实真相的义务

执法人员必须忠于事实真相[④]，以事实为根据[⑤]，重证据和调查，不轻信口供；应当为关系人提供客观作证的条件[⑥]；禁止刑讯逼供或者隐瞒事实真相，否则追究刑事法律责任[⑦]或者错案纪律责任[⑧]。

4. 伪造、毁灭或者隐匿证据的法律责任

当事人或者律师伪造、毁灭或者隐匿证据的，依法追究法律责任[⑨]。

---

① 《德国刑事诉讼法典》第 155 条第 2 款、第 206 条。

② 1996 年《刑事诉讼法》第 12 条。

③ Hans-Heiner Kuehner, Strafprozessrecht, Verlag C.F.Mueller 1999, Rn301.

④ 1996 年《刑事诉讼法》第 44 条、第 46 条。

⑤ 1996 年《刑事诉讼法》第 6 条；1991 年《民事诉讼法》第 7 条；1989 年《行政诉讼法》第 4 条。

⑥ 1996 年《刑事诉讼法》第 43 条。

⑦ 《刑法》第 247 条和第 307 条。

⑧ 1998 年《人民检察院错案责任追究条例（试行）》（1998 年 7 月 17 日最高人民检察院发布）第 7 条第 1~2 项、第 14~15 条（事实认定错误的责任）。

⑨ 1996 年《刑事诉讼法》第 38 条和第 44 条；《刑法》第 306 条和第 307 条。

(二) 形式真实原则

形式真实是未经证据充分证明，法律在特定条件下确认的真实。在实行当事人自治的民事诉讼中，处分原则和辩论原则在很多方面限制或者修正调查原则，这些限制或者修正是实质真实原则(Prinzip der formellen Wahrheit) 的例外。

1. 辩论原则

事实调查范围由当事人主张决定，法院应当受其约束，法院只能考虑当事人主张的事实。①

2. 处分原则

只有对方当事人提出争议的事实才具有证明的必要性。如果当事人不提出争议或者承认，相应的事实主张不需要证明，即使法院明知其不真实②。当事人对不利于自己案件事实的自认或者承认是处分原则的典型例证。

3. 调查权的限制

证据由当事人申请展示，法院应当受当事人申请的约束。对自己知道但当事人没有申请的证据，法院不得调取，例如询问当事人没有申请的证人③。

(三) 实质真实与形式真实的统一

从现代证据法体系建构的需要来看，实质真实与形式真实之间

---

① 《德国民事诉讼法典》第 139 条第 1 款。这里必须区分事实、法律和经验法则。辩论原则针对的事实（主张），在法律和经验法则方面，法院不受当事人主张的约束。辩论原则因此又称为主张原则（Beibringungsprinzip）。

② 《德国民事诉讼法典》第 138 条第 3 款、第 288 条。例如，被告乙承认原告甲提出的欠款到期的事实，但法院怀疑原告和被告实施了他人不知的其他法律行为。根据辩论原则，法院不能审查其怀疑事实的真实性。这里需要注意的是：辩论原则以（实体法上的）当事人意思自治原则和（诉讼法上的）处分原则为基础；在当事人不能意思自治或者不在享有处分权的范围之内，辩论原则也不适用。

③ 《德国民事诉讼法典》第 142 条、第 143 条、第 144 条、第 273 条第 2 款、第 448 条规定，法院在认为必要时可以依职权调取证据，这说明法院不受当事人展示证据的限制。

不是截然对立的，而是并行不悖、相辅相成的，适用于不同案件类型和事实类型。

1. 诉讼类型的划分

刑事案件事实的证明应当奉行实质真实的原则，尤其是有罪判决的事实认定；民事案件事实的证明应当奉行形式真实的原则，但涉及重大公共利益或者公民基本权利的案件除外；行政案件事实的认定应当根据案件的类型分别适用两个原则，涉及重大公共利益、复杂的利益关系或者公民基本权利的行政案件事实认定应当奉行实质真实的原则。

2. 程序模式类型的划分

在职权主义模式的法律程序中，执法机关对案件事实的查明应当奉行实质真实的原则；在当事人主义模式的法律证明中，案件事实的证明应当奉行形式真实的原则。

3. 争议事实类型的划分

凡当事人争议的案件事实涉及重大公共利益的维护或者公民基本权利保护的，应当奉行实质真实的原则。

法律真实原则就是在证据法体系的建构和适用层面谋求实质真实与形式真实有机统一的证据法基本原则。

三、自由心证原则

自由心证是指对证据的证明力及全案事实的判断，法律不预先作硬性规定，由执法人员本着理性和良心，根据调查和辩论中形成的内心确信予以认定。

（一）自由心证原则的历史发展

自由心证原则的确立经历了否定之否定的历史。第一次否定矛头指向形式证据制度的形式主义、机械主义和绝对主义的缺陷，注重发扬执法人员在查明案件事实方面的主观能动性，法律对证据的取舍判断和案件事实认定不作限制，完全由执法人员本着良心和理性，形成内心确信。1808 年《法国刑事诉讼法典》（《重罪审理法典》）第342条是第一次否定的代表，该规定被现代《法国刑事诉讼法典》第353条改造吸收。

法国的做法对大陆法系产生了广泛的影响，但其他国家没有简单照搬照抄，而是根据自己对自由心证要旨的理解作了不同程度的修正。这就构成了对自由心证的第二次否定，主要内容是从证据资格、证明标准、证明程序、心证公开等方面限制心证自由，防止证据取舍判断和事实认定方面的恣意妄为（滥用心证自由）。从证据法的发展历史来看，自由心证原则确立之后，证据法发展的一个主线就是如何在确保心证自由的基础上防止心证自由滥用，一方面要注重发扬执法人员作为事实发现和决断者的理性，另一方面要设立防范机制，抑制执法人员滥用或者误用心证自由的非理性倾向。①

德国学界认为法定证据制度和自由心证的证据制度并非对立，相互之间也没有绝对的界限，两者的区分与其说是有关证据法历史形态的划分，不如说是对现行证据法内部结构特征的分析，将两者的合理性因素结合起来是完善现代证据制度的需要。②

我国学界有人认为，证据规则体系应当围绕心证自由进行建构和重构，证据规则体系越是精密复杂，心证自由就越是受到充分的保障。否则，现代证据制度会随着证据规则的缜密而成为一种新的法定证据制度。③

（二）自由心证原则的域外规定

从内容上看，外国证据法有关自由心证的表述存在两个极端：一个极端是《法国刑事诉讼法典》第353条，以细致生动、限制少而著称：

---

① 参见上文第一部分“证据裁判原则”有关证据法发展第二条主线的论述。

② Cristos Dedes, Beweisverfahren und Beweisrecht, S.12. 另请参见何家弘主编：《外国证据法》，法律出版社2003年版，第392页。

③ 樊崇义、锁正杰、牛学理、吴宏耀、苏凌：《刑事证据法原理与适用》，中国人民公安大学出版社2003年版，第43页。

“在重罪法庭休庭之前，审判长应当责令宣读下列训示，并将内容大字书写成布告，张贴在评议室最显眼处：法律并不考虑法官通过何种途径达成内心确信；法律并不要求他们必须追求充分和足够的证据；法律只要求他们心平气和、精神集中，凭自己的诚实和良心，依靠自己的理智，根据有罪证据和辩护理由，形成印象，作出判断。法律只向他们提出一个问题：你是否已形成内心确信？这是他们的全部职责所在。”①

另一个极端是《日本刑事诉讼法》第318条，以简明扼要著称，仅规定：

“证据的证明力由法官自由判断。”

多数国家和地区的证据法规定采取折中立场，一方面确立心证自由，另一方面加以不同程度的限制，例如《德国刑事诉讼法典》第261条：

“对证据调查的结果，由法庭根据在审理全部过程中形成的内心确信予以认定。”②

从规定方式来看，外国证据法有如下情形：一是在诉讼法典的证据总则部分规定自由心证，以明确其原则性地位；③ 二是在诉讼

① 《法国刑事诉讼法典》第353条，该条规定是1795年法兰西国民会议制定的罪行法典第372条、1808年《法国刑事诉讼法典》第342条的继承。有关轻罪案件中的自由心证，参见该法典第427条第1款（法律另有规定者除外）、第428条（供词的自由心证）。

② 采取这种规定方式的有：《德国民事诉讼法典》第286条（在判决书中说明心证理由）、《德国行政法院法》第108条第1款和第96条第1款、《德国社会法院法》第128条；《俄罗斯联邦刑事诉讼法典》第71条、《俄罗斯联邦民事诉讼法典》第56条（依靠……内心确信评定证据；任何证据……没有预定效力）；《日本民事诉讼法》第247条（斟酌调查结果和辩论意旨，凭自由心证判断当事人事实主张是否真实）。

③ 例如，《俄罗斯联邦刑事诉讼法典》第71条和《俄罗斯民事诉讼法典》第56条。

法典裁判部分，作为裁判的一项原则性要求[①]；三是分散在有关裁判、证据调查、询问证人、当事人陈述的审查判断等规定之中；[②]四是法律没有明确规定，但在学理上得到公认，在实践上得到普遍的实行。这是英美法系证据法普遍采取的做法。

我国澳门地区刑事诉讼法典采取集中与分散相结合的折中做法，一方面在证据总则部分规定确立自由心证原则，另一方面针对特殊证据种类的审查判断分别作提示性规定。[③] 笔者主张我国在制定统一证据法典时借鉴这种做法。

（三）自由心证原则的引入

学界早期的观点认为我国实行实事求是的证据制度，是以辩证唯物主义哲学为基础，以实事求是为指导原则。[④] 对自由心证原则，贴上资产阶级和不可知论的标签，认为唯心主义和不可知论的哲学基础以及资产阶级的道德观使法官可以名正言顺地利用心证自由来歪曲事实真相，作出维护有产者不正当利益的判决，因此自由心证原则不适合我国实事求是证据制度的性质，只可能吸收其中的合理因素。[⑤] 20 世纪 90 年代中期在刑事诉讼法修订过程中，围绕无罪推定问题，学界对传统观点展开了激烈批判，自由心证原则的合理性也同时受到重视。

受学界推动，司法实务界在证据法的司法解释中吸收了自由心证的合理内核，只是未作明确规定。2001 年《民诉证据规定》第

---

① 例如，《德国刑事诉讼法典》第 261 条、《法国刑事诉讼法典》第 353 条。

② 例如《德国民事诉讼法典》第 286 条（裁判）、第 356 条（是否采纳逾期的举证）、第 379 条（再次传唤证人的必要性）、第 419 条（有缺陷书证证明力）、第 436 条（公文书认证缮本证明力）、第 446 条（当事人不积极提出事实主张）、第 453 条第 1 款（当事人陈述的证明力）。

③ 《澳门刑事诉讼法典》第 114 条（证据总则）、第 325 条第 2~3 款（被告人自认的审查判断）。

④ 巫宇甦主编：《证据学》，群众出版社 1983 年版，第 18~33、101 页。

⑤ 樊崇义主编：《刑事诉讼法学研究综述与评价》，中国政法大学出版社 1991 年版，第 197、203 页。

64条和2002年《行诉证据规定》第54条的内容与自由心证原则非常接近，只是没有使用相应的措辞而已。与此同时，两个司法解释规定了大量的证明力规则以指导和限制心证自由，有浓厚的法定形式证据制度的因素。这种做法表明司法实务界已经认识到自由心证原则和形式证据制度各自的合理性和局限性，试图从我国审判方式改革的实际需要出发，将两类证据制度的合理性结合起来完善我国的证据制度。

笔者认为，证明力规则只是参考性的尺度，而不是硬性的标准，不损害心证自由的实质内核——执法人员作为案件事实的发现者和判断者的主观能动性。复杂的证据规则与自由心证原则是一对相互制约、相互配套的完整制度系统。证据规则体系越是精密复杂，就越是需要确立自由心证原则，这是证据法体系建构中的一个二律背反规律。

执法人员的心证自由包括如下方面的内容：

1. 人格自由

执法人员作为案件事实发现者和判断者，享有不受任何不相关因素干扰的人格自由。

这里所称的人格自由分为两个层面：一是作为一般公民的人格独立性，作为人的尊严权、生命权、姓名权等依法受法律的保障。二是作为从业人士的职业人格的独立性，作为律师、警察、检察官、法官的岗位人格权益，如职业身份保障权、职业名誉维护权、公务设施使用权、公务标志使用权等依法受法律保障。

这里所称的不相关因素是指一切与本案事实真相的发现和判断没有实质性合理联系从而具有妨害作用的因素，既包括来自案外力量的影响，如来自媒体的压力；也包括来自案内的当事人力量的影响，如威胁与利诱。

2. 良心自由

良心（法庭的判断）自由，有关是与非、对与错、真与假的术语选择、概念界定、判断标准和决断方式，由执法人员根据自己在良心法庭上主观理解进行选择。法治国家的理想目标、价值追求和一般原则作为法律人的基础共识，是任何一位法律人作为法律职业共同体成员的法治信念内核。但是，在具体的理解角度、表达方式、判断标准等主观个性色彩浓厚的因素，应当尊重法律人出于个人信念的判断和选择，不能强求一律。

执法人员的信念结构不是单一的，更不是整齐划一的，而应当是传统法律文化观念、职业共同体基础共识、个人职业经验感悟、个人价值偏好等主观因素，以带有浓厚个性色彩的思维方式和语言方式混合在一起而形成的职业潜意识。

3. 意见自由

亦即内心确信的自由，是指执法人员有权利以自己的语言和表达方式，在法定的场合完整充分地阐述自己有关案件事实的判断意见，既不受不相关因素的干扰和左右，也不受事后责任的追究。

以上三个方面互动结合，构成了完整意义上的心证自由。从哲学的角度来看，法律上的心证自由中蕴含着对执法人员作为事实发现者和判断者的主体地位和主观能动性的尊重，这是保障心证自由的实质所在。

（四）心证自由的限制

执法人员的心证自由不是绝对的，除了客观规律、职业伦理的约束之外，证据规则从不同的角度限制着执法人员的心证自由。

1. 原则限制

主要有：

（1）调查原则的限制。执法人员应当按照法定程序调查一切对本案有意义的证据，不得违反法定程序取证，更不得滥用或者错误使用心证自由，不应当限制调查的范围。调查原则是对自由心证原则的目的、范围和程序限制。①

---

① ［德］克劳斯·罗科信：《刑事诉讼法》，吴丽琪译，法律出版社2003年版，第120页。

（2）辩论原则的限制。执法人员形成内心确信的证据必须在法庭出示并且经过当事人质证。① 这是对心证自由客体的限制。

（3）处分原则的限制。在具备法定条件下，法庭应当确认当事人合法自认的事实和证据。② 自认是处分原则在证据法上的体现，构成对执法人员心证自由的限制。

（4）直接原则的限制。执法人员形成心证只能针对自己在调查过程中感知的证据材料。③ 直接原则具有限制心证自由的主体和客体的双重作用。

（5）公开原则的限制。法官必须在裁判中说明认定事实的根据和理由④，让当事人和利害关系人知悉、了解。学理上称之为心证公开。⑤

2. 规则限制

（1）证据排除规则的限制。执法人员的自由心证针对证据和事实，内心确信的形成只能以具有证据资格的事实材料为根据。根据证据规则被排除的事实材料不得纳入心证的范畴。证据排除规则表明，证据的取舍不属于心证自由的范畴，有关的学界观点不合乎实际。⑥

（2）证明力规则的限制。法律明确规定特定证据的证明力规

---

① 例如《法国刑事诉讼法典》第427条第2款、《法国民事诉讼法典》第7条第1款；《意大利刑事诉讼法典》第526条；1989年《行政诉讼法》第31条第2款；2002年《行诉证据规定》第35条第1款；2001年《民诉证据规定》第47条第1款。

② 2001年《民诉证据规定》第74条（当事人反悔并且有充分反证的除外）；2002年《行诉证据规定》第65条（有相反证据足以推翻的除外）；《澳门刑事诉讼法典》第325条第2款（具有胁迫、保留等情形的除外）。

③ 例如《日本民事诉讼法》第249条。

④ 例如《德国民事诉讼法典》第286条第1款第2句；2001年《民诉证据规定》第79条。

⑤ 王松、张媛媛：《论心证公开》，载何家弘主编：《证据学论坛》（第六卷），中国检察出版社2003年版，第329~355页。

⑥ 陈一云主编：《证据学》，中国人民大学出版社2001年版，第32页（证据的取舍及其证明力）。

则的，不遵循该规则应当有明确的理由。例如，生效裁判对其本身认定的事实提供完全的证明，证明庭审过程的笔录只能因伪造而被质疑。①

（3）直接证明规则的限制。对法律明确规定适用推定和认知的事实，排除自由心证。

（4）经验法则的限制。根据科学知识能够认定的事实，法官在形成确信方面便没有空间。违反思维规律、经验法则或者自然科学规律，构成认定事实错误或者不清。

因科学技术水平局限不能形成内心确信的，在刑事诉讼中法官应当作出有利于被告人的认定，在民事诉讼中由当事人承担举证不能的后果。

3. 标准限制

只有根据达到法定证明标准的内心确信，执法人员才能作出积极的事实认定。心证不能达到法定证明标准的，属于心证不足，执法人员应当作出消极的事实认定。

四、直接言词原则

简称为直接原则（Grundsatz der Unmittelbarkeit），它要求执法人员接触证据来源，减少感知证据的中间环节，除非法定例外，只能以亲身感知的直接来源案件事实的证据为根据认定案件事实，防止以道听途说的传闻证据材料认定案件事实。

（一）作为诉讼原则的要求

直接原则是诉讼法和证据法的共同原则，因着眼点不同，相互之间互补互动。诉讼法中的直接原则偏重于程序的直接性要求，这些要求一方面保障当事人的知情权和质证权，另一方面构成定案证据的资格要件。具体而言：

---

① 《德国刑事诉讼法典》第274条。

1. 调查与裁判主体的一致性

只有参与法庭调查和辩论的法官才能作出裁判，法官中途更换的，当事人应当陈述以前口头辩论的结果，经当事人要求，应当重新询问以前的证人。① 为此，证据调查应当由受诉法院的承办法官进行，原则上禁止委托非本案法官进行证据调查。②

有关法律规定对委托调查几乎没有限制③，主管院长签发裁判文书、审判委员会讨论决定案件的做法都不符合这一要求。

2. 集中原则

法庭审理应当尽可能在同一审判地点连续进行。④

3. 言词原则

法庭审理应当采取言词辩论方式，原则上不实行书面审。当事人的举证、质证和辩论行为应当采取口头方式，否则没有程序法效力。未经当事人以口头方式提出并且质证的证据材料没有证据资格。

4. 在场原则

当事人、证人、鉴定人应当到庭参加审判，接受裁判者的询问和对方当事人的质证。原则上禁止缺席审理和判决，禁止以宣读询问笔录的方式代替询问。⑤ 对当事人来说，在场原则可以称为询问本人的原则；对证人和鉴定人来说，在场原则可以称为出庭原则或者到场原则。

---

① 参见《德国民事诉讼法典》第 309 条；《日本民事诉讼法》第 249 条（直接主义）。

② 《德国民事诉讼法典》第 87 条（证据调查的直接原则）。

③ 2002 年《行诉证据规定》第 26 条（委托调查仅以“证据在异地”为条件）。

④ 《德国刑事诉讼法典》第 226~229 条（原则上不得中断 10 日以上）。

⑤ 例如，《德国刑事诉讼法典》第 250 条（询问本人原则）规定：“如果对事实的证明需要以个人的感知为根据，应当在审判中对他询问。不得通过宣读以前的询问笔录或者书面证言的方式代替询问。”另请参见《德国民事诉讼法典》第 355 条、《德国行政法院法》第 96 条、《德国财政法院法》第 81 条、《德国社会法院法》第 117 条。

(二) 作为证明原则的要求

证据法的直接原则偏重于证据个体直接性要求，其实践基础是执法机关查明案件事实真相的义务[①]、当事人的质证权和证据来源可靠性的审查。直接原则主要靠传闻证据排除规则和最佳证据规则实施：

1. 传闻证据排除规则

排除证人转述非感知事实或者询问笔录的主要原因是证明主体不能审查幕后证人的品格、感知能力、记忆力、表达能力等涉及证言可靠性的因素，侵害当事人质证权、在场权、发问权和辩论权。这里的例外是以宣读询问笔录或者书面陈述的方式取代证人出庭作证。

眼线或者耳目的身份秘密保护是实践中的一个热点和难点问题。在法庭上公开询问眼线或者耳目可能危害他们的安全，使侦查机关无法实施有效的证据调查。在德国，公诉机关经常以职务秘密[②]或者例外[③]为由，拒绝提供眼线或者耳目的身份或者询问记录，解决办法有提起行政诉讼、由法官进行封闭性询问或者宣读询问记录[④]等。

笔者认为一个可行的办法是：在开庭审理之前由主审法官在准备程序中确定耳目是否出庭，公诉人应当向法院提出申请，由法院作出裁定。法院裁定不出庭的，宣读笔录，并且听取各方意见；法院裁定出庭的，也应当责令被告人退庭，由法官在公诉人、辩护人

---

① 《德国刑事诉讼法典》第 244 条第 2 款、第 238 条，《德国民事诉讼法典》第 139 条、《德国行政法院法》第 86 条第 3 款。

② 《德国刑事诉讼法典》第 54 条、《德国联邦公务员框架法》第 39 条第 3 款、《德国联邦公务员法》第 62 条第 1 款。

③ 《德国刑事诉讼法典》第 96 条（官方文书）规定，对于档案、其他由官方保管的文书，如果保管机关的最上级部门表示公开将对联邦或者德国某州的利益带来不利的，不得要求保管机关、公务官员出示或者交出。

④ 《德国刑事诉讼法典》第 251 条第 2 款（经被告人、检察官、辩护人同意；或者客观上不可能进行口头询问的）。

在场的情况下询问眼线或者耳目。询问完毕之后，向被告人宣读笔录，听取被告人的意见。

2. 最佳证据规则

实物证据应当在法庭上公开出示，接受当事人的质证。除非客观上不可能或者经当事人同意，应当出示、宣读或者播放实物证据的原件。

五、利益衡量原则

利益衡量原则是指国家机关在行使公权力过程中，应当全面调查有关利益，进行轻重缓急的选择和协调，确保各方利益得到最大化实现。

在证据法的所有领域中都存在价值冲突的协调和利益冲突的权衡问题，影响着发现案件事实真相的范围、方法、程序和标准，从而最终影响到案件事实真相本身。在这些相互冲突的价值和利益之中寻找到各方认可的平衡点，是证据法制定和实施的一个重要方面，利益衡量由此成为证据法上一个具有普遍意义的方法论原则。

（一）利益衡量方法的主要内容

从有关文献来看①，主要是：

1. 利益调查

公权力机关在作出决定之前进行的调查不仅是一个信息的收集和整理过程，而且是一个利益的发现过程。听取意见的实质是发现利益，听取意见越是充分有效，利益发现得就越全面、客观。在调查过程中，公权力机关需要总结法律问题，然后根据法律问题的概念和事实要件对发现的利益进行归类整理，对号入座。

这里的一个难题是：并非所有的利益都有人主张，尽管有时这些利益非常重要。公权力机关不能因为没有主张，便不考虑这些利

---

① 参见［德］汉斯·J. 沃尔夫、奥托·巴霍夫、罗尔夫·施托贝尔：《行政法》（第2卷），高家伟译，商务印书馆2002年版，第262~266页。

益；公权力机关应当努力寻找利益相关人的代表，使分散的利益群体化、组织化。

2. 利益分析

被发现的利益可能数以千计，类型多种多样。有些微不足道，提出这方面要求的人可能是为了打岔（利益的重要性）；有些利益是不正当的要求，提出这种主张的人怀有拖延或者扰乱程序的目的（利益的正当性）；有些利益与本案无关，不应当纳入考虑和平衡的范围（利益相关性）。利益分析阶段的主要任务是筛选出重要的、值得考虑的利益，必要时予以排序，寻找不同利益之间的共同点或者冲突。利益分析的目的应当明确，公权力机关应当中立、客观。

3. 利益权衡

凡纳入权衡范围的利益都具有重要意义，权衡的目的是各方利益的最大化实现，这里只存在协调，而不存在绝对的牺牲。不能为了一个利益而绝对地牺牲或者放弃另外一个利益。利益权衡的一般要求是：

（1）客观性。应当以实事求是的客观态度，秉持中立立场考虑所有与本案相关的利益。

（2）全面性。凡是具有实质关联性的利益都予以慎重的考虑，不遗漏或者忽略任何合理的利益诉求。

（3）平等性。平等对待不同的利益诉求，给予同等的照顾。

（4）均衡性。在不同的利益诉求之间寻求最大化的平衡点。

（5）公开性。利益衡量的过程应当向关系人公开，衡量的过程、方法和标准应当开放透明，利益衡量的结论、依据和根据必须明确。

4. 衡量瑕疵

利益衡量瑕疵的情形主要有：

（1）片面。没有充分考虑各方利益，给予适当的排序和协调。

（2）武断。公权力机关不中立或者不客观，没有充分听取利害关系人意见。

（3）疏漏。公权力机关没有发现或者考虑重要的利益。

（4）失调。利益衡量的结论违反利益的均衡或者最大化要求，放弃或者牺牲的利益大于追求的利益。

上述瑕疵导致有关立法或者决定缺乏实质的正当性，构成实质意义上的违法。

（二）利益衡量方法在证据法中的应用

利益衡量的方法在诸多证据规则中都有或多或少的体现：

1. 非法证据排除规则

非法证据排除及其例外的范围大小取决于人权保护和打击犯罪、实质公正与程序公正、公正与效率等法律价值的权衡，以及非法取证的严重性、证据本身的重要性、证据因违法取证失真的可能性、证据的可复得性、案件的性质和社会影响等。打击犯罪和保护人权两者协调的结果是非法证据的排除在刑事诉讼中主要适用于言词证据①，而依法行政的需要使非法证据排除在行政诉讼中被严格地适用②。

有关非法证据排除的衡量采证说实际上是利益衡量说，德国实务界将比例原则作为决定非法证据取舍的标准，这是在证据法领域中应用利益衡量原则的一个典型。

2. 传闻证据排除规则

这里涉及当事人质证权保护、证据来源可靠性审查、程序的对抗性和公开性要求、事实认定的准确性等方面的利益与证人安全保护、出庭支出等成本之间的权衡。

3. 证人拒绝作证特权规则

这是一个遍布利益衡量的证据法领域。律师拒绝作证权涉及律

---

① 1998年《刑诉法解释》第61条。

② 2002年《行诉证据规定》第57条第1~4项、第9项（不具备合法性和真实性的其他证据材料）。

师行业和司法制度的利益保护，医生拒绝作证权涉及医师行业利益和当事人隐私权保护，亲属拒绝作证权涉及婚姻家庭保护和隐私权保护，职务秘密的拒绝作证权涉及重要的国家利益。这些利益有时比客观真实价值更为重要。孟德斯鸠认为，证人拒绝作证权的实质是禁止以恶制恶的法律道德要求。①

4. 自白任意性规则

被告人处于绝对的劣势，因而需要特殊加强保护，自白任意性规则是保护措施之一。在这里，防止刑讯逼供和冤假错案、人权保护和诉讼文明等方面的利益明显大于客观真实的利益。另外，在确保自白任意性的前提下，出于程序经济、减轻司法负担的需要，辩诉交易得到越来越多国家的认可。

5. 举证责任的分配规则

无罪推定和被告人保护的重大利益使公诉人承担举证责任，但反对腐败的紧迫需要使巨额财产来源不明罪案实行举证责任倒置；诉讼的效率性和公平性利益使民事诉讼举证责任实行“谁主张，谁举证”原则，但弱者保护的原则性利益和公平的价值取向使污染案件、危险作业案件的举证责任倒置。依法行政的原则性利益和先取证后裁决的制度性利益使被告承担举证责任成为一般规则，而诉讼效率和公平性的利益则使原告在赔偿、不作为案件中承担一定的举证责任。

（三）经济分析方法在证据法中的应用

经济学的成本收益分析方法是一种特殊而又常用的利益衡量方法，波斯纳的《证据法的经济分析》是进行这种尝试的一个典范。

1. 证据法经济分析的意义

证据法是确定向法庭如何以及提供何种信息解决事实争议的一

① ［法］孟德斯鸠：《论法的精神》（下册），张雁深译，商务印书馆 1963 年版，第 176 页（“妻子怎能告发她的丈夫呢？儿子怎能告发他的父亲呢？为了要对一种罪恶的行为进行报复，法律竟规定出一种更为罪恶的法律”；这种法律“为了保存风纪，反而破坏人性，而人性正是风纪的泉源”）。

套规则，而信息的收集和处理需要成本。为了提高证明程序的效率，在确保裁判的正确性和降低案件审理的成本之间寻求优化的平衡，需要设计有效的激励机制，这是将经济分析的方法应用于现代证据法的现实意义之所在。

2. 成本收益分析模型

分析模型设计是应用经济分析方法的关键所在，波斯纳为此提出了两种模型：一是效益最大化模型，将证据视为一种特殊的耐用消费品，考察在同等的取证、举证、质证和认证的成本条件下，如何收集、保管和使用证据材料才能产生最大的证明效益。二是成本最小化模型，将证明过程视为一种特殊的资源投入过程，考察在同等证明目标下，如何尽可能地降低查证、取证、举证、质证的成本。成本的最小化并不意味着无条件地降低任何一项成本，而效益最大化也不意味着实现所有的效益，经济分析的意义是在于寻找到成本最小化与收益最大化之间的平衡点。波斯纳的结论是：

(1) 梳理证明过程的成本和收益是进行经济分析的前提。证明过程的预期收益有收集证据、疏导争议、保护公民权益、确立行为范式、预防犯罪违法行为、确立司法权威、实现社会公正等，成本有司法资源的先期和后期投入成本、错误的纠正成本和风险防治成本等。

(2) 成本最小化与收益最大化之间的平衡点是经济分析的宗旨所在。按照边际收益递减原理，随着证据材料的增多，对案件事实的证明结果会随之逐渐减小。按照边际成本递增原理，随着证据材料搜寻范围的扩大，搜寻成本会逐渐增加。因此，调查取证应当从最具有证明力的证据材料开始，逐渐减少证据材料收集的范围，直到足够证明案件事实时为止。

(3) 分析尺度的设计和把握是应用经济分析方法的基本功。证明的预期收益目标应当与案件事实的复杂性、严重性和影响性之间形成合理的正比例关系。一般而言，案件事实的性质越严重，可能产生的社会影响越大，对证明准确性的要求越高，证明的标准就随之越高，而裁判的随意性就随之越小。由此产生的司法威慑力越大，诉讼案件就会越少，法律程序的总成本支出就会逐步降低。

（4）理想的均衡模型设计是正确应用经济分析方法的关键所在。证明过程的理想预期目标是在发现案件事实真相的前提下，尽可能地降低错误的纠正成本和避免错误的成本（成本最小化），在当事人举证、执法机关查证、单位协助调查等不同的证据来源之间存在一个优化的功能互补关系和效益优化均衡的平衡点。

（5）效益考虑是证据取舍的一个重要考虑因素（指标）。从经济分析的角度来看，证据的收集、采纳和排除过程应当以效益为导向，是否能够产生证明的效益是决定证据材料取舍的一个合理标准。例如，显而易见和众所周知事实的证明只产生成本而不产生收益，此类案件事实需要特殊的证明方法。相反，以对当事人权益没有影响的证据认定错误（无害错误）发回重审，只产生成本而不产生收益。

（6）经济分析方法不是绝对的。经济分析的方法存在诸多局限性：案件争议标的大小并非衡量社会收益的完美尺度；裁判准确性使收益向非当事人转移（外部经济），损害当事人的证据投资兴趣；证据的增加可能不产生任何社会收益，或者走向另外一个极端等。

总体而言，证据是一个很好的投资方向，但需要把握成本收益的均衡点，否则，适得其反。

3. 激励机制的设计

根据有关对抗式和纠问式在激励作用方面的比较分析，波斯纳认为设计激励机制的关键在于把握边际收益最大化的平衡点，因为激励效果与边际收益递增之间存在正向对应的关系。一般而言，在其他条件相同时，合格的证据材料越多，越是有助于执法人员对案件事实的判断接近客观实际的情况（边际收益递增），当事人取证和举证的积极性随之越高（激励机制）。这意味着：

（1）法官并非是有效率的证据搜寻者，因为高薪制法官不仅成本高昂，而且少有证据搜寻数量最优化的动力。

(2) 与案件结果的利害关系使律师和当事人取证和举证的激励因素很大，但他们存在滥用雄辩术而不顾事实真相的倾向（偏好），这是对抗式审判制度尤其注重交叉询问和排除传闻证据的原因所在，因为交叉询问和传闻排除是制约律师和当事人不良偏好的有效手段。

(3) 对抗式程序具有更强的证据搜寻激励作用，可能因此造成证据搜寻的成本过多或者过少；纠问式程序中的法官具有更好的能力通过证据开示和交换、确定审理日期、限制审理长度等方法，确定证据搜寻边际成本和收益的均衡点，避免过多或者过少地收集证据材料。

(4) 无论采取对抗式还是采取纠问式的诉讼模式，判决无罪人有罪的冤案成本都大于放纵有罪人无罪的错案成本，因此公诉机关不仅应当承担证明被告人有罪的责任，而且应当采取排除合理怀疑的严格证明标准。这有助于激励公诉机关充分发挥其在调查取证方面的资源优势和能力优势，弥补被告人在取证和举证的能力和资源配置方面的弱势。

第三节　证据法的调整范围

证据法位于事实与真实之间，是从事实走向真实的一座桥梁。事实的类型是无限多样的，只有指向特定法律规范适用的、具有法律意义的事实证明才属于证据法的调整范围。与此同理，真实的理想目标具有浓厚的主观个性色彩，任何人都可以根据自己的价值和道德的偏好设定自己的真实目标，其中却只有符合法定标准的真实——案件事实真相——才属于证据法的调整范围。如何合理地限定案件事实在时间、空间、主体、关系和行为等方面的范围，不仅仅是在微观诉讼活动的层面限定证明对象的范围问题，更是在宏观顶层制度设计的层面限定统一证据法典的调整范围问题。下文尝试从不同的层面进行探讨。

一、宏观边界：证据法事实的规范属性

证据法事实本质上是一种规范性事实，亦即指向特定法律规范的适用、法律争议的解决或者权利义务的配置因而具有法律意义的事实。并非所有的事实类型及其发现和证明的行为都属于证据法的调整范围。对证据法事实的规范属性，可以从如下层面理解：

（一）法律规范事实与日常生活事实之间的区别

社会秩序不是一个单一的结构，而是由法律秩序、道德秩序、文化秩序等在范围、功能和方式关联互动、协调互补地构成的。日常生活生产秩序的大多数内容是由伦理道德规范或者文化习俗的礼仪规范所调整的，法律规范只调整涉及公民基本权利保护或者重要公共利益维护的基本社会生活秩序。这就意味着，法律规范调整社会生活的目的、范围、方法是有限度的，并非所有的社会争议都能纳入法律的轨道，成为法律上的案件，通过法律的程序来解决。作为一个法律概念的“案件事实”在时空、内容和意义等方面的范围是有限的。问题是，道德规范事实、习俗规范事实与法律规范事实往往混合在一起，如何进行区分呢？

首先，生成过程不同。文化习俗事实是在特定地方的居民长期的生活实践中逐渐形成的，是一种自然演变的文化事实，只有从特定的地方生活环境的角度才能理解。道德规范事实是在长期的历史演变过程中逐渐形成的价值观念事实。相对而言，证据法上的所谓案件事实在追诉时效内发生的事实，时间维度十分短暂。

其次，判断依据不同。证据法事实的判断依据是证据法规范，是经国家机关制定或者认可，以国家强制力为后盾保障实施的法律规范。既不同于依靠舆论或者良心的强制力的道德规范，也不同于依靠习俗观念或者宗教信仰的信念力量实施的文化习俗规范。

再次，明确程度不同。证据法对案件事实内容明确性的要求远远高于道德规范事实、文化习俗事实，后者对证明的明确性程度要

求较低，存在很大的模糊性。作为法律规范适用的案件事实在内容构成要素、发生过程等方面必须明确肯定。

最后，专业水平不同。文化习俗事实根据人们的日常生活习惯来判断，道德规范事实根据个人的主观道德意识进行判断。证据法事实则是应用相关的法律专业知识和科学技术知识进行判断。

法律规范事实与日常生活事实之间不存在截然的界限，而是交织在一起。从量的角度来看，生活事实远远多于法律事实；但是从质的角度来看，法律事实往往高于生活事实。法律事实往往蕴含在生活事实（的海洋）之中，是生活事实中具有法律意义的部分。

（二）证据法事实与科学事实之间的区别

证据法事实与科学事实都是高度专业化的专业事实，两者之间存在如下区别：

首先，产生过程不同。科学事实产生于科学研究的实践过程中，而证据法事实产生于权利义务的纷争或者法律规范的适用过程中。

其次，内容结构不同。科学事实本质上是纯粹客观实在的自然事实，是自然规律发生作用的结果，而证据法事实本质上是人类主观创造的社会事实，是社会规律发生作用的结果。

最后，判断的依据不同。科学事实是价值无涉的，判断依据是没有价值观念偏好的科学公式或者操作规程，而证据法事实是价值关涉的，判断依据是带有明显的价值取向的相关法律规范。

随着科学技术在日常生活中的广泛应用，越来越多的科学事实涉及权利义务的公平配置和法律规范的正确适用时，科学事实成为证据法领域中一种引人注目的事实类型，而相关的科学研究行为也越来越多地纳入了证据法的调整范围，司法鉴定、专家证言、技术法官是这方面的典型。

（三）证据法事实与逻辑事实之间的区别

表现在：

首先，产生的过程不同。逻辑事实是作为逻辑推理的前提条件而假设、高度理想化的主观事实；证据法事实是为了解决具体的权利义务争议、正确适用相关法律规范而实际发生的客观事实。

其次，表述的语言方式不同。逻辑事实以高度简练的命题语言方式进行表述，证据法事实是以格式化的法律语言进行表述。相对而言，逻辑语言是纯粹思想的语言，内容抽象、概括；而法律语言是进行日常生活的语言，内容丰富多彩。

最后，意义指向不同。逻辑事实指向特定规律命题的真伪证明，而证据法事实指向特定事实主张是否成立的真伪证明。逻辑事实的判断标准是思维的规律，而证据法事实的判断标准是法律规定。

随着逻辑分析方法在证明领域中的广泛应用，证据法事实采取逻辑事实的表述方式和判断方法的情况也越来越普遍。但是，规范属性仍然是证据法事实与逻辑事实之间的分界线。

从证据法事实的多维度开放性、多元价值的包容性及多样方法的集成性发展趋势来看，以上三个层面与其说是划分了证据法的外部调整边界，不如说是指出了证据法事实类型的多样性和复杂性。证据法是专门调整事实的法律意义及其发现的法律部门，随着科学技术的发展、人类认识能力的提高和活动领域的扩张，人类发现事实的范围、类型和程度也在不断发展，证据法的调整范围也会随之不断扩展。证据法的调整范围是动态发展的，不存在一成不变的边界。

二、中观边界：证据法与其他部门法的关系

宪法、国际法、实体法和程序法是证据法的重要渊源，影响证据法的调整范围和部门法地位。

（一）证据法与宪法的关系：证据法的宪法化

如同其他部门法，证据法是落实宪法所确立的法治国家的核心价值、一般原则和公民权利保护的一个法律部门。近年来，国际社会越来越重视人权保护，发达国家的证据法先后从不同的角度、以

不同的方式、在不同的层面上开启了宪法化的征程。表现在：

1. 无罪推定原则入宪

无罪推定得到宪法性文件的确认，被确立为法治国家的要求之一。香港特别行政区基本法第 87 条第 2 款将无罪推定确立为司法的基本行为准则之一，而澳门特别行政区基本法第 29 条第 2 款将无罪推定确立为刑事司法救济权这一公民基本权利的组成部分。德国联邦宪法法院认为无罪推定是刑事诉讼法的法治国家要求之一。①

2. 禁止自证其罪和刑讯逼供（酷刑）入宪

美国宪法修正案第 5 条、日本宪法第 38 条第 1 款确立了禁止强制自证其罪的原则。许多国家和地区的宪法都规定了禁止酷刑，例如德国联邦基本法第 104 条第 1 款第 2 句、日本宪法第 38 条第 2 款、香港特别行政区基本法第 28 条、澳门特别行政区基本法第 28 条。这些规定成为非法言词证据排除的宪法依据。

3. 宪法原则成为证据法的基本原则

宪法确立的价值和原则成为证据可采性的衡量标准。例如德国实务界在非法证据排除方面持衡量采证说的立场，将比例原则作为非法证据衡量采纳的标准，法官综合考虑被侵害权益和证据价值之间的比例关系，确定是否采纳非法证据。

从以上三点来看，我国的统一证据法典的制定必须顺应证据法宪法化的世界趋势，一方面将宪法确立的一般法律原则引入证据法领域，使之体现在各项证明制度和证据规则之中；另一方面将具有重要基础意义的证据法价值观念、基本原则和制度环节上升到宪法的高度，赋予其宪法的效力等级。

（二）证据法与国际法的关系：证据法的国际化

与证据法的宪法化趋势相呼应的是证据法的国际化趋势。随着世界各国法律学术交流、司法协助、共同打击跨国犯罪活动的深入

① BverfGE 74, 358, 369ff.; 82 106, 114f..

展开，世界各国的法律制度相互协调、借鉴和吸收，出现了协同一致、共同发展的大趋势。在证据法领域，逐步出现世界各国共同认可的国际法规范，虽然还没有达到人类法的层次，但是，证据法的国际化趋势却是显而易见的。这一点集中表现在刑事证据法领域，其中尤其是有关人权保护和司法准则的国际条约。主要内容是：

1. 无罪推定

1948 年《世界人权宣言》第 11 条、1966 年联合国《公民权利和政治权利国际公约》、1985 年《联合国少年司法最低限度标准规则》（《北京规则》）第 7.1 条对此作了明确规定。

2. 禁止酷刑

《世界人权宣言》第 5 条、《公民权利和政治权利国际公约》第 7 条对此做了原则性规定，1984 年联合国第 39 届大会通过了《禁止酷刑和其他残忍、不人道或有辱人格的待遇或处罚公约》。这些是刑事诉讼中禁止刑讯逼供、排除非法言词证据的依据。

3. 禁止自证其罪

《公民权利和政治权利国际公约》第 14 条第 3 款将禁止自证其罪作为刑事被告人的基本诉讼权利之一。

4. 证人证言的直接性

《公民权利和政治权利国际公约》第 14 条第 3 款规定了刑事被告人针对证人的对质权。这是传闻证据排除规则的国际法依据。

（三）证据法与实体法的关系：证据法的类型化

总体而言，证据法是实体法的实施法，从案件事实的角度和层面贯彻实体法有价值权衡、利益平衡和权利义务配置的规定。两者的密切联系表现在如下方面：

（1）实体法有关法律关系的主体、内容和事实的规定是确定证明对象的范围和内容的依据，同时为证明责任的分配奠定了一般的实在法基础。

（2）实体法在特定情况下直接规定了证据规则或者举证责任的分配。前者如《法国民法典》，后者如《民法通则》有关举证责任倒置的规定。在实体法的特殊规定与证据法的一般规定不一致时，执法人员应当根据规范冲突的适用规则，如特别法（实体法）优于普通法（证据法）、新法优于旧法、上位阶法优于下位阶法等，选择具体法律规范的适用。

（3）实体法规定了证明的保障措施，如刑法关于（当事人①、律师②）伪证罪、打击报复证人罪③、证人的费用等。

（4）实体法规定个别证据形成、制作、效力的法律体制。例如，2002年9月1日起实施的《医疗事故处理条例》有关医疗事故鉴定体制的规定。

鉴于证据法与实体法的上述密切关系，证据法领域出现了针对不同的案件类型设计不同的证明责任规则的所谓类型化（专门化）的发展趋势，如证明对象的范围和构成、证明责任的分配、证明标准的尺度、证明的程序和方法等，因不同的案件类型和事实类型而异，如民事证据规则、行政证据规则、证券违法处罚案件证据规则、消费者权益保护案件证据规则、环境侵权案件证据规则等。可以想见，随着法律案件类型化和专业化的发展，证据规则的类型化程度会越来越高。针对不同类型的法律争议和事实争议制定不同的证明规则将是建构和完善我国证据法体系的一个重要方面。这与统一证据法典的制定不但不矛盾，反而是相辅相成的关系，因为证据

---

① 薛子进：《谁使省法院遭遇尴尬》，载法制网，www.legaldaily.com.cn，2003年12月8日。2002年11月20日，四川省高级人民法院以调解方式审结一起工程合同纠纷案，但因原被告恶意串通使用隐瞒证据，2003年5月10日该院裁定撤销民事调解书，另行组成合议庭再审。该案受到人大、媒体、政府法制办等多方关注。

② 李京华、牛爱民：《帮助伪造证据为侦查设障 律师张建中一审被判刑》，载法制网，www.legaldaily.com.cn，2003年12月10日。原北京市共和律师事务所（主任）律师张建中伙同被告人伪造证据，北京市一中院以帮助伪造证据罪一审判处张建中有期徒刑2年。

③ 《出庭作证遭滋扰 报复证人被判刑》，载法制网，www.legaldaily.com.cn，2003年8月8日。2003年2月，李某打伤证人女儿，北京市海淀区检察院以打击报复证人罪提起公诉。

法的类型化程度越高，证据规则就越显得分散，而统一的需求也就越强烈，制定统一证据法典的必要性就越突出。

（四）证据法与诉讼法的关系：证据法的独立化

证据法是一个具有自己特殊的调整范围和调整方法的、自成体系的独立法律部门，还是一类分散在程序法，尤其是三大诉讼法之中，没有自己独特的调整范围和调整方法的依附性法律规范？抑或是一个与实体法和程序法存在交叉关系的独立法律部门？这是制定统一证据法典时必须首先明确的一个基础理论命题。对此，学界有如下三种代表性的观点：

1. 诉讼法说

这是我国学界早期的主流观点。我国早期的证据法规范分散在三大诉讼法中，没有统一证据规则文件，占主导地位的传统观点因此认为证据法是诉讼法的组成部分，没有独立的部门法地位。①

2. 独立程序法说

随着有关理论研究的深入，有学者提出了“独立程序法说”，认为证据法以诉讼法为制度基础，但并非属于诉讼法，拒绝作证特权、证人保护等不属于诉讼法，证据法是相对独立的程序法部门。独立程序法说还主张从程序的动态角度理解证据法，将证据分为审前证据、审判证据和裁判证据三个层次，（刑事）证据法是以规范证据的收集、提出、调查、采纳、判断为主要内容的程序法。②

3. 独立部门法说

这是近年来学界的观点，认为应当摒弃“大而全”的诉讼法

---

① 陈光中主编：《中华法学大词典·诉讼法学卷》，中国检察出版社 1995 年版，第 758 页（证据法是“规定在诉讼中运用证据的法律规范的总和”；“在我国，证据法属于诉讼法律规范的一部分”）。观点和措辞完全相同的是中国社会科学院法学研究所法律词典编委会编：《法律辞典》，法律出版社 2003 年版，第 1856 页。

② 史立梅：《程序正义与刑事证据法》，中国人民公安大学出版社 2003 年版，前言第 4、32~42 页。

观念，证据法是独立的法律部门。[1] 笔者赞成“独立部门法说”，因为：

（1）证据法调整方法的综合性。程序法和实体法的兼容性使证据法不能简单地归入任何一个现有的法律部门。宪法、民法、行政法、诉讼法、国际法等传统法律部门以调整对象和调整方法作为划分标准，而证据法、环境法、信息法等现代法律部门都是以问题为核心、以问题作为划分标准。

（2）证据法调整内容的特殊性。以证据为手段，以证明为目的，综合应用哲学、法学、心理学、逻辑学、信息科学的方法，是证据法的特质。这一特质决定了将证据法纳入诉讼法或者实体法都存在以偏概全的缺陷，例如：

第一，证明对象规则。实体法和程序法有关要件事实的规定是确认证明对象的依据，但因其抽象性，在具体案件缺乏可操作性。如何从实体法和程序法的抽象规定中归纳出具体案件的要件事实，明确哪些事实具有证明的必要性以及如何证明，是证据法的特殊问题，只有统一的证据法典才能作出全面系统的规定。

第二，证明责任规则。实体法仅规定了个别情况的举证责任分配[2]，而诉讼法有关举证责任分配规定通常是原则性的[3]。将实体法的分散规定与诉讼法的原则性规定整合起来，形成“原则+例外”的系统全面规定[4]，明确执法人员裁量决定举证分配的一般规则，是统一证据法典才能完成的课题。

第三，证据的资格和证明力规则。三大诉讼法的有关规定限于

---

① 江伟主编：《证据法学》，法律出版社1999年版，第5页。

② 例如，《民法通则》第123条（危险作业侵权的举证责任倒置）、第126条（建筑搁置物侵权的举证责任倒置）、第127条（动物侵权的举证责任倒置）；《刑法》第395条第1款（巨额财产来源不明罪）。

③ 1991年《民事诉讼法》第64条第1款；1989年《行政诉讼法》第32条。

④ 这方面的典型是2001年《民诉证据规定》第2条（谁主张，谁举证）、第4条（举证责任倒置）。

证据种类、分类及其特殊规则，在证据的合法性、相关性、客观性以及证明力等方面存在简单重复、挂一漏万等弊端。将证据法作为诉讼法的组成部分对待，不利于统一证据规则体系的建构。因为三大诉讼法只能规定各自的特殊证据规则；而横跨三大诉讼的一般证据法规则，只有证据法才能调整。

（3）英美经验的借鉴。证据法在英美法系发达的动力之一是在立法和学理上的独立发展。尤其是美国，形成了内容系统完备的证据规则，与统一的诉讼规则在分离的基础上相互衔接。

应当划分诉讼法和证据法的核心领域，协调并且衔接交叉领域，形成相互补充、相互印证的良性互动关系。具体而言，证据（的资格和证明力）和证明（取证、举证、质证和认证的过程和标准）是证据法的主要调整内容，应当由统一的证据法典进行调整，不宜分散在三大诉讼法中。取证、举证、质证和认证的具体程序规则可以由三大诉讼法进行分别调整，但有关证据的采纳、采信的一般证据规则和有关证明责任的分配、证明标准、司法认知等的一般证明规则应当由统一的证据法典调整。

三、微观边界：调整对象与调整方法的特殊性

为了确保法律规范的正确适用，在个案裁判中实现法律正义，使案件事实的查明和证明过程不偏离法治的轨道，一方面需要明确地规定或者限定发现案件事实的目的、范围、程序、标准、方式和方法，这就是证据法与其他部门法在调整对象上的主要区别所在；另一方面需要明确规定可以用来证明的各种方法及其使用的范围、方式和效力，如言词证据的方法、实物证据的方法、电子数据资料的方法、影像视频资料的方法及经验常识的方法、科学实验的方法、逻辑推理的方法、司法认知的方法、事实推定的方法、直觉判断的方法、辨认自认的方法、辩论质证的方法乃至经济分析的方法、利益权衡的方法、价值冲突协调的方法等，建构一个功能各异而又齐全互补的证明方法仓库，这是证据法在调整方法上与其他部

门法的主要区别之所在。简言之，证据法是有关事实及其证明的法律科学。

（一）证据法的调整对象：事实

“以事实为根据、以法律为准绳”是我国《宪法》确立的一条有关公权力行使的一般法律原则。任何公权力的行使不仅必须具有法律的授权依据，而且必须具有法律规定的事实根据，遵循法律规定的正当程序。明确肯定的法律依据、充分确凿的事实根据和切实有效的正当程序是将公权力纳入法治轨道的三大红线，是衡量公权力底线正义的最为基本的尺度。这三条红线不仅是法律正义的底线，也是社会和谐的底线。突破这三条红线中的任何一条，正义将遭受破坏，社会和谐将受到侵蚀；三条红线都被实质性地突破时，正义将名存实亡，人类社会很有可能因此陷入一种人人针对人人的战争状态。这就彰显出了证据法作为一个特殊法律部门的特殊而又重要的意义：从事实的角度将公权力行为纳入法治的轨道。

问题是：如何使事实产生约束公权力行为的有效作用呢？

首先，树立正确的事实观是宏观观念层面的有效措施。在这里，相对于唯心主义和机械主义的事实观而言，辩证唯物主义的事实观更符合现代科学主义和理性主义的发展趋势。这就是，在承认事实是独立于人类主观意志的客观实在性的基础上，充分尊重并且正确地引导人类发挥在认识和改变客观事实方面的主观能动性，力求事实的客观实在性与人类的主观能动性的有机统一。一方面要努力避免主观臆断或片面简单的危险，另一方面要努力避免消极宿命或者急躁盲动的危险。

其次，确立正确的事实判断标准是中观制度层面的有效措施。这里的关键是从法律的角度对事实的范围和结构作出明确的限定。具体而言，如何区分事实的真相、表象与假象？如何分析事实的内部结构，如构成要素（主体、客体、时间、地点、过程、后果等）和属性要素（客观性、实在性、完整性、运动性、关联性）等。如何确立事实的证明标准，是证据确实充分，还是排除合理怀疑？

最后，明确事实的法律意义是个案裁判层面的有效措施。客观实在的事实形态是无限多样的，时空范围是无限广延的，因果效应的链条是无限长远循环的，互动关系的维度是无限多样的。诸如变动不居的生活事实、抽象专业的科学事实、假设的逻辑事实、久远的历史事实、预测的未来事实等，这些事实只有在影响公民的权利义务保护或者公共利益的维护时，或者涉及法律规范的解释和适用的情况下，或者涉及法律价值的冲突及其协调时，才具有法律上的意义，才能（需要）纳入法律调整的范围，从而成为法律上的事实。

证据法旨在努力将前述的三个层面结合起来，确保公权力的行使在正确的事实观的指导下进行。

（二）证据法的调整方法：证明

随着人类活动范围和认识能力的提高，人类涉足的事实领域也越来越广阔复杂，事实的生成与变化的速度越来越快，事实的内部结构越来越复杂，证明的难度也越来越大，对创新和开拓证明方法的需求也越来越强烈。

1. 实质化的证明方法

主要是：

（1）证据资料的方法。通过合格的言词证据、实物证据、电子数据资料和影像制品材料来证明案件事实。

（2）证明责任的方法。按照法定的范围、程序、标准和方式，由执法机关调查收集证据或者当事人提供证据，通过证据交换、当庭质证、综合审查判断的方式来查明案件事实。

（3）科学鉴定的方法。按照法定的程序、方式和格式，由客观中立的专业机构或者人士，针对专门的事实问题，提供专业判断意见。

（4）经验判断的方法。根据长期积累起来的、经过多次验证的生活经验或者职业经验判断有关的案件事实。

2. 形式化的证明方法

主要有：

（1）自认或者承认。由当事人对不利的事实进行主动的自认或者消极的承认。

（2）推定或者认知。从一个已经得到证明的事实直接推导出另一个事实（推定），甚至在没有事实根据的情况下直接认定有关的案件事实（认知）。

（3）逻辑推理的方法。按照形式逻辑的推理方法，根据已知的案件事实推到未知的案件事实。

（4）常识判断的方法。根据一个地方的居民或者一个职业共同体的业内人士众所周知的事实来判断案件事实主张的真伪。

3. 辅助校正的方法

主要有：

（1）经济分析的方法。将案件事实的证明过程模拟为一个投入产出的效益最大化过程，测算最佳的证据资源投入量和证明程度水平。设计有效的举证质证激励机制。

（2）信息分析的方法。将案件事实的证明过程模拟为一个信息的产生、传输、加工和使用的过程，通过不确定性因素的概率分析，测算证据材料中所承载信息的内容及其衰变、失真的程度，测定案件事实证明的准确性程度。

（3）利益冲突权衡的方法。全面客观地调查案件事实的证明过程中所涉及的各种重要利益，通过轻重缓急的协调、替代性补偿的方法进行最大化的均衡照顾。

（4）价值冲突协调的方法。在遇到打击犯罪、保障人权、提高效率、维护安全秩序等价值冲突时，按照均衡优化的标准进行通盘的协调。

以上归类不可能全面，证据法上的证明方法将随着人类认识领域的扩展和认识能力的提高而不断扩展。不过，已经能够解释证据法相对于其他部门法在方法论上的特色。

（三）证据法的理想目标：真实

证据法上的真实是案件事实真相的简称。将真实作为整个法律体系的核心目的，是证据法区别于其他法律部门的标志之一。从事实的起点出发，经过证明的过程，迈向真实的目标，是证据法的“三部曲”。

证据法上的真实是客观的事实发现过程与主观的规范适用过程的统一。任何事实的发现过程都需要发挥人类的主观能动性，都有人类的语言、思维和目的因素的介入。但是，与科学证明过程的纯粹客观性与价值中立性不同，法律证明的过程不仅仅是一个事实的发现过程，也是一个规范的适用过程，其中交织着价值的冲突和利益的纷争，只有在相互冲突的法律价值得到了均衡协调，相互冲突的利益得到了均衡照顾的情况下，案件事实的证明过程才能获得合法性，才能产生预期的法律效果。

证据法上的真实是面向过去发现案件事实的原貌与面向未来公平地配置权利义务的统一。查明已经发生的案件事实原貌是古典证据法的理想目标，而公平地配置权利义务、安排好未来的生活是现代证据法的理想目标。对现代证据法而言，仅仅发现案件事实原貌是不够的，还需要在此基础上将眼光转向未来，发现在已经发生的案件事实之中蕴含的未来事实情况，以此为起点面向未来安排公平的权利义务关系。过去、现在与未来三个时间维度的统一，是真实来源于但高于事实的关键所在。

证据法上的真实是还原论与建构论的有机统一。为了将被破坏的生产生活秩序恢复到原先的状态而面向过去发现案件事实的原貌，是还原论的观点。从被破坏的秩序出发，面向未来建构一种崭新的、更美好的生产生活秩序，为此而面向未来发现潜在必然的客观事实，是建构论的观点。还原论是古典证据法的基本论调，而建构论是现代证据法的基本论调。

证据法上的真实正是将前述三个方面综合起来而形成一种理想事实状态，此即所谓“案件事实真相”一词的本义所在，也是证据法区别于其他部门法的标志所在。

第四节 证据法的体系结构

证据法的大多数规定分散在宪法、实体法和诉讼法之中，但这并不妨碍证据法作为一个独立部门法的地位。证据法的具体规范是分散的，但有共同的价值追求和基本原则来统率，有独特的调整范围和调整方法来支撑。对证据法的体系结构，可以从如下三个角度理解：

一、总则和分则

（一）总则

总则是普遍适用于各个证明领域的一般证据法规范，包括：

（1）术语解释规范。亦即有关证据、证明、证明责任、证明对象、证明标准、推定、司法认知等常用术语的解释规定。

（2）基本原则规范。有关证据裁判原则、自由心证原则、直接言词原则、法律真实原则、利益衡量原则等的规定。

（3）证据资格规则，即明确区分定案证据、证据材料、事实材料的标准，确立证据可采性标准的规则。

（4）证明力规则，有关证据证明力大小的判断标准规则。

（5）证明责任规则，即有关证明对象的确定、证明责任的分配、证明标准的适用的一般性规则。

（6）证明方法规则，有关经验、鉴定、认知、逻辑等事实判断方法的规则。

（二）分则

分则是仅适用于特定证明领域的特殊证据法规范，包括：

（1）刑事证据规则。有关定罪量刑之刑事案件事实认定的证据法规范，具体包括无罪推定原则，禁止自证其罪原则，职权调查原则，被告人陈述规则，有关刑事证明对象的确定、举证责任的分配、证明标准的选择适用的特殊规则，以及取证、举证、质证、认证的程序及其法律后果的规则。除非法律另有规定，刑事执行的证据规则应当与人民法院进行刑事诉讼的证据规则保持一致。

（2）民事证据规则。有关民事案件事实认定的证据法规范，包括当事人处分原则，辩论原则，自认规则，有关证明对象的确定、证明责任的分配、证明标准的选择适用的特殊规则，以及法院取证、当事人举证、质证和认证的程序及其法律后果的规则。除非法律另有规定，仲裁行为、公证行为在一般情况下均适用民事证据的规则。

（3）行政证据规则。有关行政案件事实认定的规范，具体包括审查性原则，案卷的排他性原则，现场笔录规则，有关证明对象、证明责任的分配、证明标准的选择适用的特殊规则，以及取证、举证、质证、认证的程序规则。除非法律规定的例外，行政机关认定案件事实的规则与标准应当与人民法院审理行政案件的证据规则保持一致。

二、基本原则、证据规则与证明规则

基本原则是有关证据法的价值追求和基本观念的基础性、统帅性和指引性的法律规范，证据规则是调整证据资格和证明力的法律规范，而证明规则是有关查明责任和举证责任的主体资格、范围、程序、标准和后果的法律规范。对具体案件中的事实认定而言，三个层面的规定关联互动，构成了一个比较完整的证据法依据结构。鉴于第二节专门论述了基本原则，本节集中笔墨于证据规则和证明规则之间的关系。

（一）国外的做法

美国学界通常相对明确地区分两者，证据规则（evidence rule）以证据的可采性规则为中心，证明规则以证明责任（burden of proof）的分配和标准为中心，而证据法（evidence law）则是“有关法律程序中的证明责任，证据的可采性、相关性、证明力和充分性的规则和原则的总称”。[①] 按照这种观点，证据法包括基本原则、证明责任规则和证据规则三部分。从加拿大 1993 年证据法和澳大利亚 1995 年证据法的内容来看，这种观点是英美法系学界和实务界普遍采取的立场。

在德国学界得到普遍认可的术语不是证据法（Beweisrecht），而是证据规则（Beweisregel），是指“仅适用于法定情形”的有关“法院以特定方式判断证据和证明结果”的法律规范。[②] 按照这种观点，证据法与证据规则是同义语。这种立场在大陆法系国家具有典型性。

（二）通说的观点

我国学界和实务界的通说采取宽泛的立场，认为证据规则不但调整客观性、相关性、合法性等证据属性，而且调整取证、举证、质证和认证等证明行为。[③] 按照这种宽泛的观点，证据规则实际上是证据法的别称。从我国证据法未来的发展需要来看，这种宽泛的观点显得粗糙，不能满足证据法日臻精细化的需要。

（三）笔者的观点

笔者赞成区分证据法、证据规则和证明规则的做法，认为证据法包括如下三个部分：一是证据法的基本概念和原则，二是有关证据个体属性的证据规则，三是有关证明行为的证明规则。其中，证据规则着重从证据的客观性、相关性和合法性的角度调整证据资格（可采性）和证明力（采信），明确定案证据和一般证据材料的界限，证明规则着重调整取证、举证、质证、认证等证明行为。为

---

① Black's Law Dictionary, pp.499-450. 另请参见薛波主编：《元照英美法词典》，法律出版社 2003 年版，第 499~450、791 页。

② Horst Tilch/Frank Arloth (heraug.), Deutsches Rechtslexikon, Verlag C. H. Beck 2001, S.819.

③ 江伟主编：《证据法学》，法律出版社 1999 年版，第 173 页；何家弘主编：《新编证据法学》，法律出版社 2000 年版，第 3 页；卞建林主编：《证据法学》，中国政法大学出版社 2007 年版，第 453 页；樊崇义主编：《证据法学》，法律出版社 2001 年版，第 291 页；刘金友主编：《证据法学》，中国政法大学出版社 2001 年版，第 337 页。

此，需要注意证明规则和证据规则之间的区别：

1. 作用不同

证据规则是证据法的静态规范领域，重在从调整对象的角度能突出证据法作为一个独立法律部门的特色。证明规则是证据法中的动态规范领域，重在从调整方法的角度突出证据法作为独立法律部门的特色。取证、举证、质证和认证的规则大多是程序法规范，但在主题、内容、过程等方面不同于一般的审理程序规范。例如，关于定案证据必须“经法庭查证属实”的规定。[①] 而关于举证责任分配的规范，既是实体法，又是证据法，如关于举证责任分配倒置的规定。[②]

2. 内容不同

在证据规则方面，刑事、民事和行政三大证据法分支领域的共同性多于差异性，如证据的种类和属性，三大证据法分支基本相同。在证明规则方面，三大证据法分支的差异性多于共同性，如推定、证明对象、证明标准等证明制度，三大证据法分支领域存在较大差异。

3. 后果不同

裁判违反证据规则采纳或者认定证据的，构成“主要证据不足”。违反证明规则，则需要区分情况对待：违反取证、质证和认证程序的，构成“违反法定程序”；违反证明经验或者逻辑规则的，构成“案件事实不清”或者“认定事实错误”。

三、核心领域、交叉领域和边缘领域

这是把握证据法体系的复杂性和边界的模糊性的一个必要角度，具体而言：

---

① 1996 年《刑事诉讼法》第 42 条第 2 款；1991 年《民事诉讼法》第 63 条第 2 款；1989 年《行政诉讼法》第 31 条第 2 款。

② 例如，《民法通则》第 122～127 条（举证责任倒置）；2001 年《民诉证据规定》第 4 条（举证责任倒置）。

（一）核心领域

核心领域是指彰显证据法的特质，只有证据法才能进行有效调整的事项，主要是上文所说的总则内容。

（二）交叉领域

交叉领域是指由证据法和实体法、诉讼法重叠调整的事项。这类事项既需要证据法从原则和规则的角度进行普遍一般的规定，又需要实体法或者诉讼法从案件类型和程序类型的角度作出具体、补充或者例外的规定，主要是上文所述分则的内容。

（三）边缘领域

边缘领域是指本质上不属于证据法规范，但其内容与证据法直接相关，对证据法的实施起支撑或者保障作用的规范，如有关伪证责任的追究、证人权益的保护、司法鉴定的规定。

明确这个角度的意义在于：学理和立法可能朝着相反的方向进行：学理研究应当“宽”，尽可能涉足一切相关领域；而证据法典的制定则应当“窄”，应当集中笔墨于诉讼法和实体法不可能替代的总则内容。

第五节 证据法的法典化

制定统一的证据法典是所有法律人梦寐以求的一个目标，因为这部法律对所有的法律人都有重要的意义。它是法律人职业共同体共识的结晶，是律师、警察、检察官、法官、法律学者等不同的法律职业人士提高相互之间的理解和信任水平的一个必要的制度平台。从司法改革的角度来看，统一证据法典也是巩固和提升现有的改革成果，引导未来改革征程的一个时代标志。从新时代中国特色社会主义法律体系建构的国策需要来看，制定统一证据法典的意义更为突出，因为统一的证据法典虽然只是一部法典，但调整的对象却是法治国家“以事实为根据、以法律为准绳”原则的半壁江山。相对于正确的法治观而言，事实观是先决的、先行的条件，因为树立正确的事实观是确立正确的法律观的前提。下文对此展开论述。

一、制定统一证据法典的可行性

制定统一的证据法典是学界和实务界共同瞩目的课题。[①] 支持者和质疑者之间的争鸣从一个角度反映了业内人士的认识。

（一）肯定说

有关统一证据法典的制定，支持者的理由主要是：

第一，克服现行分散立法的弊端。我国现行证据立法分散在三大诉讼法和有关的实体法中，但是三大诉讼法中有关证据的立法内容少而单薄，一方面，给执法人员的裁量权过大，而其中的重复、滞后、冲突、不科学等弊端给执法人员滥用裁量权造成可乘之机，导致司法专横。另一方面，不少地方法院自行立法，纷纷制定各内部的证据规则，助长了司法割据。这些弊端只有通过统一的证据法典才能从根本上消除。

第二，突出证据法的特质。一方面，适用于三大诉讼领域的一般证据法规范不可能依托在三大诉讼法或者刑事、民事和行政三个证据法领域中，只有统一证据法典才能作出全面科学的调整。另一方面，证明问题具有公开性和可重复性，与诉讼程序的闭合性和不可重复性不同，[②] 证据法问题的特殊性只有制定统一的证据法典才能充分反映出来。

第三，有利于集中解决比较突出的证据法难题，如法律术语混乱、刑讯逼供顽症、证人出庭作证难、律师调查取证权难、法院取证与当事人举证之间的协调、法官错案追究制与法官豁免之间的协调等。统一证据法法典的制定有利于为法官、当事人和律师提供统一的标准，还法官一个清白。

---

① 《2001年中国法学热点回顾》，载法制网，www.legaldaily.com.cn，2001年12月30日。证据法典的制定是当年的十大法学热点问题。

② 陈界融：《民事证据法：法典化研究》，中国人民大学出版社2003年版，第60~61页。

第四，有利于巩固审判方式改革成果，促进法官的职业化。

第五，学理研究和外国经验的借鉴。我国的证据法学已经摆脱了对诉讼法学的依附，研究越来越深入，为统一证据法典的制定奠定了一定的理论基础。而美国、澳大利亚、加拿大等国家的证据法法典化经验可供借鉴。

（二）否定说

反对者的核心主张是分散立法，主张各搞各的。具体有三种观点：

一是单独分别立法说。主张分别制定刑事、民事、行政证据法，附属诉讼法说主张以修改三大诉讼法的方式将各自的证据问题分别规定在新诉讼法中。现行司法解释采纳了这种观点。

二是附属实体法说。主张将证据法纳入实体法，作为民法典、刑法典的组成部分。

三是附属诉讼法说，在学界影响较为广泛，认为：

第一，证据法典的制定首先是一个立法体制问题。英美法系的证据规则是针对陪审成员的，而不是针对职业法官的；大陆法系国家之所以没有证据法典，是因为诉讼法典中花费了较大的篇幅规定证据，如果把证据的内容抽出去制定证据法典，诉讼法典的内容就很少了，三大诉讼法可能被证据法典“掏空”，无法存在。①

第二，统一证据法典可能给执法人员造成很大困难。我国法官专业学习时间比较少，实体法、诉讼法难以吃透，统一证据法典只会使法官办案更加困难，造成赶鸭子上架。我国的部分法官政治素质低下，有法不依，颠倒黑白，制定证据法典也无济于事。

第三，两大法系的证据法是在长期经验的积累上形成的，我国还没有丰富的实践经验积累，统一立法的时机还不成熟。

---

① 陈界融：《民事证据法：法典化研究》，中国人民大学出版社 2003 年版，第 61 页。

(三) 折中说

折中说一方面肯定制定统一证据法典的必要性，另一方面主张以分别修改三大诉讼法的方式为统一证据法典做好前期的准备，认为这是一种现实的选择。[①] 近年来的立法实践验证了折中说的可行性。

笔者赞成折中说，认为反对者的理由不充分，表现在：

第一，统一证据法典不会“掏空”三大诉讼法，反而有助于三大诉讼法集中精力于自身的特殊问题。制定了统一证据法典的国家的经验已经说明了这一点。美国的联邦证据规则并没有掏空联邦民事诉讼规则、联邦刑事诉讼规则。恰恰相反，三个法典之间存在内容的协调和衔接关系。诉讼法本身具有丰富的内容，不可能被统一证据法典掏空，否则，只能说明诉讼法本身的发展还不完善。

第二，立法具有带领社会进步的功能，法律不能迁就司法实践中存在的不良或者狭隘现象，相反却应当通过制定证据法典，克服这些不良现象。不能单纯地认为法官业务素质跟不上立法，恰恰相反，统一立法有利于法官队伍业务素质的整体性提高。

第三，立法不一定需要等到经验积累到丰富的程度，而是应当边立法边积累。否则，改革开放以来的重要立法都不可能出台。

第四，将证据法分散规定在实体法典中，与其他分散立法学说存在同样的缺陷。

二、制定统一证据法典的立法模式与体例编排

立法模式的实质是统一证据法典与相关立法之间在范围、内容上的关系协调问题，而体例编排的重点在于统一证据法典的内部篇章结构设计。

(一) 立法模式

关于统一证据法典与现行法之间的关系，学界有重新立法说和

---

① 何家弘主编：《刑事证据制度改革研究》，法律出版社 2003 年版，第 2 页。

补充立法说两种观点。

重新立法说主张另起炉灶，推翻现有证据法规范，借鉴国外经验，建立一个全面调整证据种类和分类，证据的采纳和采信，证明责任、证明对象和证明标准，以及取证、举证、质证、认证等问题的大型证据法典。

补充立法说主张维持现行立法的现状，以便证据法典集中篇幅着重补充完善一些急需解决的实践问题。

（二）体例编排

关于统一证据法典的体例编排，存在不同的观点。

第一种观点认为统一证据法典可以分设总则、证据种类、证据资格、证明力和证明五编，统一规定三大诉讼证据问题，在此前提下兼顾三大诉讼证据的特殊性。

第二种观点认为统一证据法典分设“总则”、“刑事证据”、“民事证据”、“行政证据”四编，“总则”规定一般问题，其他各编各自下设章节，分别规定各自的特殊规则。

第三种观点主张框架立法，统一证据法典只规定原则性问题，如证据排除规则、证明力规则、证明标准等，其他问题由三大诉讼法和司法解释规定。

（三）笔者观点

笔者持“统一立法、专门立法和分散立法相结合”的观点，认为制定统一证据法典应当与三大诉讼法的修改工作，以及相关的专门立法工作统一规划，分步实施。统一证据法典并不能解决所有的问题，而分散立法又存在许多技术缺陷，两者是互补而不是对立的关系。统一的证据法典应当分为基本概念、基本原则、证据规则和证明规则四个模块，集中系统规定有关证据资格和证明力的证据规则，有关证明的主体、范围、标准、方式、方法的一般规则。至于三大诉讼法修改，应当各自着眼于案件和审理程序的特殊性，分别制定取证、举证、质证、认证的特殊规则。至于《证人（保护）法》、《司法鉴定法》，由于其内容综合复杂，超出了证据法典的调整能力，应当单独制定，并且一并纳入立法的规划，在内容协调的情况下分步制定。具体而言：

1. 相关立法的衔接协调与整体规划

统一证据法典的制定必须与实体法、诉讼法和单行法衔接协调。例如：

（1）证人的法律责任和权益保护。这两个问题都不是证据法问题。有关证人的法律责任应当在三大诉讼法中有关排除妨害、《治安管理处罚法》和《刑法》的有关条文中作相应规定，为此应当考虑与《刑法》伪证罪的协调。关于证人保护，可以考虑制定单行的《证人（保护）法》，综合调动行政、司法和社会的各种资源和手段。

（2）鉴定体制改革。造成鉴定意见失范的一个重要原因是我国分散多极的鉴定体制。鉴定体制的改革势在必行，学界有人主张制定《司法鉴定法》。在内容上，统一证据法典应当限于鉴定意见的证据资格和证明力问题，至于鉴定的申请权、鉴定收费、鉴定机构的设置和认证管理等事项，应当由单行法规定。

（3）私人侦探的法律规范。我国的私人侦探近年来蓬勃发展，已经成为一个行业，有人称之为私人调查业、私人保安业。笔者主张制定单独的《私人侦探管理条例》，加强私人侦探业的国家管理和行业管理。统一证据法典的调整重点是明确私人侦探取证的证据资格。

（4）举证责任倒置涉及实体法规定。统一证据法典在规定举证责任倒置情形的同时，应当提出有关实体法的修改方案，至少应当明确法律适用问题。

（5）避免与诉讼法重复。与诉讼法的关系是证据法法典化中的最大障碍。笔者认为，统一证据法典并不排斥三大诉讼法各自规定证据问题，问题是两者之间的衔接和协调。统一证据法典应当恪守两重限制：一是一般性限制，证据法典应当集中横跨三大诉讼的一般证据规则，对三大诉讼证据的特殊规则，尽可能不规定；二是特殊性限制，即着重规定证据和证明责任这两个证据法的核心问题，对取证、举证、质证和认证的程序规则，应当留给三大诉讼法各自规定。

（6）给司法解释留有余地。统一证据法典在粗和细之间应当掌握一个合理的度，对涉及司法公正和公民基本权利保护的重要问题应当详细规定，其他问题只需要做原则性或者援引性规定。

2. 以法律的方式巩固改革成果，促进和引导司法改革的深化

统一证据法典的制定既是司法改革的最高成就，也是这个过程的有机组成部分。进入新世纪以来，我国的司法制度进行着翻天覆地的改革。2003 年法院系统初步完成了 39 项改革，包括普通刑事案简化审、民诉简易程序完善、法官任职审核制等，2004 年重点进行了巡回审判、独立审判、法官惩戒程序等改革。[①] 十八届三中全会和四中全会之后，司法改革的步伐明显加大加快，中央有关跨区法院制、立案登记制、领导干预办案记录制、法官员额制、司法责任终身制等改革措施接连出台。统一证据法典的制定应当与司法改革深化的进程步调一致，以法律的方式巩固司法改革的成果。

3. 立足本土需要，兼收并蓄域外经验

统一证据法典的制定面临的一个重要难题是两大法系立法模式的碰撞。我国三大诉讼法采取的是大陆法系模式，但证据法典的制定却要采取英美法系模式。要在大陆法系的大诉讼法框架体系中嵌入英美法系的统一证据法典，无疑存在很大的立法技术难题。这是学界分歧的一个重要原因。有人主张主要借鉴英美法系经验，因为英美法系国家的证据法比较发达；而有人主张主要借鉴大陆法系经验，因为大陆法系与我国相通之处比较多。笔者主张奉行平等对待、取长补短、兼收并蓄的态度，根据我国司法改革的实际需要借鉴两大法系的经验，注意域外经验与我国本土文化融合的困难。

---

① 徐来：《全国法院 39 项改革基本完成》，载《法制日报》2003 年 12 月 17 日。

三、制定统一证据法典的阶段

朝着制定统一证据法典的理想目标，学界和实务界相互支持、配合呼应，各自从不同的角度和层面以不同的方式进行推动着，展现了学术研究与实践创新之间既保持必要的审美距离又相互信任、密切配合的一幅美丽画面。实务界致力于一个一个地解决具体的问题，如证据材料的交换与开示、证人出庭作证、专家证言和司法鉴定、非法证据排除等具体问题在近年来逐步形成了比较具体的规则，为统一证据法典的制定积累了扎实的实践基础。与此同时，学界在近二十年来致力于统一证据法典的文本制定，形成了多种立法草案，开展了系列的专题研究，出版或者发表一批具有标志性意义的成果，为统一证据法典的制定奠定了比较厚实的理论支撑。

（一）理想化的模范法典阶段

在教育部重点研究基地中国人民大学民商事法律科学研究中心主任王利明先生的大力推动下，江伟教授主持草拟的《中国证据法草案（建议稿）及立法理由书》先后历经五稿[①]，是 2005 年以前证据法学界共同努力的一项最具有代表性的标志性成果，堪称改革开放以来统一证据法典制定进程的第一块里程碑。该稿的最大特点——更准确地说是“亮点”——是致力于建构一个可供立法部门参考的理想示范法典草案。实践证明，江伟先生主持的立法建议稿对后来的证据法典草案制定确实起到了示范带头的积极作用。具体而言：

1. 以事实审与法律审之间的关系问题为核心线索

根据事实审与法律审的内容、审级和程序相对分离的原则，证据法典的任务是从证据和证明的角度对“事实审”的主要问题作

---

① 江伟主编：《中国证据法草案（建议稿及立法理由书）》，中国人民大学出版社 2004 年版，记载了证据法草案的四稿（162 条）和五稿（192 条），以及有关两稿的研讨会要点；陈界融：《民事证据法：法典化研究》，中国人民大学出版社 2003 年版，记载了证据法草案的一稿（267 条）、二稿（208 条）和三稿（184 条）。

出统一明确的规定，亦即事实审的主体、范围、内容、标准、方式、方法、程序及其后果。

2. 以当事人主义与职权主义的适度结合为主要思路

立足中国的实际情况，吸收先进国家的经验，消除超职权主义的弊端，淡化职权主义的色彩，增加当事人主义的对抗辩论因素，在当事人主义和职权主义之间形成一种取长补短的良性互动关系，建立一种彰显当事人的主体地位、结构优化、效率更高的新型审判模式，是2005年以前审判方式改革的重点目标。证据法典草案对司法改革的要求作出了积极回应。

3. 以拿来主义为主要研究方法

鉴于当时学界和实务界的有关积累薄弱，而法德等欧陆国家有系统完备的诉讼法典，美国有成熟的证据规则法典，其中有关证据规则的内容反映了证据和证明的一般规律，是超越文化背景和国界限制的。针对中国审判方式改革的实践需要，有选择地拿来为我所用，按照我国的法律思维和语言的习惯，形成自己的证据法草案。

时隔十五年后看当时制定草案的历程，虽然草案的内容显得过于理想化——更准确地说是“理论化”，但主要问题的捕捉和基本框架结构的设计还是值得肯定的，具有良好的前瞻性。虽然是一个草案建议稿，但对学界，尤其是实务界制定具体的证据规则还是起到了积极的参考作用。

（二）现实化的统一证据规定阶段

在中国政法大学证据科学研究院张保生教授的主持下，我国制定统一证据法典的运动进入了第二个阶段。张保生教授主编的《〈人民法院统一证据规定〉司法解释建议稿及论证》[①] 和张中教

---

① 张保生主编：《〈人民法院统一证据规定〉司法解释建议稿及论证》，中国政法大学出版社2008年版，全文174条。

授撰写的《关于〈人民法院统一证据规定〉调研报告》[①] 是两大标志性成果，在学界和实务界引起了广泛的影响。最高人民法院发布了《关于开展〈人民法院统一证据规定（司法建议稿）〉试点工作的通知》，在北京市、云南省、山东省、吉林省和广东省的法院系统中选择了四个中级人民法院和三个基层法院进行试点。该通知所附的司法解释建议稿采纳了张保生教授主持的司法解释建议稿，在内容和措辞上做了细节修改。[②] 笔者认为，司法解释建议稿的亮点有：

1. 以证据的相关性为证据规则体系建构的支撑点

客观事实的维度和广度是无限的，但法律事实的维度和广度却是有限的。如何将不同的证据种类规则和证明制度环节贯穿起来，形成一个外部边界清晰、内部结构紧密的证据法规范体系，是制定统一证据法典过程中的根本性的前提问题。张中教授在调研报告中指出以证据的相关性为核心，可谓司法解释建议稿的一大亮点。的确，相关性不仅是限定证明对象范围、分析案件事实结构的关键尺度，也是衡量证据的可采性和证明力、证明责任履行的主要尺度。以相关性为线索将证据规则和证明规则统一起来，在理论视角选择和体系支撑点定位方面都可谓匠心独运。

2. 以现代科学主义作为建构统一证据规定的基本观念

随着社会的日趋复杂，言词证据在品格、能力和成本等方面的局限性日渐式微；而随着科学技术的发展，物证在证明案件事实中的作用越来越突出。证据法的重心出现从言辞证据向实物证据转变的趋势，此即达玛斯卡所称的从人证时代走向物证时代。由于物证

---

① 王进喜、常林主编：《证据理论与科学：首届国际研讨会论文集》，中国政法大学2009年版，第99~144页。

② 2008年4月11日最高人民法院〔2008〕129号公布，全文174条。四个试点中级人民法院是：昆明市中级人民法院、东营市中级人民法院、延边朝鲜族自治州中级人民法院、深圳市中级人民法院；三个基层人民法院是：佛山市顺德区人民法院、北京市海淀区人民法院、北京市东城区人民法院。

的调查收集和审查判断越来越依赖科学技术，科学证据法则在现代证据法体系中的地位越来越突出。总体而言，科学主义已经成为现代证据法所秉持的一个基本观念。司法解释建议稿准确地捕捉到了现代证据法的发展趋势，不仅在鉴定意见、专家证言等证据资格方面突出了科学证据的作用，而且在证明对象、证明方法、证明程序等制度环节突出了现代科学技术的作用。

3. 以理论密切联系实际为具体的行动指针

遵循中央有关依法治国的各项决策，围绕建立公正、高效、权威的社会主义司法制度的目标，服务中国司法改革的实践需要，从中国审判的实践中来，到中国审判的实践中去，是司法解释建议稿的最大亮点。司法解释建议稿的草拟先后历经三稿，并且得以在法院系统试点，有赖于最高人民法院和整个法院系统的鼎力支持。在笔者看来，司法解释建议稿不仅是统一证据法典制定历史上的一个里程碑，而且是学界和审判实务界之间相互信任、相互支持、相互合作的一个典范。

（三）引领世界司法文明发展的新时代法典化阶段

展望未来10年乃至20年，统一证据法典的道路将走向何方呢？笔者认为：

1. 从政策主导推动的司法改革路径转向法典化主导推动的司法改革路径

作为一部具有里程碑和风向标意义的法典，统一证据法典的制定绝非单纯的国家法律体系完善问题，而是司法改革的整体路径转向问题。近20年来司法改革紧锣密鼓、大刀阔斧、翻天覆地，主要是靠中央的政策来推动的，政策主导、制度创新、立法跟进是这个阶段的鲜明特征。司法改革的进程已经从20年前的初见成效迈向现在的卓有成效阶段，下一步改革的思路和路径必须改变。在笔者看来，当务之急是通过统一证据法典的制定，从贯彻落实“以事实为根据”的这一宪法原则的特殊角度，对近20年来司法改革的成果进行一次系统全面的总结和提升，把中央司法改革政策中的精华因素以国家法律的形式及时巩固下来，防止方方面面历经千辛万苦获得的司法改革成果化为历史的过眼云烟。统一证据法典是司法改革历程中最具有里程碑意义的成果，是司法改革的各项成果中最为闪亮的一颗明珠。

2. 建构法律人职业共同体多向交流、开放对流的制度平台

统一证据法典是法律人职业共同体达成或者存在基础共识的产物。作为一个职业共同体健康发展的基础共识的形成，有赖于律师、警察、检察官、法官、学者之间的人才对流机制和对话合作机制，更有赖于完备的法律体系。目前证据规则在刑事、民事和行政等领域和律师、警察、检察官和法官之间的分散隔离状态，归根结底是法律人职业共同体内部分裂状态的表现，是法律人相互之间缺乏进行正常对流和对话的基础共识的结果。法律人的这种分裂状态很容易造成国家法律体系的分裂，使依法治国的基本方略和各项司法改革政策异化扭曲。这是因为，国家立法机关制定的法律主要依靠法律人来实施，一群各自为战、相互隔离、相互孤立的单子化的法律人，即使人数再多，也不能有效维护自身所在职业共同体的统一性和尊严性，更不可能切实有效地维护国家法制的统一性和尊严性。从这个意义上可以说，在不同职业的法律人之间建构作为职业共同体的基础共识是我国司法改革下一步努力的重点和难关。在笔者看来制定统一的证据法典是克服这个难关最切实、最经济、最可行的措施。

3. 从引领世界司法文明进步的角度审视中国统一证据法典的制定

司法文明本质上是一种制度文明。如果说科学技术是第一生产力，那么，制度文明则是第二生产力。两个生产力如同汽车的两个车轮，需要力学结构上的均衡、协调、同步，才能确保国家政治、经济、社会和文化的持续稳定发展。

从司法文明的角度看司法改革，可以发现，任何一项改革方案和制度创新措施的出台，都必须力求世界先进性与中国特色性的统

一。统一证据法典的制定当然要立足于中国的实际情况，但更要从引领世界制度文明进步的角度考虑。换言之，未来证据法典的制定既不能像第一阶段那样主要奉行拿来主义，也不能像第二阶段那样主要奉行本土主义，而是从引领世界司法制度文明发展的高度出发，力求两者的统一。这就意味着，未来制定的统一证据法典应当是世界上最好的证据法典。

以上三点勾画了未来制定统一证据法典的基本方向。问题是：当前的主要工作是什么？

笔者认为，当务之急是系统总结《人民法院统一证据规定（司法解释建议稿）》的试点工作经验，修改完善司法建议稿，在此基础上将“建议稿”提升为“试行稿”，首先在人民法院系统全面铺开试行5年，然后在整个公安司法系统展开试行5年，以便为全国人大常委会制定统一证据法典的“草案稿”积累经验。

本章提要

证据法是调整证据与证明的法律规范的总称，主要由基本原则、证据规则和证明规则三类法律规范组成。

证据法的基本原则是反映证据法体系的基本价值取向和主要目的定位，指引具体规则的适用，将分散的证据规则和证明规则统率起来，使之成为一个独立法律部门的基本法律规范。本章认为，证据法的基本原则有证据裁判原则、法律真实原则、无罪推定原则、直接言词原则和利益衡量原则，共同指向《宪法》规定的“以事实为根据、以法律为准绳”的一般法律原则。

证据规则是有关证据材料的证据资格和证明力的静态法律规范。按照法定的方式进入法律证明程序之中的事实材料只有在达到合法性、相关性和客观性三大标准，并且具备一定证明力的情况下才能作为认定案件事实的根据，亦即定案证据。本章因此认为定案证据规则是证据规则的核心。

证明规则是有关证明对象的范围和构成、证明的标准、证明责任的分担和分配的动态法律规范。其中，证明责任规则既涉及当事人的主体地位和相互角色关系的安排，又涉及发现案件事实真相的激励机制的设计，本章认为证明责任规则是证明规则体系核心之所在。

理论基础直接影响证据法体系建构的视角选择和思路设计，因此本章作了重点分析。在简要介绍了认识论、价值论、效率论和信息论之后，本章提出了平衡论的主张，认为现代证据法体系的建构应当力求客观的事实发现过程与主观的规范适用过程的统一、客观的利益衡量过程与主观的价值冲突协调的统一，从而使证据法体系在价值取向、目的定位、功能结构等方面达到一种优化均衡状态。

统一证据法典的制定是本章的落脚点，也是本书的出发点。对此，本章首先介绍了学界有关制定统一证据法典可行性的争论，对可行性持充分肯定的立场。

随后本章介绍了学界有关统一证据法典的体例模式和结构编排的不同观点，主张采取“统一立法+分散立法+专门立法”相结合的模式，认为统一证据法法典集中规定适用于刑事、民事和行政三大领域的普遍规则，分为基本概念、基本原则、证据规则和证明规则四部分。至于特殊的证据规则，可以司法解释的方式，分别制定单独的刑事证据规则、民事证据规则和行政证据规则。对证人保护、司法鉴定等跨领域的综合复杂问题，本章主张单独制定《证人（保护）法》和《司法鉴定法》。

本章最后从自己的视角出发，将改革开放以来的统一证据法典的制定历程分为两个阶段：一是以江伟先生为代表的理想化的证据法草案阶段，时间大约在2005年以前。二是以张保生教授为代表的现实化的统一证据规定阶段，时间大约在2006以后至今。关于未来20年的展望，本章也分为两个阶段：第一个10年，将司法建议稿提升为试行稿，全面系统地总结和提升20年来司法改革的成果，促进法律人职业共同体基础共识的形成，在司法系统全面推广。这里的关键是系统总结司法建议稿试点工作的经验，将建议稿修改提升为试行稿。第二个10年，针对更长远的未来，本章提出了以统一证据法典引领世界司法文明进步的阶段。这个阶段的统一证据法典的制定应当从引领世界司法制度文明发展的新时代角度考虑问题，力求世界先进性和中国特色性在新时代的统一。

法规解释索引

1998 年《刑诉法实施规定》：最高人民法院、最高人民检察院、公安部、国家安全部、司法部、全国人大常委会法制工作委员会《关于刑事诉讼法实施中若干问题的规定》，1998 年 1 月 19 日发布，48 条。

2012 年《刑诉法实施规定》：最高人民法院、最高人民检察院、公安部、国家安全部、司法部、全国人大常委会法制工作委员会《关于实施刑事诉讼法若干问题的规定》，2012 年 12 月 26 日发布，自 2013 年 1 月 1 日起实施，40 条。

1998 年《刑诉法解释》：最高人民法院《关于执行〈中华人民共和国刑事诉讼法〉若干问题的解释》，法释〔1998〕23 号，1998 年 6 月 29 日最高人民法院审判委员会第 989 次会议通过，自 1998 年 9 月 8 日起实施，367 条。

2012 年《刑诉法解释》：最高人民法院《关于适用〈中华人民共和国刑事诉讼法〉的解释》，法释〔2012〕21 号，2012 年 11 月 5 日由最高人民法院审判委员会第 1559 次会议通过，自 2013 年 1 月 1 日起施行，548 条。

1999 年《检察院刑诉规则》：《人民检察院刑事诉讼规则（试行）》，高检发释字〔1999〕1 号，1997 年 1 月 5 日最高人民检察院第八届检察委员会第六十九次会议通过，1998 年 12 月 16 日最高人民检察院第九届检察委员会第二十一次会议修订，1999 年 1 月 18 日发布，根据 1999 年 9 月 21 日高检研发字〔1999〕9 号文件《关于修改〈人民检察院刑事诉讼规则〉第四百零五条和第四百零七条的通知》修改，468 条。

2012年《检察院刑诉规则（试行）》：《人民检察院刑事诉讼规则（试行）》，高检发释字〔2012〕2号，2012年10月16日由最高人民检察院第十一届检察委员会第八十次会议通过，自2013年1月1日起施行，708条。

1998年《公安刑事程序规定》：公安部《公安机关办理刑事案件程序规定》，1998年4月20日公安部部长办公会议通过，1998年5月14日发布，2007年12月1日修正，355条。

2012年《公安刑事程序规定》：中华人民共和国公安部令第127号，2012年12月3日公安部部长办公会议通过，自2013年1月1日起施行，376条。

1992年《民诉法适用意见》：最高人民法院《关于适用〈中华人民共和国民事诉讼法〉若干问题的意见》，法发〔1992〕22号，1992年7月14日最高人民法院第528次会议讨论通过，320条。

2015年《民诉法适用解释》：最高人民法院《关于适用〈中华人民共和国民事诉讼法〉的解释》，法释〔2015〕5号，2014年12月18日最高人民法院审判委员会第1636次会议通过，自2015年2月4日起施行，552条。

2001年《民诉证据规定》：最高人民法院《关于民事诉讼证据的若干规定》，2001年12月6日由最高人民法院审判委员会第1201次会议通过，自2002年4月1日起施行，83条。

1991年《行诉法贯彻意见》：最高人民法院《关于贯彻执行〈中华人民共和国行政诉讼法〉若干问题的意见（试行）》，1991年5月29日最高人民法院审判委员会第499次会议通过，自1991年7月11日起施行，115条。

2000年《行诉法执行解释》：最高人民法院《关于贯彻执行〈中华人民共和国行政诉讼法〉若干问题的解释》，法释〔2000〕8号，1999年11月24日由最高人民法院审判委员会第1088次会议通过，2000年3月8日公布，自2000年3月10日起施行，98条。

2015年《行诉法适用解释》：最高人民法院《关于适用〈中华人民共和国行政诉讼法〉若干问题的解释》，法释〔2015〕9号，2015年4月20日最高人民法院审判委员会第1648次会议通过，2015年4月22日公布，自2015年5月1日起施行，27条。

2002年《行诉证据规定》：最高人民法院《关于行政诉讼证据若干问题的规定》，法释〔2002〕21号，2002年6月4日最高人民法院审判委员会第1224次会议通过，2002年7月24日公布，自2002年10月1日起施行，80条。

2015年《完善法院司法责任制意见》：最高人民法院《关于完善人民法院司法责任制的若干意见》，法发〔2015〕13号，2015年9月21日发布，48条。

2016年《保护司法人员依法履职规定》：中共中央办公厅、国务院办公厅印发《保护司法人员依法履行法定职责规定》，自2016年7月21日起施行，27条。

2017年《保护司法人员依法履职规定实施办法》：最高人民法院关于印发《人民法院落实〈保护司法人员依法履行法定职责规定〉的实施办法》，法发〔2017〕4号，最高人民法院2017年2月7日发布，24条。

1966年《公民权利和政治权利国际公约》：联合国《公民权利和政治权利国际公约》，联合国大会1966年12月16日第2200A（XXI）号决议通过，1976年3月23日生效，我国于1998年10月5日签署加入，53条。

主要参考文献

一、教材类

1. 周荣著：《证据法要论》，商务印书馆 1936 年版。

2. 巫宇甦主编：《证据学》，群众出版社 1983 年版。

3. 樊崇义主编：《刑事诉讼法学研究综述与评价》，中国政法大学出版社 1991 年版。

4. 陈光中主编：《刑事诉讼法学（新编）》，中国政法大学出版社 1996 年版。

5. 王以真主编：《外国刑事诉讼法学》，北京大学出版社 1996 年版。

6. 何家弘主编：《证据调查》，法律出版社 1997 年版。

7. 吴庚著：《行政争讼法论》，台北三民书局 1999 年版。

8. 江伟主编：《证据法学》，法律出版社 1999 年版。

9. 何家弘主编：《新编证据法学》，法律出版社 2000 年版。

10. 樊崇义主编：《证据法学》，法律出版社 2001 年版。

11. 陈一云主编：《证据学》，中国人民大学出版社 2001 年版。

12. 刘金友主编：《证据法学》，中国政法大学出版社 2001 年版。

13. 宋世杰著：《证据学新论》，中国检察出版社 2002 年版。

14. 何家弘主编：《外国证据法》，法律出版社 2003 年版。

15. 卞建林主编：《证据法学》，中国政法大学出版社 2007 年版。

16. 陈卫东、谢佑平主编：《证据法学》，复旦大学出版社

2005 年版。

17. 洪浩主编:《证据法学》，北京大学出版社 2005 年版。

18. 何家弘主编:《证据法学研究》，中国人民大学出版社 2007 年版。

19. 张保生主编:《证据法学》，中国政法大学出版社 2009 年版。

20. 何家弘、张卫平主编:《简明证据法学》，中国人民大学出版社 2011 年版。

二、专著类

1. 金岳霖:《知识论》（下册），商务印书馆 1983 年/2011 年版。

2. 李德顺:《价值论》，中国人民大学出版社 1987 年版。

3. 弓肇祥:《真理理论——对西方真理理论历史地批评地考察》，社会科学文献出版社 1999 年版。

4. 谢晖:《法律的意义追问》，商务印书馆 2003 年版。

5. 陈朴生:《刑事证据法》，台北三民书局 1979 年版。

6. 骆永家:《民事举证责任论》，商务印书馆 1980 年版。

7. 陈荣宗:《举证责任分配与民事程序法》，台北三民书局 1984 年版。

8. 崔敏、张文清主编:《刑事证据的理论与实践》，中国人民公安大学出版社 1992 年版。

9. 李学灯:《证据法比较研究》，台北五南图书出版有限公司 1992 年版。

10. 周国均、刘根菊:《刑事证据种类和分类的理论与实务》，中国政法大学出版社 1992 年版。

11. 彭漪涟:《事实论》，上海社会科学院出版社 1996 年版。

12. 李浩:《民事举证责任研究》，中国政法大学出版社 1993 年版。

13. 沈达明编著：《英美证据法》，中信出版社 1996 年版。

14. 高家伟：《行政诉讼证据的理论与实践》，工商出版社 1998 年版。

15. 叶自强：《民事证据研究》，法律出版社 1999 年版。

16. 黄朝义：《刑事证据法研究》，台北元照出版有限公司 1999 年版。

17. 刘荣军：《程序保障的理论视角》，法律出版社 1999 年版。

18. 陈荣宗、林庆苗著：《民事诉讼法》，台北三民书局 1999 年版。

19. 陈刚：《证明责任法研究》，中国人民大学出版社 2000 年版。

20. 刘善春、毕玉谦、郑旭：《诉讼证据规则研究》，中国法制出版社 2000 年版。

21. 吕立秋：《行政诉讼举证责任》，中国政法大学出版社 2001 年版。

22. 吴东都：《行政诉讼之举证责任》，台湾学林文化事业有限公司 2001 年版。

23. 易延友：《沉默的自由》，中国政法大学出版社 2001 年版。

24. 张卫平：《诉讼构架与程式》，清华大学出版社 2000 年版。

25. 邱联恭：《程序选择权论》，台北三民书局 2000 年版。

26. 王亚新：《社会变革中的民事诉讼》，中国法制出版社 2001 年版。

27. 叶自强：《民事诉讼制度的变革》，法律出版社 2001 年版。

28. 吴家友主编：《法官论证据》，法律出版社 2002 年版。

29. 何家弘主编：《电子证据法研究》，法律出版社 2002 年版。

30. 何家弘、南英主编：《刑事证据制度改革研究》，法律出版社 2003 年版。

31. 齐树洁主编：《英国证据法》，厦门大学出版社 2002 年版。

32. 杨良宜、杨大明：《英美证据法》，法律出版社 2002 年版。

33. 叶自强：《民事证据研究》，法律出版社 2002 年版。

34. 江伟主编：《民事诉讼法学》，复旦大学出版社 2002 年版。

35. 江伟、邵明、陈刚：《民事诉权研究》，法律出版社 2002 年版。

36. 王亚新：《对抗与判定》，清华大学出版社 2002 年版。

37. 徐昕：《英国民事诉讼与民事司法改革》，中国政法大学出版社 2002 年版。

38. 沈德咏主编：《刑事证据制度与理论》，法律出版社 2002 年版。

39. 杨宇冠：《非法证据排除规则研究》，中国人民公安大学出版社 2002 年版。

40. 王进喜：《刑事证人证言论》，中国人民公安大学出版社 2002 年版。

41. 吴宏耀、魏晓娜：《诉讼证明原理》，法律出版社 2002 年版。

42. 汪海燕、胡常龙：《刑事证据基本问题研究》，法律出版社 2002 年版。

43. 孙业群：《司法鉴定制度改革研究》，法律出版社 2002 年版。

44. 张建伟：《刑事司法体制原理》，中国人民公安大学出版社 2002 年版。

45. 甘文：《行政诉讼证据司法解释之评论》，中国法制出版社 2003 年版。

46. 谢佑平、万毅：《刑事侦查制度原理》，中国人民公安大学出版社 2003 年版。

47. 宋英辉主编：《刑事诉讼原理》，法律出版社 2003 年版。

48. 杨荣馨主编：《民事诉讼原理》，法律出版社 2003 年版。

49. 李浩：《民事证明责任研究》，法律出版社 2003 年版。

50. 罗玉珍主编：《民事证明制度与理论》，法律出版社 2003

年版。

51. 史立梅：《程序正义与刑事证据法》，中国人民公安大学出版社 2003 年版。

52. 陈界融：《民事证据法：法典化研究》，中国人民大学出版社 2003 年版。

53. 樊崇义、锁正杰、牛学理、吴宏耀、苏凌：《刑事证据法原理与适用》，中国人民公安大学出版社 2003 年版。

54. 陈光中：《中华人民共和国刑事证据法专家试拟稿》，中国法制出版社 2004 年版。

55. 刘品新主编：《美国电子证据规则》，中国检察出版社 2004 年版。

56. 郭志媛：《刑事证据的可采性研究》，中国人民大学出版社 2004 年版。

57. 刘品新：《中国电子证据立法研究》，中国人民大学出版社 2005 年版。

58. 方金刚：《案件事实认定论》，中国人民大学出版社 2005 年版。

59. 纪格非：《证据能力论》，中国人民大学出版社 2005 年版。

60. 蔡小雪：《行政诉讼证据规则及运用》，人民法院出版社 2006 年版。

61. 林辉煌：《论证据排除》，北京大学出版社 2006 年版。

62. 宋英辉、汤维建主编：《我国证据制度的理论与实践》，中国人民公安大学出版社 2006 年版。

63. 沈冠伶：《民事证据法与武器平等原则》，台北元照出版有限公司 2007 年版。

64. 蒋平、黄淑华、杨莉莉编著：《数字取证》，清华大学出版社、中国人民公安大学出版社 2007 年版。

65. 蒋平、杨莉莉编著：《电子证据》，清华大学出版社、中国人民公安大学出版社 2007 年版。

66. 郑旭：《刑事诉讼法学》，中国人民大学出版社 2007 年版。

67. 阎明秀：《司法认知研究》，中国检察出版社 2008 年版。

68. 季美君：《专家证据制度比较研究》，北京大学出版社 2008 年版。

69. 俞亮：《证据相关性研究》，北京大学出版社 2008 年版。

70. 樊崇义主编：《诉讼原理》，法律出版社 2009 年版。

71. 郑旭：《非法证据排除规则》，中国法制出版社 2009 年版。

72. 何海波：《实质法治——寻求行政判决的合法性》，法律出版社 2009 年版。

73. 樊崇义：《刑事诉讼法的哲理思维》，中国人民公安大学出版社 2010 年版。

三、论文类

1. 吴宏耀：《诉讼认识论》，中国政法大学 2002 年博士学位论文。

2. 刘品新：《中国电子证据立法研究》，中国人民大学 2003 年博士学位论文。

3. 欧元捷：《民事诉讼证明责任研究——以中德机动车交通事故损害赔偿案为分析对象》，中国人民大学 2017 年博士学位论文。

四、译著类

1. ［古希腊］亚里士多德：《范畴篇　解释篇》，方书春译，商务印书馆 1959 年版。

2. ［英］罗素：《人类的知识——其范围与限度》，张金言译，商务印书馆 1983 年版。

3. ［英］罗素：《逻辑与知识》，范莉均译，商务印书馆 1996 年版。

4. ［英］罗素：《哲学问题》，何兆武译，商务印书馆 1999 年版。

5. ［英］麦考密克、［奥］魏因贝格尔：《制度法论》，周叶谦译，中国政法大学出版社 1994 年版。

6. ［美］罗·庞德：《通过法律的社会控制·法律的任务》，沈宗灵译，商务印书馆 1984 年版。

7. ［美］威廉·詹姆士：《实用主义》，陈羽纶、孙瑞禾译，商务印书馆 1979 年版。

8. ［美］杜威：《哲学的改造》，许崇清译，商务印书馆 1958 年版。

9. ［美］乔恩·R. 华尔兹：《刑事证据大全》，何家弘等译，中国人民公安大学出版社 1993 年版。

10. ［美］迈克尔·D. 贝勒斯：《法律的原则——一个规范的分析》，张文显等译，中国大百科出版社 1996 年版。

11. ［美］理查德·A. 波斯纳：《证据法的经济分析》，徐昕、徐昀译，中国法制出版社 2001 年版。

12. ［美］克雷格·布拉德利：《刑事诉讼革命的失败》，郑旭译，北京大学出版社 2009 年版。

13. ［德］谢林：《先验唯心论体系》，梁志学、石泉译，商务印书馆 1976 年版。

14. ［德］胡塞尔：《纯粹现象学通论》，李幼蒸译，商务印书馆 1996 年版。

15. ［德］海德格尔：《路标》，孙周兴译，商务印书馆 2000 年版。

16. ［德］汉斯·普维庭：《现代证明责任问题》，吴越译，法律出版社 2000 年版。

17. ［德］莱奥·罗森贝克：《证明责任论》，庄敬华译，中国法制出版社 2002 年版。

18. ［德］卡尔·拉伦茨：《法学方法论》，陈爱娥译，商务印书馆 2003 年版。

19. ［德］M. 石里克：《普通认识论》，李步楼译，商务印书馆 2005 年版。

20. ［法］让·文森、塞尔日·金沙尔：《法国民事诉讼法要义》，罗结珍译，中国法制出版社 2001 年版。

21. ［意］贝卡利亚：《论犯罪与刑罚》，黄风译，中国大百科全书出版社 1993 年版。

22. ［日］兼子一、竹下守夫：《民事诉讼法》，白绿铉译，法律出版社 1995 年版。

23. ［日］三月章：《日本民事诉讼法》，汪一凡译，台北五南图书出版有限公司 1997 年版。

24. ［日］田口守一：《刑事诉讼法》，刘迪等译，法律出版社 2000 年版。

25. ［日］中村英郎：《民事诉讼法（新版）》，陈刚等译，法律出版社 2001 年版。

26. ［日］谷口安平：《程序的正义与诉讼》，王亚新、刘荣军译，中国政法大学出版社 2002 年版。

五、辞书类

1. 许慎：《说文解字》，中华书局 1963 年版。

2. 张玉书等编：《康熙字典》，上海书店出版社 1985 年版。

3. 谷衍奎编：《汉字源流字典》，华夏出版社 2003 年版。

4. 陈兵编：《新编佛教词典》，中国世界语出版社 1994 年版。

5. 陈光中主编：《中华法学大词典·诉讼法学卷》，中国检察出版社 1995 年版。

6. 中国社会科学院语言研究所词典编辑室编：《现代汉语词典》（第 3 版），商务印书馆 1996 年版。

7. 北京社会与科技发展研究所组织翻译：《牛津法律大辞典》，光明日报出版社 1988 年版。

8. 中国社会科学院法学研究所法律词典编委会编：《法律辞典》，法律出版社 2003 年版。

9. 薛波主编:《元照英美法词典》,法律出版社 2003 年版。

六、集刊类

1. 何家弘主编:《证据学论坛》,中国检察出版社,第一卷(2000 年 10 月),第二卷(2001 年 1 月),第三卷(2001 年 10 月),第四卷(2002 年 3 月),第五卷(2002 年 11 月),第六卷(2003 年 5 月),第七卷(2003 年 12 月)。

2. 樊崇义主编:《诉讼法学研究》,中国检察出版社,第 1 卷(2002 年 1 月),第 2 卷(2002 年 2 月),第 3 卷(2002 年 7 月),第 4 卷(2003 年 1 月),第 5 卷(2003 年 6 月),第 6 卷(2003 年 7 月)。

3. 卞建林主编:《诉讼法学研究》,中国检察出版社,第 12 卷(2007 年 8 月),第 13 卷(2008 年 6 月),第 14 卷(2008 年 7 月),第 15 卷(2009 年 9 月),第 16 卷(2010 年 4 月)。

七、法典类

1.《英国刑事诉讼法选编》,中国政法大学刑事法律研究中心编译,中国政法大学出版社 2001 年版。

2.《美国联邦刑事诉讼规则和证据规则》,卞建林译,中国政法大学出版社 1996 年版。

3.《美国联邦民事诉讼规则》,汤维建译,中国检察出版社 2003 年版。

4.《德国刑事诉讼法典》,李昌珂译,中国政法大学出版社 1995 年版。

5.《德国民事诉讼法》,谢怀栻译,中国法制出版社 2001 年版。

6.《法国刑事诉讼法典》,余叔通、谢朝华译,中国政法大学出版社 1997 年版。

7.《法国新民事诉讼法典》,罗结珍译,中国法制出版社 1999

年版。

8.《意大利刑事诉讼法典》，黄风译，中国政法大学出版社1994年版。

9.《日本刑事诉讼法》，宋英辉译，中国政法大学出版社2000年版。

10.《日本新民事诉讼法》，白绿铉译，中国法制出版社2000年版。

11.《俄罗斯联邦刑事诉讼法典》，黄道秀译，中国政法大学出版社2003年版。

12.《俄罗斯联邦民事诉讼法典》，黄道秀译，中国人民公安大学出版社2003年版。

八、外文类

1. Steve Emanuell, Howard M. Rossen, Wilton S. Sogg, Civil Procedure , West Publishing Co.,1977.

2. Henry Campell Black, M.A., Black's Law Dictionary, 5th ed., West Publisching Co., 1979.

3. Peter Murphy, A Practical Approach to Evidence, 4th ed., Blacktone Press Ltd.,1992.

4. Jack H.Friedenthal et al.,Civil Procedure, 1993.

5. Mueller and Kirkpatrick, Evidence under the Rules, Little, Brown and Company,1993.

6. Mirjan R.Damaska, Evidence Law Adrift, Yale University, 1997.

7. Creisfelds, Rechtswörterbuch, 15.Aufl., Verlag C.H.Beck,1999.

8. PeterMurphy, Murphy on Evidence, Blackstone Press Limited, 2002.

后 记

这本书写给谁看呢？这个疑问在写作的过程中不时萦绕心头。事后想起来，这种疑问实质上是一种学术的情结。西方国家的法官享有最终的事实认定权，证据规则体系以司法证明过程为基准建立，证据法学理论也以法官作为事实裁判者的角色为中心。按此逻辑，这本书应当是写给中国的法官们看的。问题是我国的主审法官虽然在法律上享有终局的事实认定权，但法官在法律人共同体之中没有处于，也无意谋取类似西方国家那样的中心地位，律师、警察、检察官、法官、立法工作者、法律学者之间是平等协作的关系，他们追求的法治目标是相同的，只是专业分工不同而已。按此，这本书应当写给所有的法律人，亦即中国法律人职业共同体。

如果要尝试写给中国法律人职业共同体，那么在心中就应当尝试装着这个共同体，看看这个职业共同体到底需要些什么。笔者认为，眼下最需要的既不是共同的生存利益，也不是共同的理想目标，而是基础常识和基本共识。这里所说的基础常识，是在法律人职业共同体内普遍知晓、普遍认可、普遍奉行的基本概念、基本原理和基本原则。对法律人职业共同体而言，此类常识越多，具有普遍意义的、相对稳定成熟的专业知识就越多，那么这个职业共同体存在和发展的科学基础就越牢靠。所谓基本共识，是法律人职业共同体在理想目标、行动准则、概念术语、生存环境、群体利益等方面存在共同的观点。不同的法律人可以奉行不同的法律价值取向，在构成正义观的价值偏好上各不相同，在法律思维的方法和法律语言的风格等方面更是各有千秋。但是，作为一个有别于其他职业的、特殊的、专业化的职业共同体，在理想目标、知识体系、术语规范、行动准则、群体利益等方面必须存在基础性的共识。例如，人权保障、分权制衡、平等保护、诚实信用、正当程序、比例性既是现代法治国家的必要内涵，更是法律人职业共同体共同奉行的一般执业原则。就证据法而言，“以事实为根据，以法律为准绳”作为一条既具有宪法效力位阶，又带有鲜明中国文化特色的一般法律原则，应当成为中国法律人的一般常识，成为中国法律人职业共同体的基本共识。整个证据法体系就是建立在这个常识和共识的基础之上的。如果办理案件不需要“以事实为根据，以法律为准绳”，那么不仅整个证据法律制度将失去存在的必要性，而且整个国家的法律体系也将失去存在的必要性，最终必将是法律人职业共同体在社会分工体系之中失去存在的必要性。

笔者由此认为，对中国法律人职业共同体建设和未来发展而言，常识和共识是最为紧缺的公共必需品，因此打造常识、凝聚共识应当是下一步深化司法改革着重完成的一项任务。就证据法而言，基本范畴和基本原理应当是法律人常识的组成部分，而统一的证据法典应当是法律人基础共识的一个结晶。研究证据法的基本范畴和基本原理的过程应当是打造法律人常识的过程，而制定统一证据法典的过程应当是凝聚法律人共识的过程。

如果前述观点成立，那么有关证据法的理论研究就应当指向超越不同法律职业特殊性的、具有常识意义的概念、原理、原则和方法。这些普遍性、常识性的内容不是凌驾在不同法律职业的特殊性之上，而是蕴含在不同法律职业特殊性之中。在写作过程中，笔者尝试谋求这种意义上的法律人职业特殊性因素与法律人共同体普遍性因素之间的统一，时刻提醒自己注意围绕作为法律人职业共同体常识的基本范畴和基本原理。这种概念法学式的学术努力是否有成效，有赖于学界和实务界的同仁们去认定。

与以往写作不同的是，本书的很大一部分内容是在户外的风景——祖国的大好河山——写作的。短暂的体验表明，美好的思想、美好的环境、美好的心境之间是相互依赖、如影随形的。学术人若以天地为书屋，以万物为书籍，心情会舒畅，身体会舒适，研究的视野将更加广阔，思绪的原野将更加开阔，思想的光芒将更加活跃。相信同仁们打开本书时，透过字里行间飘浮的云雾，会不时地看到一幅幅层林尽染的首都秋景，听到一阵阵来自太行山涧的流水声和鸟鸣声，望到在茫茫南海的蓝天白云下、阵阵波浪中漂浮着一叶扁舟。

朦胧的诗意在远方若隐若现，脚下的步伐却十分骨感。本书的写作得到了中国政法大学诉讼法学研究院自设项目“行政执法中的证据问题研究”的资助，这里谨表谢意。

高家伟

2017 年 11 月 8 日于北京昌平纹心阁